A POLÍTICA SEXUAL DA CARNE

A relação entre o carnivorismo e a dominância masculina

Carol J. Adams

A POLÍTICA SEXUAL DA CARNE

A relação entre o carnivorismo e a dominância masculina

Tradução de Cristina Cupertino

EDITORA ALAÚDE

Esta tradução é publicada mediante acordo com a Continuum International Publishing Group Inc.

Título original: *The Sexual Politics of Meat: A Feminist-Vegetarian Critical Theory*

O texto deste livro foi fixado conforme o acordo ortográfico vigente no Brasil desde 1º de janeiro de 2009.

PREPARAÇÃO:
Agnaldo Hollanda

REVISÃO:
Hugo Maciel de Carvalho
Márcia Moura

CAPA:
Luiz Morikio

IMPRESSÃO E ACABAMENTO:
Bartira Gráfica

1º edição, 2012

Dados Internacionais de Catalogação na Publicação (CIP)
(Câmara Brasileira do Livro, SP , Brasil)

Adams, Carol J.
A política sexual da carne: A relação entre o carnivorismo e a dominância masculina / Carol J. Adams [traduzido por Cristina Cupertino]. 1. ed. São Paulo: Alaúde Editorial, 2012.
Título original: *The sexual politics of meat: a feminist-vegetarian critical theory*.

ISBN 978-85-7881-115-0

1. Animais - Proteção 2. Direitos dos animais 3. Patriarcado 4. Teoria feminista 5. Vegetarianismo I. Título.

12-01093 CDD-179.3

Índices para catálogo sistemático:
1. Animais : Proteção : Ética vegetarianismo 179.3

2012
Alaúde Editorial Ltda.
Rua Hildebrando Thomaz de Carvalho, 60
04012-120, São Paulo, SP
Tel.: (11) 5572-9474 e 5579-6757
www.alaude.com.br

Em memória de

31,1 bilhões anuais; 85,2 milhões diários;

3,5 milhões por hora e 59.170 por minuto

e em memória de

Mary Daly (1928-2010), minha primeira leitora.

Ela abriu mundos onde nos sentimos em casa.

"Não é possível agora — e nunca será — dizer 'eu renuncio'. Nem seria uma boa coisa para a literatura, se fosse possível. Essa geração precisa fazer um grande esforço para que a próxima possa ter um avanço suave. Pois eu concordo com você em que nada será alcançado por nós. Fragmentos — parágrafos —, uma página talvez: mas nada mais. [...] A alma humana, parece-me, se reorienta de vez em quando. Agora ela está fazendo isso. Portanto, ninguém pode ver integralmente. O melhor de nós tem um vislumbre de um nariz, um ombro, algo que se desvia, sempre em movimento. Ainda assim me parece melhor entender esse vislumbre."

Virginia Woolf para Gerald Brenan, Natal de 1922

"Aprendemos a ter raiva, como também aprendemos a consumir a carne morta de animais; e assim, machucados, espancados e mudando, sobrevivemos e crescemos — nas palavras de Angela Wilson, estamos efetivamente avançando."

Audre Lorde

"Diga, Stella, quando copiar da próxima vez,
Você vai se ater rigorosamente ao texto?"

Jonathan Swift

Sumário

Prefácio

à edição do vigésimo aniversário

Imagine o dia em que as mulheres possam caminhar pelas ruas sem ser importunadas, abordadas ou atacadas. Imagine o dia em que nós não precisaremos de abrigos para mulheres vítimas de violência. Imagine o dia em que os mais frequentes assassinos em série da nossa cultura NÃO serão os que matam sua família.

Melhor ainda: imagine o dia em que viveremos num mundo em que as mulheres, onde quer que estejam, estarão seguras, os membros da família estarão seguros dentro de sua casa e nós não teremos assassinos em série.

Imagine o dia em que as pessoas responderão a alguém que reclama "Mas eu quero a minha salsicha de manhã" dizendo "Ah, isso é tão século XX! Sabe, o século em que as primeiras pessoas a falar em mudanças climáticas foram os ativistas pelos direitos dos animais, pessoas que percebiam as ligações entre destruição ambiental e agricultura animal".

E, ainda melhor: imagine o dia em que ninguém mais sentirá necessidade de comer uma "salsicha" de manhã.

Imagine o dia em que mulheres e crianças não serão vendidas como escravas sexuais, ou prostituídas, ou usadas para o comércio de pornografia.

Melhor ainda: imagine o dia em que a igualdade, e não o domínio, será *sexy*.

A igualdade não é uma ideia; é uma prática. Nós a exercemos quando não tratamos como objetos outras pessoas ou outros animais. Quando perguntamos "O que há com você?" e sabemos que fazemos a pergunta por ser importante para todos nós o que alguém está vivenciando.

Já houve uma época em que as pessoas achavam que a comida vegana não era saborosa e as feministas eram puritanas. Acreditava-se que ao aceitar a lógica de *A política sexual da carne* seria preciso desistir das coisas, se "sacrificar". O ponto essencial da política sexual da carne é que existe algo no outro lado dessa cultura de opressão — e esse algo é melhor, melhor para nós, melhor para o meio ambiente, melhor para as relações, melhor para os animais.

Como explico no prefácio da edição do décimo aniversário, *A política sexual da carne* existe em razão do ativismo. É teoria engajada, teoria que surge da raiva do que existe; teoria que divisa o que é possível. *A teoria engajada torna possível a mudança.* Não se senta ao lado de alguém à mesa do jantar, simplesmente, e pergunta: "Você sabe do que está participando quando escolhe o que vai comer?" Ela também diz: "Existe algo mais emocionante, que nos satisfaz mais e é mais honesto do que comer um animal morto, por exemplo hambúrguer ou lombo de porco". Essa teoria não oferece só uma crítica — uma crítica às propagandas sexistas, em nome do ativismo animal ou de um clube vegano de *strip-tease*; ou crítica à publicidade sexista do Burger King ou a um clube de carnes "para cavalheiros". Ela afirma: "Existe uma vida de integridade que você pode viver quando reconhece a igualdade das mulheres". A teoria engajada expõe problemas, mas também oferece soluções.

A teoria engajada confere poder de decisão à resistência. Estamos criando uma nova cultura — uma cultura não de pensamento de cima para baixo ou de ações de cima para baixo. Não precisamos de "tomadores de decisões" que abrem mão dos princípios; precisamos de "engajadores" que compreendem que tudo é interligado.

A política sexual da carne trata do estabelecimento de conexões. Trata de nos tornar livres de crenças nocivas e limitadoras.

Nos últimos vinte anos, *A política sexual da carne* mudou a vida dos leitores porque, por meio deste livro, eles apreenderam a possibilidade do mundo que está do outro lado da opressão — e passaram a compreender a importância do ativismo na criação desse mundo.

Para algumas pessoas, *A política sexual da carne* deu um novo significado ao ativismo que há tanto tempo exerciam em favor das mulheres, dos animais, do meio ambiente. Para outras, ele introduziu uma nova ideia, que as fez perceber a razão pela qual o mundo em que vivem tem sido tão alienante. O livro tornou-lhes inteligível a vida.

Gostei de todos os modos com que as pessoas reagiram às ideias contidas em *A política sexual da carne*. Gosto de todas as revistas que se inspiraram no livro, das mais diversas vertentes — anarquista, feminina-vegetariana radical, lobisomem vegetariano adolescente (essa eu inventei). Gosto de todas as cartas que dizem: "Meu primo me emprestou o seu livro. Quando terminei de ler, minha mãe o leu; e agora quem o está lendo é a minha irmã". Gosto do fato de *A política sexual da carne* ter sido lido nas prisões por pessoas que esperavam a acusação depois de terem sido presas por denunciarem a violência cometida contra os animais. Gostei de saber que um grupo de mulheres tatuou frases de *A política sexual da carne* em várias partes do corpo. Gosto de saber que os leitores encontraram no livro o que lhes é necessário, e que inspirados nele estão cultivando novas relações. Gostei de ouvir uma mulher me dizer que havia se apaixonado por um homem, mas antes do casamento incentivou-o a ler o livro; ele leu, apreendeu o significado do conteúdo, voou para o outro lado dos Estados Unidos e, na festa do casamento, apresentou o mais luxuoso bolo de chocolate vegano. (Eles me passaram a receita.)

Gosto de ouvir jovens — às vezes anos depois de terem sido apresentados às ideias de *A política sexual da carne* — afirmarem ter visto ou ouvido algo que confirma a análise deste livro. Eles escrevem para me contar isso.

Pais compraram o livro para os filhos, filhos o compraram para os pais, avós o dão aos netos, namorados se presenteiam com ele, alunos levam-no para o professor.

Conheço este livro apenas de dentro para fora. Conheço-o desde os anos em que a tentativa de tornar inteligível um vislumbre intuitivo de uma conexão exigiu de mim que o escrevesse. Inicialmente, eu não sabia que ele mudaria a minha vida a tal ponto que depois da sua publicação as pessoas me mandariam imagens, comerciais, capas de cardápios, caixas de fósforos e artigos de jornal. Não sabia que eu ficaria numa eterna busca para tornar inteligíveis essas imagens, criando uma projeção de *slides* para explicar as ideias da política sexual da carne; que eu acabaria viajando pelo país e pelo mundo para discutir essas ideias e mostrar essas imagens. Eu sabia apenas que não poderia ficar em paz comigo mesma se não encontrasse um modo de tornar inteligível o que havia intuído. A ideia não saía da minha cabeça enquanto eu a explicava. Por causa das imagens que recebera dos meus leitores e precisava interpretar, fui levada a escrever *The Pornography of Meat* [A pornografia da carne] — um parceiro para *A política sexual da carne*, composto basicamente de imagens.

Quando as pessoas me escrevem para dizer como o livro mudou sua vida, tenho uma percepção do livro de fora para dentro, de como *A política sexual da carne* afirmou que as decisões de vida de uma pessoa são importantes e que aquilo que a nossa cultura considerava assuntos distintos (feminismo e vegetarianismo) eram, na verdade, coisas profundamente interligadas. Sei que *A política sexual da carne* deu novas razões para a preocupação com os animais. Forneceu uma teoria para uma vida ativista compromissada com a mudança, preocupada em contestar a objetualização, em contestar uma cultura alicerçada na matança e na violência.

Quanto aos estudiosos que me escreveram, parece que *A política sexual da carne* foi um dos livros que apresentou um modelo para colocar os animais no centro dos seus estudos.

É difícil saber precisamente — dado o hiato que sempre existe entre escritor e leitor —, mas acho que é possível apontar algumas das razões pelas quais o *New York Times* chamou *A política sexual da carne* de "uma bíblia da comunidade vegana".

A política sexual da carne diz algo às pessoas porque elas também imaginam um dia em que a igualdade prevalecerá.

Em 1974, não fui a única a imaginar um futuro que nos libertaria de crenças limitadas e opressivas. Eu fazia parte de uma comunidade. Durante muitos anos havíamos protestado contra uma guerra (você já ouviu falar nisso?) e estávamos criando instituições alternativas. Imaginamos um mundo diferente daquele em que vivíamos. Algumas coisas pelas quais lutamos passaram a existir. Graças ao trabalho de feministas radicais na década de 1970, o assédio sexual foi reconhecido pela lei, os abrigos para vítimas de violência doméstica foram criados e financiados, aprovaram-se leis de proteção às vítimas de estupro.

O que é "a política sexual da carne"? É uma atitude e uma ação que animaliza mulheres e sexualiza e efemina os animais. Em 2008, tivemos conhecimento de que o juiz presidente da Corte de Apelação da nona circunscrição judiciária dos Estados Unidos postou em um *site* da internet matérias que incluíam a foto de mulheres nuas, de quatro, pintadas de modo a parecerem vacas, e o vídeo de um homem parcialmente vestido, interagindo com um animal excitado.[1] A mulher, animalizada; o animal, sexualizado. Isso é política sexual da carne.

A política sexual da carne é também a presunção de que *os homens precisam de carne* e têm direito a ela, como também que o consumo de carne é uma atividade masculina associada à virilidade. Exemplos recentes disso incluem os anúncios publicitários do Burger King contra as "comidas de pintinho" (*quiche* de aspargo), em que os homens proclamam o direito de comer carne e lançar um caminhão de um elevado para afirmar sua masculinidade. Outro exemplo é certa cerimônia em um acampamento de soldados americanos, encerrada com um jantar à base de bife oferecido aos novos recrutas pelos seus "pais", ou seja, os recrutas mais velhos.[2] Isso também é política sexual da carne.

Eu gostaria que a nossa cultura não oferecesse profusos exemplos de *A política sexual da carne*. Desde a publicação da edição do décimo aniversário, a administração Bush e o reinado dos republicanos contribuíram com incontáveis exemplos durante a maior parte da primeira década do século XXI. Os restaurantes especializados em carne voltaram a ser populares em Washington depois que a Suprema Corte empossou Bush como presidente. A imagem cultivada de Bush como "fazendeiro / cowboy" fazia parte da construção de uma imagem de macho "que decide".

Em Abu Ghraib, a terrível prisão iraquiana, os soldados norte-americanos reduziram os iraquianos à condição de animais e exploraram os papéis masculino-feminino para insultar os homens iraquianos e minar-lhes a resistência. Com esse exemplo, a administração Bush inseriu a política sexual da carne num novo nível.

Como mostra Susan Faludi em *The Terror Dream* [O sonho do terror], depois do 11 de Setembro a mídia fomentou a masculinidade do tipo John Wayne, os poderes à la Super-Homem e a hipervirilidade dos que prestaram socorro e dos políticos. Assim, ficamos sabendo que, depois que as torres do World Trade Center caíram, a primeira refeição que o prefeito Giuliani devorou foi um sanduíche feito com "carnes suculentas".[3] Onde existe uma virilidade (ansiosa) se encontrará o consumo de carne.

Uma propaganda do utilitário esportivo Hummer de 2006 apresenta um homem comprando tofu num supermercado. Ao lado dele outro homem compra uma grande quantidade de "carne suculenta". O homem que compra tofu, preocupado com a sua virilidade por causa do outro homem com toda aquela carne ao seu lado na fila, sai correndo do supermercado e vai direto até um revendedor Hummer. Compra um Hummer novinho e é visto dirigindo feliz, mascando ruidosamente uma cenoura. O mote original do anúncio era "Restaure a sua masculinidade".[4] Política sexual da carne.

Se as políticas de Bush e a promoção de políticos como Giuliani pela mídia criaram uma nova insistência em expor a política sexual da carne, nós, ativistas feministas-veganas, recebemos ajuda de uma fonte inesperada: o grande filósofo francês Jacques Derrida. Ao mesmo tempo, que a primeira edição de *A política sexual da carne* ia para o prelo, "Il faut bien manger" [É preciso comer bem], a entrevista de Derrida, era publicada em inglês. Nesse texto ele apresentou a ideia de "carnofalogocentrismo".

Pedi a Matthew Calarco, especialista em filosofia continental e teoria animal, que me ajudasse a refletir sobre os pontos de interseção entre as ideias de Derrida e *A política sexual da carne*. Ele escreveu:

> Do meu ponto de vista, a relação mais óbvia entre o seu trabalho e o de Derrida diz respeito ao modo como ser carnívoro é compreendido por vocês dois como essencial à condição de sujeito. Vocês dois chamam atenção explícita para o carnivorismo que reside no centro das ideias clássicas de subjetividade, especialmente na da subjetividade masculina. No entanto, você expõe esse ponto extensamente, ao passo que Derrida trata dele apenas de modo esquemático e incompleto.
>
> O termo "carnofalogocentrismo", de Derrida, é uma tentativa de nominar as práticas sociais, linguísticas e materiais primárias que estão se tornando e devem permanecer um tema genuíno no Ocidente. Derrida mostra que, para ser reconhecida como sujeito pleno, a pessoa precisa ser carnívora, do sexo masculino e ter um ego autoritário, que fala. Obviamente há outras exigências para ela ser reconhecida como sujeito pleno, mas ele fala nessas três exigências em sucessão e em forte relação uma com a outra, pelo fato de elas serem talvez as três condições primárias do reconhecimento.

> O que *A política sexual da carne* teve de tão convincente foi exatamente essa mesma percepção essencial. As páginas iniciais sobre virilidade e o consumo de carne tornaram muito eloquente a ideia de que o consumo de carne não é um fenômeno simples, natural, e na nossa cultura está irredutivelmente ligado à masculinidade em vários aspectos materiais, ideológicos e simbólicos. Durante as décadas de 1980 e 1990, a obra de Derrida sobre a questão dos animais tenta tratar dessa correlação entre masculinidade e carnivorismo, mas você estava escrevendo extensamente sobre isso e desenvolvendo com muito mais detalhe as implicações dessa conexão.

Com Derrida (e a ajuda de Calarco), fica clara a razão de as organizações que defendem os direitos dos animais terem optado por usar propagandas pornográficas para atingir os consumidores de carne: elas estão falando para o *sujeito macho* e supõem que de modo geral ele não pode mudar. Nós, que nos opomos à política sexual da carne, imaginamos uma coisa melhor. Imaginamos que o sujeito macho pode efetivamente mudar.

Nós imaginamos o final da transformação dos seres humanos em *objetos*. Imaginamos o final do consumo predatório. Imaginamos a igualdade.

Eis o que sabemos: as ideias e crenças têm consequências. Criam sujeitos que agem de determinados modos — pelo domínio ou pela igualdade — e essas ações têm consequências. Ao cunhar a frase "o pessoal é o político", as ativistas feministas da década de 1970 reconheceram que nossa cultura tinha causas e consequências desconectadas. A dominação funciona melhor numa cultura de desconexões e fragmentação. O feminismo reconhece conexões.

Imagine uma época em que a nossa cultura deixará de fornecer a prova de que eu tenho razão quanto à política sexual da carne. Os ativistas não somente imaginam esse mundo. Eles trabalham para que o mundo imaginado por nós exista. Junte-se a nós.

Prefácio

à edição do décimo aniversário

"Meu vegetarianismo tinha pouca coisa a ver com o meu feminismo, ou pelo menos era isso que eu pensava." O prefácio da primeira edição de *A política sexual da carne* começa mais ou menos assim. Escrevi-as em 1975 como frase de abertura de um ensaio para um curso sobre ética feminista dado por Mary Daly. Usei novamente essas palavras em 1990, numa homenagem discreta ao apoio que Mary Daly me deu no início do meu trabalho, com sua avançada visão biofílica, para dignificar as lutas da pessoa que eu era quando comecei minha investigação para elaborar uma teoria feminista-vegetariana. O que aconteceu nos anos intermediários? Essa pergunta deixa entrever outra que mais frequentemente me fizeram na década passada: "Por que você escreveu *A política sexual da carne*?" A resposta cobre dezessete anos da minha vida e envolve um longo processo, que foi doloroso e ao mesmo tempo estimulante.

O feminismo trata das relações entre homens e mulheres. Mas é também uma ferramenta analítica que ajuda a expor a construção social das relações entre os seres humanos e os outros animais. No capítulo 9, cito a filósofa feminista Sandra Bartky, para quem as feministas não percebem coisas diferentes das percebidas pelas outras pessoas; "elas percebem as mesmas coisas de forma diferente". A consciência feminista — posso arriscar dizer — transforma um "fato" numa "contradição". Eu era feminista e carnívora quando mordi um hambúrguer em 1973. Antes disso, a tomada de consciência do significado político de ações aparentemente pessoais já fazia parte da minha vida. Inevitavelmente a prática da tomada de consciência acabou por se estender até os meus hábitos alimentares. O que me predispôs a ver a mesma coisa — consumo de carne — de modo diferente? O que fez um fato se tornar uma contradição?

No final do meu primeiro ano na Yale Divinity School voltei para casa, em Forestville, no estado de Nova York, a cidadezinha onde eu havia crescido. Estava desfazendo a mala quando ouvi alguém bater furiosamente na porta. Um vizinho agitado me saudou quando eu a abri. "Acabaram de atirar no seu cavalo!", exclamou ele. Começou assim a minha jornada política e espiritual rumo a uma teoria crítica feminista-vegetariana. Ela não exigiu que eu viajasse para fora dessa cidadezinha da minha infância — embora eu tenha feito isso; bastou uma corrida até o pasto que ficava atrás do celeiro e a visão do cadáver de um pônei que eu adorava. Os passos dados com pés descalços entre espinhos e esterco num velho pomar de macieiras me puseram cara a cara com a morte. Naquele entardecer, ainda desesperada com a morte do pônei, comecei a morder um hambúrguer e não completei o ato. Estava pensando num animal morto e ao mesmo tempo comendo outro animal morto. Qual era a diferença entre aquela vaca morta e o pônei morto que eu enterraria no dia seguinte? Eu não conseguia encontrar uma defesa ética para um favoritismo que excluiria a vaca do meu interesse porque eu não a tinha conhecido. Então passei a ver a carne de modo diferente.

Mas a mudança não foi imediata. Sei como a cultura do consumo de carne é avassaladora. Continuei fazendo parte dela durante mais um ano. Eu morava numa república de estudantes em Filadélfia, e as questões concernentes a comida e dinheiro, acrescidas ao fato de que eu não sabia cozinhar, se associaram para me manter como uma carnívora passiva e conflituada. Mas prometi a mim mesma que, quando mudasse dali, escolheria uma república de vegetarianos. Essa oportunidade chegou no ano seguinte. Ao mudar para a área de Boston, consultei os anúncios do mural de moradia do Centro Feminino de Cambridge e me associei a duas colegas de apartamento feministas-vegetarianas.

Isso foi no outono de 1974. Minha vida ficou cheia de feminismo: um cobiçado curso com Mary Daly, uma história das mulheres e a religião americana, um curso sobre a teoria da história das mulheres na Harvard

Divinity School. Para o curso sobre ética feminista dado por Mary Daly eu estava lendo o livro de Elizabeth Gould Davis, *The First Sex* [O primeiro sexo]. Embora atualmente ele tenha caído em descrédito, como poesia sobre mitos, como um livro que convidava a repensar as benesses de um mundo patriarcal, ele foi revelador. Li também *Small Changes* [Pequenas mudanças], de Marge Piercy. Lembro-me de ir a pé até o Harvard Square pensando na heroína de Piercy, que também tinha vindo morar na área de Boston. A personagem parecia tão real que eu imaginei poder cruzar com ela na rua. Pensava nas provações que ela enfrentara — um marido controlador que tentava forçá-la a engravidar. Sua fuga, ligada a um animal morto, levou-a à abstinência de carne de animais de sangue quente. Minha mente começou a pensar no vegetarianismo dentro de um contexto feminista: a afirmação de Gould Davis de que um matriarcado vegetariano foi derrubado por um patriarcado comedor de carne; várias feministas do século XIX que eram vegetarianas; outros romances, como *Herland: a terra das mulheres*, de Charlotte Perkins Gilman. Meu próprio senso intuitivo de conexão, embora desarticulado, zumbiu dentro de mim. Como as três cerejas que pulam na máquina caça-níqueis, essas referências feministas-vegetarianas subitamente fizeram a coisa saltar diante dos meus olhos. Havia uma conexão! Acelerei o ritmo e comecei a ver como parte de um todo maior as diversas referências dispersas com que vinha me deparando.

Foi uma felicidade eu estar em Cambridge. Mary Daly me permitiu investigar a questão como um trabalho para o seu curso e as mulheres da New Words, uma livraria feminista, me indicaram outros livros que continham referências pertinentes. Na biblioteca Schlesinger, do Radcliffe College, encontrei os manuscritos de Agnes Ryan, feminista-vegetariana do início do século XX. As mulheres do curso de meta-história da Universidade de Harvard ouviram a minha apresentação e mostraram outras associações. As referências geraram conexões; as conexões se curvaram na direção de uma teoria. Na comunidade de Boston-Cambridge, entrevistei mais de quarenta feministas vegetarianas. As mulheres do *Amazon Quarterly*, um antigo periódico de lésbicas e feministas, aceitaram publicar o trabalho que eu havia feito para o curso de Mary Daly e ele integrou em 1975 a antologia *The Lesbian Reader* [A leitora lésbica].

Em 1976, eu sabia que existia uma conexão; muitas feministas estavam reagindo com energia (positiva ou negativa) às minhas ideias. Uma pequena editora havia se oferecido para publicá-las na forma de livro se eu ampliasse o artigo de *The Lesbian Reader*. *The Oedible Complex* [O complexo comestível] estava começando a ser um livro. (Na verdade, o Women's Health Collective de Boston fez referência a essa obra em várias edições da série *Our Bodies, Ourselves*.) Mas uma coisa me aborrecia. Eu sentia que teria apenas uma oportunidade de proclamar a relação entre feminismo e vegetarianismo, porém o meu livro de 1976 não estava pronto. Não estava "cozido". Como, exatamente, eu havia explicado as relações? O que era a minha teoria? A incerteza intelectual não era o único freio que estava constrangendo meus esforços iniciais para escrever este livro. Além disso eu havia experimentado algumas repercussões negativas ao meu trabalho e me sentia exposta e vulnerável. Meu livro não estava pronto, tampouco eu. Saí da área de Boston e pus de lado o livro. Os amigos me advertiam: "Mas outra pessoa pode escrever esse livro. Alguém pode sair na sua frente se você abandonar o projeto".

"Tenho de correr esse risco", eu respondia. "O livro não está pronto."

Apesar de outras alternativas instigantes, incluindo a oferta de uma bolsa de estudos na Austrália e uma viagem pelo mundo, fixei-me no norte do estado de Nova York e me envolvi com o ativismo social. Ativei com meu companheiro uma linha telefônica de emergência para atendimento a mulheres vítimas de violência, que abrigávamos de noite em nossa casa. Fiquei imersa numa batalha por alojamento sem discriminação que foi dura, cruel, enervante e dilacerante. Abrimos um brechó de roupas e uma cozinha que oferecia jantar. Eu vivia preenchendo formulários para reivindicar a compra e restauração de um prédio antigo, que teria apartamentos e um centro de serviços. Fui indicada para a Comissão sobre Violência Doméstica do governo Cuomo e presidi o comitê pró-moradia, tentando inovar as conexões entre a luta por moradia e as mulheres vítimas de violência. Minha vida estava voltada para o ativismo.

Embora estivesse ocupada o dia inteiro com reuniões, ligações telefônicas, prazos, organização, eu também nutria o desejo de escrever este livro. O desejo era doloroso e profundo; sua profundidade provocava a dor e a aflição de escrever. Meu dia era ocupado com respostas a necessidades imediatas, alocação de recursos, agitação e educação. Não me sobrava tempo para escrever. Eu tinha uma sensação de incompletude, de falta de um modo para lidar com algo incipiente mas vibrante. Estava confusa porque também sentia vergonha; a vergonha de querer ser escritora e não conseguir.

Continuei reunindo citações e referências. Tudo o que eu lia — de romances policiais até história com enfoque feminista, de livros práticos sobre o combate à violência cometida contra as mulheres até a crítica literária feminista — continha trechos significativos para mim. Mas aonde quer que fosse, eu me deparava com situações desconexas — defensores de mulheres vítimas de agressão comendo hambúrgueres enquanto falavam de paz dentro de casa; biografias de feministas em que não se falava em vegetarianismo; comida caseira preparada com animais mortos para os ativistas pacifistas. O projeto acalentado era um fardo terrível. E eu sentia que acabaria implodindo com a energia contida durante a tentativa de elaboração dessas ideias, sem conseguir concluir o livro idealizado anos antes. Sentia raiva, alienação e determinação.

Assim, tentei escrever este livro. Não uma vez nem duas, mas com muitos falsos inícios e vários esboços. Estive ocupada com ele durante os anos do governo Reagan, não desisti. As horas não ocupadas pelo trabalho eram passadas pesquisando e escrevendo. Eu tinha gavetas cheias de compilações — históricas, literárias, sociais. Mas a teoria que ligaria aquilo tudo me escapava.

Em 1987, instalei-me com meu companheiro na área de Dallas, para que ele pudesse continuar um serviço com os sem-teto e eu pudesse me dedicar em tempo integral a escrever o que se tornou *A política sexual da carne* e criar nosso filhinho. Na segunda noite que passamos na estrada nós dormimos em Arkansas. Lendo *Bearing the Word* [Promover a palavra], de Margaret Homans, descobri nas primeiras páginas o conceito de referente ausente. Parei de ler e fiquei segurando o livro no meu colo enquanto pensava nessa ideia. Os animais comidos como carne eram exatamente isto: o referente ausente! No dia seguinte percebi que o referente ausente era o que possibilitava o entrelaçamento da opressão das mulheres *e* dos animais.

Por trás de toda refeição com carne há uma ausência: a morte do animal cujo lugar é ocupado pela carne. O "referente ausente" é o que separa o carnívoro do animal e o animal do produto final. A função do referente ausente é manter a nossa "carne" separada de qualquer ideia de que ela ou ele já foi um animal, manter longe da refeição o "múuu" ou o "báaa", evitar que *algo* seja visto como tendo sido um ser. Uma vez que a existência da carne é desligada da existência de um animal que foi morto para se tornar "carne", esta fica desancorada do seu referente original (o animal), tornando-se, em vez disso, uma imagem que não está ligada a nada, imagem esta usada frequentemente para refletir o *status* feminino, assim como o dos animais. Os animais são o referente ausente no ato de comer carne; tornam-se também o referente ausente nas imagens de mulheres subjugadas, fragmentadas ou consumíveis.

Quando chegamos em Dallas, eu não só dispunha de tempo para escrever como também tinha uma teoria que explicava as conexões entre todas essas coisas. Rasguei os esboços anteriores; extirpei materiais; ao cabo de dois anos concluí o livro.

Quase quinze anos depois de recusar a primeira oferta de um editor para a publicação deste livro, *A política sexual da carne* veio a lume. A reação imediata do público me deixou admirada. As pessoas que o liam e sentiam que ele ratificava suas ideias começaram a me mandar evidências dessas associações. Tenho um verdadeiro museu de caixas de fósforos, cardápios, anúncios, fotos de *outdoors* e outros materiais que confirmam a relação entre a opressão das mulheres e a opressão dos animais. Criei com eles uma apresentação de slides sobre a política sexual da carne e viajei pelo país, exibindo-a.

Por outro lado, repórteres e observadores que estavam em busca do exemplo perfeito de "correção política" proclamaram o livro o excesso acadêmico do ano. Não sou acadêmica; sou uma trabalhadora cultural. De vez em quando dou um curso na Perkins Theological School, mas isso não é suficiente para alguém ser classificado como acadêmico. Sou grata pelo fato de que, com essa edição do décimo aniversário, eu posso afirmar que este livro foi escrito por uma ativista. Sou uma ativista imersa na teoria, é verdade. Mas ainda assim sou uma *ativista*, com todas as feridas de guerra: ter a casa cercada por manifestantes antiaborto; ouvir no rádio comentários racistas sobre meu companheiro e eu; abrigar em casa mulheres que sofreram violência e estar em constante plantão para atender aos chamados de emergência.

No capítulo 7, cito a filósofa Mary Midgley, que observa que "o simbolismo do consumo de carne nunca é neutro". Os carnívoros se veem como "comendo vida". Os vegetarianos veem os carnívoros como "comendo morte". Midgley diz que "existe um tipo de *gestalt* entre as duas posições que torna difícil mudar e difícil fazer qualquer pergunta sobre a questão sem se pôr em posição de combate". A reação para *A política sexual da carne* depende do lado da *gestalt* em que a pessoa está. Para muitos que adotaram entusiasticamente a sua tese, esse ponto se tornou a pedra de toque para o ativismo e para uma visão de mundo que defende a autonomia. Foi isso que lhe deu esse *status* paradoxal que algumas pessoas chamam de "um clássico *underground*". Para outros, é o livro que vai longe demais. O exemplo mais divertido disso foi uma longa crítica feita pelo ensaísta e crítico inglês Auberon Waugh no *Sunday Telegraph*, na qual ele especulou que o livro inteiro, a autora e sua família foram concebidos por um acadêmico (homem) emigrante da Europa Oriental que posa de louca (eu!). E eu ri muito quando os críticos se queixaram de que *A política sexual da carne* provava que a esquerda continuava sem senso de humor. O que eles queriam dizer é que eu não tinha o tipo de humor *deles*.

Nos primeiros anos depois de 1976, eu me tornei não somente a pessoa que pôde escrever este livro, como também a pessoa que podia lidar com as reações a ele. Na época em que Rush Limbaugh começou a falar sobre *A política sexual da carne* nos seus programas de rádio e de televisão, eu me acostumei a ver meu trabalho ser objeto de especulação. E quando as pessoas me abordam para perguntar "E os sem-teto, e as mulheres vítimas de violência?", insistindo que temos de ajudar primeiro os seres humanos que sofrem, esse estreitamento tão assertivo do campo do ativismo compassivo não me desconcerta. Sei que o vegetarianismo e o ativismo pelos direitos dos animais em geral podem acompanhar o ativismo social em favor das pessoas privadas de direitos. Sei também que essa questão é na verdade uma reação de defesa, uma tentativa de se desviar de um tema constrangedor para quem me faz esse tipo de pergunta. É uma tentativa de ter um domínio moral. Somente os carnívoros levantam essa questão. Nenhum vegetariano defensor dos sem-teto ou defensor das mulheres vítimas de violência duvida que essas questões possam ser abordadas em conjunto. Além do mais, o ponto essencial de *A política sexual da carne* é que temos de pôr fim ao ativismo fragmentador; não podemos polarizar o sofrimento humano e animal, uma vez que eles se inter-relacionam.

É um truísmo afirmar que não se pode questionar a mitologia de um povo. Mas o que a tomada de consciência faz é exatamente isso. Ela questiona as mitologias com que aprendemos a viver, até subitamente nos fazer capazes de ver a mesma coisa de modo diferente. Nesse momento, um fato transforma-se numa contradição. *A política sexual da carne* é uma tentativa de transformar um fato numa contradição.

Normalmente o processo de ver o outro como consumível, como *uma coisa*, é invisível para nós. Sua invisibilidade ocorre porque ele corresponde à visão da cultura dominante. O processo também é invisível para nós porque seu produto final — o objeto de consumo — está disponível por toda parte.

A política sexual da carne significa que o que, ou mais precisamente *quem*, nós comemos é determinado pela política patriarcal da nossa cultura e que entre os significados ligados ao consumo de carne estão os significados agregados à virilidade. Vivemos num mundo racista, patriarcal, em que os homens ainda têm um poder considerável sobre as mulheres, tanto na esfera pública (emprego e política) quanto na esfera privada (no lar, local em que, nos Estados Unidos, a violência contra a mulher resulta na morte de quatro mulheres por dia). O que *A política sexual da carne* afirma é que o modo como é estruturada no nosso mundo a política em relação ao gênero relaciona-se com o modo como vemos os animais, especialmente os animais que são consumidos. O patriarcado é um sistema de gênero que está implícito nas relações humanas/animais. Além disso, a construção do gênero implica a instrução sobre alimentos adequados. Ser homem na nossa cultura é algo que está ligado a identidades que eles reivindicam ou negam — o que um homem "verdadeiro" faz ou não faz. Um homem "de verdade" não come *quiche*. Não se trata meramente de uma questão de privilégio; é uma questão de simbolismo. Em parte a masculinidade é construída na nossa cultura pelo acesso ao consumo de carne e pelo controle de outros corpos.

Todo mundo é afetado pela política sexual da carne. Podemos jantar num restaurante de Chicago e encontrar um item como este descrito no cardápio: "Peitão de Peru Sem Silicone. Esse sanduíche é MUITO GRANDE".

Ou podemos jantar num restaurante da cadeia Hooters, cujo logotipo inclui os olhos de uma coruja. No menu dos restaurantes dessa rede há uma explicação de como surgiu o nome "Hooters", que é uma gíria para "seios": "Eis a questão: que nome vamos dar à casa? Simples: o que — além de cerveja, asas de frango e uma eventual vitória do time na temporada de futebol americano — em qualquer lugar faz os olhos dos homens brilharem? Com esse nome — Hooters — espera-se que eles fiquem com olhos de coruja". Ou vejam adiante, no início do capítulo 2, a imagem de "Ursula Hamdress"* que apareceu numa publicação chamada *Playboar: The Pig Farmer's "Playboy"* (ainda à venda em livrarias elegantes). Em todos esses casos os animais são aparentemente o assunto, mas as mulheres são os referentes ausentes.

Com a política sexual da carne, imagens de consumo como essas oferecem à nossa cultura um meio de falar abertamente sobre a objetualização das mulheres, e de brincar com o fato sem precisar reconhecer que é isso que se está fazendo. É um modo pelo qual os homens podem se congregar publicamente tendo a misoginia como aglutinador, conscientes ou não disso. Essa política faz a degradação das mulheres parecer divertida e inofensiva: "apenas" uma piada. Ninguém precisa ser responsável, porque as mulheres não estão sendo retratadas. Desse modo todos podem se divertir com a degradação das mulheres sem ser honestos quanto a isso. "Estamos *apenas* olhando para um porco." "É *apenas* um sanduíche." "Estamos *apenas* comendo no Hooters."

Essas questões estão "na nossa cara" o tempo todo. Não as percebemos como problemáticas porque estamos muito acostumados a ter a nossa cultura dominadora refletindo essas atitudes. Somos moldados pela estrutura do referente ausente e nos tornamos participantes dela. A política sexual da carne também atua em outro nível: a superstição permanente de que a carne fortalece e de que os homens precisam de carne. Do mesmo modo como nos últimos dez anos ocorreu uma proliferação das imagens em que mulheres e animais são referentes ausentes, houve um ressurgimento da "mania

---

* Trocadilho com o sobrenome da famosa atriz Ursula Andrews. Poderia ser traduzido como "em traje de presunto". (N. da T.)

da carne bovina", com a carne associada à masculinidade. Como se pôde ver em uma matéria no *New York Times* logo depois do lançamento de *A política sexual da carne*: "Novo refúgio para os homens serve uísque e carne". O artigo observa que "coerentemente com o espírito masculino da noite, os *hors d'oeuvres* eram à base de carne — patê de rosbife com torradas, canoas de massa com frango picadinho. Ali não cabiam delicadezas de aspargo e pepino". Uma receita para o *brunch* que vai "agradar aos homens", publicada na *Cosmopolitan*, pedia "4 xícaras de caldo de carne". A *New Woman* explorou em 1996 a questão no artigo "Love, Sex and Flank Steak" [Amor, sexo e fraldinha] indagando "O que os homens querem". A resposta, de um escritor e repórter do *New York Times*:

> De acordo com a minha experiência, a resposta é uma boa sessão de sexo e um bom bife — e não necessariamente nessa ordem. Claro, eles querem dinheiro e poder, mas só em função do que essas duas coisas podem lhes comprar — sexo e bife. Os dois estão fortemente relacionados: são prazeres vigorosos, que têm a ver com músculos, da carne, e um aciona o desejo pelo outro. Um bife quentinho, pingando aquele sangue vermelho, ou um hambúrguer generoso e suculento, induz uma impressão geral de bem-estar e uma onda de autoconfiança que sem dúvida fará o homem sentir-se bem consigo mesmo e, por extensão, com você. Isso faz sentido especialmente neste país, onde a carne é a comida típica do macho.

Encaremos o fato: nesse artigo as suposições sobre os homens são tão ofensivas quanto as suposições sobre as mulheres. A política sexual da carne envolve todo mundo — "ele", "você" e os animais que deverão ser comidos.

Quando um livro apresenta uma ideia concebida vinte anos atrás, surge justificadamente a pergunta: "Essas opiniões ainda são válidas?" Infelizmente a resposta é: sim, mais válidas ainda. Na última década, a política sexual da carne teve uma grande expressão cultural. A discussão que faço no capítulo 1, de que a carne faz parte da mitologia da masculinidade, pode ser encontrada em diversos aspectos da cultura popular: desde um episódio de *Seinfeld* que apresenta o comediante tentando desesperadamente esconder o fato de que ele não está comendo carne para que a moça com que ele está saindo não o confunda com um "delicadinho", até os exemplos da *Cosmopolitan* e da *New Woman*, a mensagem continua sendo de que os homens devem comer carne e que a carne está ligada à virilidade. Nos anúncios, cardápios, caixas de fósforos e *outdoors* que apareceram nos últimos dez anos, os aspectos da política sexual da carne apresentados no capítulo 2 — a opressão justaposta e interligada das mulheres e dos animais não humanos — são evidentes.

As coisas ficaram ainda piores não só quanto à representação cultural, mas também quanto aos números assombrosos. Quem quer que conheça a primeira edição deste livro sabe que ele foi dedicado aos 6 bilhões de animais mortos para se tornar carne consumida nos Estados Unidos. Agora estamos quase nos 9,5 bilhões, e o número continua aumentando. Deve-se acrescentar a ele a estimativa conservadora de 21,7 bilhões de animais marítimos mortos anualmente nos Estados Unidos.

Na última década, divulgou-se uma quantidade imensa de documentação confirmando a natureza saudável de uma dieta totalmente vegetariana — uma dieta que não se baseia em nenhum produto animal. Então — uma vez que estão provados os benefícios para a saúde resultantes de uma dieta à base de pouca gordura, pouco colesterol e muitas fibras, e, por outro lado, sabendo-se das associações do consumo de carne com mortes por "doença da vaca louca", contaminação por *E. coli*, listeriose, campilobactéria e salmonela — por que a carne continua sendo uma parte importante da dieta da nossa cultura? Por que agora, aqui em Dallas, o tempo de espera nos tão populares restaurantes especializados em carnes pode chegar a duas ou três horas, nos finais de semana?

Obviamente o consumo de carne é um hábito; a inércia milita contra a mudança. Mas essa não é a única razão. As pessoas são capazes de mudar. A mitologia da ingestão de carne contribui para a inércia. Nossa cultura aceita todos os aspectos da política sexual da carne, incluindo o mais básico, de que as pessoas precisam de carne para continuar saudáveis (leia-se: fortes). Além disso, o apoio do governo ao consumo de carne fica claro quando os políticos fazem ataques sexistas às "rainhas do bem-estar" mas não aos "reis do gado", cuja atividade é subsidiada pelo governo federal.

Nos últimos dez anos, aumentou a nossa consciência sobre as enormes consequências ambientais da criação de animais em confinamento e o impacto do tratamento cruel dado aos animais e aos seus cuidadores humanos. Mas os consumidores de carne continuam acreditando que estão seguindo uma dieta humana. Gostam de acreditar que estão fazendo o que fazem os vegetarianos radicais — comendo humanamente —, sem na verdade fazer o que os vegetarianos radicais fazem: não comer produtos animais. Assim, são profusas as imagens de animais vivendo em liberdade numa fazenda familiar, quando na realidade a vida desses bichos não tem nada a ver com essas imagens. Nós acreditamos estar sendo bonzinhos com os animais e que eles gostam do modo como os estamos tratando. Ou preferimos acreditar que os animais não têm consciência do sofrimento e que seu sofrimento não deve nos afetar. Parafraseando Rousseau, por toda parte os animais estão agrilhoados, mas nós os imaginamos livres. Essa negação é muito forte. Para transmitir essa impressão de liberdade dos animais, imagens patriarca-culturais usam insinuações sobre outra suposta liberdade: o consumo da sexualidade das mulheres. Assim, os animais e as mulheres não são apenas representados como livres, embora não o sejam, mas como sexualmente livres. O resultado é a política sexual da carne.

Ironicamente, quando finalmente concluí meu livro, depois de quinze anos de trabalho, algumas vozes críticas me acusaram de tentar tirar vantagem da moda do vegetarianismo do final dos anos 1980. *A política sexual da carne* parecia ser um livro "de moda" em razão do que ele estava realmente fazendo: oferecendo uma síntese que tornava inteligíveis dois impulsos aparentemente divergentes — justiça para as mulheres e preocupação com os animais. Não é que este livro tenha sido o primeiro livro feminista a tratar seriamente do vegetarianismo como um ato de resistência política, embora ele faça isso. E não é que eu tenha desafiado os defensores dos animais e os vegetarianos a se tornarem conscientes da política sexual, embora eu faça também isso. É que este livro anuncia um movimento instigante do saber que considera as interligações, reconhece opressões e trabalha para contestar a fragmentação do ativismo.

Desde a publicação de *A política sexual da carne* eu fiquei imersa nesses interessantes movimentos de estudiosos e ativistas que estão contestando uma visão de mundo violenta e violadora. Na década de 1980, as ecofeministas começaram a identificar a inter-relação entre a opressão de mulheres e animais, e na última década prosseguiram nessa linha. Tive a honra de conhecer muitas dessas mulheres valorosas, inclusive Marti Kheel, Lori Gruen, Greta Gaard, Josephine Donovan, Ynestra King, Barbara Noske e Karen Warren. Além do mais, notáveis representantes do ativismo e da investigação especializada identificaram a relação entre violência contra os seres humanos e violência contra os animais, até mesmo a relação direta entre violência contra crianças e animais e violência contra mulheres e animais. O ativismo de mulheres como Marti Kheel, Batya Bauman, Lisa Finlay e Michelle Taylor, ligadas ao grupo Feministas pelos Direitos dos Animais, deu mais poder de fogo às feministas e aos ativistas dos direitos dos animais de todo o mundo para continuar se expandindo. O Feministas pelos Direitos dos Animais, além de fornecer informações sobre violência doméstica e maus-tratos aos animais, propõe um modelo de como trabalhar com abrigos para mulheres vítimas de violência — e as recomendações incluem disponibilizar alojamento para animais de estimação dessas mulheres.

Gostei do papel editorial de Merle Hoffman em *On the Issues*, de Robin Morgan em *Ms.*, de Kim Stallwood em *Animals' Agenda* e de Martin Rowe em *Satya*, que publicaram textos que continuam sendo reveladores. No meio acadêmico, o ativismo sobre essas questões está aumentando. Quando viajo para alguns *campi* encontro universitários cheios de energia trabalhando para educar a comunidade local. O Bloodroot Collective continua servindo refeições deliciosas no seu restaurante feminista-vegetariano, no número 85 da Ferris Street, em Bridgeport, no estado de Connecticut. *Dead Meat* [Carne morta], da artista plástica Sue Coe; o filme *A Cow at My* Table [Uma vaca em minha mesa], da cineasta Jennifer Abbott; o romance *My Year of Meats* [Meu ano de comer carnes], de Ruth Ozeki; e o CD *Friendly Fascism* [Fascismo amigável], do Consolidated, oferecem diferentes modos artísticos de representar as interconexões da violência.

A discussão sobre animais e religião está começando a alcançar o debate filosófico sobre os animais. Existe atualmente um grupo de trabalho sobre animais e religiões que faz parte da Academia Americana de Religião. A análise literária voltada para os animais está superando os estudos religiosos. Ao importante estudo de Marian Scholtmeijer, intitulado *Animal Victims in Modern Fiction* [Vítimas animais na ficção moderna], juntaram-se outros que se recusam a ver os animais apenas como meios para um fim, seja este acadêmico ou gustatório. Surgiu uma Sociedade para a Defesa dos Animais por meio da Literatura, formada por indivíduos que estão pesquisando e ensinando sobre animais na literatura ancorados em uma vigorosa posição de defesa.

Uma preocupação que me foi comunicada depois do lançamento de *A política sexual da carne* é a de que a defesa dos animais desvia as mulheres da luta contra a nossa própria opressão. Compreendo essa preocupação. Aproximadamente 80 por cento dos integrantes do movimento pela defesa dos direitos dos animais são mulheres. Conheci e me correspondi com defensores dos direitos dos animais de todo o mundo que se esforçam para fazer avançar as duas questões por reconhecerem que elas são muito imbricadas. Em duas antologias, Josephine Donovan e eu reunimos a importante obra de Karen Davis, Brian Luke, Susanne Kappeler e outros para indicar os instigantes estudos que surgem do reconhecimento dessas interconexões.

Este livro não apresenta uma história do feminismo e do vegetarianismo. Isso é impossível, pelo menos por enquanto, pois mesmo depois de dez anos as pesquisas primárias que precisam anteceder essa história são muito escassas. Em vez disso, o livro contesta a história tradicional do vegetarianismo e das mulheres. O ótimo artigo sobre vegetarianismo e o movimento das inglesas pelo sufrágio universal, escrito por Leah Leneman, autora de um livro de cozinha vegana e historiadora social, é um modelo para o tipo de trabalho necessário à demonstração do modo exato como o ativismo feminista e o vegetarianismo interagiram no passado.

E quanto ao veganismo, que é a abstinência de todos os produtos animais? O vegetarianismo tratado neste livro não admite os laticínios, nem os ovos. *A política sexual da carne* propõe um termo conceitual específico para reconhecer a exploração dos processos reprodutivos das fêmeas animais: o leite e os ovos devem ser chamados *proteína feminilizada*, ou seja, proteína produzida por um corpo feminino. A maioria dos animais que os seres humanos utilizam na alimentação são fêmeas adultas e suas crias jovens. É que as fêmeas são duplamente exploradas: quando estão vivas e, posteriormente, quando são mortas. Elas literalmente se tornam pedaços de carne de fêmea. Tornam-se oprimidas pela sua condição de fêmea, sendo utilizadas como fonte de leite. Então, quando a sua (re)produção chega ao fim, elas são mortas e são transformadas em proteína animalizada, ou proteína na forma de carne. Nos últimos dez anos, ocorreu uma explosão de livros de receitas veganas e muitos livros de cozinha vegetariana oferecem alternativas veganas para evitar essa exploração dos animais.

Este livro não propõe uma visão essencialista do corpo. Eu não acredito definitivamente no corpo vegetariano humano; sei que as pessoas têm sobrevivido como onívoras. Mas muitas das minhas fontes acham que as pessoas foram construídas fisiologicamente como vegetarianas. Todos os benefícios que uma dieta puramente vegetariana oferece confirmam as suas intuições, se não a sua tese. E nossas dietas evoluíram mais rápido do que nossos corpos. Eu uso o termo "corpo vegetariano" metaforicamente, tentando evocar aquelas primeiras asserções e acenando para os benefícios preventivos do vegetarianismo, confirmados pelos estudos científicos. O termo "corpo vegetariano" também alude à natureza transformacional de se tornar vegetariano. Ao nos tornar vegetarianos, a relação com nosso corpo frequentemente muda, e mesmo se nós, humanos, como espécie, não desenvolvemos corpos vegetarianos, parece que nós, vegetarianos e veganos, desenvolvemos um corpo vegetariano — um corpo cujo máximo possível de saúde e felicidade é atingido por meio do vegetarianismo.

Tampouco proponho aqui uma visão existencialista das mulheres. Não acredito que as mulheres sejam por natureza mais compassivas do que os homens ou tenham em sua essência um traço pacifista. Mas muitas das minhas fontes feministas-vegetarianas achavam isso. Eu acredito que quando não se tem poder na cultura dominante essa condição pode tornar a pessoa mais alerta para outras formas de destituição de poder. O privilégio repele o autoexame, mas a exclusão não. Não acredito que, por natureza, as mulheres "se condoam", mas efetivamente acredito que para nós é fundamental cuidar das relações, reconhecendo-as.

Durante os 25 anos em que venho trabalhando com esse assunto, tenho ouvido uma frase recorrente: "Bem que eu gostaria de ser vegetariana, mas o meu marido precisa comer carne". Se desde 1974 eu tivesse ganho um dólar a cada vez que ouvi essa frase, com o montante poderia financiar a organização Feministas pelo Direito dos Animais por alguns anos. Acreditando que devem alimentar o marido com carne, essas mulheres perpetuam a política sexual da carne, segundo a qual os homens precisam de carne para ser fortes — além de que são eles que devem determinar o cardápio a ser servido. O consumo de carne torna-se outro veículo da autonegação, ao colocar em primeiro lugar as necessidades do marido. As mulheres se veem como mais responsáveis pelos cuidados com as necessidades do marido do que com as delas próprias. Muitas mulheres parecem temer o que a falta de carne diz ao seu marido com relação a elas próprias. Seu pensamento é mais ou menos este: "É minha responsabilidade atender às necessidades dele. Ele quer carne. Se eu não prepará-la, não estarei atendendo às necessidades dele. Uma vez que o meu papel é atender às necessidades dele, estou deixando de cumprir meu nível básico de responsabilidade. Isso me leva a negligenciá-lo". Ela não quer ser vista como incompetente no cumprimento das expectativas do papel que aceitou como legítimas.

É possível que surja a pergunta: mesmo se houver uma relação entre consumo de carne e uma visão de mundo patriarcal, isso prova necessariamente o inverso, uma relação entre feminismo e vegetarianismo? O feminismo não deve adotar o vegetarianismo simplesmente por este ser uma negação do mundo dominante. Deve adotá-lo pelo que ele é e representa. O vegetarianismo é, na verdade, profundamente proativo e transformador. É também delicioso. A justiça não deve ser um artigo frágil a ponto de não poder ser estendida para além da barreira da espécie *Homo sapiens*. Tenho convicção de que esses seres humanos que têm sido explorados podem simpatizar com não humanos que também são explorados e assim ajudá-los. "Coma arroz, tenha fé nas mulheres": as palavras de Fran Winant permanecem como um credo e uma visão.

Prefácio

à primeira edição

Minha conversão ao vegetarianismo não teve muita relação com o meu feminismo — ou pelo menos era assim que eu pensava. Agora vejo como e por que as duas coisas se ligavam intimamente; como a condição de vegetariana repercute na intenção feminista. Descobri que os *insights* feministas inter-relacionavam e iluminavam o que me pareciam preocupações isoladas sobre saúde e ética. Este livro detalha essas inter-relações e examina as relações entre o domínio masculino e o consumo de carne. Afirma que falar sobre eliminar a carne da alimentação é falar sobre desalojar um aspecto do controle masculino e demonstra os modos pelos quais a opressão dos animais e a opressão das mulheres estão ligadas.

Em alguns aspectos todos nós reconhecemos a política sexual da carne. Quando pensamos que os homens, sobretudo os atletas, precisam de carne, ou quando as mulheres relatam que podiam desistir de comer carne mas a preparam para o marido, a associação manifesta entre consumo de carne e virilidade é posta em prática. Mas as associações veladas — mais esquivas, por estarem profundamente entranhadas na nossa cultura — são mais difíceis de apontar.

Meu esforço neste livro é por tornar manifestas as associações veladas, explicando como a nossa cultura patriarcal autoriza o consumo de animais; essa explicação implica a identificação do cruzamento entre o feminismo e o vegetarianismo.

Além de contribuir para a teoria feminista, este livro integra o *corpus* que está surgindo sobre defesa dos animais. O exame rigoroso do consumo de carne é um aspecto fundamental da teoria da defesa dos animais, porque esse consumo resulta na mais extensiva destruição dos bichos. O ponto em que este livro se diferencia dos outros textos a favor dos animais é no estabelecimento da relação entre a cultura patriarcal e essa forma de opressão que lhes é imposta. O vegetarianismo busca significado numa cultura patriarcal que o silencia; está continuamente opondo-se à política sexual da carne. Catão alerta: "É uma tarefa difícil, ó cidadãos, fazer discursos para a barriga, que não tem ouvidos".[1] Essa frase exprime o dilema de quem eleva a voz contra o consumo de carne: é uma tarefa árdua argumentar contra as crenças dominantes sobre carne quando elas têm sido reforçadas por um prazer pessoal de comer carne e são carregadas de muito simbolismo.

Consequentemente, qualquer estudo abrangente sobre o vegetarianismo e o feminismo precisa considerar como o vegetarianismo é recebido, bem como o que o próprio vegetarianismo afirma. Por que o vegetarianismo foi considerado uma moda quando, assim como as percepções feministas, ele é uma reforma e uma ideia recorrente em toda a história? Por que o aspecto vegetariano de uma escritora ou da sua obra é frequentemente ignorado pelos críticos literários? Eu me detenho na ideia dos *textos da carne* para responder a essas perguntas.

Ao comentarmos os *textos da carne*, situamos a produção do significado da carne dentro de um contexto político-cultural. Nenhum de nós escolhe os significados que constituem os textos da carne; nós aderimos a eles. Em razão do significado pessoal da carne para os que a consomem, nós geralmente deixamos de ver os significados sociais que efetivamente predeterminaram o significado pessoal. O reconhecimento dos textos da carne é o primeiro passo para identificar a política sexual da carne.

Para a definição dos textos patriarcais da carne, a primeira parte deste livro se baseia na noção ampliada do que constitui um texto. Essa noção inclui: uma mensagem reconhecível; uma inalterabilidade do significado do texto, de maneira que nas repetições o mesmo significado é frisado; e um sistema de relações que revela coerência.[2] Assim, com relação à carne: ela transmite uma mensagem reconhecível — a carne é vista como um item da alimentação, para a maioria das pessoas ela é um item de alimentação essencial e nutritivo; seu significado é continuamente reiterado na hora das refeições, na publicidade, nas conversas; e ela é compreendida como um sistema de relações ligado à produção de alimentos, às atitudes em relação aos animais e, por extensão, à aceitação da violência em relação a eles.

Os *textos da carne* que assimilamos na nossa vida incluem a expectativa de que as pessoas devem comer animais e de que a carne é boa para nós. Consequentemente, a apresentação de animais como corpos consumíveis é uma dessas suposições que apoiam as nossas atitudes. Esse texto cultural que determina as atitudes positivas predominantes sobre o consumo de animais raramente é examinado com rigor. A principal razão disso é a natureza patriarcal do nosso discurso cultural de defesa da carne. A mensagem reconhecível da carne inclui a associação com o papel masculino; seu significado é reafirmado dentro de um sistema fixo de gênero; a coerência que a carne atinge como um item significativo da alimentação surge das atitudes patriarcais, incluindo a ideia de que os fins justificam os meios, de que a objetualização de outros seres é uma necessidade da vida e de que a violência pode e deve ser mascarada. Tudo isso faz parte da política sexual da carne.

Veremos no capítulo seguinte que as atribuições de papéis sexuais determinam a distribuição da carne. Quando o estoque dela é limitado, quem a recebe são os homens. Supor que a carne é comida para homens e consequentemente os legumes e verduras são para as mulheres implica consequências políticas significativas. Fundamentalmente, porque comer carne é um indicador de uma cultura e de um indivíduo viris, nossa sociedade equipara vegetarianismo a desvirilização ou feminilidade.

Outro aspecto da política sexual da carne fica visível quando examinamos o mito de Zeus engolindo Métis. Ele, patriarca dos patriarcas, deseja Métis, persegue-a, com lisonjas e "palavras melífluas" consegue conduzi-la à alcova, sujeita-a, estupra-a e depois a engole. Mas afirma que recebe o conselho dela de dentro da sua barriga, onde ela permanece. Nesse mito a violência sexual e o consumo de carne são integrados, um ponto que considero no capítulo 2, "Estupro de animais, retalhamento de mulheres". É também um mito sobre o consumo masculino da linguagem feminina. Ao discutir a carne, precisamos dirigir nossa atenção para questões da linguagem patriarcal sobre consumo; essa discussão é encontrada no capítulo 3.

Não é frequente as pessoas examinarem rigorosamente o seu próprio consumo de carne. Esse é um exemplo da prerrogativa de determinar o que vale a pena discutir e criticar, detida por aqueles que estão na ordem dominante. Em consequência, os vegetarianos sérios ficam presos nessa visão do mundo, e embora pensem que tudo o que é necessário para ganhar adeptos para o vegetarianismo seja apontar os vários problemas causados pelo consumo de carne — má saúde, morte de animais, deterioração ambiental —, não percebem que na cultura de consumo de carne nada disso é realmente importante. Esse dilema é explorado no capítulo 4, "A palavra se fez carne".

A segunda parte, "Da barriga de Zeus", apresenta os inícios da história feminista do vegetarianismo, focalizando o período que vai de 1790 até o presente e atendo-se à Inglaterra e aos Estados Unidos. Tenta libertar a voz de Métis da barriga de Zeus, libertando da política sexual da carne o propósito vegetariano, e também libertando da interpretação patriarcal as vozes femininas. Mais do que analisar a cultura contemporânea, o foco dessa seção central são textos literários e suas influências vegetarianas. Contudo, a análise histórico-literária encontrada aqui se vale das ideias apresentadas na primeira parte. Explora as respostas à pergunta "O que caracteriza os textos que contestam a política sexual da carne?" A ideia de "promover a palavra vegetariana" é examinada no capítulo 5 como uma resposta a essa pergunta. Essa ideia facilita interpretar a relação entre os textos das mulheres e a história vegetariana.

No capítulo 6, exploro o significado do vegetarianismo em *Frankenstein*, um texto feminista que discute o conceito do termo "vegetariano". Não estou tentando reduzir *Frankenstein* a um panfleto didático vegetariano. Evidentemente o livro não é isso. Mas nuances vegetarianas são importantes na moldagem da história.

A segunda parte também examina textos representativos, escritos por mulheres desde a Primeira Guerra Mundial, que mostram uma conexão entre o consumo de carne, o domínio masculino e a guerra. Como em *The Great War and Modern Memory* [A Grande Guerra e a memória moderna], que serviu de base para o título do capítulo 7, exponho ideias que se cristalizaram na época da Grande Guerra e sigo o seu desenvolvimento durante este século, o que inclui a ideia de uma era dourada do feminismo, do vegetarianismo e do pacifismo.

Evidentemente as mulheres não foram as únicas a criticar o consumo de carne. Na verdade, se lermos os textos vegetarianos clássicos concluiremos que poucas mulheres se envolveram nessa tarefa. Mas se lermos muitos textos feministas poderemos pensar que não há nada de controverso quanto ao consumo de carne. E se lermos as reportagens típicas sobre o assunto, o vegetarianismo é uma moda e nada mais. Mas a teoria vegetariana não é infundada nem dispersiva; do mesmo modo que a teoria feminista, deve ser vista como "abrangente e cumulativa, com cada estágio retendo algo dos valores e das limitações de seus predecessores".[3] Entre os nossos predecessores vegetarianos houve muitas feministas.

Os argumentos vegetarianos básicos que ouvimos atualmente já existiam na década de 1790, exceto, obviamente, a análise das inovações do final do século XX no que tange à produção de carne. Os escritos vegetarianos ocorrem dentro de uma acanhada tradição de protesto que se vale de temas e imagens reconhecíveis e recorrentes. Mas eles não têm sido considerados abrangentes ou cumulativos, nem são vistos como uma forma de literatura de protesto. Porém esse curto alcance reflete a estase do nosso discurso cultural sobre a carne, e não as inadequações do vegetarianismo.

Este livro reproduz uma série de documentos para demonstrar precisamente a natureza abrangente e cumulativa que não foi reconhecida. Não estou criando reivindicações para o vegetarianismo na literatura e na história. Os registros aí estão, mas, em razão da tendência a trivializar o vegetarianismo, as pessoas os ignoram. Em certo sentido, os vegetarianos não são menos parciais do que os carnívoros quanto à sua escolha de alimentação; no entanto não se beneficiam, como os carnívoros, de ter suas parcialidades aprovadas pela cultura dominante.

Por saber da interdependência entre a opressão das mulheres e a de outros animais, fico desanimada ao ver que as feministas deixam de reconhecer as questões de gênero embutidas no consumo de animais. Mas essa falha é igualmente instrutiva. Quando identifico a participação do feminismo na política sexual da carne, estou simultaneamente identificando o emaranhado mental feito sobre todos nós com os textos da carne. Assim, ironicamente, o discurso feminista reproduz o pensamento patriarcal nessa área; a terceira parte do livro, "Coma arroz, tenha fé nas mulheres", contesta os dois, sustentando que o vegetarianismo atua como um indicador do ser feminino autônomo e sinaliza uma rejeição do controle e da violência masculinos.

Do mesmo modo como a teoria feminista precisa ser permeada pelas ideias vegetarianas, a teoria dos direitos dos animais exige uma incorporação dos princípios feministas.

A carne é um símbolo do que não se vê, mas sempre está presente — o controle patriarcal sobre os animais.

Em última instância, as mulheres, que frequentemente se encontram num diálogo mudo com a cultura dominante, tornam-se fonte de *insights* sobre a opressão dos animais. Figuras importantes do cânone feminista — escritoras como Aphra Behn, Mary Shelley, Charlotte Perkins Gilman, Alice Walker, Marge Piercy, Audre Lorde — contribuíram com obras que contestam a política sexual da carne.

Ao estabelecer a associação entre vegetarianismo e mulheres, não quero fazer subentender que o vegetarianismo seja apenas para as mulheres. Pelo contrário, como veremos, muitos homens que apoiaram os direitos das mulheres adotaram também o vegetarianismo. Afirmar que somente as mulheres devem parar de se alimentar de animais reforça a política sexual da carne. Estou mais preocupada com o fato de que a teoria feminista logicamente contém uma crítica vegetariana que passou despercebida, do mesmo modo como o vegetarianismo contesta veladamente a sociedade patriarcal. Contudo, o sexismo de alguns vegetarianos, grupos de vegetarianos e culturas vegetarianas demonstra a necessidade de adotar uma perspectiva feminista manifesta.

Bronson Alcott, pai de Louisa May Alcott, é um exemplo eloquente de como o vegetarianismo é incompleto sem o feminismo. Ele também reproduz as atitudes patriarcais. Alcott mudou-se com a família para uma fazenda coletiva, Fruitlands, com a esperança de viver dos frutos da terra e sem escravizar os animais — seja como alimento ou no trabalho. Contudo, ele não estava disposto a realizar o trabalho manual e tinha o hábito de desaparecer de Fruitlands para discutir suas ideias em abstrato, em vez de experimentá-las na própria carne. Na época da colheita, quem realizava o trabalho duro eram sua mulher e as filhas; assim, as únicas "bestas de carga" da sua Utopia eram as próprias mulheres. Homenagear os animais mas não as mulheres é o mesmo que separar a teoria da prática, a palavra da carne.

Poderíamos afirmar que a maioria silenciosa deste mundo foi originalmente vegetariana. Mas esse vegetarianismo não decorria de um ponto de vista que buscava apenas relações humanitárias com os animais. Mesmo assim, o fato de a maioria silenciosa do mundo ter sido originalmente vegetariana é muito importante. Se até recentemente uma dieta de grãos e leguminosas era a base da alimentação para a maior parte do mundo, depreende-se que a carne não é essencial.[4] Embora o conhecimento das várias culturas que de modo geral dependiam do vegetarianismo ajude a afastar o nosso foco ocidental sobre a carne, o que é mais ameaçador para o nosso discurso cultural é o vegetarianismo autodeterminado das culturas em que a carne é abundante.

Meu interesse neste livro é pela omissão consciente da carne por causa do vegetarianismo ético, ou seja, o vegetarianismo surgido de uma decisão ética que considera o consumo de carne uma exploração injustificável de outros animais. Tal motivação para o vegetarianismo não é comum na nossa cultura; no lugar dela, o que trouxe muitos novos convertidos ao vegetarianismo foram os benefícios dessa dieta para a saúde. Seu vegetarianismo não incorpora a preocupação com os animais; na verdade, muitos não veem problema na carne orgânica. Fico satisfeita com o fato de uma decisão ética resultar na melhoria da saúde pessoal; de que ao se tornar vegetariana por razões éticas a pessoa reduza o risco de ter problemas cardíacos e câncer, entre outras doenças — um ponto examinado no capítulo 8, "A distorção do corpo vegetariano". No capítulo final, exponho um padrão de adoção do vegetarianismo ético que defino como a busca vegetariana. A busca vegetariana consiste na revelação da nulidade da carne, na nominação das relações que a pessoa percebe com os animais e, finalmente, na censura ao consumo de carne *e também* ao mundo patriarcal.

Este livro não seria o que é se eu não tivesse me tornado vegetariana, participado da minha própria busca vegetariana. Ter uma opinião minoritária em uma cultura dominante é muito iluminador. Os padrões da reação dos carnívoros ao vegetarianismo tornaram-se bastante instrutivos à medida que eu tentava definir a resistência intelectual à discussão sobre comer carne de animais. Chegar a um consenso cultural a partir do lado inferior demonstrou que as atitudes em relação à carne estão entrincheiradas com grande segurança. Mas este livro não seria o livro que é se eu não estivesse envolvida nos movimentos contra a violência doméstica, o racismo e a pobreza, ao longo do mesmo período. Aprender sobre a realidade da vida das mulheres e falar a partir dela aprofundou minha compreensão de que precisamos discutir os *textos* da carne e não um texto monolítico. O consumo de carne é um constructo, uma força, uma realidade econômica; e também uma questão pessoal muito real.

Mas estar envolvida nas lutas diárias contra as forças opressivas que enfrentei me fez minimizar a importância da tarefa que eu havia estabelecido para mim mesma ao escrever sobre esse assunto. Como poderia passar meu tempo escrevendo, quando tanta gente era analfabeta? Como eu poderia discutir escolhas alimentares quando tanta gente precisava de qualquer comida para sobreviver? Como eu poderia discutir violência contra os animais, quando as mulheres vítimas da violência cometida pelos homens precisavam de abrigo? Ao me calar, eu aderia àquele texto de base sobre a carne, a relativa falta de importância do vegetarianismo. Com o meu próprio silêncio eu apoiava o discurso dominante que estava tentando desconstruir.

Já passou da hora, para nós, de pensar na política sexual da carne, pois ela não se separa das questões prementes da nossa época.

Apresentação de Nellie McKay

As feministas não têm senso de humor

"Dois homens estão atravessando o deserto. Após dois dias, estão cansados e famintos. Fred diz para Harry:

— Sabe, eu bem que queria ter uma mulher agora.

E Harry responde:

— Não se preocupe, esta noite vai passar por aqui um grupo de camelos, nós vamos cuidar disso.

Mais tarde, foram acordados pelo tilintar de sinos à distância.

— Levanta, Fred! — grita Harry, vestindo a calça e correndo na direção do som. — Eles estão chegando!

Fred se espreguiça e boceja, depois pergunta:

— Para que tanta pressa?

Harry olha para trás e diz:

— Você não vai querer ficar com um bicho feio, vai?"

"Susan Boyle* não apenas já foi beijada como também é uma prostituta profissional."

---

* Vencedora de um popular programa de calouros britânico, Susan Boyle, considerada uma mulher feia, causou comoção com sua apresentação. Alçada ao estrelato, declarou que nunca havia sido beijada. (N. do E.)

"— O que o canário de 200 quilos falou para o gato?

— Aqui, aqui, vem, bichano...

— De quantas ativistas pelo direitos dos animais você precisa para trocar uma lâmpada?

— Cala a boca e vá procurar sua turma."

Atingi a maioridade no movimento de defesa dos direitos dos animais, nas décadas de 1980 e 1990, quando os substitutos da carne e o leite de soja passaram a ser encontrados com facilidade e 4.000 pessoas marcharam pela Quinta Avenida para protestar contra a indústria de peles. Estava com 4 anos quando a minha mãe e eu finalmente encontramos nosso apartamento em Manhattan, na 114th Street. Da janela víamos o belo e o feio da pobreza — velhinhas pobres alimentando todo dia os gatos de rua e os pombos, à noite rapazes atiçando pitbulls para que eles atacassem os gatos. Quando estava na quarta série, distribuía panfletos sobre assuntos que abordavam de tudo, desde o teste de cosméticos em animais até a produção de *foie gras*. Mostrava imagens do PETA *News* para meus colegas e formei na escola primária um grupo de defesa dos animais (a professora se opôs a ele e no final do ano confiscou os 6 dólares e 25 centavos de joia cobrados para a admissão).

Essas primeiras tentativas de difusão foram vistas como um ataque ao prazer e à tradição de comer carne. Quanto mais poderosas — e, nesse caso, por fazerem parte de um país quase inteiramente composto de carnívoros —, mais corajosas as pessoas se sentem para silenciar quem elas percebem como atacante. Mesmo entre os esquerdistas de Nova York os direitos dos animais são o tema de luta mais remoto — naquela época todo mundo usava *buttons* de Dukakis* e fazia campanha contra o *apartheid*, mas um futuro vegetariano era ainda piada.

Em 1982, minha mãe, grávida, tinha visto *The Animals Film* na Inglaterra, mas ainda não havia percebido a relação entre os horrores da tela e uma dieta de carne. Em Nova York ela comprou de um membro do Exército da Sal-

* Michael Dukakis (1933-), americano filho de imigrantes gregos, foi eleito governador do estado de Massachussets por vários mandatos nas décadas de 1970 e 1980 e também candidato derrotado à presidência em 1988. (N. do E.)

vação o livro *Libertação animal*, de Peter Singer, e ficou adiando a leitura por sentir que aquilo exigiria mudanças inconvenientes na sua vida. O livro de Singer foi uma revelação — assim que acabou de lê-lo, ela foi encontrar meu pai numa lanchonete e, enquanto tentava lhe transmitir a sua epifania, deu-se conta de que no cardápio quase tudo continha o produto do sofrimento. A primeira reação dele foi dizer que sem carne algumas pessoas pobres não teriam nada para comer. A primeira apreensão dela foi com o atum — embora fosse barato, delicioso e supostamente nutritivo, as latas estavam começando a estampar o aviso de que o produto não ameaçava a vida dos golfinhos; com isso, ela não podia deixar de pensar no que seria da vida dos próprios atuns.

No meu quarto aniversário ela me levou para a nossa primeira marcha e comício de protesto contra o uso de primatas nos laboratórios da Universidade de Nova York. Tive imediatamente uma reação visceral ao ver as fotos de animais em gaiolas com pinos no crânio, imagens de tortura e crueldade institucionalizadas. Isso se refletiu na minha reação à criação intensiva de animais e à indústria de peles; passei a repelir a palavra "criação", assim como os folhetos vistosos que as empresas distribuíam em resposta às cartas de protesto. Logo depois de meus pais abolirem a carne da nossa dieta, deixei de comer os hambúrgueres servidos como almoço na escola, que me faziam sentir-me culpada, e juntei-me a eles.

O que eu agarrei aos 4 anos ficou comigo desde então. A exploração dos animais nos condiciona a aceitar a brutalidade como um fato cotidiano normal e razoável. Ela acontece em todas as áreas da sociedade, unindo e afastando as pessoas de diferentes sexos, cores e classes. Com este livro e outros, minha mãe me apresentou ao feminismo e mostrou-me a ligação entre as opressões. A "inocuidade" do sexismo sustenta uma cultura de seres vivos transformados em mercadoria, seres que não são suficientemente bons, pois simplesmente são usados para servir aos caprichos da classe dominante, sendo vestidos/expostos/mutilados.

Nos anos seguintes eu estava sempre lendo *A política sexual da carne*, admirando-me com o fato de ele ser até hoje tão pertinente e com a sua abordagem de um mal-estar tão impregnado a ponto de ter se tornado invisível. Tanto que fiz questão de mostrar um exemplar deste livro, o exemplar de minha mãe, ao editor-chefe da Random House, que na época estava preparando uma reportagem sobre mim para a *New York Times*

Magazine. Sua reação foi folheá-lo, meio atarantado. O artigo que ele publicou, depois fui ver, continha apenas uma frase do livro, sem o contexto adequado (e sem o título), embora o autor tenha dado muita atenção às banalidades que observou no meu apartamento.

Dois anos depois, atuando numa peça da Broadway, me vi envolvida em uma produção carregada de misoginia exacerbada (no texto) e de sofrimento animal (no figurino). Uma parte do elenco, inclusive eu, levantou objeções ao uso de peles, couro e plumas, e também às caracterizações desfavoráveis às mulheres. O diretor, com o apoio de parte do elenco, manifestou sua indignação pelas críticas "discordantes" e nos disse que estávamos "injetando política na peça" — uma peça de Bertolt Brecht. No final eu me livrei tanto quanto possível do especismo,* mas, numa concessão tácita, a misoginia permaneceu. Era o dilema comum de ser forçada a escolher entre causas, por ser impossível a prevalência de ambas.

Essa resistência aos direitos dos animais e ao feminismo — em esferas supostamente "liberais", entre intelectuais e artistas — me desanima. Trabalhei em *sets* de filmagem e em estúdios onde não havia nenhuma preocupação com reciclagem, o que dirá com alternativas veganas. Ambientalistas e defensores dos pobres, que certamente sabem algo sobre a devastação causada pela produção de carne — desde o aquecimento global até a incapacitação de trabalhadores —, brincaram de balançar pedaços de carne diante do meu rosto. Defensores dos criadores de gado qualificaram de "elitista" o vegetarianismo declarado, sem a humildade de Gandhi — embora Gandhi tenha sido um vegetariano décadas à frente de seu tempo. Apesar de a grande maioria dos ativistas pelos direitos dos animais ser constituída por mulheres, é mais provável que, para o mundo externo, os homens sejam o elemento mais visível e que, dentro do movimento, eles dominem a tomada de decisões.

As manifestações de massa que precederam a contestação da violência contra os animais tornaram inevitável um movimento em torno dessa causa. Os direitos civis deram o tom e a estrutura que ajudaram depois as forças contra a guerra, e o grande número de mulheres nessas campa-

---

* Preferência dada a indivíduos apenas pelo fato de eles serem membros da espécie *Homo sapiens*. (N. da T.)

nhas — trabalhando como subordinadas em movimentos pelos direitos dos outros — levou de forma natural à luta pelos seus próprios interesses. Patriarcado é sinônimo de exploração, e não existe modo mais aceito de exploração do que o dos animais e do meio ambiente.

Tanto o *status* secundário quanto o consumo de carne são questões profundamente pessoais. Como já se disse antes, as mulheres são as únicas pessoas oprimidas que, como um todo, vivem em intimidade com seus opressores. Todos os seres vivos vivem em intimidade com o alimento, e se tomarmos como indicadores a prosperidade da indústria de produtos dietéticos e a epidemia de obesidade, a dependência psicológica dos seres humanos em relação à comida nunca foi tão grande. Uma vez que a libertação dos animais depende de nos desabituarmos da carne, do leite e dos ovos, e uma vez que a comida continua sendo um importante — se não o mais importante — apoio emocional, o movimento pelos direitos dos animais enfrenta uma oposição enorme e violenta.

O feminismo também tem sido marginalizado, demonizado, ridicularizado e ignorado, pois sacode a sociedade até o seu centro. A nostalgia é alimento reconfortante para a alma, e abandoná-la e reescrever a história com precisão (abrangendo todas as pessoas e todos os animais) nega ao público os arquétipos a que ele se acostumou — o pai forte, a mãe acolhedora, o cavaleiro heroico, a donzela vulnerável. Assim como o consumo de carne, o papel subserviente das mulheres é glorificado e seus benefícios são muito mais exaltados do que suas desvantagens. Ler uma revista de apresentação luxuosa seria como comer bombom; passar horas se vestindo seria a suprema diversão — a atenção que na adolescência borbulhante parece constranger transforma-se logo em algo que nenhuma garota pode dispensar. As mulheres se tornam cúmplices em sua opressão — só adquirem poder, durante um tempo limitado, com sua beleza externa e seus artifícios sexuais. O ilusionismo é mais aparente quando se aplica à sujeição dos não brancos e dos animais. Durante séculos — desde mamães felizes até galinhas sorridentes na grelha — as vítimas da violência têm sido retratadas como encantadas por cumprir os deveres das suas funções percebidas.

Mas embora a aceitação do movimento dos direitos civis tenha sido considerável e muito disseminada, as mulheres e os animais padecem de ausência histórica e de abandono nos dias atuais. Sua exploração é tão arraigada que os infindáveis desrespeitos que colorem a visão de nós mesmas e dos animais (desde a invisibilidade das mulheres idosas na sociedade até o uso da palavra "porco" como uma afronta) passam despercebidos. Martin Luther King tem um feriado nacional; as moedas de dólar com a efígie de Susan B. Anthony deixaram de ser cunhadas em 1999. Uma busca rápida no YouTube é elucidativa, mesmo não sendo científica: para os direitos civis há uma primeira página de tributos aos movimentos de 1960, ao passo que para o feminismo há Bill Maher, Ali G. e "homens nas ruas" dando sua opinião sobre a igualdade. (Com relação aos direitos das mulheres, há críticas mais elevadas à misoginia islâmica, mas o primeiro vídeo é um curta de 1899 em que as "suffragettes" pregam suas saias na parede.) Para os direitos dos animais, há apenas uma grande quantidade de episódios cômicos. O ridículo e a indignação continuam sendo as primeiras reações ao conceito de não-violência. Socialmente parece estranho ver tanta agressividade em companheiros que, quanto ao mais, são muito simpáticos, considerando-se que, sobretudo no caso dos animais, a oposição esperada deles é à tortura e ao assassinato dos bichos. Além disso, o antifeminismo é embalado por uma aridez de imaginação. Seja porque o problema não é de fácil correção, ou porque a igualdade levanta um número muito grande de questões, as pessoas acabam por deixar de lhe dar a consideração que ele exige, tratando lado a lado a igualdade salarial e os banheiros unissex e mudando de assunto em seguida.

Tanto os direitos dos animais quanto o feminismo exigem permanente vigilância para um alvo distante. Se a raiz e o objetivo das duas opressões é o domínio, uma ativista coerente precisa combater todas as modalidades de exploração amorfa. Parafraseando Carson McCullers, tudo o que tocamos resulta do sofrimento de outra pessoa.

O livro que você tem em mãos põe a nu a interconexão entre a exploração das mulheres (das pessoas) e a dos animais. É tão novo hoje quanto era ao ser escrito. Carol J. Adams chega ao fulcro da nossa aceitação da violência institucionalizada — os sistemas que sustentam a crueldade e os fundamentos lógicos que alimentam o sistema.

Agradecimentos

Nos anos em que este livro tomou forma, diversas pessoas incentivaram minhas ideias e me ajudaram a examinar a natureza da política sexual da carne.

Agradeço a Catherine Avril e a Mary Sue Henifin, que em 1974 anunciaram no Centro Feminino de Cambridge uma vaga no quarto para uma feminista-vegetariana e me escolheram. Foi assim que tudo começou. Agradeço também a Mary Ann Burr, que me passou informações sobre vegetarianismo em troca de informações que eu lhe passei sobre feminismo; a Mary Daly, para quem preparei meu primeiro artigo sobre o assunto; e a Carroll Smith-Rosenberg, que me incentivou a fazer minhas primeiras prospecções históricas.

Originalmente um livro meu sobre feminismo e vegetarianismo seria publicado em 1976, mas embora o texto enviado para a editora identificasse as associações manifestas e veladas, eu o achava incompleto, e por isso suspendi sua publicação. Obrigada ao *Vegetarian Times*, a Laurel e Gina, do *Amazon Quarterly*, a Jean e Ruth Mountaingrove, da *WomanSpirit*, e ao coletivo feminino da *The Second Wave: A Magazine of the New Feminism* por publicarem meu primeiro trabalho, e ao Women's Health Book Collective de Boston, por mencionar em *Our Bodies, Ourselves* aquele livro que nunca saiu. E a Jane Adams, que conviveu com os dramas daquela época.

Devo muito a Carol Barash, do *Critical Matrix: Princeton Working Papers in Women's Studies*, que energizou e catalisou meus pensamentos; partindo desse catalisador e dessa energia, minha teoria feminista-vegetariana tomou forma. Sou grata à confiança permanente que Susan Squier, Helen Cooper e Adrienne Munich, editoras de *Arms and the Woman*, depositaram em mim, e às suas objeções, que me ajudaram a refinar minhas ideias. Avis Lang, do *Heresies Collective*, ajudou-me a estruturar argumentos fundamentais a este livro. Theresa Corrigan e Stephanie Hoppe me perguntaram se eu havia escrito alguma coisa sobre a história dos direitos dos animais; "A distorção do corpo vegetariano" foi escrito em resposta a essa pergunta. Uma versão diferente desse capítulo, que incorpora igualmente temas de "Por uma teoria crítica feminista-vegetariana", está na sua antologia *And a Deer's Ear, Eagle's Song and Bear's Grace: Relationships Between Animals and Women — A Second Collection* [E uma orelha de veado, a canção de uma águia e a graça de um urso: relações entre animais e mulheres — Segunda coleção], publicada pela Cleis Press, e agradeço a elas por terem feito a pergunta e por incentivarem o meu trabalho.

Por apoiar a validade da minha voz, dando-me orientação e outras formas de apoio moral ao longo dos anos, agradeço aos meus pais e aos meus muitos amigos, tanto os já mencionados quanto Marie Fortune, Nancy e Merv Fry, Chellis Glendinning, Susi Parks Grissom, Mary Hunt, Diane Miller, Ken Reichley, Bina e Dave Robinson, Nancy Tuana, Melinda Vadas, Ann Valliant, Cathy Weller e as mulheres do Bloodroot Collective — que encenaram a teoria feminista-vegetariana no seu restaurante em Bridgeport.

Por lerem e fazerem comentários valiosos sobre partes do livro, agradeço a Maureen Fries, Diana Hume George, Dudley Giehl, Susanne Kappeler, Liz Kelly, Jim Mason, Rose Sebouhian e Doug Shepard. Sou grata a Geri Pomerantz pela sua dedicada pesquisa sobre o assunto. Obrigada também a David Erdman pela assistência com informações sobre John Oswald; a Jim Hala, Paula Sue Hayes, Jane Lilienfeld, Karen Lindsey, CeCe Quinlan, Susan Schweik, Marjorie Procter-Smith e às mulheres da New Words Bookstore, em Cambridge, por me mostrarem referências valiosas; a Alex Hershaft, do Farm Animal Reform Movement, pelas estatísticas sobre animais que sofrem violência; ao falecido Henry Bailey Stevens, por incentivar minha pesquisa sobre Agnes Ryan; a Connie Salamone, pelo seu trabalho pioneiro; a Josephine Donovan, pelas informações sobre o prêmio Crossroad/Continuum Women's Studies; a Carol Hurd Green e Elizabeth Rechtschaffen, da comissão consultora desse prêmio; a Bruce

Cassiday, por entrar no espírito da minha contestação da linguagem convencional sobre os animais; e ao meu editor, Evander Lomke, pelas sugestões que ajudaram a transformar meu manuscrito num livro.

Ao longo dos anos eu me beneficiei da minha ligação com as comunidades femininas de Cambridge, em Massachusetts, Dunkirk e Fredonia, em Nova York, e Dallas, no Texas. Sem acesso a boas bibliotecas nessas cidades e em outras eu teria sido privada de grande parte do material histórico que enriquece a teoria feminista-vegetariana. Especificamente, a equipe da Arthur and Elizabeth Schlesinger Library on the History of Women, do Radcliffe College, a British Library, a New York Public Library, o Harry Ransom Humanities Research Center da Universidade do Texas, em Austin, e a Dallas Public Library me prestaram uma grande ajuda. As equipes de empréstimos entre bibliotecas do State University College de Fredonia e das bibliotecas públicas de Dallas e de Richardson trabalharam com diligência, milagrosamente conseguindo fazer chegar às minhas mãos livros obscuros do século XVIII, assim como textos mais recentes. Sou grata a eles por isso.

O auxílio financeiro de duas fontes me ajudou a galvanizar meu trabalho durante o ano passado e eu me sinto em dívida com elas por confiarem em mim. Meus agradecimentos à The Culture and Animals Foundation, pelo dinheiro necessário para completar o livro, e a Tom e Nancy Regan, da CAF, pela sua ajuda, assim como à Durfee Foundation, que por meio de um prêmio Durfee me proporcionou o dinheiro para comprar um computador e acelerar minha escrita.

Durante a agitação da revisão, Arthur e Virginia Buchanan e Nancy Hayes foram inestimavelmente úteis como babás; Melinda Vadas e Cathy Weller tentaram encontrar a imagem reproduzida na capa e Dorothy Teer descobriu-a nos seus arquivos de *slides*. Obrigada às três pelo tempo que dedicaram à empreitada. Também sou grata à rede feminista antipornografia e especificamente à Pornography Awareness, Inc. (PO Box 2728 Chapel Hill, North Carolina, 27515-2728), à Women Against Pornography, à Women Against Violence in the Media, e à Women Against Violence Against Women, por reconhecerem as implicações de uma toalha de praia chamada "Rainha do gado", que incentivava a "quebrar o hábito da carne chocha", e por tornarem acessível uma imagem que havia permeado a cultura popular mas já não era mais encontrada com facilidade.

Com um assunto como o que é tratado neste livro, as possibilidades de pesquisa eram infinitas. Eu precisava limitar meu foco para identificar as questões iniciais que surgem quando nos ocupamos com o discurso feminista-vegetariano. Do contrário, como o trabalho de Casaubon no livro *Middlemarch*, de George Eliot, minha chave para o significado patriarcal do consumo de carne poderia não ter passado de uma pilha crescente de anotações sem interpretação. Embora em certo sentido este livro seja um produto final, considero-o mais como parte de um processo de análise que contesta a cultura dominante. As questões que ele negligenciou ou desenvolveu apenas parcialmente e talvez inadequadamente oferecem oportunidades futuras.

Finalmente, meu livro deve muito a Bruce Buchanan, que me proporcionou o tempo e o espaço para pensar e escrever sobre esse tema, e a Douglas Buchanan, agora com quase 5 anos, que aviva minha esperança de que a próxima geração possa rejeitar a política sexual da carne.

Dez anos depois... ainda lutamos para estabelecer as conexões e ser agentes de mudança. Àqueles que me ajudaram no trabalho do livro e na minha vida, sou imensamente grata. Prezo todos os que me escreveram na década passada com histórias e exemplos. Sou grata aos que se deram ao trabalho de me levar ao seu *campus* e de estabelecer um diálogo com os alunos sobre a política sexual da carne: agrada-me fazer parte de uma rede crescente de ativistas e pensadores que estão trabalhando para uma sociedade mais compassiva; eles são verdadeiramente inspiradores. Pela ajuda que recebi na preparação desta edição de *A política sexual da carne* eu gostaria de agradecer a: Marie Fortune, Mary Hunt, Pat Davis, Batya Bauman, Martin Rowe, Kim Stallwood, Debbie Tanzer, Trisha Lamb Feuerstein e Evander Lomke. Pelas estatísticas sobre o número de animais terrestres mortos anualmente, agradeço ao Farm Animal Reform Movement (P.O. Box 30654, Bethesda, MD 20824). Pelas estatísticas sobre o número de animais marítimos mortos anualmente, agradeço a Dawn Carr e aos pesquisadores da People for The Ethical Treatment of Animals (501 Front St., Norfolk, VA 23510). Lembro com gratidão a vida de Kenneth Reichley, um amigo fiel. Bruce, que resiste a todas as dificuldades, continua me concedendo tempo, espaço e atenção. Em relação a Douglas, agora com 15 anos, e a Benjamin, com 10, minhas esperanças continuam.

Vinte anos depois... continuamos contestando a opressão. Obrigada a todas as empresas e organizações veganas que apoiaram meu trabalho, especialmente à MooShoes, Sweet and Sara, *VegNews,* Vegan World Radio, Pangea, Vegan Essentials, American Vegan Society, North American Vegetarian Society, Toronto Vegetarian Association e Spiral Diner. Sou grata às blogueiras feministas e veganas e às ativistas que atentam para imagens ofensivas e fazem associações, e às muitas estudantes ativistas e professoras que me levaram aos seus *campi*.

Um grande abraço e um muito obrigada a Nellie McKay, por escrever uma introdução a esta edição de vigésimo aniversário e por tudo o que ela faz no mundo. E um grande abraço também à sua mãe e à sua irmã, Robin Young.

Obrigada a Pat Davis, Josephine Donovan, Melinda Fox, Matthew Calarco e Martin Rowe pela ajuda para o prefácio desta edição do vigésimo aniversário. Sou grata a David Barker, diretor editorial da Continuum, por fazer avançar esta edição durante o processo editorial.

Às produtoras de cinema Tami Wilson e Jennifer Abbott, meu obrigada pelo interesse por este livro.

Sou grata a Mary Finelli, Batya Bauman, Evander Lomke, Mary Hunt, Marie Fortune, Mary Max, Nancy e Jane Adams, pelo contínuo apoio ao meu trabalho; a Catharine MacKinnon, Tom Tyler, John Jermier, John Sanbonmasto, Cat Clyne, Kim Stallwood, Robin Morgan, Paul Waldau, Lisa Isherwood e Rosemary Radford Ruether, pelo envolvimento com meu trabalho; às muitas pessoas que me mandaram imagens e referências desde a publicação da edição do décimo aniversário, inclusive Liz Abbott, Tom Abram, Carla Agnesi, Jared Allaway, Michael Angus, Cintia Anselmo, Nicholas Atwood, Jenny Azman, Julianne Baecker, Alexandra Bass, Meghan Beeby, Edita Birnkrant, Diana Blaine, Ryan Blodgett, Janice Blue, Patti Breitman, Patrick Browne, Kristin Burlage, Colleen Buyers, Gregory Carlin, Judy Carman, Anthony Carr, Sarah Carrier, Angela Carter, Avalon Carthew, Jane Cartmill, Liz Chiarello, Bob Chorush, Lydia

Comer, Katherine Cooke, Marj Cramer, Karen Davis, Karen Dawn, David Del Principe, Kelly Coyle DiNorcia, Devery Doleman, Annette Dunkelman, Dave Eaton, Shannon Elliott, Andy Ellis, Margaret Ende, Cath Ens, Allison Ezell, Diane Farsetta, Zoe Fasolo, Beth Fiteni, Deseree Fontenot, Lesley Fox, Jerry Friedman, Jack Furlong, Greta Gaard, Emily Gaarder, Stacy Goldberger, Michael Greger, Jeff Green, Jonathan Grindell, Amie Hamlin, Elizabeth Hartman, Joseph Hayns-Worthington, Sarah Hecht, Morian Henderson, Denise Hollenbach, Leslie Holmes, Karen Hofman, Karen Hurley, Avital Isaacs, Nistha Jajal, Matthew Jeanes, Pattrice Jones, Erin E. Armi Kaipainen, Caroline Kane, Anil Kanji, Erica Kelly, Linda Kelson, Lisa Kemmerer, Jason Ketola, Anna Lappé, Erika Larson, Renée Lauzon, Giulia Levai, Noa Lewis, Matthew Liebman, Donna Litowitz, Bruce Lord, Jayne Loader, Brian Luke, Sheila Mahadevan, Randy Malamud, Richard Marsh, Dave McLaughlin, Matthew Melnyk, Sarah Meng, Catharine Morales, Alan Munro, Pascal Murphy, Deb Murray, Vicki Murray, Amy Tharp Nylund, Benjamin Palmer, Peter Pearson, Emily Pepe, Benjamin Persky, John Philips, Eric Piotrowski, Rebecca Pitman, Bhaskar Raman, Joanna Randazzo, Marguerite Regan, Pamela Rice, Sarah Sue Roberts, Bina Robinson, Lauren Robinson, Pat Ritz, Carolyn Sawyer, Carol Scherbaum, Judith Schiebout, Mindi Schneider, Naomi Schoenbaum, John Seebach, Lisa Shapiro, Paul Shapiro, Lindsay Spaar, Alison Stanley, Eileen Stark, Katherine Stewart, Cheryl Stibel, Kyle Svendsen, Debby Tanzer, Cathleen Tracy, Jose Valle, Jason Van Glass, Stephen Wells, Mason Weisz, Nancy Williams, Drew Wilson, Tami Wilson, Moni Woweries, Laurel Zastrow, Tita Zierer.

Obrigada a Bruce, que continua firme e ajudando. A Douglas, agora com 25 anos, e Benjamin, com 20, que me ajudam a me envolver com essas ideias e se tornaram bons cozinheiros vegetarianos, concretizando as minhas esperanças.

PARTE I

Os textos patriarcais da carne

"A venda sempre deve ser específica e mencionar um item determinado.
Errado: — Mais alguma coisa?
Fraco: — Que tal alguma coisa para o café da manhã?
Melhor: — Temos um presunto fatiado maravilhoso, senhora Smith, ideal para o café da manhã.
Observe o rosto dela; se ela não se mostrar interessada, então diga:
— Ou talvez a senhora prefira salsicha para o café, amanhã cedo?
Esse método focaliza o interesse e a atenção da cliente em um único artigo de cada vez e deixa claramente subentendido que a carne é indispensável no café da manhã."

Hinman e Harris, *The Story of Meat* [A história da carne]

"A abadessa agora supera todos os outros concorrentes no mercado de carnes francês. Ela não mantém a carne por muito tempo nos ganchos, embora consiga bons preços. Mas nada fica mofado por aqui. O corte da carne pode ser feito do modo como você prefere; se lhe apetecer, você pode matar o seu próprio cordeiro ou carneiro, pois nosso rebanho é de alta categoria e está sempre pronto para ser espetado. Quando constatamos que algum exemplar está contaminado, ele vai para o pasto e é mandado para leilão ou removido por contrato particular, mas nunca o levam de volta para dentro; por isso a doença parasitária, o mormo e outros males que atacam o gado não costumam ocorrer por aqui."

De um guia de bordéis do século XIX

Capítulo 1

A política sexual da carne

"Mito dos boxímanes:

Nos tempos primitivos, os homens e as mulheres viviam separados, os primeiros caçando animais exclusivamente, as últimas vivendo da coleta. Cinco homens que estavam caçando, por serem criaturas negligentes, deixaram a fogueira apagar. As mulheres, que eram cuidadosas e ordeiras, sempre mantinham acesa sua fogueira. Os homens, tendo matado uma gazela, ficaram desesperados para cozinhá-la, e assim um deles saiu para buscar fogo, atravessou o rio e encontrou uma das mulheres coletando sementes. Quando lhe pediu fogo, ela o convidou para o acampamento feminino. Chegando lá, disse a ele: "Você está faminto. Vou socar estas sementes e cozinhá-las, então lhe dou um pouco". Ela fez para ele um mingau. Depois de comer, ele disse: "Bem, a comida é gostosa, por isso eu vou ficar com você". Os homens que ficaram à espera se puseram a imaginar o que teria acontecido. Continuavam com a gazela e continuavam sem fogueira. O segundo homem saiu e foi tentado pela cozinha feminina, e também ele passou a morar no acampamento das mulheres. A mesma coisa aconteceu com o terceiro homem. Os dois que sobraram ficaram muito amedrontados. Desconfiaram que algo terrível tinha acontecido com os companheiros. Então lançaram os ossos divinatórios, mas os augúrios foram auspiciosos. O quarto homem saiu timidamente e acabou por se juntar aos companheiros. O último homem ficou apavorado, e, além do mais, a gazela já havia apodrecido. Assim, ele pegou o arco e as flechas e fugiu correndo."

Saí da Biblioteca Pública, interrompendo minha pesquisa sobre algumas mulheres da década de 1890 — cujo jornal feminista, operário, defendia dietas sem carne —, e fui para a fila da lanchonete de um restaurante próximo. Segurando meu almoço vegetariano, desci para o porão. Uma pintura de Henrique VIII comendo uma torta de carne e rim cumprimentou meu olhar. Dos dois lados de Henrique havia retratos das suas seis esposas e de outras mulheres. Contudo, elas não estavam comendo o mesmo que ele, nem qualquer outra coisa feita de carne. Catarina de Aragão tinha nas mãos uma maçã. A condessa de Mar tinha um nabo; Ana Bolena, uvas vermelhas; Ana de Cleaves, uma pera; Jane Seymour, mirtilos; Catherine Howard, uma cenoura; Catherine Parr, um repolho.

As pessoas que têm poder sempre comem carne. A aristocracia europeia devorava pratos enormes com grande quantidade de todos os tipos de carne, enquanto o trabalhador comia carboidratos. Os hábitos dietéticos proclamam as distinções de classe, mas proclamam também as distinções patriarcais. As mulheres, cidadãs de segunda classe, mais provavelmente comem o que numa cultura patriarcal se considera alimento de segunda classe: legumes, verduras, frutas e grãos, em vez de carne. O sexismo no consumo da carne recapitula as distinções de classe com o acréscimo de uma peculiaridade: permeia todas as classes a mitologia de que a carne é um alimento masculino e seu consumo uma atividade masculina.

Identificação masculina e consumo de carne

As sociedades que consomem carne adquirem identificação masculina pela sua escolha de alimentos, e os compêndios sobre carne apoiam vigorosamente essa associação. *The Meat We Eat* [A carne que comemos] proclama que a carne é "Uma comida viril e protetora", portanto "um farto suprimento de carne sempre esteve ligado a um povo viril e feliz".[1] *Meat*

Technology [Tecnologia da carne] nos informa que "a viril raça australiana é um exemplo típico de vorazes comedores de carne".[2] Comilões famosos referem-se "ao ordálio viril de tirar o cérebro do crânio de um bezerro assado inteiro".[3] O dicionário define "viril" como relativo ao homem adulto ou que tem as suas características; palavra derivada de "*vir*", que significa "homem". O consumo de carne é um indicador da virilidade da sociedade.

A carne é constante para os homens e intermitente para as mulheres, padrão esse dolorosamente observado nas situações de fome dos nossos tempos. Os índices de mulheres passando fome são desproporcionais aos dos homens. Lisa Leghorn e Mary Roodkowsky pesquisaram esse fenômeno em seu livro *Who Really Starves? Women and World Hunger* [Quem realmente passa fome? As mulheres e a fome no mundo]. As mulheres, concluem elas, empenham-se numa autoprivação deliberada, oferecendo aos homens as "melhores" comidas em detrimento das suas próprias necessidades nutricionais. Por exemplo, elas nos dizem que "as mulheres e as meninas etíopes de todas as classes são obrigadas a preparar duas refeições, uma para os homens e uma segunda, frequentemente sem carne ou outra proteína substancial, para as mulheres".[4]

Na verdade, a necessidade proteica dos homens é menor do que a das mulheres grávidas e que amamentam, e a distribuição desproporcional da principal fonte de proteínas ocorre mesmo quando a necessidade de proteína da mulher é maior. Curiosamente, agora nos dizem que a pessoa precisa comer carne (ou peixe, verduras, legumes, chocolate e sal) pelo menos seis semanas antes de engravidar, caso deseje um menino. Mas quando se quer ter uma menina, por favor: nada de carne; no lugar dela, leite, queijo, nozes, feijão e cereais.[5]

Os contos de fadas nos iniciam muito cedo na dinâmica do alimento e dos papéis sexuais. O rei no seu escritório de contabilidade comia uma torta feita com 24 melros (originalmente 24 meninos maus), enquanto a rainha comia pão com mel. Nos contos de fadas, o canibalismo geralmente é uma atividade masculina, como João logo ficou sabendo, depois de escalar o seu pé de feijão. Os contos populares de todos os países apresentam os gigantes como homens e "loucos por carne humana".[6] As feiticeiras — corcundas ou monstruosas, na visão do mundo patriarcal — tornam-se as mulheres canibais simbólicas.

Um exemplo bíblico da prerrogativa masculina quanto à carne irritou Elizabeth Cady Stanton, importante feminista do século XIX, como se pode ver no seu comentário lapidar sobre o Levítico 6 em *The Woman's Bible* [A Bíblia das mulheres]: "Da carne que os sacerdotes cozinhavam tão delicadamente com lenha e carvão no altar, e era servida sobre toalha limpa, nenhuma mulher tinha permissão para provar, apenas os homens entre os filhos de Arão".[7]

A maioria dos tabus relativos à comida trata do consumo de carne e estabelece mais restrições para as mulheres do que para os homens. As comidas comumente proibidas para as mulheres são frango, pato e porco. Essa proibição nas culturas não tecnológicas aumenta o prestígio da carne. Mesmo se as mulheres criam porcos, como acontece nas ilhas Salomão, raramente lhes é permitido comê-los. Quando elas ganham algum, é por uma concessão do marido. Na Indonésia

> comida à base de carne é considerada propriedade dos homens. Nas festas religiosas, principal época em que se dispõe de carne, ela é distribuída para as famílias de acordo com a quantidade de homens nelas existente. [...] Assim, o sistema de distribuição reforça o prestígio dos homens na sociedade.[8]

No mundo inteiro se constata esse costume patriarcal. Na Ásia algumas culturas proíbem as mulheres de consumir peixe, frutos do mar, frango e ovos. Na África equatorial a proibição de frango para as mulheres é comum. Por exemplo, as mulheres da tribo Mbum Kpau não comem frango, cabra, perdiz e outros animais de caça. Os Kufa, da Etiópia, puniam com a escravidão as mulheres que comiam frango, ao passo que os Walamo "executavam quem quer que violasse a restrição de comer aves".

Em contrapartida, as verduras, os legumes e outros alimentos que não a carne são considerados comida de mulher, e por isso os homens os repudiam. Os homens da tribo Nuer acham que comer ovos leva à efeminação. Em outros grupos, os homens exigem molhos para disfarçar o fato de estarem comendo alimentos femininos. "Os homens esperam ter molhos de carne junto com seu mingau e às vezes se recusam a comer molhos feitos de verduras e legumes, considerados comida de mulher."[9]

Carne: só para os homens

> "Em nenhum lugar de um supermercado um bom funcionário pode ser tão benéfico ou um mau funcionário pode ser tão danoso quanto na seção de carne. Isso porque a maioria das mulheres não se considera capaz de avaliar a qualidade da carne e frequentemente compra onde confia no atendente."
>
> Hinman e Harris, *The Story of Meat* [A história da carne][10]

Nas sociedades tecnológicas, os livros de culinária refletem a suposição de que os homens comem carne. Um levantamento aleatório dessa literatura revela que as seções de churrasco da maioria dos livros dirigem-se aos homens e dão destaque para a carne. As comidas recomendadas para um "Chá do Dia das Mães" não incluem carne, mas os leitores são advertidos de que o London Broil* deve constar no jantar do Dia dos Pais porque "infalivelmente um jantar com carne bovina tem aceitação entre os pais".[11] Num capítulo sobre "Hospitalidade feminina", a orientação é servir legumes, saladas e sopas. O *New McCall's Cookbook* [Novo livro de culinária da McCall] afirma que o jantar predileto dos homens é com London Broil. Um "jantar para senhoras" deve ser com pratos que levem queijo e legumes, mas sem carne. Em outro livro, uma seção de cozinha intitulada "Só para os homens" reforça a onipresença da carne na vida dos homens. O que é "só para eles"? London Broil, carne em cubos e bifes.[12]

Os livros de culinária do século XX apenas confirmam o padrão histórico constatado no século XIX, quando as famílias da classe operária inglesa não podiam comprar carne em quantidade suficiente para todos. "Só para os homens" aparece sempre nos cardápios dessas famílias, referindo-se à carne. Fiel às mitologias de uma cultura (os homens precisam de carne, a carne dá força taurina), o homem "que ganha o pão" recebia efetivamente a carne. Os historiadores sociais relatam que ia para o marido a "parte do leão" da carne.

---

* Prato americano que consiste em carne marinada assada no forno ou na brasa. (N. do E.)

E o que era para as mulheres no século XIX? Aos domingos elas podiam ter um jantar modesto, mas satisfatório. Nos outros dias sua comida era pão com manteiga ou gordura derretida, chá fraco, pudim, legumes e verduras. "Nas famílias muito pobres, a esposa é provavelmente a pessoa mais mal alimentada de todo o grupo", observou o doutor Edward Smith no primeiro levantamento nacional de alimentação, que, em 1863, investigou os hábitos alimentares ingleses. O levantamento revelou que numa família a principal diferença entre a dieta masculina e a feminina é a quantidade de carne consumida.[13] Um estudo posterior constatou que as mulheres e as crianças de um condado rural inglês "comem as batatas e ficam olhando para a carne".[14]

Quando a pobreza forçava uma distribuição consciencioso da carne, quem a recebia eram os homens. Muitas mulheres enfatizavam que tinham guardado a carne para o marido. Explicavam assim as conexões entre consumo de carne e papel masculino: "Guardo-a para ele; ele *tem* de comer carne". Amostras do levantamento dos cardápios em famílias de trabalhadores da zona sul de Londres "mostravam carne extra, peixe extra, bolos extras ou uma qualidade diferenciada de carne para o homem". As mulheres comiam carne uma vez por semana com os filhos, enquanto o marido consumia carne e *bacon* "quase diariamente".

No início do século XX, o grupo de Londres da Sociedade Fabiana iniciou um estudo de quatro anos registrando o orçamento diário de trinta famílias de uma comunidade operária. Os orçamentos foram coletados e explicados compassivamente num livro, *Round about a Pound a Week* [Mais ou menos uma libra por semana]. Nesse estudo percebe-se claramente a política sexual da carne:

> Na família que gasta 10 *shillings* com comida, ou até menos, só é possível um tipo de dieta, e é a dieta masculina. As crianças recebem o que sobra. É preciso haver uma boa quantidade de carne ou pelo menos um prato com carne, para satisfazer o desejo do pai pelo tipo de comida que mais lhe agrada e que ele obviamente pretende comer.

Ou, de modo mais sucinto: "A carne é comprada para o homem" e o que sobra do almoço do domingo "ele come frio no dia seguinte".[15] A pobreza também determina quem corta a carne. Como descobriu Cicely

Hamilton durante esse mesmo período, as mulheres cortam quando sabem que não há carne suficiente para todos.[16]

Em situações de abundância, as presunções sobre os papéis sexuais com relação à carne não são tão claras. Por essa razão as semelhanças entre as dietas das mulheres e dos homens ingleses da classe alta são muito maiores do que as verificadas entre as mulheres da classe alta e as da classe operária. Além disso, com a abundância de carne disponível nos Estados Unidos, diferentemente da quantidade restrita disponível na Inglaterra, tem havido carne suficiente para todos, exceto quando os suprimentos eram controlados. Por exemplo, os homens negros escravizados frequentemente recebiam 250 gramas de carne por dia, ao passo que suas pares negras frequentemente recebiam pouco mais de 125 gramas por dia.[17] Além disso, durante as guerras do século XX, o padrão de consumo de carne lembrou o das famílias trabalhadoras inglesas no século XIX, com uma única diferença: o soldado — o "trabalhador" da família do país — recebia carne; quanto aos civis, instava-se com eles para que aprendessem a preparar seus pratos sem carne.

A política racial da carne

O avultado consumo de carne que caracteriza a dieta dos americanos e do mundo ocidental não é apenas um símbolo do poder masculino; é um indicador de racismo. Não me refiro ao racismo no sentido de que estamos tratando uma classe de animais — os que não são seres humanos — diferentemente de como tratamos outra — os que são. Isaac Bashevis Singer dá nome a esse comportamento neste trecho de *Inimigos, uma história de amor*:

> Sempre que Herman assistia à matança de animais e peixes, ele tinha o mesmo pensamento: em seu comportamento com os animais, todos os homens eram nazistas. A presunção que o homem podia fazer com as outras espécies o que bem entendesse ilustrava as teorias racistas mais radicais, o princípio de que o poder está certo.[18]

Refiro-me ao racismo como a exigência de que prevaleçam os arranjos e costumes do poder que favorecem os brancos e de que a aculturação dos outros grupos raciais a esse padrão inclua impor os hábitos de consumo de carne adotados pelos brancos.

Duas crenças paralelas podem ser localizadas no estatuto do racismo do mundo ocidental branco quando a questão é o consumo de carne. A primeira é de que, se o suprimento de carne é limitado, os brancos devem ficar com ele; mas, se há abundância, todos devem comê-la. Essa é uma variação do tema-padrão da política sexual da carne. A hierarquia da proteína da carne reforça uma hierarquia de raça, classe e sexo.

No século XIX os defensores da superioridade branca apoiavam a carne como um alimento superior. Os "trabalhadores do cérebro" precisavam de carne magra como principal componente de sua refeição, mas as classes "selvagens" e "inferiores" da sociedade podiam viver exclusivamente de alimentos mais ordinários — isso de acordo com George Beard, um médico do século XIX especializado em doenças de pessoas da classe média. Aos homens brancos e civilizados da classe média que se tornavam suscetíveis à exaustão nervosa, ele recomendou que comessem mais carne. Para ele, bem como para muitos outros, os cereais e as frutas estão abaixo da carne na escala de evolução, e por isso são os alimentos adequados às outras raças e às mulheres brancas, que também pareciam estar mais abaixo na escala evolutiva. O racismo e o sexismo, juntos, defenderam a carne como o alimento do homem branco.

Influenciado pela teoria evolucionista de Darwin, Beard propôs um corolário para os alimentos; a proteína animal fez em relação à comida vegetal o que a nossa evolução a partir de animais inferiores fez para os seres humanos. Consequentemente:

> À medida que a civilização ou a doença torna sensível um homem, ele deve diminuir a quantidade de cereais e frutas, que estão muito abaixo dele na escala evolutiva, e aumentar a quantidade de alimento animal, muito próximo dele na escala evolutiva, e portanto mais facilmente assimilável.[19]

Em sua análise racista, Beard conciliou a aparente contradição de sua doutrina: "Por que os selvagens e os semisselvagens são capazes de viver com formas de alimento que, de acordo com a teoria da evolução, devem estar muito abaixo deles na escala de desenvolvimento?" Por outras palavras, como é que essas pessoas podem sobreviver muito bem sem uma grande quantidade de proteína animal? Porque os "selvagens" estariam

> pouco afastados do tronco animal comum do qual derivam. Eles estão muito mais próximos das formas de vida das quais se alimentam do que os trabalhadores intelectuais altamente civilizados, e podem portanto subsistir à base de formas de vida que seriam venenosíssimas para nós. Em segundo lugar, os selvagens que se alimentam de comida fraca são selvagens pobres e intelectualmente muito inferiores aos consumidores de carne de qualquer outra raça.

Essa explicação — que dividiu o mundo em comedores de carne intelectualmente superiores e seres inferiores comedores de plantas — foi responsável pela conquista de outras culturas pelos ingleses:

> Os hindus e os chineses comedores de arroz, assim como os camponeses irlandeses que comem batata, são dominados pelos ingleses bem alimentados e desse modo permanecem. Das várias causas que contribuíram para a derrota de Napoleão em Waterloo, uma das principais foi que pela primeira vez ele foi posto cara a cara com a nação de comedores de carne, que ficou de pé até eles serem mortos.

A ideia de que o consumo de carne contribuía para a preeminência do mundo ocidental avançou pelo século XX. Um texto da agência de publicidade contratada por uma empresa de carnes na década de 1940 afirma: "Sabemos que através dos tempos as raças carnívoras têm sido e são líderes no progresso feito pela humanidade em sua luta pela ascensão".[20] Eles se referiam à "luta pela ascensão" da raça branca. Um aspecto revelador dessa "luta pela ascensão" é a acusação de canibalismo que surgiu na época da colonização.

A palavra "canibalismo" entrou no nosso vocabulário depois da "descoberta" do "Novo Mundo". Derivada da pronúncia errada, pelos espanhóis, do nome da população do Caribe, ela ligou ao ato esse povo de pele escura. Enquanto os europeus exploraram as Américas do Norte e do Sul e o continente africano, os indígenas dessas terras eram acusados de canibalismo — o supremo ato selvagem. Uma vez rotulados de canibais, sua derrota e escravização nas mãos dos cristãos brancos civilizados passava a ser justificável. W. Arens afirma que a acusação de canibalismo fazia parte da expansão europeia nos outros continentes.[21]

Arens não encontrou muitas verificações independentes que comprovassem as acusações de canibalismo contra os povos indígenas. Uma fonte bem conhecida de testemunho dúbio sobre o canibalismo foi então plagiada por outros, que afirmavam ser testemunhas oculares. O testemunho ocular não expõe o modo exato como eles foram capazes de escapar do destino do consumo que afirmavam ter testemunhado. Nem tampouco eles explicaram como a barreira da linguagem foi superada, possibilitando-lhes relatar literalmente as conversas tidas com "selvagens". Além disso, seus relatos não apresentam coerência interna.

Acreditou-se que uma causa do canibalismo fosse a falta de proteína animal. Mas a maioria dos próprios europeus durante os séculos da expansão europeia não subsistia à base do consumo diário de proteína animal. A maioria das culturas do mundo satisfazia suas necessidades de proteína com legumes, verduras e grãos. Acusando de canibalismo os indígenas (e assim demonstrando seus modos completamente selvagens, pois eles supostamente faziam com os seres humanos o que os europeus só faziam com os animais), encontrava-se uma justificativa para a colonização.

O racismo se perpetua toda vez que se considera a carne a melhor fonte de proteína. A ênfase sobre as forças nutricionais da proteína animal distorce a história da dieta de um grande número de culturas em que pratos completos de proteína eram feitos à base de legumes e grãos. As informações sobre esses pratos são neutralizadas por um permanente empenho cultural e político no consumo de carne.

A carne impera

Durante a guerra, as políticas de racionamento reservam o direito da carne para a síntese do homem viril: o soldado. Com o racionamento da carne para os civis durante a Segunda Guerra Mundial, o consumo *per capita* de carne no Exército e na Marinha era cerca de duas vezes e meia o do civil típico. Russell Baker observou que a Segunda Guerra Mundial deu início a uma "loucura da carne [...], quando cada suposto guerreiro norte-americano tinha de comer à força seu naco de carne bem gorda".[22] Ao contrário dos livros de receitas para os civis, que louvavam os carboidratos, os livros de culinária para os soldados continham uma variedade de pratos de carne. Um levantamento realizado em quatro acampamentos de treinamento militar relatou que os soldados consumiam diariamente 131 gramas de proteína, 201 gramas de gordura e 484 gramas de carboidratos.[23] Os custos ocultos da masculinidade guerreira serão encontrados na provisão de alimentos definidos como masculinos para os soldados.

As mulheres são as preparadoras do alimento; a carne precisa ser cozida para ficar apetitosa. Assim, na cultura patriarcal, do mesmo modo como nossa cultura aceita as "necessidades" dos seus soldados, as mulheres aceitam as exigências dietéticas do marido, especialmente no que diz respeito à carne. As pesquisadoras feministas dos hábitos das mulheres no início do século XX observaram:

> Muito provavelmente, alguém que tivesse força, sabedoria e vitalidade, que não vivesse aquela vida naqueles cômodos minúsculos e aglomerados, naquela falta de luz e de ar, que não estivesse curvada pelo peso da preocupação mas fosse economicamente independente do homem que ganhava o dinheiro, poderia gastar seus poucos *shillings* com um olho melhor para o valor científico da comida. É bem provável, contudo, que o homem que ganhava o dinheiro recusaria a comida científica e exigiria o salmão e a carne de sempre.[24]

Uma discussão acerca da nutrição durante a guerra continha este aparte: uma coisa, eles admitiam, era demonstrar que havia muitas alternativas viáveis para a carne, "mas outra coisa é convencer disso um homem que aprecia um bom bife".[25] A prerrogativa masculina de comer carne é uma atividade externa observável que reflete implicitamente um fato recorrente: a carne é um símbolo do domínio masculino.

Tradicionalmente se tem acreditado que o trabalhador precisa de carne para ter força. Uma superstição atua nessa crença: ao comer o músculo de animais fortes nos tornaríamos fortes. De acordo com a mitologia da cultura patriarcal, a carne promove a força; atingem-se os atributos da masculinidade comendo-se esses alimentos masculinos. Visões de esportistas carnívoros — jogadores de futebol, boxeadores — sustentam no nosso cérebro essa identificação. Embora esportistas vegetarianos — inclusive levantadores de peso e boxeadores — tenham demonstrado que a identificação é falaciosa, o mito permanece: os homens são fortes, os homens precisam ser fortes, logo, os homens precisam de carne. A evocação literal do poder masculino é encontrada no conceito de carne.

Irving Fisher encontrou já em 1906 a noção de "força" na definição do consumo de carne. Ele sugeriu que a força fosse medida pelo seu poder duradouro, e não pela associação com resultados rápidos, e comparou atletas carnívoros com atletas vegetarianos e vegetarianos sedentários. A resistência foi medida levando os participantes a realizar três exercícios: manter os braços erguidos horizontalmente pelo máximo de tempo possível, curvar bastante os joelhos e levantar sucessivamente as pernas estando deitado. Ele concluiu que os vegetarianos, atletas ou não, tinham maior resistência que os carnívoros. "O registro *máximo* de resistência dos carnívoros era pouco mais da metade da *média* dos vegetarianos".[26]

A carne impera: essa palavra aplicada à carne é um substantivo que denota poder masculino. "Vegetais", um termo genérico que os carnívoros usam para todas as comidas que não são carne, tem sido tão associado às mulheres quanto a carne é associada aos homens, evocando num nível subconsciente os dias da Mulher Coletora. Desde que as mulheres se tornaram auxiliares num mundo dominado pelos homens e carnívoro, o mesmo aconteceu com a nossa comida. Os alimentos associados aos cidadãos de segunda classe são considerados proteína de segunda classe. Do mesmo modo como se pensa que uma mulher não pode se defender sozinha, assim também nós pensamos que os vegetais não podem constituir por si sós uma refeição, apesar do fato de a carne ser apenas vegetal indireto e de os vegetais fornecerem em média mais do dobro das vitaminas e sais minerais que a carne. A carne é sustentada como um item potente e insubstituível da alimentação. A mensagem é clara: o vegetal vassalo deve se contentar com o lugar que lhe foi designado e não tentar tirar a carne do seu trono de rei. Afinal de contas, como é possível entronizar comidas de mulheres quando as mulheres não podem ser reis?

A linguagem masculina do consumo de carne

Os homens que resolvem se abster de carne são julgados efeminados; se um homem deixa de comer carne, está anunciando que não é masculino. A nutricionista Jean Mayer revelou que "quanto mais os homens ficam sentados à escrivaninha durante o dia, tanto mais eles querem se tranquilizar com relação à sua virilidade comendo grandes nacos de carne sangrenta, que são o último símbolo do machismo".[27] Marty Feldman, comediante já falecido, observou:

> Tem a ver com a função do homem na sociedade. Os jogadores de futebol bebem cerveja porque é uma bebida masculina e comem bife porque é uma comida masculina. Aqui se enfatizam as "porções para homem", os sanduíches "de herói"; toda a terminologia da comida à base de carne reflete a preferência masculina.[28]

Homens que comem carne e batata são o nosso estereótipo de homem forte e vigoroso, rude e disposto, capaz. Mike Ditka, técnico de futebol americano e celebridade, é dono de um restaurante que anuncia "comida de He-Man", como bife e costeleta de porco.

A masculinidade de um sujeito é afirmada pelo que ele come. Durante o boicote feito à carne em 1973, soube-se de homens que respeitavam a iniciativa ao jantarem fora com a mulher ou quando comiam em casa, mas nas ocasiões em que comiam sem a mulher pediam London Broil e outras carnes.[29] Quando, em 1955, a mãe de Carolyn Steedman "serviu uma salada de legumes ralados para a ceia de Natal", seu marido se retirou da mesa.[30]

Desigualdade de gênero/espécie

> "Os homens [...] eram melhores caçadores do que as mulheres, mas somente porque as mulheres sabiam que podiam viver muito bem alimentando-se apenas com outras comidas que não a carne."
>
> Alice Walker, *O templo dos meus familiares*[31]

Que qualidade da carne a converte num símbolo e na celebração do domínio masculino? Em muitos aspectos, a desigualdade de gêneros incorpora a desigualdade da espécie proclamada pelo consumo de carne, porque para a maioria das culturas a obtenção da carne era tarefa dos homens. A carne era um bem econômico valioso; quem controlava esse bem adquiria poder. Se os homens eram caçadores, então o controle desse recurso econômico estava nas mãos deles. O *status* das mulheres é inversamente proporcional à importância da carne nas sociedades não tecnológicas.

> A equação é simples: quanto mais importante for a carne na vida dos homens, maior será o domínio que eles exercerão. [...] Quando a carne se torna um elemento importante dentro de um sistema de organização mais rigorosa, de modo a haver regras para a sua distribuição, os homens começam a levantar a alavanca do poder. [...] A posição social das mulheres só é relativamente igual à dos homens quando a própria sociedade não é formalizada em torno de papéis para a distribuição da carne.[32]

Peggy Sanday fez um levantamento das informações sobre mais de cem culturas não tecnológicas e constatou uma correlação entre economias agrícolas e poder das mulheres e economias de base animal e poder dos homens. "Nas sociedades dependentes dos animais, as mulheres raramente são retratadas como a fonte suprema de poder criador." Além disso, "quando animais de grande porte são caçados, os pais ficam mais distantes, ou seja: não estão em proximidade frequente ou regular com os filhos pequenos".[33]

As características das economias dependentes sobretudo do processamento de animais para alimento incluem:

- segregação sexual nas atividades de trabalho, com as mulheres trabalhando mais do que os homens, porém numa ocupação menos valorizada;
- o cuidado com os filhos sendo provido pelas mulheres;
- culto de deuses masculinos;
- patrilinearidade.

Por outro lado, as economias de base agrícola têm maior probabilidade de ser igualitárias. Isso porque as mulheres são e têm sido as coletoras de alimentos vegetais, recursos inestimáveis para uma cultura de base agrícola. Nessas culturas tanto os homens quanto as mulheres eram dependentes das atividades femininas. Com isso elas adquiriam autonomia e um grau de autossuficiência. Mas, onde as mulheres coletam comidas vegetais e a dieta é vegetariana, elas não discriminam como consequência de distribuírem o alimento básico. Fornecendo uma grande proporção do alimento proteico de uma sociedade, as mulheres ganham um papel social e econômico essencial sem abusar dele.

Sanday resume um mito que liga o poder masculino ao controle da carne:

> Os mundurucus acham que houve um tempo em que as mulheres governavam e os papéis sexuais eram invertidos, exceto pelo fato de que as mulheres não podiam caçar. Durante essa época as mulheres eram as agressoras sexuais e os homens eram sexualmente submissos e faziam o trabalho delas. Estas controlavam os "trompetes sagrados" (símbolos do poder) e as casas dos homens. Os trompetes continham os espíritos dos ancestrais, que exigiam oferendas rituais de carne. Uma vez que as mulheres não caçavam e não podiam fazer essas oferendas, os homens foram capazes de tomar delas os trompetes, estabelecendo assim o domínio masculino.[34]

Poderíamos observar que o papel masculino de caçador e distribuidor da carne foi transposto para o papel masculino de comedor de carne, e concluir que isso explica o papel da carne como símbolo do domínio masculino. Mas o papel da carne como símbolo implica muito mais do que isso.

"Vegetal": símbolo da passividade feminina?

As palavras em inglês "*men*" [homens] e "*meat*" [carne] sofreram uma redução lexicográfica. Sendo a princípio termos genéricos, hoje elas se associam intimamente aos seus referentes específicos. "*Meat*" já não significa todos os alimentos; a palavra "*man*" [homem] já não inclui "*women*" [mulheres]. "*Meat*" representa "a essência ou parte principal de algo", de acordo com o *American Heritage Dictionary*. Assim, temos *the "meat of the matter"* [a essência da coisa], "*a meaty question*" [uma questão substancial]. "*Vegetable*" [vegetal], por outro lado, representa as características menos desejáveis: que parece um vegetal, que leva uma existência passiva ou apática, monótona, inativa. Carne é "algo com que nos deliciamos"; e o vegetal se torna representativo de alguém que não se delicia com nada: "pessoa que leva uma vida monótona, passiva ou meramente física".

Uma inversão completa ocorreu na definição da palavra "vegetal". Embora seu sentido original fosse "ser animado, ativo", hoje ela tem o sentido de apático, monótono, passivo. Vegetar é ter uma existência passiva; do mesmo modo como ser feminino é ter uma existência passiva. Uma vez que os legumes e as verduras são considerados comida de mulher, por extensão eles passam a ser considerados "femininos", passivos.

A necessidade masculina de se afastar da comida feminina (como no mito em que o último boxímane foge correndo na direção oposta das mulheres e da sua comida de legumes e verduras) institucionalizou-se em atitudes sexistas em relação a esses alimentos; e no uso da palavra "vegetal", para expressar crítica e desprezo. Coloquialmente, o termo é sinônimo de uma pessoa com grave lesão cerebral ou em coma. Além disso, acredita-se que os vegetais tenham um efeito tranquilizante, embotador, entorpecedor, sobre as pessoas que os consomem, e assim é impossível adquirir força com eles. De acordo com essa incorreta encarnação da teoria de Brillat-Savarin de que você é o que você come, comer um legume ou verdura é se tornar um vegetal e, por extensão, ficar parecido com uma mulher.

Exemplos da campanha presidencial de 1988 nos Estados Unidos, na qual cada candidato foi depreciado por meio da identificação com a condição de ser um vegetal, ilustra o desprezo patriarcal pelos alimentos vegetais. Michael Dukakis foi chamado de "Candidato Prato de Verduras".[35] A Northern Sun Merchandising ofereceu camisetas com a pergunta: "George Bush: verdura ou erva daninha?" Podia-se optar por uma camisa com uma garrafa de ketchup e uma imagem de Ronald Reagan com este *slogan*: "Teste sobre nutrição: qual deles é um vegetal?"[36] (A preocupação da campanha presidencial de 1984 com a frase "Cadê a carne?" é tratada no próximo capítulo.)

A palavra "vegetal" funciona como sinônimo de passividade feminina porque as mulheres supostamente são como as plantas. Hegel deixa isso claro: "A diferença entre os homens e as mulheres é como a que existe entre os animais e as plantas. Os homens correspondem aos animais, ao passo que as mulheres correspondem às plantas porque seu desenvolvimento é mais plácido".[37] Desse ponto de vista, tanto as mulheres quanto as plantas são consideradas menos desenvolvidas e menos evoluídas do que os homens e os animais. Consequentemente, elas podem comer plantas, já que ambas são plácidas; mas os homens ativos precisam de carne animal.

A carne é um símbolo do patriarcado

Em seu ensaio "Deciphering a Meal" [Decifrando uma refeição] a respeitada antropóloga Mary Douglas mostra que a ordem em que servimos os alimentos e os alimentos que insistimos em apresentar numa refeição remetem a uma classificação que reflete e reforça a nossa cultura mais ampla. Uma refeição é um amálgama de pratos de comida, sendo cada um deles parte do todo e tendo cada um o seu valor atribuído. Além disso, cada prato é apresentado numa ordem precisa. Uma refeição não começa com a sobremesa nem termina com uma sopa. Tudo é visto como levando ao prato principal e depois afastando-se dele, e esse prato é a carne. O padrão é indício de estabilidade. Como explica Douglas:

> O sistema ordenado que é uma refeição representa todos os sistemas ordenados ligados a ela. Daí a grande agitação que provoca a ameaça de enfraquecimento ou perturbação dessa categoria.[38]

Retirar a carne da refeição é ameaçar a estrutura da cultura patriarcal mais ampla.

Marabel Morgan, que instrui as mulheres sobre como elas devem concordar com o desejo dos homens, relatou no seu *Total Woman Cookbook* [Livro de culinária da mulher total] que é preciso ter cuidado com a apresentação de comidas consideradas uma ameaça: "Descobri que Charlie parecia sentir-se ameaçado com certas comidas. Desconfiava dos meus pratos assados, achando que eu havia introduzido algum gérmen de trigo ou legumes 'bons para você' que ele detestava".[39]

Em *Pássaros da América*, Mary McCarthy oferece uma ilustração ficcional do aspecto intimidador de uma mulher que se recusa a comer carne. A srta. Scott, vegetariana, é convidada para o jantar do dia de Ação de Graças na casa de um general da OTAN. Ela se recusa a comer o peru e o general se enfurece. Sendo incapaz de encarar essa rejeição, pois o domínio masculino precisa ser lembrado continuamente no prato de todos os demais, o general enche de peru o prato da moça e depois derrama uma concha de molho sobre a batata e também sobre a carne, "contaminando assim os legumes e a verdura de que ela havia se servido". A descrição que McCarthy faz das ações do general com a comida reflete os costumes guerreiros associados aos combates militares. "Ele tinha agarrado a molheira como uma arma num combate corpo a corpo. Não é de admirar que o tenham promovido a general — pelo menos esse mistério foi solucionado." O general continua se comportando de modo belicoso e depois do jantar propõe um brinde a um rapaz de 18 anos que havia se alistado para lutar no Vietnã. Durante a discussão que se segue, o general defende o bombardeio do Vietnã com a pergunta retórica: "O que é que um civil tem de tão sagrado?" Isso transtorna o recruta, levando a mulher do general a se desculpar pelo comportamento do marido: "Cá entre nós", ela lhe confidencia, "meu marido se irritou, vendo essa moça se recusar a tocar na comida. Percebi isso imediatamente".[40]

A beligerância masculina nessa área não se limita aos militares da ficção. Os homens que batem em mulheres usam frequentemente a ausência de carne como pretexto para o seu comportamento. Deixar de servir carne não é a causa da violência contra as mulheres. Os homens que detêm o controle usam esse fato, como qualquer outra coisa, apenas como desculpa para a sua violência. Mas como os homens "de verdade" comem carne, os que batem na mulher têm um ícone cultural para mobilizar, enquanto desviam a atenção da sua necessidade de controlar. Como disse uma mulher que apanhou do marido: "A coisa começava com ele se zangando por causa de bobagens, de uma bobagenzinha como queijo em vez de carne num sanduíche".[41] Outra mulher afirmou: "Um mês atrás ele me atirou água fervente, deixando uma cicatriz no meu braço direito. Tudo porque eu lhe dei uma torta de legumes no jantar, em vez de carne".[42]

Os homens que se tornaram vegetarianos contestam uma parte essencial do papel masculino. Optam por comida de mulher. Como eles ousam fazer isso? Recusar a carne significa que um homem é efeminado, um maricas, um boiola. Na verdade, em 1836 a reação ao regime vegetariano da época, conhecido como grahamismo, acusava que a "emasculação é o primeiro fruto do grahamismo".[43]

Os homens que optam por não comer carne repudiam um dos seus privilégios masculinos. O *New York Times* explorou essa ideia num editorial sobre a natureza masculina do consumo de carne. Em vez do modelo John Wayne para o homem carnívoro, o novo herói masculino é "vulnerável", como Alan Alda, Mikhail Baryshnikov e Phil Donahue. Eles podem comer peixes mortos e frangos mortos, mas não carne vermelha. Alda e Donahue, entre outros, não só repudiaram o papel de macho, mas também a comida de macho. "Acredite: o fim do macho assinala o fim do homem carne e batata", segundo o *Times*.[44] Não teremos saudade de nenhum deles.

Capítulo 2

Estupro de animais, retalhamento de mulheres

"A primeira metáfora foi animal."

John Berger, "Why Look at Animals?"

"Ele apalpou meus seios como se estivesse fazendo uma bola de carne."

Mary Gordon, *Final Payments* [Pagamentos finais]

"Não era possível assistir por muito tempo [ao retalhamento] sem se tornar filosófico, sem começar a se ocupar de símbolos e alegorias, e a ouvir o guincho suíno do universo."

Upton Sinclair, *The Jungle* [A selva]

Um ser sexual saudável posa ao lado do seu coquetel: usa apenas a peça de baixo do biquíni e deleita-se numa ampla poltrona com a cabeça repousando sedutoramente sobre um elegante forro de renda. A bebida convidativa, com uma fatia de limão, espera na mesa. Seus olhos estão fechados; sua expressão facial irradia prazer, relaxamento, sedução. Ela está tocando sua genitália num ato atento, masturbatório. A fórmula está completa. Mas não é uma mulher: quem faz isso é uma porca. "Ursula Hamdress" apareceu na *Playboar*, uma revista que se proclama "a *Playboy* do criador de porcos".[1] Como é possível explicar a substituição de uma mulher por um animal não humano nessa representação pornográfica? Ela está convidando alguém a estuprá-la ou a comê-la? (ver figura 1.)

Em 1987 eu me referi à Ursula Hamdress num painel intitulado "Violência sexual — representação e realidade" num grupo de estudos da Princenton's Graduate Women's Studies Conference: "Feminismo e suas traduções". No mesmo mês, a cem quilômetros de distância dali, três mulheres foram encontradas acorrentadas no porão da casa de Gary Heidnik, na Filadélfia. Na cozinha, partes do corpo de uma mulher foram encontradas no forno, num caldeirão sobre o fogão e na geladeira. Seus braços e suas pernas tinham sido servidos às outras mulheres presas ali. Uma das sobreviventes relatou que, enquanto estivera acorrentada, Heidnick a havia estuprado várias vezes.[2]

Eu afirmo que Ursula Hamdress e as mulheres estupradas que Heidnik matou e serviu às suas prisioneiras estão ligadas por uma superposição de imagens culturais da violência sexual contra as mulheres e da fragmentação e desmembramento da natureza e do corpo na cultura ocidental.[3] Especialmente interessantes são as representações culturais do retalhamento de animais, porque o consumo de carne é o meio mais frequente pelo qual interagimos com os animais. O retalhamento é o ato facilitador por excelência para o consumo da carne. Executa um literal desmembramento dos animais enquanto proclama nossa separação intelectual e emocional em relação ao desejo deles de viver. O retalhamento como paradigma fornece também um acesso para compreendermos a razão pela qual existe uma profusão de imagens culturais sobrepostas.

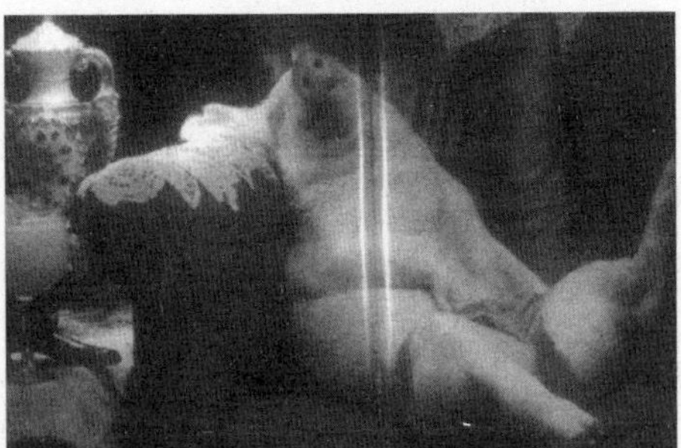

Figura 1. "Ursula Hamdress", da *Playboar*. Esse material foi reproduzido em *The Beast: The Magazine That Bites Back*, 10 (verão de 1981), pp. 18-19. O animal foi fotografado por Jim Mason, defensor dos animais, na Feira Estadual de Iowa, onde o mostraram como uma "*pinup*".

O referente ausente

Por meio do retalhamento, os animais se tornam referentes ausentes. Os animais com nome e corpo tornam-se ausentes *como animais* para que a carne exista. A vida dos animais precede e possibilita a existência da carne. Se eles estiverem vivos, não poderão ser carne. Assim, o corpo morto substitui o animal vivo. Sem animais não haveria consumo de carne, mas eles estão ausentes do ato de comer carne, por terem sido transformados em comida.

Os animais tornam-se ausentes por meio da linguagem que renomeia corpos mortos antes de os consumidores os comerem. Além disso, nossa cultura mistifica o termo "carne" com a linguagem gastronômica, porque com isso não evocamos morte, animais retalhados, mas apenas cozinha. A linguagem contribui igualmente para a ausência dos animais. Embora os significados culturais do consumo de carne mudem historicamente, uma parte essencial do significado da carne é estática: não se come carne sem a morte de um animal. Os animais vivos são, portanto, os referentes ausentes do conceito de carne. O referente ausente nos permite esquecer o animal como uma entidade independente; além disso, nos capacita a resistir aos esforços para tornar presentes os animais.

Existem atualmente três modos pelos quais os animais se tornam referentes ausentes. Um é literal: como acabei de afirmar, no consumo da carne eles estão literalmente ausentes porque estão mortos. Outro modo é conceitual: quando comemos animais, mudamos o modo como falamos deles, por exemplo, não falando mais de filhotes, mas de bezerro, novilho. Como veremos mais claramente no próximo capítulo, que examina a linguagem sobre o consumo de animais, a palavra "carne" tem um referente ausente, os animais mortos. O terceiro modo é metafórico: os animais se tornam metáforas para descrever as experiências humanas. Nesse sentido metafórico, o significado do referente ausente deriva da sua aplicação ou da referência a algo mais.

Quando o referente ausente se torna metáfora, seu significado é elevado a uma função "mais alta" ou mais imaginativa do que a sua própria existência poderia merecer ou revelar. Um exemplo disso é quando as mulheres vítimas de estupro ou espancadas dizem: "Eu me senti como um pedaço de carne". Nesse exemplo, o significado da carne não se refere a ela própria, mas a como se sentiu uma mulher vitimizada pela violência masculina. Que a carne está funcionando como um referente ausente é um fato claro quando ampliamos o significado da metáfora: ninguém pode se *sentir* verdadeiramente como um pedaço de carne. Teresa de Lauretis observou: "Ninguém pode verdadeiramente *ver* a si mesmo como um objeto inerte ou um corpo invisível",[4] e ninguém pode verdadeiramente se sentir como um pedaço de carne porque a carne, por definição, é algo violentamente destituído de qualquer sentimento. O uso da frase "sentir-se como um pedaço de carne" ocorre dentro de um sistema metafórico de linguagem.

Os animais se tornaram referentes ausentes cujo destino é transmutado numa metáfora para a existência ou o destino de outrem. Metaforicamente, o referente ausente pode ser qualquer coisa cujo significado original é solapado, ao ser absorvido numa hierarquia de significado diferente; nesse caso, o significado original do destino dos animais é absorvido numa hierarquia centrada no homem. Especificamente com relação às mulheres vítimas de estupro e às espancadas, a experiência de morte dos animais age para ilustrar a experiência pela qual elas passaram.

O referente ausente está ao mesmo tempo presente e não presente. Está presente por meio da inferência, mas sua significação se reflete apenas naquilo a que ele se refere, porque a experiência que lhe deu origem, literal, que fornece o significado, não está presente.[5] Deixamos de atribuir a esse referente ausente a sua própria existência.

Mulheres e animais: referentes superpostos, mas ausentes

Este capítulo propõe que uma estrutura de referentes superpostos, mas ausentes, liga a violência contra as mulheres com a praticada com os animais. Por meio da estrutura do referente ausente os valores patriarcais tornam-se institucionalizados. Do mesmo modo como os corpos mortos estão ausentes da nossa linguagem sobre a carne, nas descrições da violência cultural as mulheres também são, muitas vezes, o referente ausente. O estupro, em particular, carrega um imaginário tão vigoroso que muitas vezes a palavra é emprestada da experiência literal das mulheres e aplicada metaforicamente a outros casos de devastação violenta, como o "estupro" da terra nos textos ecológicos do início da década de 1970. A experiência das mulheres torna-se assim um veículo para descrever outras opressões. As mulheres, sobre cujo corpo o estupro muitas vezes é efetivamente cometido, tornam-se o referente ausente quando a linguagem da violência sexual é usada metaforicamente. Esses termos lembram as experiências das mulheres, mas não as mulheres.

Quando uso o termo "estupro de animais", a experiência das mulheres torna-se um veículo para explicar a opressão de outro ser. Isso é certo? Alguns termos são tão eloquentemente específicos da opressão de um grupo que sua apropriação para outros é potencialmente exploradora: por exemplo, o uso de "Holocausto" exclusivamente para o genocídio nazista dos judeus da Europa e de outros locais. O contexto social do estupro das mulheres é diferente daquele que se verifica entre os outros animais. O mesmo ocorre com relação ao retalhamento dos animais. Mas as feministas, entre outros, apropriam-se da metáfora do retalhamento sem reconhecer a opressão original dos animais e que gera a força da metáfora. Por meio da função do referente ausente, a cultura ocidental constantemente converte a realidade material da violência em metáforas controladas e controláveis.

A violência sexual e o consumo de carne, que parecem ser formas distintas de violência, têm no referente ausente um ponto de interseção. As imagens culturais de violência sexual, e a violência sexual real, frequentemente repousam no nosso conhecimento de como os animais são retalhados e comidos. Por exemplo, Kathy Barry nos fala de *maisons d'abattage* (tradução literal: casas de matança) onde seis ou sete mulheres atendem 80 a 120 clientes por noite.[6] Além disso o equipamento pornográfico usado para a sujeição — correntes, espetos de gado, laço, coleiras de cachorro e cordas — evoca o controle sobre os animais. Assim, quando as mulheres são vítimas de violência, o tratamento dado aos animais é lembrado.

De modo semelhante, nas imagens de chacina de animais, insinuações eróticas mostram que as mulheres são o referente ausente. Se os animais são o referente ausente na expressão "retalhamento de mulheres", as mulheres são o referente ausente na expressão "estupro de animais". O impacto de uma porca sedutora apoia-se numa mulher ausente mas imaginável, sedutora, carnuda. Ursula Hamdress é ao mesmo tempo metáfora e piada; seu efeito dissonante (ou jocoso) baseia-se no fato de estarmos todos acostumados a ver as mulheres representadas desse modo. A imagem de Ursula se refere a algo que está ausente: o corpo humano feminino. A estrutura do referente ausente na cultura patriarcal fortalece as opressões individuais ao lembrar sempre outros grupos de opressão.

Pelo fato de a estrutura de referentes ausentes superpostos estar muito arraigada na cultura ocidental, ela inevitavelmente enreda os indivíduos. Nossa participação se desenvolve como parte da internalização dos padrões e pontos de vista culturais, e assim deixamos de ver algo de perturbador na violência e no domínio que são partes inextricáveis dessa estrutura. Consequentemente, as mulheres comem carne, trabalham em matadouros, de vez em quando tratam outras mulheres como "carne", e os homens de vez em quando são vítimas de violência sexual. Além disso, dado que ao comerem carne as mulheres participam e se beneficiam do mesmo modo que os homens da estrutura do referente ausente, elas não atingem a distância pessoal que lhes permitiria perceber seu envolvimento na estrutura e a opressão original dos animais que estabelece a força da metáfora do retalhamento.

A interação entre opressão física e a dependência das metáforas que se apoiam no referente ausente indica que nós nos distanciamos de tudo o que é diferente igualando a coisa com algo que já objetualizamos. Por exemplo, a delimitação entre animais e pessoas foi invocada durante o início do período moderno para enfatizar o distanciamento social. De acordo com Keith Thomas, os bebês, os jovens, os pobres, os negros, os irlandeses, os loucos e as mulheres eram considerados bestiais:

> Uma vez percebidas como animais, possivelmente as pessoas eram tratadas como tal. A ética do domínio humano retirou os animais da esfera de interesse humano. Mas também legitimou o mau tratamento dado aos seres humanos que estavam numa suposta condição animal.[7]

Racismo e referente ausente

Por meio da estrutura do referente ausente ocorre uma dialética da ausência e da presença dos grupos oprimidos. O que é ausente encaminha para um determinado grupo oprimido, enquanto define outro. Isso tem implicações teóricas para classe e raça, assim como para a violência contra as mulheres e os animais. Embora eu queira me concentrar sobre as opressões superpostas das mulheres e dos animais, a função do referente ausente precisa ser mais bem explorada, assim como faz Marjorie Spiegel em *The Dreaded Comparison: Human and Animal Slavery* [A comparação temida: escravidão humana e animal]. Marjorie discute a conexão entre opressão racial e opressão animal e, ao fazer isso, demonstra sua relação superposta.[8]

A estrutura do referente ausente exige ajudantes que realizam a eliminação do animal, uma forma de trabalho alienado. Os animais vivos e inteiros são os referentes ausentes não só no consumo da carne, mas também no comércio de peles. É interessante nesse caso a conexão entre a opressão dos animais por meio do comércio de peles e a opressão dos negros como escravos. Os historiadores que se ocupam do tema mostram que os animais de peles comercializáveis constituíram uma das razões pelas quais os negros, e não os índios americanos, foram oprimidos por meio da instituição branca norte-americana da escravidão. Como Vincent Harding expõe em *There Is a River: The Black Struggle for Freedom in America* [Existe um rio: a luta dos negros pela liberdade nos Estados Unidos]: "Nos primeiros tempos, uma importante fonte de renda para os europeus na América do Norte foi o comércio de peles com os índios, que seria posto em risco caso estes fossem escravizados".[9] Embora os fatores que causaram a opressão dos nativos norte-americanos e dos negros não sejam redutíveis a esse exemplo, efetivamente vemos nele o fortalecedor de opressões interativas pelo referente ausente. Também vemos que em nossas análises sobre a opressão dos seres humanos não devemos ignorar a opressão dos animais. Contudo, o referente ausente, por causa da sua ausência, nos impede de descobrir as conexões entre os grupos oprimidos.

Quando a pessoa se torna alerta para a função do referente ausente e se recusa a comer animais, percebe que o uso de metáforas que recorrem à opressão dos animais pode simultaneamente criticar aquilo para o que a metáfora aponta e aquilo de que ela deriva. Por exemplo, quando Dick Gregory, um vegetariano e ativista pelos direitos civis, compara o gueto urbano ao matadouro, ele faz isso condenando a ambos e mostrando o funcionamento do referente ausente no sentido de apagar a responsabilidade pelos horrores de ambos:

> Tanto os animais quanto os seres humanos sofrem e morrem. Se tivesse de matar o seu porco, você muito provavelmente não seria capaz de comê-lo. Ouvir o grito do porco, ver o sangue espirrar, ver o filhote ser levado para longe da mãe e ver o olhar de morte no olho do animal reviraria o seu estômago. Por isso, o açougueiro mata por você. De modo semelhante, se os aristocratas ricos que perpetram as condições do gueto realmente ouvissem os gritos de sofrimento que ali se ouvem ou vissem a morte lenta dos garotinhos famintos, ou assistissem ao estrangulamento da humanidade e da dignidade, eles não continuariam a matança. Mas os ricos são protegidos desse horror. [...] Se for capaz de justificar a matança para comer carne, você será capaz de justificar as condições do gueto. Quanto a mim, eu não posso justificar nem um nem outro.[10]

Violência sexual e consumo de carne

Para reunir o principal objeto deste capítulo — a questão da violência sexual e do consumo de carne como opressões entrelaçadas e seu ponto de interseção no referente ausente —, é instrutivo considerar os incidentes da violência masculina. Os homens que batem em mulheres, os estupradores, os assassinos em série e os que cometem violência contra crianças têm vitimizado animais.[11] Fazem isso por diversas razões: os estupradores podem usar um animal para intimidar, coagir, controlar ou violentar uma mulher. Os assassinos em série frequentemente se iniciam na violência praticando-a nos animais. Muitos dos alunos do sexo masculino que mataram seus colegas de classe em várias comunidades na década de 1990 eram caçadores ou já haviam matado animais. As crianças que sofreram violência sexual relatam frequentemente que o agressor usou ameaças e/ou violência contra seu animal de estimação para conseguir ser obedecido. Os homens que batem em mulheres ferem ou matam um animal de estimação para advertir a companheira de que ela pode ser a próxima; como um meio de separá-la mais das relações que ela preza; para demonstrar seu poder e a impotência dela. A mulher ou a criança ameaçada é o referente ausente quando se mata um animal de estimação. Dentro da ordem simbólica, o referente fragmentado já não evoca a si mesmo, e sim a outra coisa.[12] Embora o padrão de matar animais de estimação como advertência para uma mulher ou uma criança que sofre violência tenha sido obtido a partir de recentes estudos de caso sobre violência doméstica, a história de um homem que mata o animal de estimação de sua mulher, em vez dela, pode ser encontrada num conto do início do século xx: "A Jury of Her Peers" [Um júri com suas iguais], de Susan Glaspell, expõe essa função do referente ausente e o fato de os iguais de uma mulher, ou seja, outras mulheres, reconhecerem essa função.[13]

Contudo, o referente ausente, em razão da sua ausência, geralmente impede que estabeleçamos conexões entre grupos oprimidos. As imagens culturais de retalhamento e violência sexual são tão interpenetradas que no discurso feminista radical os animais atuam como o referente ausente. Nesse sentido, a teoria feminista radical participa do mesmo conjunto de estruturas representacionais que ela quer expor. Nós sustentamos a estrutura patriarcal de referentes ausentes, apropriando-nos da experiência dos animais para interpretar a violência cometida conosco. Assim, ficamos sabendo de uma mulher que foi ao médico depois de ter apanhado e ouviu dele que sua perna "estava parecendo um pedaço de carne crua dependurado na vitrine do açougueiro".[14] As feministas consideram essa descrição literal como uma metáfora para a opressão feminina. Andrea Dworkin afirma que a pornografia apresenta a mulher como "um pedaço de carne de fêmea" e Gena Corea observa que "as mulheres dos bordéis podem ser usadas como animais em gaiolas".[15] Linda Lovelace afirma que, quando foi apresentada a Xaviera Hollander para que ela a inspecionasse, "Xaviera olhou para mim como um açougueiro inspecionando um flanco de carne bovina".[16] Quando uma atriz de cinema cometeu suicídio, outra atriz descreveu o dilema vivido por aquela colega e por muitas outras: "Eles nos tratam como carne". Sobre essa declaração, escreve Susan Griffin: "Ela quer dizer que os homens que as contratam as tratam como menos que humanas, como matéria sem espírito".[17] Em todos esses exemplos, as feministas usaram a violência contra os animais como metáfora, tornando literal *e* feminilizando essa metáfora. Quem é matéria sem espírito é matéria-prima para exploração e empréstimo metafórico.[18]

Apesar dessa dependência em relação ao *imaginário* do retalhamento, o discurso feminista radical não integrou a opressão *literal* dos animais à nossa análise da cultura patriarcal, nem reconheceu a forte ligação histórica entre feminismo e vegetarianismo. Enquanto as mulheres podem se sentir como pedaços de carne e ser tratadas como pedaços de carne — emocionalmente retalhadas e fisicamente espancadas —, os animais são de fato transformados em pedaços de carne. Na teoria feminista radical, o uso dessas metáforas se alterna entre uma atividade positiva figurativa e uma atividade negativa de oclusão, negação e omissão, em que o destino literal do animal é suprimido. Poderia a própria metáfora ser a roupa íntima para o traje da opressão?

O ciclo de objetualização, fragmentação e consumo

O que se faz necessário é uma teoria que exponha trajetórias paralelas: a opressão comum das mulheres e dos animais e os problemas da metáfora e do referente ausente. Proponho um ciclo de objetualização, fragmentação e consumo que ligue o retalhamento e a violência sexual na nossa cultura. A objetualização permite ao opressor ver outro ser como um objeto. Assim, ao tratar como objeto esse ser, o opressor o estupra; exemplo disso é o estupro cometido contra as mulheres ao lhes ser negada a liberdade de dizer não, ou o retalhamento de animais, que de seres vivos que respiram são convertidos em objetos mortos. Esse processo permite a fragmentação ou o brutal esquartejamento e finalmente o consumo. Embora chegue a acontecer de literalmente um homem comer mulheres, todos consumimos imagens de mulheres durante todo o tempo.[19] O consumo é a efetivação da opressão, a aniquilação da vontade, da identidade separada. Com a linguagem acontece o mesmo: um sujeito é, primeiro, visto como objeto, ou transformado nisso, por meio da metáfora. Por meio da fragmentação o objeto é separado do seu significado ontológico. Finalmente, consumido, ele existe apenas por meio do que representa. O consumo do referente reitera a sua aniquilação como sujeito que tem importância em si mesmo.

Uma vez que este capítulo versa sobre como a cultura patriarcal trata os animais assim como as mulheres, a imagem da carne é adequada para ilustrar essa trajetória de objetualização, fragmentação e consumo. O processo literal de transformar violentamente animais vivos em animais mortos consumíveis é emblemático do processo conceitual pelo qual o ponto referencial do consumo de carne é mudado. As culturas que adotam a carne industrializada, como os Estados Unidos e a Grã-Bretanha, exemplificam o processo pelo qual os animais vivos são eliminados da ideia de carne. O processo físico de retalhamento de um animal é recapitulado no nível verbal por meio de palavras de objetualização e fragmentação.

Os animais tornam-se não-seres não somente pela tecnologia como também por expressões inócuas como "unidade de produção de alimentos", "coletor de proteínas", "máquina de conversão" e "biomáquinas". A indústria produtora de carne considera que um animal é composto de partes "comestíveis" e "não comestíveis", que precisam ser separadas para que as últimas não contaminem as primeiras. O animal passa por uma "linha de desmontagem", perdendo partes do corpo a cada ponto de parada. Essa fragmentação não só o desmembra: ela muda o modo como conceituamos os animais. Assim, na primeira edição do *American Heritage Dictionary of the English Language* a definição de "*lamb*" [cordeiro] não foi ilustrada com a imagem do animalzinho, mas sim com um corpo comestível dividido em costelas, lombo e pernil.[20]

Depois de ser retalhado, as partes fragmentadas do corpo frequentemente são renomeadas para que o fato de já terem pertencido a um animal seja obscurecido. Depois da morte, as vacas se tornam rosbife, bife, hambúrguer; os porcos se tornam *bacon*, salsicha. Uma vez que os objetos são propriedade de alguém, eles perdem sua especificidade; assim, dizemos "perna *de* porco", e não "perna *do* porco", "asa *de* galinha", e não "asa *da* galinha". Optamos por referenciais menos inquietantes, não só fazendo com que os nomes dos animais sejam substituídos por nomes de carne como também cozinhando, temperando e cobrindo com molhos os animais, disfarçando sua natureza original.

Só então pode ocorrer o consumo: o consumo real do animal, agora morto, e o consumo metafórico do termo "carne", de tal modo que ele se refere somente a produtos alimentícios, e não ao animal morto. Numa cultura patriarcal, a carne fica sem o seu referente. É assim que a queremos, como William Hazlitt admitiu honestamente em 1826:

> Os animais utilizados como comida devem ser reduzidos em tamanho até ficarem imperceptíveis [...] não podemos deixar que sua forma nos censure por nossa glutonia e crueldade. Detesto ver um coelho no espeto ou uma lebre trazida para a mesa na forma que tinha quando viva.[21]

O animal morto é o ponto além do referente culturalmente suposto da carne.

O consumo metafórico da carne

Sem ter seu referente no animal morto, sangrento, retalhado, a carne se torna uma imagem flutuante. É vista como veículo de significado, e não como tendo um significado inerente; o referente "animal" foi consumido. "Carne" se torna uma palavra para expressar a opressão das mulheres, usada igualmente pelo patriarcado e pelas feministas, segundo as quais as mulheres são "pedaços de carne". Em vista da ausência do referente real, a carne como metáfora é facilmente adaptável. Embora frases como *Where's the Beef?*[*] pareçam diametralmente opostas ao uso de "carne" para transmitir a ideia de opressão, *Where's the Beef?* confirma a fluidez do referente ausente, ao mesmo

[*] "Cadê a carne?": Frase do comercial de uma cadeia de hambúrgueres veiculado pela televisão americana com o objetivo de aumentar a chamada "percepção do tamanho" por parte do cliente. Nele, três velhotas estão comendo grandes hambúrgueres num restaurante chamado "Casa do Pãozão". Elas admiram o pão, realmente enorme, mas nele veem apenas uma fina e minúscula fatia de carne. Então uma das velhotas grita, muito indignada mas controlada: "Cadê a carne?" A frase passou a ser usada — até mesmo em campanhas políticas — com o propósito de desmistificação. (N. da T.)

tempo que reforça os modos extremamente específicos, agressivos, em que a palavra *beef* é usada para se referir às mulheres. Em parte, a conversão de *beef* [boi; carne bovina] em *meat* [carne] visa tornar a palavra não masculina. Quando *meat* contém ressonâncias de poder, o poder que ela evoca é masculino. A genitália e a sexualidade masculinas são às vezes inferidas quando se discute *meat* (o que é curioso, uma vez que os animais machos adultos não castrados raramente são comidos). *Meat* é tornada não masculina por meio do desmembramento violento. Como uma imagem cujo significado original foi consumido e anulado, o significado de *meat* é estruturado pelo seu ambiente.

Meat vem sendo usada há muito tempo pela cultura ocidental como uma metáfora para a opressão das mulheres. O paradigma para o consumo de uma mulher para além do seu estupro, como foi comentado no prefácio, é a história de Zeus e Métis: "Zeus desejava Métis, a Titanesa, que assumia várias formas diferentes para fugir dele, até que ele finalmente a pegou e a engravidou". Quando foi advertido por uma sibila de que se Métis concebesse uma segunda vez ele seria deposto por esse filho, Zeus decidiu engolir Métis, que, afirmou ele, continuou lhe dando conselhos de dentro da sua barriga. O consumo parece ser a etapa final do desejo sexual masculino. Zeus seduz Métis com palavras a fim de devorá-la: "Com lisonjas e palavras melífluas, consegue conduzi-la à alcova. Subitamente, ele abre a boca e a engole, e esse foi o fim de Métis".[22] Um componente essencial da cultura androcêntrica foi construído sobre essas ações de Zeus: a visão do objeto sexualmente desejado como consumível. Mas não sabemos nada com relação ao desmembramento no mito do consumo de Métis por Zeus. Como, exatamente, Zeus pôde fazer entrar na sua boca, de uma só vez, o corpo de Métis, ela estando grávida, com braços, ombros, peito, barriga, pernas e pés? O mito não reconhece como o referente ausente se torna ausente.

Fragmentação eliminadora

Paralelo à relação eliminada entre metáfora e referente é o papel não reconhecido da fragmentação no consumo da carne. Nossa mente se desloca do ser convertido em objeto para a comida consumível. Eliminam-se as ações de fragmentar, matar e dividir. Na verdade, a cultura patriarcal cerca de silêncio o retalhamento real. Os matadouros são estruturas enclausuradas. Não vemos nem ouvimos o que acontece ali.[23] Isso faz com que o consumo pareça acontecer imediatamente depois da objetualização, pois o próprio consumo foi tornado objeto. Discutindo em 1907 a aliança das mulheres e trabalhadores durante um animado protesto contra a vivissecção, Coral Lansbury apresenta este lembrete: "Já se disse que uma visita a um matadouro transformaria em vegetariano o mais convicto carnívoro existente entre nós".[24] Em "How to Build a Slaughterhouse" [Como construir um matadouro], Richard Selzer observa que o conhecimento oferecido pelo matadouro é um conhecimento que nós não queremos ter: "Antes de terminada, essa visita de campo a um matadouro tinha se tornado para mim uma descida aos infernos, uma visão da vida que certamente teria sido melhor nunca ter conhecido".[25] Não queremos saber da fragmentação porque esse é o processo pelo qual o referente vivo desaparece.

Fragmento 1: Violência com equipamentos

> "Abandone o seu ser, quem quer que entre aqui. Torne-se parte componente, engrenada, enredada, regulada, controlada.
>
> Inferno. [...] Porcos bamboleando, dançando pela correia transportadora, 300, 350 por hora. Mary correndo, correndo pela plataforma estreita para continuar carimbando, carimbando os couros. Sob o rufar estremecedor da máquina de esmagar crânios, nas nuvens espectrais de vapor, todos com o mesmo movimento hora após hora: Kryckszi levantando seu cutelo para dar um vigoroso golpe único; o giro longo e contínuo do braço dos desossadores. [...]
>
> *Engrenada, enredada*, a sala de abate: golpeadores, acorrentadores, rotuladores, degoladores, desossadores, quebradores de patas, serradores de peito e ísquio, extratores de redenho; os que cortam e dobram o couro, os que o mergulham no tonel.
>
> — Por toda a mixórdia de prédios [...] de morte, desmembramento e desaparecimento completo de criaturas inofensivas, dóceis e meigas, folgazãs, arredias — Inferno."
>
> Tillie Olsen, *Yonnondio*[26]

A instituição do retalhamento é exclusiva dos seres humanos. Todos os animais carnívoros matam e consomem suas presas. Eles veem e ouvem a vítima antes de comê-la. Não há referente ausente, apenas um corpo morto. Com esse fato, Plutarco escarnece de seus leitores em "Ensaio sobre o consumo de carne": se vocês acham que são carnívoros, "então, para começar, matem *vocês mesmos* o que querem comer — mas façam isso vocês mesmos, com as suas próprias armas *naturais*, sem usar faca de açougueiro, machado ou porrete". Plutarco mostra que as pessoas não têm o corpo equipado para comer a carne na carcaça: "Não têm bico curvado, não têm garras afiadas, não têm dentes pontudos".[27] Nós somos desprovidos de meios corporais para matar e desmembrar os animais que comemos; precisamos de equipamentos.

A essência do retalhamento é fragmentar o animal em pedaços suficientemente pequenos para poderem ser comidos. Os equipamentos são os arremedos de dentes que serram e de garras que rasgam. Ao mesmo tempo eles fazem desaparecer o referente, graças a eles ocorre "o desaparecimento completo de criaturas inofensivas".

Hannah Arendt afirma que a violência sempre precisa de equipamentos.[28] Sem a violência cometida com equipamentos, os seres humanos não poderiam comer carne. A violência é fundamental na matança. Facas afiadas são essenciais para transformar o animal vivo anestesiado em carne morta comestível. As facas não são, nesse caso, mecanismos tão aniquiladores quanto capacitadores. Para a matança na fazenda, alguns dos equipamentos exigidos são: raspador usado em porcos, gancho de ferro para porcos e bezerros inteiros, instrumento para atordoar, cutelo grande, cutelo pequeno, facas de esfolar, martelo para quebrar ossos, ganchos diversos, serra para a carne, faca para fatiar, bomba para banho com substâncias próprias para curtir o couro, faca pontiaguda e moedor de carne. Os grandes matadouros usam 34 tipos diferentes de faca. Selzer observa que os homens de um matadouro "têm a sincronia de bailarinos e ficam em silêncio durante a maior parte do tempo. A conversa que ocorre é entre suas facas; elas murmuram e ficam se apertando umas contra as outras".[29] Os equipamentos usados contra os animais são uma das primeiras coisas destruídas depois da subversão da ordem em *A revolução dos bichos*, de George Orwell.

Fragmento 2: O matadouro

> "Os matadouros realizam sua atividade em segredo; decidem o que veremos e escondem de nós o que decidem esconder."
>
> Richard Selzer[30]

De modo geral, se entramos num matadouro, fazemos isso por intermédio de alguém que ali entrou para nós. No início do século, Upton Sinclair entrou no matadouro para seus leitores. Entendeu o funcionamento do matadouro como uma metáfora para o destino do trabalhador no capitalismo. Nas primeiras páginas do livro, Jurgis, o trabalhador cuja consciência em expansão evolui em *The Jungle*, visita um matadouro. Um guia o acompanha por toda parte e ele experimenta o que "era como um terrível crime cometido numa masmorra, tudo inobservado e ignorado, enterrado fora do alcance da vista e da memória".[31] Porcos com as pernas acorrentadas a um cabo que os faz avançar estão dependurados de cabeça para baixo, guinchando, rosnando, berrando. Aquele cabo os faz avançar, suas gargantas são cortadas e então eles desaparecem "com um mergulho num enorme tanque com água fervente". Apesar do aspecto prático do lugar, "não se podia deixar de pensar nos porcos; eles eram tão inocentes, vinham tão cheios de confiança; e eram tão humanos em seus protestos — e tão perfeitamente dentro dos seus direitos!"

Então chegava a hora do desmembramento: raspar o couro, degolar, cortar o osso do peito, retirar as entranhas. Jurgis se maravilha com a velocidade, a automação, o modo mecânico com que cada homem realizava seu trabalho, e se congratula por não ser um porco. As trezentas páginas seguintes mostram a ampliação da sua consciência até o ponto em que ele se percebe exatamente como um porco —

> um dos porcos do frigorífico. O que eles queriam de um porco eram todos os lucros que ele podia dar; e era isso que eles queriam do trabalhador, e era igualmente o que eles queriam do público. O que o porco pensava daquilo e o que ele sofria não era levado em consideração, o trabalhador e o comprador da carne eram igualmente desrespeitados.[32]

Como reação ao romance de Sinclair, as pessoas não podiam deixar de pensar nos porcos. O referente — aquelas poucas páginas iniciais com a descrição da matança num livro de mais de trezentas páginas — dominava a metáfora. Horrorizadas com aquilo que haviam aprendido sobre a produção de carne, as pessoas pediram novas leis e por um breve período de tempo deixaram de comer carne de porco.[33] Como lamentou Upton Sinclair: "Mirei o coração do público e acidentalmente atingi-o no estômago".[34] A matança deixou de ser uma metáfora do destino do trabalhador em *The Jungle* porque o romance tinha informações em excesso sobre como o animal era violentamente morto. Tornar presente o referente ausente — ou seja, descrevendo exatamente como um animal morre escoiceando e gritando, e depois é fragmentado — impossibilita o seu consumo e a força da metáfora.

Fragmento 3: A linha de desmontagem como modelo

> "Quem é contra o fascismo sem ser contra o capitalismo, que lamenta a barbárie resultante da barbárie que praticam, é como as pessoas que querem comer vitela sem matar o bezerro."
>
> Bertolt Brecht,
> "As cinco dificuldades para escrever a verdade"[35]

Upton Sinclair não foi o único a usar o matadouro como uma alegoria para o tratamento do trabalhador numa sociedade capitalista moderna. A *Santa Joana dos matadouros,* de Bertolt Brecht, emprega ao longo da peça o imaginário do retalhamento para retratar a desumanidade dos capitalistas de larga escala, como o "rei da carne" Pierpont Mauler. Esse capitalista faz com seus empregados o que faz com os bezerros; "ele é um açougueiro de homens". Com as atividades do matadouro como pano de fundo, expressões como "preços que cortam o pescoço" agem como retumbantes jogos de palavras que invocam o destino dos animais como que para lamentar o destino do trabalhador.[36] Vem a calhar a escolha da alegoria do matadouro para a desumanização do trabalhador, pela ressonância do capitalismo com a realidade histórica.

A divisão do trabalho nas linhas de montagem deve seu início à visita de Henry Ford à linha de desmontagem do matadouro de Chicago. Ford atribuiu a ideia da linha de montagem às atividades fragmentadas da matança de animais a que assistiu: "A ideia me ocorreu ao observar o carrinho de transporte aéreo que os frigoríficos de Chicago usam para preparar a carne".[37] Um livro sobre produção de carne (financiado por um frigorífico) descreve o processo: "Os animais abatidos, suspensos de cabeça para baixo numa cadeia móvel, ou transportadora, passam de operário a operário, cada um executando um ato específico do processo". Os autores acrescentam orgulhosamente: "Esse procedimento se demonstrou tão eficiente, que foi adotado por muitas outras indústrias, por exemplo na montagem de automóveis".[38] Embora Ford tenha invertido o resultado do processo de retalhamento — no sentido de que um produto é criado, em vez de ser fragmentado, na linha de montagem —, ao mesmo tempo ele contribuiu para a maior fragmentação do trabalho do indivíduo e da produtividade. O desmembramento do corpo humano não é tanto uma construção do capitalismo moderno quanto o capitalismo moderno é uma construção baseada no desmembramento e na fragmentação.[39]

Uma das coisas básicas que precisam acontecer na linha de desmontagem de um matadouro é que o animal deve ser tratado como um objeto inerte, e não como um ser vivo, que respira. Do mesmo modo o trabalhador na linha de montagem é tratado como um objeto inerte, que não pensa, cujas necessidades criativas, corporais e emocionais são ignoradas. Mais que quaisquer outros, esses trabalhadores da linha de desmontagem dos matadouros têm de aceitar em grande escala a dupla aniquilação do eu: precisam não só negar sua pessoa como também aceitar a ausência cultural da referência dos animais. Precisam ver o animal vivo como a carne que todos lá fora aceitam que ele é, embora o animal ainda esteja vivo. Assim, eles precisam ser alienados do seu próprio corpo e também do corpo dos animais".[40] O que pode ser responsável pelo fato de "o índice de *turnover* entre os trabalhadores dos matadouros ser o mais alto de qualquer ocupação no país".[41]

A introdução da linha de montagem na indústria automobilística teve um efeito rápido e inquietante sobre os trabalhadores. A padronização do trabalho e a separação em relação ao produto final tornaram-se fundamentais para a experiência do trabalhador.[42] O resultado foi o aumento da alienação do trabalhador em relação ao produto do seu trabalho. Por meio da fragmentação do trabalho, a automação retirou dos trabalhadores o sentido de realização. Em *Trabalho e capital monopolista: a degradação do trabalho no século* XX, Harry Braverman expõe os resultados iniciais da introdução da linha de montagem: "A habilidade cedeu lugar à operação repetida de um detalhe, e os salários foram padronizados em níveis uniformes". Os trabalhadores deixaram em massa a Ford depois da introdução da linha de montagem. Braverman observa: "Nessa reação inicial à linha de montagem, vemos a forte reação do trabalhador a esse tipo de trabalho".[43] Ford desmembrou o significado do trabalho, introduzindo a produtividade sem o significado de ser produtivo. A fragmentação do corpo humano no capitalismo avançado permite que a parte desmembrada represente o todo. Pelo fato de o modelo do matadouro não ser evidente para os trabalhadores da linha de montagem, eles não percebem, que como seres inteiros, também experimentaram o impacto da estrutura do referente ausente numa cultura patriarcal.

Fragmento 4: O estupro de animais

> "Galinhas voam na mesa com garfo e faca em suas coxas, implorando para que as comam."
>
> Escritor sueco do século XIX,
> sobre a plenitude da carne nos Estados Unidos.[44]

"Ele me amarrou e me obrigou a transar com o cachorro da família. [...] Ficou em cima de mim, segurando o cachorro, e forçava o cachorro, que estava com o pênis dentro de mim".[45] Nessa descrição de estupro, o animal e a mulher estão sendo estuprados. A maioria dos estupros não inclui animais, mas as frases usadas pelas vítimas de estupro quando falam dos seus sentimentos mostram que o destino dos animais no consumo de carne é a pedra de toque imediata para a sua própria experiência. Quando as mulheres dizem que depois de ser estupradas se sentem como um pedaço de carne, estaria implícita a relação entre serem penetradas contra a vontade e serem comidas? Uma mulher relatou: "Ele me fazia sentir de fato como um pedaço de carne, um receptáculo. Meu marido tinha me dito que a mulher não passava de uma empregada que não pensava, um receptáculo, um pedaço de carne".

Em *O complexo de Portnoy*, Philip Roth narra como uma carne se torna um receptáculo para a sexualidade masculina quando Portnoy se masturba com ela: "'Vem, grandalhão, vem', gritava o maluco pedaço de fígado que eu, por minha vez também insano, comprei uma tarde num açougue e — acredite ou não — estuprei-o atrás de um *outdoor*".[46] A menos que o receptáculo seja o pedaço de carne de Portnoy, um objeto sexual não é literalmente consumido. Então por que essa duplicação? O que liga ser um receptáculo a ser um pedaço de carne, ser penetrado a ser comido? Afinal de contas, ser estuprado/violentado/penetrado não é algo próximo de ser comido. Então por que essa impressão? Ou melhor: por que se descreve com tanta facilidade o estupro como dando essa impressão?[47] Porque se você é um pedaço de carne, você está sujeito a uma faca, à violência com equipamento.

O estupro também é violência com equipamento, porque o pênis é o equipamento da violência sexual. A mulher é derrubada por um corpo masculino, assim como o garfo segura um pedaço de carne para que a faca o possa cortar. Além disso, do mesmo modo que o matadouro trata os animais e seus trabalhadores como objetos inertes, que não pensam e não sentem, no estupro as mulheres são tratadas como objetos inertes, sem que se dê a menor atenção aos seus sentimentos ou necessidades. Consequentemente, elas se sentem como pedaços de carne. E sabemos também da existência de "esteiras de estupro" que possibilitam a inseminação de animais contra a sua vontade.[48] Sentir-se como um pedaço de carne é ser tratado como um objeto inerte quando, na verdade, se é (ou era) um ser vivo e capaz de sentir.

As metáforas da carne escolhidas pelas vítimas de estupro para descrever sua experiência e o uso da "esteira de estupro" mostram que o estupro é paralelo e ligado ao consumo, tanto de imagens de mulheres quanto de carne animal, literalmente. O uso repetido que as vítimas de estupro fazem da palavra "hambúrguer" para descrever o resultado de ser penetrada, violentada, deixa subentendido não apenas o quão ofensivo é ser um pedaço de carne, mas também que os animais podem ser vítimas de estupro. Eles foram penetrados, violentados, preparados para o mercado, contra a sua vontade. Mas as metáforas culturais superpostas estruturam essas experiências como se elas fossem desejadas pelas mulheres e pelos animais.

Para justificar o consumo de carne nos referimos ao desejo de morrer sentido pelos animais, que desejam se tornar carne. Em *Erewhon*, de Samuel Butler, a carne é proibida, a menos que seja de algum animal que sofreu "morte natural". Com isso:

> [...] percebeu-se que os animais estavam constantemente morrendo por causas naturais sob circunstâncias mais ou menos suspeitas. [...] Era incrível como alguns desses infelizes animais farejavam uma faca de açougueiro a mais de um quilômetro, corriam na direção dela e eram feridos se o açougueiro não a desviasse a tempo.[49]

Uma das mitologias de uma cultura estupradora é que as mulheres não só pedem o estupro, como também gostam dele; que elas estão sempre procurando a faca do açougueiro. Do mesmo modo, os anúncios e a cultura popular nos dizem que animais como Charlie the Tuna [Charlie, o Atum] e a foca Shmoo, de Al Capp, querem ser comidos. O que está subentendido nisso é que as mulheres e os animais participam de bom grado do processo que os torna ausentes.

Em *Total Joy*, Marabel Morgan une mulheres e animais com o uso da metáfora do hambúrguer. Ela promove a sua própria síndrome de Shmoo, ao aconselhar as mulheres a pensar em si mesmas como hambúrguer quando atendem às necessidades do marido: "Tal como o hambúrguer, você precisa se preparar de vários modos diferentes".[50] A estrutura da frase — "tal como o hambúrguer, você precisa" — deixa implícito que o hambúrguer se prepara de vários modos e você deve fazer o mesmo. Mas o hambúrguer, muito antes de chegar à cozinha da mulher total, foi destituído de qualquer atividade e não pode se preparar. "Você", mulher/esposa, remete ao hambúrguer e fica no lugar dele. As mulheres estão para a "mulher total" assim como para o "hambúrguer": como algo que é objetualizado, sem atividade, que precisa ser preparado, remoldado, aculturado, para ser consumível no mundo patriarcal. Embora o referente esteja ausente, as mulheres não podem se esquivar de se reconhecer nele. E, do mesmo modo como os animais não desejam ser comidos, a estrutura da frase de Morgan subverte a sua tentativa de convencer as mulheres de que elas desejam isso.

Como se transforma um sujeito resistente, escoiceador, temível, em pedaços de carne? A conversão de sujeito em objeto exige uma anestesia. G. J. Barker-Benfield nos fala sobre um médico do século XIX chamado para ajudar um homem que queria fazer sexo com sua mulher. O médico ia à residência do casal duas ou três vezes por semana "para eterizar a pobre mulher".[51] A anestesia de animais como prelúdio de sua morte nos faz lembrar da cumplicidade desse médico no estupro pelo marido. O que não se pode fazer com facilidade com um corpo plenamente desperto e que luta *pode* ser realizado com o que está anestesiado. O que é um caso excepcional de estupro é novamente típico do retalhamento: a anestesia é parte essencial da carne produzida em massa.[52]

Um animal sedado significa uma operação mais econômica, mais segura e em condições de melhor funcionamento para o açougueiro, como também produz carne de qualidade superior. O tecido muscular do animal contém glicogênio suficiente para produzir depois da morte um ácido láctico conservativo. Mas esse glicogênio pode se esgotar com a tensão física e nervosa. Assim, uma rotina tranquilizadora para acalmar a vítima e a intervenção médica para anestesiá-la agem como o prelúdio da morte. Os animais agitados, amedrontados e com a temperatura do corpo elevada não sangrarão completamente e sua carne morta será rósea ou cor de fogo, tornando-os "carcaças feias".[53]

A sedução dos "animais que produzem carne" começa com tranquilizantes, que são injetados no corpo ou misturados à comida do animal. Com um mínimo de agitação e desconforto, os animais precisam ser então imobilizados. A imobilização pode ocorrer com métodos mecânicos, químicos ou elétricos. O objetivo não é matar logo os animais — como Arabella explica para Judas em *Judas, o obscuro*, de Thomas Hardy —, mas sim atordoá-los e iniciar o sangramento enquanto o coração ainda está batendo, o que ajuda a empurrar o sangue para fora.

Curiosamente, à medida que se aproxima o ato que efetivamente abate os animais, as descrições da indústria da carne usam uma linguagem que insinua nas ações deles uma vontade própria. Quanto mais imobilizados eles se tornam, mais provavelmente as palavras que descrevem o processo de matança se referirão a eles como se eles tivessem mobilidade, fazendo com que seus movimentos pareçam ocorrer totalmente por conta própria: "surgindo", indo na mesma direção, e "deslizando". O conceito de sedução prevaleceu; faz parecer que os animais são agentes ativos e dispostos, no "estupro" da sua vida.

Fragmento 5: Jack, o Estripador

> "Eu sempre havia gostado muito dela do modo mais inocente, assexuado. Era como se o seu corpo estivesse inteiramente oculto atrás

daquela mente radiante, do recato do seu comportamento e do seu bom gosto para se vestir. Ela nunca havia me oferecido a menor fresta pela qual eu pudesse ver o fulgor da sua nudez. E agora a faca de açougueiro do medo a havia cortado e aberto. Ela estava aberta para mim como a carcaça de uma bezerra, cortada ao meio e dependurada num gancho. Ali estávamos nós [...] e subitamente eu senti um desejo violento de fazer amor com ela. Ou, para ser mais exato, um violento desejo de estuprá-la."

Milan Kundera, *O livro do riso e do esquecimento*[55]

A superposição das categorias "mulheres violentadas" e "animais retalhados" é ilustrada pela reação a Jack, o Estripador, que matou oito mulheres em 1888. No centro da sua violência masculina não havia apenas assassinato, mas mutilação sexual e posse, pela retirada do útero. Ele mostrou habilidade no manejo dos seus equipamentos de açougueiro; como concluiu o cirurgião da polícia, ele era "alguém muito hábil com a faca".[56] Além disso, o assassino demonstrou conhecimento do corpo da mulher pela extirpação precisa de partes específicas dos corpos.

> Na verdade, parece que o principal objetivo do assassinato era a evisceração do corpo depois do estrangulamento e corte da garganta da vítima. Quando tinha tempo suficiente, o assassino retirava o útero e outros órgãos internos, e frequentemente espalhava as vísceras.[57]

Por exemplo, depois que Katharine Eddowes foi morta, seu rim esquerdo e o útero haviam desaparecido.

A imagem de animais chacinados perseguiu quem investigou os crimes. O destino das mulheres tornou-se aquele que tradicionalmente se reserva aos animais. Primeiro os intestinos das vítimas eram retirados por Jack, o Estripador, de tal modo que permitia uma única comparação, como relatou o cirurgião da polícia: "Ela foi cortada e aberta exatamente do modo como se vê um bezerro morto num açougue".[58] Depois de examinar uma vítima cujo intestino delgado e uma parte do estômago estava sobre seu ombro direito e outra parte sobre o ombro esquerdo, um jovem policial não conseguiu mais comer carne. "Minha comida me nauseava. Ver um açougue me dava engulhos."[59] O referente ausente da carne de súbito tornou-se presente, quando os objetos eram mulheres retalhadas.

Em segundo lugar, a notória destreza demonstrada por Jack, o Estripador, com o equipamento de retalhar — a faca — levou as autoridades a suspeitar que o assassino era açougueiro, caçador, magarefe ou um cirurgião com formação adequada. De acordo com o relatório da polícia, "76 açougueiros e magarefes foram visitados e a personalidade dos seus empregados foi investigada".[60]

Em terceiro lugar, um dos motivos do interesse de Jack, o Estripador, pelo útero reside no fato de que as mulheres sentiam que estavam sendo tratadas como animais em função da experimentação médica: comentava-se que um sujeito estava pagando vinte libras por útero para pesquisa médica. Acreditou-se que Jack, o Estripador, estaria lhe fornecendo esses órgãos.[61] Por fim, um religioso londrino, o reverendo S. Barnett, propôs que os matadouros públicos fossem eliminados, porque vê-los "tende a brutalizar uma população muito adensada e a degradar as crianças".[62]

Fragmento 6: Retalhamento de mulheres

> "Agora eu fico grosseira quando os substantivos abstratos começam a reluzir.
> Vou à cozinha para conversar com repolhos e hábitos.
> Tento arduamente me lembrar de olhar o que as pessoas fazem.
> Isso, não tire os olhos das mãos, deixe a voz zumbir.
> Economia é o osso, política é a carne,
> Olhe em quem eles batem e quem eles comem"
>
> Marge Piercy, "No(s) quarto(s) dos homens"[63]

O destino dos animais no retalhamento é explorado na opressão das mulheres e invocado pelas feministas que querem o término dessa opressão. Embora os animais sejam os objetos ausentes, seu destino é continuamente lembrado por meio da metáfora do retalhamento. É este que cria ou causa a existência de um ser como carne; o "retalhamento" metafórico invoca silenciosamente o ato violento de abater o animal, ao mesmo tempo que reforça a impressão das mulheres estupradas de que são "pedaços de carne". Andrea Dworkin observa que

> a grande vaidade da cultura masculina é que a experiência pode ser fraturada, literalmente ter seus ossos partidos, e que se podem examinar as lascas como se elas não fizessem parte do osso ou o osso como se ele não fizesse parte do corpo.

A dissecção que Dworkin realiza no *corpus* da cultura tem um significado retumbante se pensamos no conceito do *status* dos animais como referente ausente: "Tudo é separado: intelecto de sentimento e/ou imaginação; ato de consequência; símbolo de realidade; mente de corpo. Algumas partes substituem o todo e o todo é sacrificado em favor da parte".[64] A descrição metafórica que Dworkin faz da cultura patriarcal conta com o conhecimento do leitor de que os animais são retalhados desse modo.

Imagens de retalhamento abundam na cultura patriarcal. Uma churrascaria de Nova Jersey recebeu o nome de "Costela de Adão". Quem eles pensavam que estavam comendo? *The Hustler*, antes de ser uma revista pornográfica, era um restaurante de Cleveland cujo cardápio apresentava na capa o traseiro de uma mulher e proclamava: "Servimos a melhor carne da cidade!" Quem? Uma mulher é mostrada sendo moída numa máquina de moer carne, enquanto a revista *Hustler* proclama: "Finalmente o número com todas as carnes". Traseiros femininos estão carimbados como "Cortes selecionados" na capa de um LP chamado *Choice Cuts — Pure Food and Drug Act* [Cortes selecionados — lei dos alimentos e medicamentos puros]. Quando lhes perguntam sobre suas fantasias sexuais, muitos homens falam em "cenas pornográficas de partes soltas do corpo, sem rosto, impessoais: seios, pernas, vaginas, bundas".[65] A carne, para o consumidor típico, foi reduzida a exatamente isto: partes do corpo sem rosto, seios, pernas, úberes, bundas. Frank Perdue brinca com imagens de retalhamento sexual num cartaz que incentiva o consumo de frango: "Você é tarado por peitos ou por coxas?"

Um cartaz popular nos açougues da área de Haymarket em Boston apresentava um corpo de mulher seccionado, como se ela fosse um animal retalhado, com as partes separadas do corpo identificadas. Como resposta a essa imagem, os dramaturgos Dario Fo e Franca Rame fizeram um texto para ser representado, cujos trechos reproduzimos aqui:

> Havia um desenho de uma mulher nua toda dividida em seções. [...] Como esses cartazes dos açougues que mostram uma vaca. E todas as zonas erógenas estavam pintadas com cores incríveis. Por exemplo, o traseiro era rosa-choque. (*Dá uma pancada, range e ri.*) Depois esta parte aqui. (*Põe as mãos nas costas logo abaixo do pescoço*) [...] os açougueiros chamam de agulha. Era púrpura. E o filé... (*Diverte-se por um instante.*) E o preço que está o filé, heim? Terrível! Bom, de qualquer forma, era alaranjado.[66]

Norma Benney, em "All of One Flesh: The Rights of Animals" [Todos de uma só carne: os direitos dos animais], descreve o encarte de uma revista de música que "mostrava uma mulher nua, com braços e pernas estendidos e acorrentados a uma mesa de trabalho de um açougue, cercada de carcaças de animais dependuradas e de facas e cutelos de açougueiro, enquanto um homem de avental vermelho emborrachado preparava-se para dividi-la com uma serra elétrica".[67] Nesse contexto, expressões coloquiais como "um filezinho", "sou tarado por seios" e "sou tarado por coxas" revelam suas origens agressivas. (Embora os homens possam ser chamados de "gostosão" e "garanhão", esses termos apenas confirmam a fluidez do referente ausente e reforçam os modos extremamente específicos, agressivos, com que a palavra "carne" é usada para se referir às mulheres. Os homens são, como "carne", donos de si; as mulheres são possuídas.)

Esses exemplos indicam um paradigma de retalhamento sexual metafórico do qual os componentes essenciais são:

- a faca, real ou metafórica, como o equipamento escolhido (na pornografia, as lentes da câmera tomam o lugar da faca como equipamento de violência);
- o agressor tentando controlar/consumir/violar o corpo da vítima;
- o fetichismo das partes do corpo;
- o consumo de carne fornecendo a imagem de animais retalhados.

O retalhamento sexual metafórico reaparece na literatura e nos filmes que exaltam imagens de mulheres retalhadas. No Antigo Testamento encontramos, no livro dos Juízes, o estupro e posterior retalhamento de uma mulher. Um levita permite que sua concubina seja selvagemente estuprada por estranhos: "Eles a estupraram e torturaram-na durante toda a noite".[68] Ela cai na entrada da casa onde está o levita. Ele a põe no burrinho — não ficamos sabendo se ela está viva ou morta — e a leva para a casa dele. "Ele pegou a faca e segurou a concubina. Cortou-a, membro por membro, em doze pedaços, e espalhou-os por todo o território de Israel."[69] Do mesmo modo, em "The Woman Who Rode Away" [A mulher que cavalgou para longe], D. H. Lawrence nos apresenta uma Nova Mulher, que sai cavalgando e se vê numa situação em que deve ser sacrificada para o sol por um grupo de homens numa caverna. A linguagem de Lawrence evoca o consumo literal e sexual. Kate Millet nos apresenta uma pungente análise do conto:

> Trata-se de uma fórmula para o canibalismo sexual: substitua a faca pelo pênis e a penetração; no lugar de um útero, ponha a caverna; em vez da cama, um lugar de execução — e você terá um assassinato por meio do qual o assassino adquire a força da vítima.[70]

O retalhamento sexual é um componente básico da sexualidade pornográfica masculina. Aqueles filmes *snuff** em que nos últimos minutos, infalivelmente, uma mulher morre, celebram o retalhamento das mulheres como um ato sexual:

> Uma loira linda que parece ser assistente de produção conta para o diretor que ficou muito excitada com o esfaqueamento de uma mulher grávida nos últimos minutos do filme. O charmoso diretor pergunta se ela gostaria de ir para a cama com ele, para encenar as suas fantasias. Desajeitadamente eles iniciam as preliminares na cama, até ela perceber que a equipe continua filmando. Ela protesta e tenta se levantar. O diretor pega uma faca que está na cama e diz:

* Filmes amadores com conteúdo real de violência sexual e/ou assassinato (N. do E.)

> "Sua vaca, agora você vai ter o que quer". O que acontece em seguida fica além da esfera da linguagem. Ele a retalha lenta, profunda e meticulosamente. O observador sente o estômago revirar, diante daquela quantidade de sangue, dedos decepados, braços voando, pernas serradas e sangue esguichando como um rio da boca da agonizante. Mas o clímax ainda está por vir. Num momento de maldade concentrada, ele abre a barriga da moça, sacode suas vísceras bem acima da cabeça e dá um grito de conquista orgástica.[71]

Esses filmes são a apoteose do retalhamento sexual metafórico, incorporando todos os componentes necessários: a faca como equipamento, a vítima mulher, a violação do corpo e o fetichismo das partes femininas. Na ausência de uma vítima real, os *snuffs* existem como um lembrete do que acontece com os animais o tempo todo.

Nas suas histórias sobre violência contra mulheres, as feministas apoiaram-se no mesmo conjunto de imagens culturais dos seus opressores. As críticas feministas percebem a violência inerente às representações que integram sexualidade e consumo, e têm se referido a esse nexo como "arrogância carnívora" (Simone de Beauvoir), "glutonaria ginocida" (Mary Daly), "canibalismo sexual" (Kate Millet), "canibalismo psíquico" (Andrea Dworkin), "canibalismo metafísico" (Ti-Grace Atkinson). A interseção do racismo com o sexismo foi definida por Bell Hooks (Gloria Jean Watkins) nas distinções baseadas no consumo de carne: "A verdade é esta: nos Estados Unidos sexistas, onde as mulheres são extensões objetualizadas do ego masculino, as mulheres negras têm sido rotuladas de hambúrguer e as brancas são chamadas de costeleta super".[72] Essas teóricas feministas nos mostram a interseção da opressão das mulheres com a dos animais e depois passam para as suas imediações, apreendendo a função do referente ausente apenas para fazer avançar as questões femininas — não as dos animais — e com isso refletir uma estrutura patriarcal. Lidar com símbolos e alegorias que exprimem a humilhação, a objetualização e a violação é uma tentativa compreensível de impor ordem numa realidade sexual feminina violentamente fragmentada. Ao usarmos carne e retalhamento como metáforas para a opressão feminina, exprimimos nosso próprio guincho de porco do universo, enquanto silenciamos o guincho de porco da própria Ursula Hamdress.

Quando em seu discurso as femininistas radicais supõem que as trocas culturais com animais são literalmente verdadeiras no relacionamento com mulheres, elas invocam e tomam emprestado o que é efetivamente feito com os animais. Poder-se-ia argumentar que o uso dessas metáforas é tão explorador quanto a apresentação de Ursula Hamdress: uma porca anônima foi vestida em algum lugar, colocada para posar e fotografada. Foi sedada para ficar naquela pose, ou talvez estivesse morta. A teoria feminista radical participa linguisticamente da exploração e negação do referente ausente ao não incluir na sua visão o destino de Ursula Hamdress. Elas retalham as trocas culturais animal/mulher representadas no funcionamento do referente ausente, e em consequência se dirigem apenas às mulheres, capitulando, assim, para o referente ausente, parte do mesmo constructo que pretendiam mudar.[73]

O que está ausente em grande parte da teoria feminista que se baseia nas metáforas da opressão dos animais para iluminar a experiência das mulheres é a realidade que está por trás da metáfora. O uso da linguagem pelas teóricas feministas devia descrever e contestar a opressão reconhecendo a extensão em que essas opressões são culturalmente análogas e interdependentes.

Assim, também os defensores dos animais devem se acautelar em relação à linguagem que, para descrever o que acontece com os animais, usa o estupro metaforicamente, sem basear sua análise num reconhecimento do contexto social do estupro das mulheres na nossa cultura. O empréstimo de metáforas que conta com a violência sexual e ao mesmo tempo deixa de protestar contra a violência originadora não reconhece as opressões encadeadas. Nosso objetivo é resistir à violência que separa matéria e espírito, eliminar a estrutura que cria os referentes ausentes.

Sobrevem-nos a tentação de pensar que tudo o que foi discutido neste capítulo são palavras, ideias, "substantivos abstratos", como funcionam as imagens: que não há carne nem cozinha. Mas há carne fragmentada e há cozinhas em que ela é encontrada. Os animais podem estar sendo um referente ausente no discurso, mas isso não precisa continuar. Que tal se prestássemos atenção à reação de Marge Piercy aos substantivos abstratos? Vamos entrar na cozinha e pensar não só em "quem eles maltratam" mas também em "quem comem(os)"? Ao incorporarmos o destino dos animais, nós nos depararíamos com estes questionamentos: a relação entre imperialismo e consumo de carne na imposição de uma dieta "branca" de consumo de carne à cultura dietética popular dos negros; as implicações ecológicas do que eu considero ser o quarto estágio do consumo de carne — o consumo de animais institucionalizados, criados em grande escala (estágio que veio após os demais, que são (1) praticamente não se comer carne, (2) comer-se carne de animais que vivem soltos e (3) comer-se carne de animais domesticados); o significado da nossa dependência em relação às fêmeas animais para a "proteína feminilizada", como leite e ovos; questões de racismo e classismo que surgem quando consideramos o papel dos países industrializados na determinação do que é proteína de "primeira classe". Tudo isso faz parte da política sexual da carne.

Existe para nós um modelo de conexões vívidas a serem incorporadas na nossa teoria; um próximo passo lógico no avanço do pensamento feminista é a politização da ambiguidade inerente às metáforas da violência sexual, assim como das suas origens sociais, históricas e animais. O próximo capítulo dá início a esse processo politizante analisando como a linguagem é usada para mascarar a violência e definindo o conflito entre a visão de mundo dominante que aceita o consumo da carne e o ponto de vista da maioria silenciosa do vegetarianismo.

Capítulo 3

Violência mascarada, vozes silenciadas

> "O poder de *dar nome* foi roubado de nós, mulheres. [...] Palavras inadequadas têm sido consideradas adequadas."
>
> Mary Daly, *Beyond God the Father* [Além de Deus pai]

No capítulo anterior nos ocupamos do consumo do referente que, por meio da metáfora, perdeu todo significado, exceto pela sua referência a outra coisa. Neste capítulo nossa preocupação é com a *objetualização do consumo* por meio da linguagem, de tal modo que o verdadeiro significado da carne é descartado. Por trás de toda refeição com carne está uma ausência: a morte do animal cujo lugar é ocupado por esse prato. Com a palavra "carne", a verdade sobre a morte fica ausente. Assim, ao expressar sua preocupação pelo consumo de animais, os vegetarianos não podem ignorar a questão da linguagem. Nisso eles não são diferentes das feministas, para quem essas questões de linguagem imbricam a opressão feminina.

Depois de usar os *insights* feministas para explorar o modo como o uso da linguagem sustenta o consumo de carne, este capítulo identifica o amálgama das opressões das mulheres e dos animais realizada por meio da linguagem. E então discute o silêncio das vozes vegetarianas. O vegetarianismo expõe o consumo de carne como um esforço para subordinar o natural ao humano. Mas, uma vez que o consumo da carne contém um significado legítimo na cultura dominante que incentiva o consumo de animais, o significado vegetariano, como a natureza, é subordinado pelo consumo de carne.

A linguagem como máscara

> "Não existe linguagem livre dos dualismos de poder para os dominantes."
>
> Beverly Harrison, "Sexism and the Language of Christian Ethics"[1] [Sexismo e a linguagem da ética cristã]

Até agora, o feminismo aceitou o ponto de vista dominante com relação à opressão dos animais, em vez de lançar sobre essa opressão toda a luz da sua teoria. Nossa linguagem não se centra apenas no masculino; ela também é centrada no humano. Quando usamos o adjetivo "masculino", como na frase anterior, todos supomos que ele se refere apenas aos exemplares masculinos da espécie humana. Além das ideias orientadas para o humano que acompanham nosso uso de palavras como "masculino" e "feminino", usamos a palavra "animal" como se ela não se referisse aos seres humanos, como se nós não fôssemos igualmente animais. Tudo o que está implícito quando as palavras "animal" e "besta" são usadas como insulto mantém a separação entre os animais humanos e os não humanos. Estruturamos a linguagem para evitar o reconhecimento da nossa semelhança biológica.

A língua inglesa, por exemplo, distancia ainda mais os seres humanos dos animais ao se referir a estes como objetos, como *its*. Um cavalo, uma vaca, um cão, um gato ou qualquer animal deve ser chamado de *it*? *It* funciona para os animais não humanos assim como *he* supostamente funciona para os seres humanos, no papel de termo genérico cujo significado é deduzido pelo contexto. A linguagem patriarcal insiste em que o pronome masculino é ao mesmo tempo genérico, referindo-se a todos os seres humanos, e específico, referindo-se apenas aos homens. Do mesmo modo, *it* se refere tanto a coisas não animadas quanto a seres animados cuja identidade sexual não é pertinente ou é desconhecida. Mas assim como o *he* genérico apaga a presença feminina, o *it* genérico apaga a natureza viva, vivente, dos animais, e reifica seu *status* de objeto. A ausência de um pronome não sexista permite aos usuários da língua inglesa objetualizar o mundo animal, ao considerar todos os animais como *its*. Recomendo o uso de "(*sic*)" quando um animal é referido como *it*, do mesmo modo como as críticas feministas fazem quando *he* é usado genericamente. Devemos nos referir a um pedaço retalhado do corpo de um animal como *it*? A escolha de *it* para se referir à carne não é a capitulação final ante a realidade dominante, que faz com que animais reais se tornem invisíveis e mascara a violência?

Também nos distanciamos dos animais por meio do uso de metáforas ou alegorias que distorcem a realidade da vida dos outros animais. Nossas representações dos animais os fazem se referir aos seres humanos e não a eles próprios: astuto como uma raposa, ágil como um gato, bela como uma potranca. Quando falamos da vitimização de seres humanos, usamos metáforas animais derivadas do sacrifício animal e da experimentação com animais: alguém é um "bode expiatório" ou uma "cobaia". A violência está por trás de algumas das nossas mais usadas metáforas, que canibalizam as experiências dos animais: "mais fácil que chutar cachorro morto", "antes ter um pássaro na mão", "não querer dividir o osso".

Desde o couro do sapato, o sabão que usamos para lavar o rosto, as plumas do nosso edredom, a carne que comemos e os laticínios com que contamos, nosso mundo, tal como o conhecemos, é estruturado em torno de uma dependência da morte de outros animais. Para muitos, isso não é perturbador nem surpreendente. A morte dos outros animais é uma parte aceita da vida, seja por ser considerada permitida por um Deus privilegiador dos seres humanos, que nos diz que podemos dominar os animais (Gênesis 1:26), seja por ser conceptualizada como um direito que nos é concedido pela nossa racionalidade superior. Para as pessoas fiéis a esse ponto de vista dominante na nossa cultura, não é surpreendente que os animais sejam oprimidos (embora não seja esse o termo que elas usam para exprimir a relação dos seres humanos com os outros animais); o que é surpreendente é haver quem conteste isso. De modo geral, a nossa cultura aceita a opressão dos animais e não vê, na exploração dos animais para a vantagem das pessoas, nada perturbador no que diz respeito ao aspecto ético ou político. Daí o fato de a nossa linguagem ser estruturada para transmitir essa aceitação.

Vivemos numa cultura que institucionalizou a opressão dos animais pelo menos em dois níveis: em estruturas formais — por exemplo matadouros, açougues, zoológicos e circos — e por meio da linguagem. O fato de nos referirmos ao consumo de carne e não ao consumo de cadáveres é um exemplo fundamental de como nossa linguagem transmite a aprovação da cultura dominante para essa atividade.

A carne transmite muitos significados na nossa cultura. Contudo, independentemente de qualquer outra coisa, o consumo de carne indica a opressão básica dos animais. Peter Singer observa que

> para a maioria dos seres humanos, especialmente os que vivem nas comunidades urbanas e suburbanas, o modo mais direto de ter contato com os animais não humanos é na hora da refeição: nós os comemos. Esse simples fato é a chave para as nossas atitudes com os outros animais e também a chave para o que cada um de nós pode fazer com relação a mudar essas atitudes.[2]

Uma vez que os animais foram tornados referentes ausentes, as pessoas, enquanto os comem, quase nunca pensam: "Agora estou interagindo com um animal". Não vemos o ato de comer carne como contato com o animal porque este foi redenominado como contato com comida.

No plano emocional, todo mundo tem algum constrangimento com o consumo de animais. Percebe-se esse constrangimento quando as pessoas não querem ser lembradas do que estão comendo enquanto comem, nem tampouco ser informadas das atividades dos matadouros, que tornam possível a existência da carne; é revelador também o tabu pessoal que cada pessoa tem em relação a alguma carne: seja pela sua forma — por exemplo, na carne de alguns órgãos — ou pela sua fonte — porco ou coelho, insetos ou roedores. O arcabouço intelectual da linguagem que encobre o consumo da carne evita que essas reações emocionais sejam examinadas. Isso nada tem de novo; a linguagem sempre nos ajudou a evitar problemas penosos de conceptualização, ofuscando a situação.

Embora o interesse pessoal no prazer do consumo da carne seja obviamente uma razão para o seu entrincheiramento e a inércia seja outra, um processo de uso da linguagem absorve as discussões sobre carne, ao construir o discurso de modo que essas questões nunca precisem ser tratadas. A linguagem nos distancia da realidade do consumo da carne, reforçando com isso o significado simbólico deste, um significado simbólico intrinsecamente patriarcal e voltado para o homem. A carne se torna um símbolo do que não é visto mas está sempre presente — o controle patriarcal dos animais e da linguagem.

Nomes enganosos

"Sem dúvida nossos próprios significados nos são parcialmente escondidos e é difícil ter acesso a eles. Podemos usar a língua inglesa durante toda a vida sem jamais notar as suas distorções e omissões."

Dale Spender[3]

Ele:

— Não posso mais ir a restaurantes italianos com você, porque não posso pedir meu prato predileto, vitela com parmesão.

Ela:

— Você pediria esse prato se ele se chamasse "pedaços de bezerrinho anêmico morto"?

Dale Spender se refere à "falsidade dos termos patriarcais".[4] A falsidade permeia a linguagem referente aos animais que comemos. Recentemente, o periódico inglês *Meat Trades Journal*, preocupado com a associação entre a carne e as atividades do matadouro, propôs substituir a palavra "matadouro" por "fábrica de carne".[5] A isso Emarel Freshel, vegetariano que viveu no início do século XX, teria respondido: "Se as *palavras* que dizem a verdade sobre a carne como alimento são impróprias para os nossos ouvidos, a *carne* em si é imprópria para a nossa boca".[6]

Distanciando, ocultando, usando representações enganosas e transferindo a culpa, a estrutura do referente ausente prevalece: nós nos vemos como comendo bisteca, hambúrguer, filé etc., em vez dos 11 bois, 43 porcos, 3 ovelhas, 4 bezerros, 2.555 frangos e perus e 861 peixes que o americano típico consome durante sua vida.[7] Ao falar em carne em vez de porcos, cordeiros, vacas e bezerros mortos, retalhados, ensanguentados, participamos da linguagem que mascara a realidade. Como se queixou em 1825 um opositor do consumo da carne: "Ninguém diz a respeito de um boi no pasto que ele está chicoteando com o rabo os seus bifes ou que ele tem uma mosca no filé. Imagine!"[8] Muitos vegetarianos protestam contra o uso de eufemismos como falar em carne branca em vez de peito e de carne escura em vez de coxas. Os corpos desmembrados são chamados "inteiros", o que cria a contradição de comprar um "frango inteiro" que está sem penas, vísceras e cabeça. Um frango morto pode realmente ser um "frango fresco", como proclama a embalagem plástica no balcão de um açougue?

Para que possamos pensar na carne sem ficar constrangidos, dizem-nos efetivamente para "esquecer que o porco (ou uma vaca, um frango etc.) é um animal". Em vez disso, designe-o e veja-o como uma "máquina numa fábrica".[9] Ele se torna uma unidade de produção de alimento, um coletor de proteína, um objeto, produto, uma unidade computadorizada de um ambiente de fábrica, máquina produtora de ovos, máquina de conversão, biomáquina. Um exemplo recente de desaparecimento dos animais pode ser encontrado na definição que o Departamento de Agricultura dos Estados Unidos fez de bois, porcos e frangos como "unidades animais consumidoras de grãos". Como observa Colman McCarthy, isso transforma os carnívoros em "unidades humanas consumidoras de animais".[10]

A linguagem pode fazer com que os animais fiquem ausentes de uma discussão sobre a carne porque os atos de abate e retalhamento já tornaram o animal igualmente ausente pela morte e pelo desmembramento. Por meio da linguagem, aplicamos aos nomes dos animais os princípios que colocamos em prática no seu corpo. Quando um animal é chamado de "animal com carnes", estamos lhe dando um nome impróprio, como se a carne não fosse o próprio animal, como se a carne pudesse ser separada do animal e ele continuasse vivo.

Na cultura norte-americana, o desejo de separar o conceito de carne dos pensamentos sobre animais pode ser visto nos padrões de uso que determinam quando a palavra *meat* [carne] é acrescentada ao nome de animais, como acontece em palavras como *dogmeat* [carne de cachorro] ou *horsemeat* [carne de cavalo]. Em geral, *somente* se acrescenta a palavra "meat" ao nome de um animal quando essa forma de carne não é consumida. Paul Postal diz que formamos compostos com a palavra *meat* (como *horsemeat*, *dogmeat*) "nos casos em que o primeiro elemento é o nome de um tipo de animal (como cavalo, cão) apenas se a cultura norte-americana não sanciona o consumo desse animal".[11] Assim, temos *wombat-meat* [carne de fascólomo*] mas não *sheepmeat* [carne de carneiro]; temos *dogmeat* [carne de cachorro] mas

* Um tipo de mamífero da Austrália. (N. do E.)

não *chickenmeat* [carne de frango]; *horsemeat* [carne de cavalo] mas não *cowmeat* [carne de vaca]. A redenominação é uma constante: *sheepmeat* [carne de carneiro] torna-se *mutton*, *chickenmeat* [carne de frango] perde a referência *meat* e *cowmeat* [carne de vaca] passa por diversas mudanças, dependendo do local de que deriva a carne (*chuck* [agulha] etc.) ou da forma que assume (hambúrguer). Nos casos em que retemos o nome do animal para descrevê-lo como alimento, deixamos de usar o artigo em inglês, o que lhe retira a individualidade: as pessoas comem "turkey", e não "a turkey".

Josiah Royce e Mary Daly afirmam que "é impossível considerar qualquer palavra desligada das suas relações com o todo".[12] Os vegetarianos que contestam a fragmentação do animal inteiro em partes comestíveis querem reunir os termos segmentados com o todo. Joseph Ritson, um vegetariano do século XVIII, planejou escrever "A New Dictionary" [Um novo dicionário], que incluiria estas definições:

> **Carniça**. Carne de animais mortos de morte natural ou, pelo menos, não mortos artificialmente pelo homem.
>
> **Lagosta**. Crustáceo cozido vivo por pessoas de bons sentimentos e grande humanismo.[13]

Elsa Lanchester lembra como sua mãe, "Biddy" Lanchester — feminista, sufragista, socialista, pacifista, vegetariana — contestava os nomes enganosos da carne. Quando Elsa se refere à palavra *offal* [vísceras de animal abatido], ela explica: "Biddy, a vegetariana, incentivou o uso dessa palavra. É o que a carne significava para ela".[14] Os vegetarianos escolhem palavras que se equiparam ao efeito de termos feministas como *herstory** e *manglish***, que Varda One chama de "transgressores da realidade e conscientizadores".[15]

* O termo designa a reescritura da história (a história de homens escrita por homens: *his* [dele] *story*) como *herstory* — a história de mulheres escrita por mulheres. A história das mulheres é tudo o que foi deixado de fora na "história dele". As feministas cunharam esse termo na década de 1970. (N. da T.)

** Forma contraída de "*man english*", "inglês de homem". Termo cunhado pela feminista Varda One e que, segundo ela própria, designa "a língua inglesa como é usada pelos homens para perpetuar a supremacia masculina". (N. da T.)

Para lembrar às pessoas que elas estão comendo animais mortos, eles criam uma série de transgressores da realidade e conscientizadores. Em vez de qualificar a carne de "proteína completa", "fonte de ferro", "comida que dá vida", "delícia" ou "comida indutora da força", os vegetarianos se referem a ela como "porções de animais mortos parcialmente cremados" ou "não humanos chacinados" ou, nas palavras de Bernard Shaw, "cadáveres chamuscados de animais". Assim como Benjamin Franklin, eles consideram a pesca um "crime não provocado", ou se referem, como Harriet Shelley, a "frangos degolados".[16] (Já se veem *buttons*, camisetas, cartazes e adesivos para carro com os dizeres: "*meat is murder*"*.[17])

Claro está que a denominação criada pelos vegetarianos retira o consumo da carne de um contexto de aceitação; isso não invalida a missão que ela tem. Uma coisa precisa ser reconhecida com relação às palavras usadas pelos vegetarianos, conforme ilustrado nos exemplos anteriores: são palavras verdadeiras. A dissonância que elas produzem não se deve à sua incorreção, mas ao fato de elas serem precisas *demais*. Essas palavras não são fiéis ao nosso discurso comum, que supõe a comestibilidade dos animais.

Do mesmo modo como as feministas proclamaram que "estupro é violência, e não sexo", os vegetarianos querem dar nome à violência do consumo da carne. Os dois grupos contestam as palavras comumente usadas. Mary Daly qualifica de inversão por redundância o termo "estupro violento" porque ele deixa implícito que nem todos os estupros são violentos.[18] Esse exemplo destaca o papel da linguagem na dissimulação da violência; nesse caso, um adjetivo desvia a atenção da violência inerente ao significado do substantivo. O adjetivo confere certa benignidade à palavra "estupro". Do mesmo modo, o termo "abate humanitário" confere uma certa benignidade à palavra "abate". Daly chamou de "inversão simples" esse processo: "o uso de termos para rotular [...] atividades como o oposto do que elas são".[19] O uso de qualificativos nos termos "abate humanitário" e "estupro violento" promove um desfocamento que relativiza esses atos de violência. Além disso, ao considerarmos como se alcança o fim,

* Significa "carne é assassinato" e é uma expressão consagrada em inglês, tendo servido como título para o disco de 1985 do grupo britânico The Smiths e para o livro de 1998 da psicanalista Mikita Brottman, sobre canibalismo.

"violentamente" ou "com humanidade", nossa atenção está sendo sempre acomodada para que os referentes ausentes — mulheres, animais — não apareçam. Assim como todos os estupros são violentos, todo abate de animais para a produção de carne é desumano, independentemente de como ele é chamado.

Para entender o vegetarianismo ético precisamos definir o consumo da carne. Este se enquadra dentro da definição de força dada por Simone Weil: "É aquele *x* que transforma em uma *coisa* qualquer um que seja submetido a ele".[20] O consumo da carne é para os animais o que o racismo dos brancos é para os negros; o que o antissemitismo é para o povo judeu; o que a homofobia é para os gays e as lésbicas, e a misoginia é para as mulheres. Todos estes são oprimidos por uma cultura que não quer assimilá-los plenamente em seus termos e com seus direitos. Mas um vazio enorme separa essas formas de opressão das pessoas da forma como oprimimos os outros animais. Nós não consumimos pessoas. Consumimos, de fato, outros animais. Além disso, o consumo de carne oferece as razões para subjugar animais: se podemos matá-los, retalhá-los e consumi-los — por outras palavras, aniquilá-los completamente —, podemos também fazer experiências com eles, prendê-los em armadilhas e caçá-los, explorá-los e criá-los em ambientes que os aprisionam, como as fazendas de confinamento e as áreas de exploração de animais com pele comercializável. Pense na reação às palavras da cultura dominante apresentadas num livro infantil sobre uma família de porcos:

> — Depressa — disse William. — Formem um círculo, todos. — E ele começou a apontar, um a um:
> — Presunto, *bacon*, torresmo, fora da roda, agora mesmo.
> Horrorizada, a senhora Porca ergueu as patas e desviou o olhar.
> — Meu Deus, onde foi que eles aprenderam isso? Tenho certeza de que nunca ouviram nada disso em casa.[21]

O que transforma William e seus parentes em presunto, *bacon* e torresmo é um ato de violência. É isso que a senhora Porca depreende com horror e é o conhecimento disso que a linguagem construída por nós tenta evitar.

Opressões amalgamadas

"Agora eles são levados de volta ao matadouro. Ouço o murmúrio calmante do vaqueiro com a sua doce tapeação: 'Venham agora, minhas senhoras. Sejam educadas. Não é preciso se amontoar. No final dá tudo no mesmo'."

Richard Selzer, imaginando o matadouro ideal[22]

A linguagem funde o *status* inferior das mulheres e dos animais numa cultura patriarcal. Como vimos no capítulo 1, as culturas nas quais há consumo de carne são chamadas *culturas viris*. No capítulo 2 vimos que, quando se fala sobre violência contra as mulheres, o ponto referente são os animais retalhados. O emparelhamento de "consumidor de carne" com "homem viril" e de mulheres com animais indica também outro emparelhamento: ao falarmos sobre o destino dos animais, estamos falando sobre o destino tradicional das mulheres. Oprimimos os animais ao associá-los ao *status* inferior das mulheres.

Uma discussão de quais pronomes se devem usar na referência aos animais — se devemos chamá-los de *it*, *she* ou *he* — demonstra como ao falar sobre o destino dos animais nós invocamos a feminilidade. André Joly observa que o uso da palavra *it* significa basicamente que o animal é excluído da esfera humana e que não estabelece com a pessoa que está falando nenhuma relação pessoal de nenhum tipo.[23] O uso da palavra *it* evita a necessidade de identificar o sexo de um animal. Mas há ocasiões em que se usa *he* ou *she* para um animal, independentemente de esse animal ser macho ou fêmea. Que regras gramaticais decidem isso? Joly explica assim a particularidade: "Agora, qualquer animal, pequeno ou grande, e independentemente do seu sexo, pode ser considerado uma *grande força* (*he*) ou uma *força inferior* (*she*)". *He* é usado quando, "seja qual for o seu tamanho, o animal é apresentado como uma força ativa e um possível perigo para quem está falando". *She*, por outro lado, indica "uma força inferior". Isso explica por que as baleias são chamadas de *she*. Joly mostra que "os caçadores e pescadores sempre falam de uma *lebre* e de um *peixe* como *she*". Ele prossegue:

> Na verdade, *she* adquiriu uma função muito específica no inglês moderno: é usado expressamente referindo-se a um *animal considerado uma força inferior*. Isso explica em particular o uso "profissional" de *she*. Os caçadores, os pescadores de baleia e os pescadores em geral estão em relação especial com o animal. Qualquer que seja o seu tamanho ou resistência, ele é considerado uma presa em potencial, uma força que precisa ser destruída — por esporte ou para ser comida —, portanto, uma força dominada.

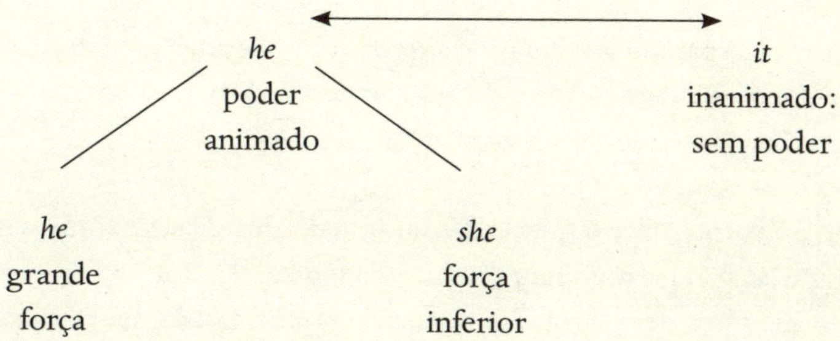

Figura 2. Adaptado de: Joly, André. "Toward a Theory of Gender in Modern English". In: Joly, André e Fraser, T. (orgs.). *Studies in English Grammar* [Estudos de gramática inglesa]. Paris: Editions Universitaires, 1975, fig. 8, p. 273.

She representa não somente uma "força inferior" como também uma força subjugada, um animal impotente que logo será morto. Os animais machos tornam-se simbolicamente fêmeas, representando a vítima da violência masculina. Na verdade, a carne ensanguentada do animal evoca o sexo que ciclicamente sangra. Nesse caso, a representação simbólica do destino dos animais como fêmeas encontra eco nos fatos literais sobre animais usados para comida. A política sexual da carne é reforçada com a opressão literal de animais fêmeas.

De modo geral, nós subsistimos com carne de fêmeas. Comemos galinhas porque "os galos não põem ovos e sua carne é de baixa qualidade".[24] (Os galos sofrem violências semelhantes, embora não sejam a preferência para o consumo.) As galinhas e as vacas produzem para nós ovos e laticínios, antes de serem abatidas. Nisso exploramos também o que nelas há de feminino. Os compêndios sobre carne dizem que a condição de fêmea exige uma atenção especial. Eles advertem aos abatedores: "As fêmeas não devem ser abatidas quando em estado adiantado de prenhez. Sua condição fisiológica está perturbada e a carne não é a normal".[25] Os corpos animais podem ser considerados inadequados para o consumo humano em razão de

> *Paresia da parturiente* — Paralisia ou perda de consciência que normalmente ocorre no final do parto.
> *Febre do transporte* — Essa enfermidade, semelhante em muitos aspectos à paresia da parturiente, em geral afeta as vacas que estão nos estágios avançados da prenhez e ocorre durante ou depois de um transporte longo e contínuo por malha ferroviária.[26]

O texto do corpo sobre o qual escrevemos o destino de ser carne é simbolicamente, se não predominantemente, da fêmea.

Uma escritora defensora dos animais e feminista fala sobre a caça às lebres, tradicionalmente fêmeas (como as coelhas da *Playboy*):

> A condição feminina da lebre era tão importante que quebrar sua espinha com o pé era (e ainda é) chamado 'dançar sobre a lebre', sendo o costumeiro movimento erótico da cópula transferido para a morte.[27]

A linguagem da caça subentende que ela é uma variação do estupro. Por exemplo, a palavra *venison* [carne de veado] — que originalmente incluía em seu significado a carne morta de qualquer fera ou ave de caça — vem do latim *venatus*: caçado; e é aparentada com o termo sânscrito que significa "ele deseja, ataca, ganha". De acordo com o *American Heritage Dictionary*, a palavra *venery* tinha duas definições (ambas arcaicas no inglês atual): "entrega ou busca de atividade sexual" (de *venus*, deusa romana do amor) e também "ato, arte ou esporte de caçar, a caça" (de *venor*, eu caço). Paul Shepard mostra que "existe um perigo para todos os carnívoros (inclusive os humanos) de confundir os dois tipos de agressão 'venerais', o amor e a caça".[28] Kate Millet demonstrou, em *Sexual Politics* [Políticas sexuais], que a palavra *fuck* [foder] era sinônima de "matar, ferir ou destruir".[29]

A opressão amalgamada das mulheres e dos animais por meio do poder de nominar pode ser rastreada até o Gênesis, com as mulheres e um animal, a serpente, sendo culpados pela Queda; Adão recebe o direito de dar nome tanto a Eva (depois da Queda) quanto aos outros animais (antes da Queda).

Desde quando originalmente Adão deu nome à mulher e aos animais, a cultura patriarcal continuou dando nome aos que ela oprime. A estereotipia por meio do dualismo ocorre tanto com as mulheres quanto com os animais: eles são bons ou maus, emblemas de perfeição divina ou encarnações diabólicas, Maria ou Eva, animal de estimação ou fera, feras doces (*bestes doulces*) ou feras fedidas (*bestes puantes*).[30] Sabendo das categorias legais paralelas de *femme covert* e *beste covert* — mulher casada e animal domesticado —, pensamos na relação entre essas categorias legais e maridos e fazendeiros, mulheres espancadas e matança de aves.

Pensamento literal

> "**coffin**: the the crust of a pie. *Obsolete. 'Season your lamb with pepper, salt* [...] *so put it into your coffin.*[*] (*The Complete Housewife*, de 1750).'"
>
> *The Oxford English Dictionary*

A questão dos nomes enganadores está oculta atrás da dicotomia pensamento literal-pensamento simbólico. A declaração de que "carne são fragmentos de animais mortos, retalhados", ou mais simplesmente "carne é assassinato" diz a verdade literal e nos afasta do pensamento simbólico. Parte da luta para ser ouvido como vegetariano é ser ouvido sobre questões literais numa sociedade que prefere o pensamento simbólico. Ao reivindicarem falar literalmente, tanto a mensagem quanto o método do vegetarianismo opõem-se ao ponto de vista dominante.

---

* Segundo o dicionário, a palavra "coffin", que significa "caixão", era usada também para designar "o molde de massa para uma torta; a crosta de uma torta. A tradução dessa receita seria: "Tempere o cordeiro com pimenta, sal [...] Então coloque-o no caixão." (N. da T.)

Um exemplo da cultura popular nos ajuda a discernir o modo como deixamos de focalizar o destino literal dos animais. Em *Os pássaros*, o choque dos ataques violentos que as aves fazem às pessoas é sentido de modo agudo porque não há explicação do porquê de elas terem subitamente se voltado contra os seres humanos. Mas pelo menos duas representações literais da opressão das aves são apresentadas no filme. Na primeira, temos a marca característica de Alfred Hitchcock — seu aparecimento no filme —, quando ele entra num *pet shop* cheio de pássaros engaiolados. Na segunda, a ornitóloga da pacata cidade, senhora Bundy, argumenta contra a ideia de que as aves algum dia se voltariam contra a espécie humana. Essa opinião é manifestada num restaurante enquanto se ouve ao fundo um pedido de "três *frango frito*". Somos lembrados do destino das aves (elas estão mortas e fritas), de que elas são vítimas de múltiplas violências (o pedido é de três frangos, em vez de um; cada um deles era primeiro encarcerado e depois morto), embora a linguagem obscureça esse fato, uma vez que a palavra "frango" subentende o singular. A carne de frango literal prestes a ser comida parece contestar a opinião da senhora Bundy de que as aves não têm razão para atacar os seres humanos. Ela admite que, de modo geral, os seres humanos são uma espécie violenta, mas sua preocupação não abrange as atividades dentro daquele restaurante. O ambiente do restaurante e a comida consumida confirmam a sua assertiva de que os seres humanos são violentos — isto é, se alguém considerar o ambiente e suas atividades literalmente. Tanto os fregueses da loja de aves quanto os consumidores de frangos fritos põem em prática a aceitação da estrutura do referente ausente, uma estrutura da qual as aves, por meio da sua presença em massa, parecem estar se vingando insistentemente.

Examinando as reações das crianças à verdade literal sobre o consumo de carne, podemos ver como a nossa linguagem é um recurso de distanciamento dos fatos literais. As crianças, observadores novos da cultura dominante, levantam questões sobre o consumo de carne usando um ponto de vista literal. Uma parte do processo de socialização na cultura dominante é o incentivo dado às crianças para que considerem aceitável a morte de animais para servir de alimento; para que isso aconteça elas precisam pensar simbolicamente em vez de literalmente. "Vladimir Estragon" (Geoffrey Stokes, do *Village Voices*) observa sardonicamente: "Lembre um garoto de que a ave estava viva e haverá uma cena desagradável, mas deixe-o pensar que fazem isso nas fábricas e tudo ficará bem".[31]

As crianças frequentemente tentam restaurar o referente ausente. O doutor Alan Long conta como se tornou vegetariano aos 8 anos:

> Comecei a fazer perguntas sobre o destino dos animais e a tentar descobrir as fontes da minha comida e soube horrorizado que o cordeiro — o *mutton* que vinha para o meu prato — era obtido dos cordeiros que eu havia visto nos campos. Eu disse que na verdade "eu gostava dos carneiros e não gostava de carneiro", e tudo começou assim.[32]

Robert Nozick, professor de filosofia em Harvard, atribui à sua filha de 2 anos o fato de ter aderido ao vegetarianismo. Durante um almoço de Ação de Graças, ela questionou: "O peru queria viver. Por que é que *mataram ele*?"[33] Um vegetariano de 3 anos sugeriu que ele e a mãe abordassem os feirantes com a verdade literal de que eles estavam vendendo "a coitada da mamãe e o coitadinho do filho dela".[34]

A maioria das crianças, contudo, assimila um aspecto básico da linguagem patriarcal vivenciando simultaneamente as máscaras da linguagem e a relativização da morte dos animais. Deixar de considerar a carne literalmente acalma o vegetarianismo como um problema.

Vozes silenciadas

> "A dificuldade surge quando um grupo detém o monopólio da nominação e é capaz de impor a todos, inclusive aos que não compartilham sua visão do mundo, a sua própria parcialidade. [...] A realidade dominante continua sendo o ponto de referência mesmo para aqueles entre nós que querem transformá-la."
>
> Dale Spender, *Man Made Language*
> [Linguagem feita pelo homem][35]

Os vegetarianos enfrentam o problema de fazer com que seus significados sejam entendidos dentro de uma cultura dominante que aceita a legitimidade do consumo de carne. Como observa a detetive feminista, no início do romance *Paperback Thriller* [Thriller de bolso], de Lynn Meyer: "Eu poderia lhe dizer agora que sou vegetariana, mas vamos deixar isso de lado. Não vou entrar nas razões. Se você não as entende, não há muita coisa para dizer; e, se as entende, não preciso dizer nada". Mas ela vai em frente e explica, e remonta seu vegetarianismo ao dia em que, ainda criança, soube a verdade literal sobre o consumo de carne: "Foi tudo por causa de um patinho que eu tinha quando era criança. Ele cresceu e se tornou um pato, e então nós o matamos e o cozinhamos. E eu não comi. Não consegui. A partir de então tudo passou a ser óbvio e lógico".[36]

A dificuldade de apresentar um significado para o qual não há espaço conceitual foi teorizada pelo antropólogo Edwin Ardener como um problema de domínio e silenciamento. A teoria do domínio-silenciamento explica por que os vegetarianos não são ouvidos pela cultura dominante. A palavra "silenciado" implica questões de linguagem e poder. Como explicou Elaine Showalter, "os grupos silenciados precisam mediar suas crenças com as formas permissíveis das estruturas dominantes".[37] Com o silenciamento das suas vozes, os vegetarianos são frustrados em suas tentativas de desmascarar a violência.

No mundo patriarcal, os vegetarianos são silenciados quando protestam contra a comunidade, porque o ponto de vista dominante sustenta que pensar nos animais "não é um pensamento comum". Essas são as palavras de Janie, a heroína do romance *Seus olhos viam Deus*, de Zora Neale Hurston, para seu marido, depois que ele compra uma mula velha e muito explorada com o único propósito de evitar que ela sofra mais violências. Janie ficava indignada com os maus-tratos sofridos pela mula cansada. Embora "uma guerrinha em defesa de coisas desamparadas estivesse em andamento dentro dela", ela fala somente para si mesma sobre as atividades ignominiosas. Seu marido, ao ouvi-la por acaso, age defendendo a mula. Janie enquadra essa ação dentro da histórica tradição dos libertadores: "Soltando a mula você agiu como um grande homem. Um George Washington e um Lincoln". Ou seja, ela cria a sua própria mitopoesia, ampliando o significado das ações de um indivíduo para que esse significado contenha importância política; ações normalmente silenciadas dentro de uma cultura dominante que decide o que é adequadamente político. Janie conclui: "É preciso ter poder para libertar as coisas".[38]

Mary Helen Washington vê o romance de Hurston como representante da "exclusão das mulheres em relação ao poder, particularmente o poder do discurso oral".[39] O episódio da mula reflete essa questão: Janie silencia sua voz, primeiro falando somente consigo mesma, mas adquire poder para falar em nome de outro ser. Esse poder de decisão pode surgir do reconhecimento da opressão amalgamada das mulheres e das mulas — silenciadas e sobrecarregadas de trabalho. Como disse sua avó: "A mulher negra é a mula do mundo, é isso que eu acho".[40] Lorraine Bethel, interpretando o significado desse trecho, explica: "Por todo o restante do romance observamos a luta de Janie para fugir dessa definição da mulher negra".[41] Quando Janie se preocupa com o destino de uma mula real, ela própria poderia ser vista como o referente ausente numa estrutura opressiva. Para Janie, a contestação do destino de seres domesticados, simples objetos, se segue à conclusão a que sua avó chegou; Janie desafia "seu *status* de mula do mundo" junto com a contestação do *status* da mula.[42]

A voz silenciada de Janie é ouvida e respondida; quando ela proclama Jody um libertador, seu discurso público é aplaudido: "Sua mulher é uma oradora nata, Starks. Nunca ouvimos nada assim antes. Ela disse exatamente o que a gente pensa".[43] Mas o aplauso é indireto; quem é cumprimentado é o seu marido, e Janie é apenas o recipiente indireto do reconhecimento por levantar contra as crenças dominantes uma voz silenciada. Ela continua sendo um objeto que reflete a glória do marido.[44] "Não é um pensamento comum" pensar sobre esses seres que se tornam nossos referentes ausentes; esses pensamentos são silenciados. A voz de Janie é uma voz feminina silenciada num mundo masculino; é assim que precisamos considerar os protestos vegetarianos.

Quando os vegetarianos tentam desarmar o controle dominante da linguagem, eles são vistos como seletivos, exigentes, ácidos, hipócritas, confrontadores e particularmente sentimentais, e não como libertadores políticos como Washington e Lincoln. A objeção à matança de animais é vista como sentimentalismo, emoções pueris ou "imoralidade gay". Por extensão, essa objeção é considerada "feminina". A conhecida opinião de

Espinoza era que "a objeção à matança de animais 'se baseava numa superstição vazia e em ternura feminina, e não na razão bem fundamentada'".[45] Consequentemente, não é de admirar que se veja o vegetarianismo como um projeto feminino e que ele seja equiparado ao *status* da mulher.

O ataque aos vegetarianos por serem emocionais demonstra como a cultura dominante tenta desviar o discurso crítico. Como comenta Brigid Brophy,

> afirmar que alguém que não nós mesmos tem direitos não é ser sentimental. Não que isso seria o mais grave dos pecados, se a afirmação procedesse. "Sentimentalista" é a violência com a qual as pessoas reagiram à acusação de que elas são cruéis.[46]

A caracterização como feminina ou "feminil", que, em razão do que se percebe como seu tom "emocional", se faz à objeção à matança dos animais a fim de obter comida, contribui para o silenciamento dessa objeção por meio da sua associação com as mulheres, que também são silenciadas numa cultura patriarcal.

Nome novo

> "Quais são as palavras que você não tem? O que você precisa dizer? Quais são as tiranias que você engole diariamente e tenta achar naturais, até adoecer e morrer por causa delas, ainda em silêncio?"
>
> Audre Lorde,
> "The Transformation of Silence into Language and Action"
> [A transformação do silêncio em linguagem e ação][47]

Os vegetarianos reformam a linguagem cunhando palavras novas. Com a mudança de nome, eles aplicam princípios que exigem a mudança da relação existente entre os seres humanos e os outros animais.

Consideremos alguns exemplos dos nomes novos criados pelo vegetarianismo:

Nome novo: vegetariano

Até 1847 e a tímida cunhagem da palavra "vegetariano", a palavra mais comum para designar aqueles que não comiam animais era "pitagórico". Como acontece com muitos outros movimentos de reforma, autodenominar-se por meio da cunhagem da palavra "vegetariano" foi um importante marco. "Vegetariano" é um conceito que pode ser explicado com palavras semelhantes às que Nancy Cott usa para explicar o surgimento da palavra "feminismo":

> "Feminismo" saltou para uma visão clara alguns anos depois porque respondeu à necessidade de representar na linguagem uma série de intenções e uma clientela recém-congregada, um novo momento na longa história de lutas pelos direitos e liberdades da mulher.[48]

A palavra "vegetariano" representa a interseção de um momento histórico com séculos de protesto contra a matança de animais.

Mas a cunhagem dessa palavra causou um conflito na interpretação da sua etimologia. *The Oxford English Dictionary* afirma que ela deriva irregularmente de "vegetal" mais "ariano". Os vegetarianos defendem outra etimologia. Afirmam que ela vem

> da palavra latina *vegetus*, que significa "sadio, bom, fresco e enérgico", como no termo latino antigo *homo vegetus* — uma pessoa mental e fisicamente vigorosa. Assim, os vegetarianos ingleses estavam tentando frisar o tom filosófico das vidas que eles tentavam dirigir, e não simplesmente fomentando o uso dos legumes e verduras na dieta.[49]

(Mais para o final do século XIX, quando a Sociedade Vegetariana debateu uma mudança de nome, Francis Newman propôs "anticreofagista", mas teve pouco apoio para esse novo nome.[50])

Dessa autodenominação surge uma constante batalha pelo significado, fazendo com que os vegetarianos pareçam ter uma mente ainda mais literal (ou pequena ou estreita), pois, como não podia deixar de ser, a palavra foi corrompida. A batalha pelo significado ocorre com relação a precisamente quem é vegetariano. "Vegetarianismo" como uma palavra que define determinado conjunto de "restrições" foi apropriado pelos consumidores de carne, que diluem o termo com a inclusão da carne de frango e de peixe na sua definição. Alguém pode comer peixes ou frangos mortos e ser vegetariano?

O que literalmente transpira na ampliação do *significado* de "vegetarianismo" é o enfraquecimento do *conceito* de vegetarianismo pela inclusão de algumas criaturas vivas que foram mortas para se tornar comida. Os vegetarianos éticos se queixam disso porque sabem que essa inclusão significa que a estrutura do referente ausente está prevalecendo; uma vez que o conceito é tolerado — isto é, alguns seres podem ser consumidos —, seu protesto radical está sendo enfraquecido. As pessoas que comem peixe e frango não são vegetarianas; são onívoras que se abstêm de carne vermelha. Permitir que quem não é vegetariano se diga vegetariano retira da palavra seu significado e sua história. Além disso, num nível muito prático, traz como resultado a frustração dos vegetarianos que, ao ir a restaurantes ou a festas onde não vegetarianos prepararam "comida vegetariana", descobrem que aquilo significa peixes mortos ou um frango morto.

Os vegetarianos são silenciados quando fazem as pessoas sentirem que eles são insensíveis, exigentes, ao contestar quando alguém se diz vegetariano embora coma frango e peixe. O processo de neutralização/generalização da palavra "vegetariano" de forma que ela apenas signifique objeção à carne vermelha — abstenção que até os consumidores de carne consideram correta, em virtude das preocupações com o colesterol — é uma das consequências de buscar criar um nome novo dentro de uma cultura dominante resistente a ele.

Nome novo: proteína animalizada e feminilizada

"Proteína animalizada" é um termo histórico que merece uso atual. Esse termo foi empregado no século XIX para designar a comida obtida com o corpo de animais. Uma carta de Ellen G. White em 1896 mostra o modo como os vegetarianos usavam esse termo:

> A dieta dos animais é composta de vegetais e grãos. As verduras e os legumes precisam ser animalizados, precisam ser incorporados ao sistema dos animais antes de os consumirmos? Precisamos obter nossa dieta de vegetais comendo a carne de criaturas mortas?[51]

A animalização da proteína é o principal agente da estrutura do referente ausente. O termo "animalizada" aludindo à carne atinge o objetivo de reinserir o referente ausente na discussão, atuando como um lembrete do processo usado para produzir a carne — a alimentação e engorda de animais. Por meio da animalização da proteína, os animais são reduzidos a meios para os nossos fins; deixam de ser alguém para ser *algo*. São vistos como corpos a serem manipulados como incubadores de proteína. Como conceito, a animalização da proteína propõe que esse é o modo certo de os seres humanos obterem sua proteína e que o papel certo para os animais é o de produzir essa proteína. Mas, como uma expressão, a proteína animalizada insiste em que os animais não podem ser deixados fora da definição de consumo de carne.

Um corolário e um prelúdio para a proteína animalizada é a *proteína feminilizada*: leite e ovos. Novamente, os animais são meios para os nossos fins, desta vez como produtores de laticínios. Fora a produção de mel pelas abelhas, os únicos seres que, *enquanto estão vivos,* produzem comida a partir do seu próprio corpo são as criaturas do sexo feminino em idade fértil, que produzem leite e ovos.[52] As fêmeas tornam-se oprimidas pela sua condição de fêmea e tornam-se essencialmente amas de leite substitutas. Também são oprimidas como animais *mães.* Quando sua produtividade cessa, elas são mortas e se tornam proteína animalizada. Os veganos boicotam a proteína feminilizada *e* animalizada.

Nome novo: vegano

A palavra *vegano*, cunhada por Donald Watson em 1944, supera a diluição que a cultura dominante operou na palavra "vegetariano". Um vegano evita todos os produtos derivados da exploração de animais, não só as proteínas animalizadas e feminilizadas como, também, por exemplo, a pele, o couro e o mel.

O conceito incorpora explicitamente as preocupações com todos os animais. Não há possibilidade de afirmar que se é "vegano que come frango". O novo nome reconhece o problema da "proteína feminilizada" — isto é, que os animais fêmeas são duplamente oprimidos, na vida *e* na morte.

Como explica Jo Stepaniak em *The Vegan Sourcebook* [O livro de referências vegano]:

> Donald Watson cunhou a palavra *vegano* quando ficou cansado de escrever *total vegetarian* [vegetariano total] para se referir aos vegetarianos que não usam laticínios. A palavra prevaleceu sobre outras sugestões feitas na época, inclusive *dairybans* [os que banem os laticínios], *vitans, neovegetarians, benevores* [benévoros], *belevores* [belévoros], *all-vegas* [100 por cento vegas], *sanivores* [sanívoros] *e beaumangeurs*. O termo derivava da palavra "vegetariano", usando as três primeiras letras (*veg*) e as três letras finais (*ano*) porque "veganismo começa com vegetarianismo e o sustenta até suas conclusões lógicas".

O *Oxford Illustrated Dictionary* registrou em 1982 a palavra *vegan*. Em algum ponto, no final da primeira década do século XXI, o programa de ortografia em inglês do Microsoft Word deixou de sublinhar *vegan* como se se tratasse de um erro na grafia de alguma palavra. Para qualquer escritor vegano anglófono, esse foi um momento de libertação lexicográfica. A palavra "veganismo" não foi reconhecida até hoje pelo programa da Microsoft. Vejamos se eu posso ajudar:

Veganismo é uma postura ética baseada na compaixão por todos os seres vivos.

Nome novo: o quarto estágio

É preciso uma nova nominação para identificar os acontecimentos recentes com relação ao modo como os animais animalizam a proteína. Desde a Segunda Guerra Mundial, surgiu e evoluiu um novo modo de tratar os animais, eufemisticamente chamado de *factory farming**. Podemos considerar o procedimento, que encarcera os animais nessas fazendas enganosamente chamadas de fábricas, como o quarto estágio do consumo de carne. No primeiro estágio do desenvolvimen-

* Traduzido literalmente, o termo significa "pecuária industrial". Em português, o termo técnico usado — "confinamento" — é menos eufemístico. (N. da T.)

to desse consumo pelas pessoas, elas dependiam predominantemente dos alimentos vegetarianos, e a pouca carne consumida (de pequenos animais e insetos) era obtida com as próprias mãos ou com a ajuda de galhos. O primeiro estágio do consumo de carne atendia ao padrão "faça você mesmo" de Plutarco do consumo de animais, referido no capítulo anterior.

A caça é o segundo estágio do consumo de carne. Quando a carne é obtida por meio da matança de animais que não são domesticados, depende-se pouco da proteína feminilizada. Com o segundo estágio, introduz-se a violência equipada, assim como a seleção de alguns membros de uma comunidade para serem caçadores. A distância em relação ao animal é obtida com os equipamentos usados para matá-lo e também com a divisão de uma cultura em caçadores e não caçadores.

O terceiro estágio do consumo de carne é a domesticação de animais, fornecendo-lhes as armadilhas da atenção e da segurança, enquanto se planeja a sua execução. Com o terceiro estágio, o consumo de carne aumenta porque esta é agora carne de animais domesticados, facilmente disponíveis. A domesticação de animais fornece outra fonte de alimento: a proteína feminilizada.

O quarto estágio do consumo de carne envolve o aprisionamento de animais. Nesse estágio encontramos o maior índice *per capita* de consumo de proteína animalizada e feminilizada: hoje 60 por cento da comida servida à população dos Estados Unidos provém das indústrias de carne, laticínios e ovos. Fora o momento do seu destino final como comida, os animais são separados da experiência cotidiana da maioria das pessoas. Com o quarto estágio, começamos a pensar em termos da quantidade de carne ou laticínios de que precisamos, e não da quantidade de proteína de que precisamos. É por isso que pela metade do século XX a proteína animalizada e feminilizada compôs durante muitas décadas dois dos quatro grupos básicos de comida. Setenta por cento da proteína da comida dos norte-americanos deriva desses dois grupos de alimento; em contraste, 80 por cento da proteína do Extremo Oriente provém de vegetais.

As mudanças nos estágios do consumo de carne indicam a crescente dependência de uma cultura em relação à estrutura do referente ausente. Além disso, indicam a crescente inserção do racismo branco —

porque se passa a não conhecer fontes alternativas de proteína — na estrutura do referente ausente. Se o "androcentrismo" por meio do racismo branco elimina modelos concorrentes para as relações entre homens e mulheres, o racismo branco sustenta um modelo de consumo que se fixa na proteína animalizada e obscurece o uso de fontes alternativas de proteína que caracterizam a maioria das culturas do segundo estágio. O racismo branco distorce as culturas que eram ou são centradas nas mulheres e não completamente dependentes da proteína animalizada.[53]

Quem dá nomes novos: Charlotte e a literatura de protesto vegetariana

Um modelo de nominação alternativa pode ser encontrado numa das mais famosas escritoras e tecedoras de rede: Charlotte, do livro *A teia de Charlotte,* de E. B. White. Charlotte tece palavras na sua rede para impedir o trucidamento de Wilbur, um porco. Em vez de aceitar nomes enganosos de Wilbur, o porco, como *bacon* e presunto, Charlotte inventa novos nomes: Wilbur é "certo porco", e não um animal que produz carne; ele é "maravilhoso".[54] As palavras de Charlotte são uma forma de literatura de protesto vegetariana. A invenção de nomes alternativos dessa literatura de protesto tenta manter todos os Wilburs vivos e saudáveis, e não mortos, fragmentados e renomeados.

Quando paramos de pensar no consumo de carne como um conjunto de dados nutricionais ou evolucionários, ficamos livres para examinar a linguagem referente a isso enquanto estratégias justificadoras históricas. Essa linguagem cria significado cultural que apoia a opressão dos animais. A literatura de protesto que contesta esse significado cultural tem surgido quase sempre na forma de ensaios, que podem ser rastreados desde Plutarco até as obras contemporâneas de não ficção. Os ensaios tentam desenredar a teia de violência contra os animais e tecer novas palavras. Essa literatura de protesto se caracteriza por uma tímida tradição de temas e imagens recorrentes, e tem como um aspecto essencial a reformulação de perguntas feitas pelos consumidores de carne. Plutarco diz, respondendo a alguém que lhe pergunta por que Pitágoras se abstinha de comer carne: "Acho que você devia perguntar quem começou a comer carne, e não quem recentemente a dispensou".[55] Ou Bernard

Shaw, que, ao ser indagado por que era vegetariano, disse: Por que você me pede para lhe dar satisfação por comer decentemente?

O capítulo seguinte explora a dinâmica que ocorre quando os consumidores de carne pedem que os vegetarianos se justifiquem por comer decentemente. Essa análise aponta com precisão o que impede a palavra vegetariana de se fazer carne. As barreiras sutis que nos impedem de ouvir as palavras vegetarianas representam os elementos finais dos textos patriarcais da carne.

Capítulo 4

A palavra se fez carne

Os ensinamentos de Pitágoras

"Havia aqui um homem.......
....
Foi o primeiro
A dizer que a comida de animais não devia ser consumida,
E embora fosse muito erudito, os homens nem sempre
Acreditavam quando ele pregava: 'Abstenham-se, ó mortais,
De envenenar seu corpo com comida tão ímpia!'"

Ovídio, *Metamorfoses*

"Em raras ocasiões e tremulamente
uma Palavra feita Carne é compartilhada."

Emily Dickinson

Este capítulo trata da dialética entre os que ouvem a palavra dos vegetarianos e se tornam vegetarianos e a maioria que não o faz. Embora muita gente siga os passos de Pitágoras e diga: "Abstenham-se, ó mortais,/ De envenenar seu corpo com comida tão ímpia!", a maioria das pessoas responde do mesmo modo que os ouvintes de Pitágoras: não acreditam nas palavras que ouvem. O vegetariano que faz proselitismo, por mais preparado que seja, encontra barreiras sutis que o impedem de ouvir os protestos que estão sendo articulados. A maioria dos vegetarianos não percebe essas barreiras sutis. Em parte, isso ocorre porque a sua própria conversão ao vegetarianismo os leva a achar que os outros também podem ser convertidos. Outro fator que leva à não percepção dessas barreiras é a ausência de uma perspectiva feminista sobre a questão de consumir animais, que enfatizaria o primado das forças políticas e culturais. Um fator importante no enfraquecimento do argumento vegetariano é o tempo e o lugar durante os quais as ideias vegetarianas são discutidas: com frequência isso acontece na hora do jantar, durante uma refeição, quando o vegetariano quase sempre se sente em minoria. Isso cria um clima político em que a ideia de vegetarianismo é derrotada tanto pela presença da carne quanto pela ideia de comer carne. Uma perspectiva cultural também determina essa derrota; vou argumentar que ela se liga às nossas ideias sobre histórias e seus finais característicos.

Depois de examinar o impulso reformador dos vegetarianos — o fato de a conversão do vegetariano efetivamente ocorrer e se relacionar com a leitura da literatura de protesto vegetariana —, este capítulo oferece uma análise das sutis forças políticas e culturais que prevalecem sobre as palavras vegetarianas.

Diversos significados para a ideia da palavra fizeram a carne existir. O primeiro significado é talvez o mais óbvio: a passagem do consumo de carne para o vegetarianismo em decorrência de se terem ouvido ou lido os argumentos vegetarianos de alguém; isso incorpora na carne a palavra vegetariana. Na hora da refeição, as conversas sobre consumo de carne envolvem outra palavra que se fez carne: os argumentos dos consumidores de carne são reforçados pela presença literal da carne animal. Suas palavras apoiam essa carne; a carne reforça suas palavras. Por fim, nos modos sutis que o consumo de carne abraça a estrutura narrativa tradicional, as palavras das histórias e a carne das refeições se tornam permutáveis.

Literatura de protesto vegetariana

"Pois o que finalmente está em risco não é tanto o modo de 'tornar visível o invisível', mas sim o modo de produzir as condições de visibilidade para uma questão social diferente."

Teresa de Lauretis[1]

Um *corpus* literário que proclama a legitimidade do vegetarianismo se estende desde os dois ensaios de Plutarco contra o consumo de carne até livros contemporâneos como *Vegetarianism: a Way of Life* [Vegetarianismo, um modo de vida], *The Vegetarian Alternative* [A alternativa vegetariana] e *A Vegetarian Sourcebook* [Um livro de referências vegetariano].[2] Nesses trabalhos há argumentos a favor da racionalidade do vegetarianismo e da necessidade de adotá-lo. Exemplos históricos dessa literatura podem ser encontrados em muitos textos vegetarianos dos séculos XVIII, XIX e início do século XX. Meu filho de 3 anos e meio determinou-se a acrescentar a sua própria voz a esse *corpus* como um modo de convencer o pai a parar de comer frangos mortos. Frustrado com o malogro das conversas na hora da refeição, ele preparou um livro chamado *Não coma carne*. Enquanto o escrevia, falava sobre o que havia incluído no livro:

Não coma peixe.
Não coma frango.
Não coma siri.
Não coma baleia.
Não coma galo.
Não coma lula.
Não coma frango.
Não coma peixe.
Não coma lagosta.

Como ainda não sabia escrever, o que ele punha no papel eram sinais que só para ele tinham significado. Esses sinais são emblemáticos do modo como uma cultura consumidora de carne recebe os textos de um vegetariano: eles podem perfeitamente ser escritos, mas, no fim das contas, não têm significado. Os vegetarianos, apesar dos vários modos com os quais expõem a sua perspectiva, sempre parecem estar dizendo: "Não coma carne". Os consumidores de carne não podem entender isso porque uma parte da sua definição do que tem sentido é o consumo de carne. Mas os vegetarianos acreditam que serão ouvidos por uma cultura de consumidores de carne. A fé literal na palavra que se fez carne por meio de livros não se perdeu no meu filho. Quando terminou de escrever suas importantes injunções, ele anunciou para o pai: "Sinto muito, papai, mas você não pode mais comer carne. Eu escrevi isso".

A palavra vegetariana feita carne

Como meu filho deve ter intuído, as relações dos vegetarianos com os primeiros textos vegetarianos demonstram que, frequentemente, o vegetarianismo é gerado em grande parte pelos livros. O próprio vegetarianismo dessas obras se torna um modo de tornar carne a palavra vegetariana. O historiador Keith Thomas assim se refere a essa influência: "Sua inspiração foi frequentemente literária, muitos tendo afirmado que se converteram pela leitura dos argumentos de Pitágoras ou Plutarco".[3] Numa cultura em que a maioria consome carne, muitas vezes a leitura de textos é o único modo pelo qual o vegetarianismo é apresentado sob uma luz positiva. Essencialmente, a autoridade dos textos vegetarianos anteriores autoriza os novos vegetarianos que levam ao pé da letra as palavras vegetarianas.

Acredita-se que o vegetarianismo de Percy Shelley tenha se originado na leitura dos dois ensaios de Plutarco sobre o consumo de carne. Modelando o título do seu primeiro ensaio vegetariano — *A Vindication of Natural Diet* [A reivindicação da dieta vegetariana] — numa referência ao famigerado livro de Mary Wollstonecraft *A Vindication of the Rights of Woman* [A reivindicação dos direitos da mulher], ele insinua que pode estar sendo portador também de um discurso feminista.

Aphra Behn celebra os métodos para ter uma vida saudável usados pelo vegetariano Thomas Tryon, que viveu no século XVII, e explica que os textos desse homem a influenciaram a experimentar os métodos que ele pregava.[4] Benjamin Franklin foi outro que depois de ler Tryon tentou seguir o vegetarianismo durante certo tempo.[5]

Joseph Ritson, autor de *An Essay on Abstinence from Animal Food, as a Moral Duty* [Ensaio sobre a abstinência de carne animal como um dever moral], de 1802, tornou-se vegetariano levando ao pé da letra as palavras de um texto anterior. Ritson escreve — ao se apresentar como autor do seu livro vegetariano — que foi

> induzido a uma reflexão séria com a leitura cuidadosa de *The Fable of the Bees* [A fábula das abelhas], de Mandeville, em 1772, estando então com 19 anos, e desde então, relendo sempre esse texto, aderi firmemente a uma dieta de leite, legumes e verduras, não tendo nunca experimentado, durante estes trinta anos, um pedaço de carne, peixe ou ave.[6]

O trecho de Mandeville que inspirou essa mudança de dieta diz:

> Muitas vezes pensei que, se não fosse por essa tirania que o costume nos usurpa, os homens de qualquer boa-natureza tolerável jamais poderiam aceitar a matança de tantos animais para o seu alimento diário, uma vez que a Terra generosa lhes proporciona com tanta abundância as variedades de deliciosos legumes e verduras.[7]

O historiador James Turner insinua que Ritson tomou ao pé da letra as palavras de Mandeville, embora elas tenham sido ditas com ironia. O livro de Mandeville, escreve Turner, "depreciava as supostas diferenças entre homens e animais e perguntava (brincando) se as pessoas continuariam comendo animais se parassem para pensar o que estavam fazendo".[8] Um dos biógrafos de Ritson reconhece que a influência de Mandeville sobre ele "revela o modo vital como sua leitura o afetou".[9] Perto do final do seu *Essay*, Ritson menciona que o efeito do discurso de Pitágoras nas *Metamorfoses* de Ovídio encontra semelhança em lorde Chesterfield, que escreveu: "Passou-se algum tempo até eu voltar a poder comer cordeiro na faculdade, perguntando-me intimamente se não estaria sendo cúmplice de um assassinato".[10]

Quando era adolescente, Robert Browning leu os textos de Percy Shelley e foi vegetariano durante dois anos.[11] Ao chegar a Londres, Gandhi descobriu os escritos do seu contemporâneo inglês Henry Salt, especificamente *A Plea for Vegetarianism* [Um apelo para o vegetarianismo], que lhe forneceram as bases éticas de que ele precisava para continuar sendo vegetariano. Gandhi relatou que "desde a época em que li seu livro, posso dizer que me tornei um vegetariano por opção".[12] Bernard Shaw atribuiu seu vegetarianismo à influência de Percy Shelley: "Foi Shelley", recordou ele num dos seus *Sixteen Self Sketches* [Dezesseis esboços de mim mesmo], "quem primeiro me abriu os olhos para a selvageria da minha dieta", embora "somente por volta da década de 1880 a abertura de restaurantes vegetarianos em Londres tenha me possibilitado uma mudança".[13] Charlotte Despard, feminista, vegetariana e pacifista, foi muito influenciada por *Queen Mab* [Rainha Mab], de Shelley.

Hoje muitas pessoas se defrontam com a ideia do vegetarianismo não pela leitura da palavra vegetariana, mas discutindo-a com um vegetariano. Isso frequentemente acontece durante uma refeição. O que transpira é o oposto da palavra vegetariana feita carne. Durante um jantar, os vegetarianos podem ficar inadvertidamente em guarda, quando a um só tempo os textos da carne não só formam o tema da conversa, como também estão encarnados na travessa.

Conversas de defesa

> "Uma mulher que aparece como porta-voz da liberdade de todas as mulheres é uma criatura patética e isolada. [...] Ela não apresenta nenhuma ameaça. Uma mulher 'emancipada' é uma incongruência divertida, um bem sexualmente excitante que se consome com facilidade."
>
> Sheila Rowbotham[14]

Comentário feito ao saber da morte do doutor Lambe, autor vegetariano do início do século XIX:

"Embora tenha querido, muito ousadamente, nos privar da dieta de carne, ele deve ser perdoado. Pois a quem ele prejudicou? Até onde sei, a ninguém, fora a sua própria pessoa, pois ninguém prestou atenção àquilo."[15]

O vegetarianismo provoca a conversa, mas enfrenta o problema de fazer com que seus significados sejam entendidos dentro de um discurso dominante que aprova o consumo de carne. Uma eterna preocupação dos vegetarianos é o destino das suas crenças quando eles conversam com carnívoros. A ocasião em que mais provavelmente se vive um conflito de significados entre vegetarianos e carnívoros é a hora do jantar. É inevitável os vegetarianos discutirem o seu vegetarianismo. Pois, se não apresentam espontaneamente suas opiniões, como sir Richard Phillips, "que certa vez fez soar um carrilhão" nos ouvidos de William Cobbett "contra a prática de atirar em animais e caçar", eles são continuamente solicitados a defender sua dieta.[16] Harriot Kezia Hunt, feminista norte-americana do século XIX que foi reformadora da saúde e amiga da vegetariana e feminista Mary Gove Nichols, demonstra isso relatando que "eu sempre discuti com ela o grahamismo".[17] John Oswald inicia seu livro vegetariano de 1791 afirmando que está "cansado de responder a perguntas e contestar as objeções dos seus amigos à singularidade do seu modo de vida". Com a publicação do seu *The Cry of Nature; or, an Appeal to Mercy and to Justice on Behalf of the Persecuted Animals* [O grito da natureza; ou um pedido de compaixão e justiça em nome dos animais perseguidos], ele manifesta a esperança de poder continuar com a sua dieta "sem ser perturbado", já que agora expôs o que pensa sobre o consumo de carne.[18]

Thomas Holcroft parece ter orgulho de si mesmo quando anota no seu diário a essência de uma conversa que teve com um vegetariano durante um jantar:

> 24 de junho de 1798
>
> Godwin and Reece estavam presentes. [...] Falei com o senhor Reece sobre a moralidade de consumir alimentos de origem animal: ele disse que não tínhamos o direito de matar animais e ameaçá-los de extinção. Respondi que a quantidade de espécimes estava bastante aumentada, pois o número

> de animais tinha aumentado talvez dez, talvez cem vezes, pelo cuidado que o homem estava lhe dispensando; e que como eu não via razão para supor que eles pensassem nisso ou tivessem qualquer conhecimento anterior da morte, para eles dificilmente vale a pena mencionar a dor de morrer. [...] Ritson participou da nossa reunião à noite.[19]

Numa situação em que a carne é consumida, os vegetarianos inevitavelmente atraem atenção. Eles fazem com que algo esteja ausente no seu prato; talvez também tenham tido de fazer uma objeção verbal para isso. Então eles são chamados para uma discussão sobre o vegetarianismo. Muitas vezes alguém que está presente é realmente hostil ao vegetarianismo e contestar esse modo de vida se torna um desafio pessoal. Se isso acontece, fazem-se todos os tipos de perguntas cínicas para ver como o vegetariano vai lidar com elas. O vegetariano, reformador entusiástico, vê a coisa como uma oportunidade de educar; mas não é esse o caso. Em vez disso, o que ocorre é um jogo provocador de manipulação. Às vezes se fazem perguntas absurdas; elas subentendem que toda a discussão é absurda.

George Borrow, comentando uma conversa durante um jantar com o radical romântico sir Richard Phillips, um editor, demonstra esse fenômeno:

> — O senhor não come alimento animal? — indaguei.
>
> — Não, senhor — respondeu ele. — Eu reneguei sob juramento essa prática há mais de vinte anos. Em certo sentido, senhor, eu sou um brâmane. Abomino matar; os animais têm o mesmo direito à vida.
>
> — Mas — disse eu —, se eles não fossem mortos, haveria uma tal superabundância de animais que eles entulhariam a terra.
>
> — Não acho, senhor; poucos são mortos na Índia e no entanto há espaço de sobra.
>
> — Mas — disse eu —, de acordo com o projeto que a natureza criou, eles devem ser aniquilados, e os próprios animais se matam, e faz bem para eles e para o mundo eles agirem assim. Como estariam as coisas se se deixassem morrer de velhice todos os insetos, aves e vermes?
>
> — Vamos mudar de assunto — disse o editor. — Nunca fui fã de discussões inócuas.[20]

A situação é criada não somente para suscitar a defesa, mas também para levar o reformador a responder a perguntas erradas, como Phillips insinua, ao mudar de conversa. Nisso o padrão do discurso se parece com o das conversas sobre feminismo que ocorriam à hora do jantar no início da década de 1970. As perguntas tergiversando sobre definições frequentemente predominam. Enquanto as feministas exploravam com sucesso perguntas que trivializavam o feminismo, como "Você é uma daquelas que queimam o sutiã?", os vegetarianos precisam se defender das trivializações de "Você é um daqueles fanáticos por saúde?", ou "Você é um daqueles amantes dos animais?" Enquanto as feministas se deparavam com a réplica de que "os homens também precisam de libertação", os vegetarianos são acolhidos com o postulado de que "as plantas também têm vida". Ou, para fazer a questão parecer mais ridícula, a situação é encaminhada assim: "Mas e a alface e o tomate que você está comendo? Eles também têm sentimentos!"

A tentativa de defender seu ponto de vista mediante argumentos triviais é a primeira artimanha que acolhe as reformas ameaçadoras. Isso preestabelece os perímetros do discurso. A pessoa precisa explicar que nenhum sutiã foi queimado no desfile de Miss América; ou a natureza simbólica da ação naquela época; ou que aquela pergunta não atenta com seriedade para questões como salário igual para trabalho igual. Assim também um vegetariano pode, por pensar que responder a essas perguntas será esclarecedor, explicar pacientemente que, se as plantas têm vida, então por que não sejamos responsáveis apenas pelas plantas que comemos à mesa, e não pela grande quantidade de plantas consumidas pelos animais herbívoros antes que estes se tornem carne? Em cada caso, uma resposta mais radical poderia ser dada: "Os homens precisam primeiro reconhecer quanto se beneficiam com o domínio masculino", "Alguém pode realmente afirmar que o sofrimento dessa alface se equipara ao de uma vaca consciente que precisa ficar exangue antes de ser morta?" Mas, se a feminista e o vegetariano respondem desse modo, as pessoas vão se pôr na defensiva com a acusação de que eles estão sendo agressivos. O que para vegetarianos ou feministas tem importância política, existencial e ética torna-se para os outros apenas uma diversão da hora do jantar.

Após essa etapa da trivialização, o discurso contesta a legitimidade das questões. Uma feminista se depara com um casal e o marido ou a mulher afirma que eles são um casal feliz: "Minha mulher parece oprimida? (ou "Eu pareço oprimida?")". Isso demonstra que não há realmente interesse numa análise feminista complexa sobre a opressão. Do mesmo modo, os vegetarianos se deparam com algo como: "Você faria os animais carnívoros se tornarem vegetarianos também? E o seu (ou nosso) cachorro, gato?" Nos dois casos, faz-se com que o reformador pareça ter levado longe demais a análise ou a proposta que defende, perturbando a natureza sagrada das relações estabelecidas (um casamento, um animal carnívoro).

As regras referentes à polidez à mesa privilegiam o *status quo* e limitam o âmbito da conversa. Em meados dos anos 1970, quando as questões de estupro, violência doméstica e pornografia estavam rapidamente ganhando proeminência como questões feministas, as feministas deviam dissecar o problema da violência contra as mulheres durante as horas agradáveis que normalmente passamos conversando e comendo? Assim, também os vegetarianos a quem se pergunta por que eles são vegetarianos, enquanto todos os demais comem carne, devem pensar: será que as pessoas querem mesmo saber que eu me oponho ao modo como os animais são mortos e conhecer os detalhes que eu posso lhes fornecer enquanto elas estão comendo carne? Quais são os meus deveres nesta mesa, com a anfitriã?

O que a pessoa enfrenta nessa ocasião são esforços de supressão de autoridade. O que é ameaçador, como o feminismo e o vegetarianismo, precisa ser redefinido, delimitado, esvaziado de poder. Frequentemente um indivíduo arroga para si a tarefa de redefinir, delimitar e retirar o poder do vegetariano. A ênfase de uma feminista na violência sexual é julgada histérica; a ênfase de um vegetariano na morte dos animais é considerada excessivamente emocional. Tanto as feministas quanto os vegetarianos são acusados de negatividade por parecer que propõem a renúncia a algo (as contestáveis vantagens da feminilidade; a carne na travessa) e não a sua própria perspectiva, com a qual estão enfatizando a opção positiva (aspirar à emancipação e libertação; a opção por legumes e verduras, grãos e frutas). Quem é feminista ou vegetariano torna-se um problema, e os princípios por trás do feminismo e do vegetarianismo são transformados em "ser moralistas".[21]

Como se um texto da carne tivesse de ser recapitulado no nível do discurso — a carne tornada verbo —, você se torna o coelho e a outra pessoa é o caçador que precisa justificar seu esporte. Você será provocado, atraído, molestado. Você — e não as suas crenças — é a vítima. O outro ataca, recua. Essa situação pode não ser tão espalhafatosa nem tão agressiva quanto o caso que cito a seguir, mas a questão do controle sobre a conversa é parecida:

> Sabendo perfeitamente do horror sagrado de Ritson à comida animal, Leyden se queixou de que a carne trazida para ser servida cozinhara demais. "Na verdade", acrescentou ele, "a carne jamais estará demasiado mal cozida, e crua é ainda melhor". Assim, ele mandou buscar na cozinha uma travessa com carne literalmente crua e virilmente comeu-a sem molho, sob os olhares de agudo pesar do pitagoreano.[22] (Note o "virilmente".)

Embora sejamos mantidos sob controle por esse direcionamento da conversa, parece que o manipulador somos nós; que somos nós que estamos redefinindo, delimitando, minando a opção do consumo de carne, enquanto o outro é o protetor de tudo aquilo que consumir carne significa:

> Ao voltarem para casa, (Sir Walter) Scott perguntou sobre o "erudito comedor de repolho", referindo-se a Ritson, que havia sido esperado para o jantar.
> — Na verdade — respondeu sua mulher —, você devia se sentir feliz por ele não estar aqui, ele é tão desagradável. Acho que o senhor Leyden o afugentou.
> E no fim das contas foi o que aconteceu. Quando Ritson apareceu, uma travessa de frios estava na mesa da sala de jantar e a senhora Scott, esquecendo-se do seu credo, ofereceu-lhe uma fatia de carne. O antiquário, na sua indignação, exprimiu-se em termos tão chocantes para a senhora, que Leyden, ao tentar corrigi-lo, foi ridicularizando-o.

Num jantar em que se serve carne, o vegetariano deve deixar a conversa transcorrer livremente. A função do referente ausente deve ser mantida ausente, em especial quando encarnada na travessa sobre a mesa. A carne e as palavras sobre ela devem ser mantidas separadas. Os consumidores de carne não podem se render ao vegetarianismo numa situação dessas; seria esperar demais que eles revissem seus cardápios num momento em que estão inteiramente mergulhados nos textos da carne.

O significado da carne é reproduzido toda vez que ela é servida e comida. A comida em geral e a carne especificamente, como o corpo feminino, é um "ponto de prazer visual ou de atração para o olhar".[23] O vegetarianismo anuncia que vai destruir o prazer das refeições tais como as fruímos agora. Assim, é válido constatar que os vegetarianos são incapazes de determinar a forma do discurso quando estiverem comendo com carnívoros. Mas é inevitável os vegetarianos comerem junto com carnívoros; e também é inevitável que a ausência de carne na mesa dos vegetarianos desencadeie uma discussão. Nessa situação, a *questão do vegetarianismo é uma espécie de carne para os consumidores de carne:* é algo a ser preso em armadilha e desmembrado, é uma "questão morta". As palavras vegetarianas são tratadas como a carne animal.

Embora o código dos textos da carne precise ser desmontado, isso não pode ser feito quando a carne está presente, porque ela reifica os códigos antigos. E embora o vegetariano seja criticado por não manter a objetividade, ninguém à mesa de jantar é realmente objetivo. A falta de objetividade é complicada pelo fato de os carnívoros perceberem o vegetarianismo como incerto: Com o que a pessoa substitui a carne? A complicação final é a existência da "história da carne", que influencia a perspectiva dos carnívoros. Quando digo "a história da carne" estou me referindo à visão de mundo que determina que a carne é um alimento aceitável. Esse ponto de vista se compõe de várias partes semelhantes à sequência observada numa história.

A história da carne

> "Aqueles faisões, claro, se a pessoa quisesse ser legalista quanto à questão, não estariam aqui se nós não os tivéssemos posto aqui, pego os ovos, esperado que os filhotes saíssem, criado os bichinhos

— pode-se dizer que nós lhes demos vida e depois de algum tempo a tiramos —, arrogando-nos algo dos poderes de Deus, devo admitir. Mas não vamos nos preocupar com isso."

O anfitrião de uma expedição de caça em
Dias de caça, de Isabel Colegate.[24]

A história da carne segue a estrutura da narração de histórias. Alice B. Toklas deixa isso subentendido no seu livro de culinária quando, num capítulo intitulado "Assassinato na cozinha", usa o estilo de uma história de detetive para expor o abate e o preparo dos animais.[25] Por meio de receitas, ela fornece a conclusão adequada para a morte do animal conforme os textos da carne; o animal se torna delicioso, comestível.

Existem algumas suposições incontroversas que determinam nossa postura na vida: as histórias têm final, as refeições têm carne. Vejamos se essas afirmações são permutáveis — as histórias têm carne, ou seja, significado, e as refeições têm final. Quando os vegetarianos subtraem a carne da refeição, eles subtraem da história da refeição o seu final. Os vegetarianos ficam presos dentro de uma estrutura que tentam eliminar. Nossa experiência de consumo de carne não pode ser separada dos nossos sentimentos com relação às histórias.

Somos uma espécie que conta histórias. Por meio da narrativa, conferimos significado à vida. Nossas histórias são estruturadas como histórias que postulam inícios, crises, resoluções; dramas e ficções animam a nossa imaginação, em histórias que obviamente têm um começo e um fim. A narrativa, por definição, avança para uma resolução. Quando a história se conclui, teremos chegado a uma resolução, seja ela cômica ou trágica, e ganhamos acesso ao significado da história como um todo. Frequentemente, o significado só pode ser apreendido quando a história se completa. As histórias de detetive demonstram o fecho da narrativa, porque o ato da descoberta, no final, de "quem foi", leva quase sempre a um reordenamento de tudo o que transpareceu ao longo da história. O desfecho revela o significado e reitera a ideia de que ele leva à apreensão do significado.

O consumo de carne é uma história aplicada aos animais; dá significado à sua existência. Dizer isso é levar ao pé da letra a afirmação de Roland

Barthes: "A narrativa é em primeiro lugar e acima de tudo uma prodigiosa variedade de gêneros, que contemplam diferentes assuntos — como se qualquer material fosse próprio para receber as histórias humanas".[26] A vida e o corpo dos animais se tornam material próprio para receber as histórias humanas: a palavra se torna carne.

Assim, podemos localizar pontos determinantes em que a criação da carne lembra o movimento da narrativa. Há um início, um postular de origens que posiciona o início da história: damos vida aos animais. Há o drama do conflito — da morte, no caso. E há o desfecho, o resumo final, que dá resolução para o drama: o consumo do animal.

A história da carne segue uma tipologia sagrada: o nascimento de um deus, o desmembramento do corpo do deus e a ressurreição do deus. Essa história sagrada prepara o caminho para uma representação mundana do significado do desmembramento e da ressurreição — alcançados pelo consumo da carne.

A história começa com o nascimento do animal, que não teria existido se o consumo de carne não exigisse o seu corpo. Como vimos, Holcroft escreve no diário que o seu argumento contra os vegetarianos é que o consumo de carne deu vida a incontáveis animais e por isso aumentou "a quantidade de espécimes". Ele registrou uma das mais reiteradas defesas do consumo de carne, em que se concede benignidade com o início da história porque se concedeu a vida ao animal. Então temos a reafirmativa que acompanha a duplicação das origens: o nascimento de um animal e o início da história desfecham esta num movimento tradicional de narratividade e num movimento cultural de reciprocidade. Damos-lhes vida e depois podemos tirá-la, precisamente porque no início a demos. Com base no nosso conhecimento de como a história vai terminar, interpretamos seu início. O modo como a história da carne é conceptualizada está constantemente referido à vontade humana; concedemos aos animais sua existência e começamos a acreditar que eles não podem viver sem nós.

O subterfúgio na história da carne ocorre na ausência de intervenção e na ênfase na escolha pessoal. O termo "abate humanitário" e o fato de omitir a fragmentação que é feita contribuem para um artifício elaborado em que a pessoa que consome carne não está envolvida, porque nenhuma intervenção, ou seja, nenhuma responsabilidade, nenhuma cumplicidade, está registrada na história. Uma pessoa pode orgulhosamente proclamar seus hábitos de consumo de carne. Contudo, inculcado por meio de processos sociais, o consumo de carne é inequivocamente vivido como pessoal.

Os consumidores de carne precisam se arrogar o papel de críticos literários, tentando impor uma interpretação positiva ao que sabem ser uma tragédia (a tragédia de matar animais), mas que consideram uma tragédia necessária. Fazem isso manipulando a linguagem e o significado, criando uma história que subordina a vida dos animais às necessidades humanas. A história da carne implica renomear, reposicionar o objeto e renascer. Como vimos no capítulo 3, a renomeação acontece continuamente. Reposicionamos o animal de sujeito para objeto, tornando-nos sujeitos no consumo de carne. A história termina não com a morte, mas com o renascimento e a assimilação na nossa vida. Assim, a carne dá vida. Aceitamos o consumo de carne como consumidores porque esse papel está relacionado com o nosso papel de consumidores de histórias completadas. Somente com o desfecho a história se resolve; somente com o consumo a carne alcança significado e fornece a justificativa para todo o seu processo de produção. A carne em si representa o desfecho que ocorre no final de qualquer história.

A ameaça a essa história surge de duas vertentes: do vegetarianismo e do feminismo. A perspectiva vegetariana procura criar intervenção e envolve o consumidor; contesta a ideia de que a morte dos animais pode ser redimida atribuindo-se a ela significado humano. A teoria feminista concluiu que a narrativa tradicional é determinada pela cultura patriarcal. De acordo com essa teoria, a narrativa patriarcal retrata os objetivos masculinos e a passividade feminina. Teresa de Lauretis comenta: "Pois não haveria lenda sem uma princesa para ser desposada".[27] Ela mostra que é nos hiatos e silêncios da narrativa tradicional que o significado feminista pode ser encontrado. Assim, ela questiona a estrutura das histórias. Com as lentes da interpretação feminista, podemos ver que o lugar do animal na história da carne é o da mulher na narrativa patriarcal tradicional; ela é o objeto a ser possuído. A história termina quando o príncipe encontra a princesa. Nossa história termina quando o consumidor definido como homem come o corpo definido como mulher. O papel dos animais no consumo de carne é semelhante ao papel das mulheres na narrativa: não teríamos nem carne nem história sem eles. São objetos para outros que agem como sujeitos.

Os vegetarianos se veem como oferecendo um final alternativo, hambúrgueres vegetarianos em vez dos hambúrgueres tradicionais, mas eles estão na verdade destripando toda a narrativa. Segundo a perspectiva dominante, o vegetarianismo não é apenas uma proposta inconsequente, que não tem "carne" e não encontra desfecho por meio da carne, mas é também uma história sobre a aceitação da passividade, sobre o que não tem significado, sobre apoiar um modo de vida "vegetal". Nisso, parece ser uma história feminista que não vai para lugar algum e que aceita o nada.

Se através da história da carne a palavra e a carne se unem, podemos argumentar ainda que o corpo equivale a um texto, que um texto é um corpo. A partir dessa perspectiva, mudar um animal do seu estado original, fazendo-o se transformar em comida, compara-se a mudar um texto do seu estado original, fazendo-o se transformar em algo mais agradável. O resultado são textos desmembrados e animais desmembrados. Libertar a voz de Métis da política sexual da carne implica lembrar os dois.

PARTE II

Da barriga de Zeus

Zeus desejava a titanesa Métis, que assumia muitas formas para fugir dele, até que foi finalmente pega e engravidou. Um oráculo da Mãe Terra declarou então que ela teria uma menina e que, se Métis concebesse novamente, seu filho deporia Zeus, do mesmo modo que Zeus tinha deposto Crono e Crono tinha deposto Urano. Assim, levando-a com lisonjas até uma alcova e dizendo-lhe "palavras melífluas", Zeus subitamente abriu a boca e a engoliu, e esse foi o fim de Métis, embora ele depois afirmasse que, de dentro da sua barriga, ela o aconselhava.

Capítulo 5

Textos desmembrados, animais desmembrados

"Os documentos se originam entre os que têm poder, os conquistadores. Assim, a história não é nada mais que uma compilação de depoimentos feitos por assassinos referindo-se às suas vítimas e a eles próprios."

Simone Weil, *O enraizamento*

"Eu pensei nisto: mas os tigres comem os homens; e é difícil derrotar a opinião do mundo."

Trecho de *Hitopades*, são as palavras finais de *An Essay on Abstinence from Animal Food as a Moral Duty*, de Joseph Ritson

O feminismo e o vegetarianismo frequentemente aparecem juntos em romances, mas o significado disso ainda não foi devidamente explorado. O uso de personagens vegetarianas pelas escritoras é uma tradição que ilustra como lembrar as palavras vegetarianas.

Um duplo significado do desmembramento permeia este capítulo: o que fragmenta animais e o que distorce textos. O desmembramento do vegetarianismo na crítica literária segue o modelo de objetualização/fragmentação/consumo, conforme discutido no capítulo 2. Primeiro o texto é objetualizado, mantido aberto para exame, reduzido a alguns aspectos nele contidos. Então é fragmentado a partir de si mesmo e do seu contexto. Uma vez desmembrado, o texto pode ser consumido como se não dissesse nada de novo, nada capaz de solapar o modelo patriarcal de consumo que tem obliterado qualquer significado alternativo.

Definição de desmembramento

> "Um livro é um morto, uma espécie de múmia, estripado e embalsamado, mas que um dia teve carne e movimento e uma infinita variedade de determinações e ações."
>
> William Godwin, *Fleetwood*[1]

> "o mundo antivegetariano externo"
>
> Bernard Shaw[2]

É óbvio o que significa animais desmembrados; é assim que obtemos a comida proveniente deles. O desmembramento de textos ocorre de muitos modos com relação ao vegetarianismo: ignorando os textos do vegetarianismo; deixando de fornecer contexto ou significado para o vegetarianismo quando ele é mencionado; e forçando o seu significado para que ele seja fiel ao discurso dominante da carne.

O desmembramento crítico é uma questão importante para as feministas. Aprendemos que a história literária desmembra excluindo do cânone estabelecido as escritoras.[3] Além disso, atos de desmembramento de um texto ocorrem quando ele é tirado do seu contexto cultural, como "o tratamento inadequado que os brancos dão a escritoras negras".[4] Do mesmo modo, se a existência do vegetarianismo não é ignorada, os textos que o incluem são frequentemente interpretados sem nenhuma referência à tradição vegetariana, muito menos ao clima positivo do vegetarianismo que poderia ter servido de pano de fundo para o tratamento que o autor dá a ele.

A crítica feminista transmite a ideia de que a violação do texto ocorreu pelo uso de imagens violentas. Elizabeth Robins se queixa de que o crítico Max Beerbohm "desmembra [...] os restos literários da dama".[5] Lorraine Bethel comenta que Zora Neale Hurston, "como muitas escritoras negras, sofreu um 'linchamento intelectual' nas mãos de homens brancos e negros e de mulheres brancas".[6] Do mesmo modo como um escritor negro se refere ao tratamento de um escritor negro invocando uma das formas perfeitas de violência racista branca contra os negros — estupro de mulheres negras por homens brancos seria outra metáfora de violação —, um escritor vegetariano pode expressar sentimentos sobre violação de texto com a referência a imagens de animais abatidos e levantando a questão do desmembramento.

Caren Greenburg contribui para essa discussão dos textos desmembrados explorando o significado das "relações específicas entre leitor, texto e autor" à luz de "um modo edipiano de leitura". O mito de Édipo "sugere que, nas duas extremidades do processo criativo, os papéis são essencialmente masculinos e que o texto de mediação é feminino — e morto".[7] Os atos de crítica sobre esse cadáver feminino representativo, o texto, são atos em que "o crítico reduz o texto a uma repetição *dele próprio* (crítico)". Greenburg se volta para o mito de Eco a fim de desenvolver mais plenamente essa percepção:

> O corpo mítico de Eco *desmembrado* é o mito disseminado e transformado em versões, a Palavra disseminada e transformada em palavras. [...] Por que o texto precisa ser eliminado? Por que Eco precisa ser picado em fragmentos ou ignorado? A ameaça latente colocada pelo texto e exposta nessa leitura é que, sem violação do texto, a marca ou corpo que subsiste pode ser um local do qual a linguagem pode parecer emanar.

A análise de Greenburg sobre o destino do texto (feminino) fornece uma base para a compreensão dos projetos de vegetarianos que estão interessados pelo literal, os corpos dos animais (simbolicamente femininos) e o destino dos textos em geral.

O que as feministas veem no destino dos textos de mulheres, os vegetarianos veem no destino dos animais. Se o destino do texto literal se equipara ao destino do animal literal — tornando-se ambos desmembrados e consumidos —, então há um paralelo em querer preservar a integridade de um texto original e ser vegetariano. Nos seus interesses paralelos, as feministas e os vegetarianos tentam criar definições contra a autoridade patriarcal. Inevitavelmente, eles escrevem contra os textos da carne.

As sensibilidades inter-relacionadas envolvidas no respeito à integridade de um texto e à integridade do corpo dos animais torna-se evidente numa breve análise dos escritos de Joseph Ritson (1761-1803). Ritson tem interesse para a nossa análise, em razão das suas tentativas de defender textos da imposição de editores (homens) e também pelo seu ávido vegetarianismo.

Joseph Ritson: vegetariano armado

> "A particularidade que orientou Ritson na crítica elevada o tornou um sujeito de um rigorismo exagerado nos caminhos simples da vida. Se numa esfera sua conduta nos passa a impressão de escrupulosidade crítica, na outra ela parece tolice afetada. O cuidado editorial para ter um texto fiel torna-se uma ansiedade pessoal sobre a influência da anatomia na dieta."
>
> H. S. V. Jones, "Joseph Ritson: A Romantic Antiquarian"[8]

A vida de Joseph Ritson exemplifica o imbricamento de interesses literais. Ritson estava preocupado com o massacre e o retalhamento de animais, palavras, frases e textos. Além de recusar ver como carne os animais mortos, ele se dedicava a questões da correção na ortografia, na definição e na etimologia das palavras e no tratamento crítico exagerado dos textos. Se o texto não era propriedade editorial que podia ser mudada e alterada de acordo com os caprichos e gostos do editor, assim também os animais não eram propriedade humana a ser alterada, castrada ou morta de acordo com os caprichos e gostos dos carnívoros. Ele se enfurecia com o desmembramento tanto de textos quanto de animais.

Ritson, chamado por um dos seus biógrafos de "Erudito armado", era também um *vegetariano armado*", disposto a lutar contra a maciça cultura carnívora, para levar adiante o significado vegetariano. Quando se observa a sua caricatura feita por James Sayer e publicada em 1803 (ver figura 3), ano em que ele morreu, ficam evidentes os seus interesses e os dos seus detratores. No plano de fundo a natureza está onipresente: ratazanas comem cenouras, uma vaca enfia a cabeça pelo vão da janela e abocanha alface num cesto grande. Pastinacas, beterrabas e outras raízes figuram entre os livros nas prateleiras, justapondo essa comida vegetal aos textos escritos. O seu *An Essay on Abstinence from Animal Food as a Moral Duty* está aberto na página do título. Diante do livro um gato (carnívoro) acorrentado esforça-se para se libertar, tentando alcançar os ratos. (Deduz-se que Ritson negasse até aos gatos o direito de comer carne.) Na estante, o único livro identificável é uma Bíblia — também o único que está meio tombado, sem permissão para ficar de pé. No bolso esquerdo de Ritson está *O companheiro de bolso do ateísta*. Uma rã sobre alguns livros e ao lado das raízes comestíveis observa Ritson mergulhar sua pena num tinteiro com o rótulo "Bílis". Numa nota de "Despesa com alimentos" lê-se "Sopa de urtiga, Pão azedo, Fava para cavalo, Alhos-porós acebolados".

A caricatura sugere que Ritson realmente consome os eruditos do século XVIII e seus livros, pois ele é um crítico ávido das obras de outros autores. Ele está escrevendo um manuscrito chamado "Lugar-comum". Entre os notáveis comentários encontram-se: "Warburton um tolo e Percy um Mentiroso/ Warton um infame mentiroso/ um tocador de flauta (?) melhor que um Parson", referindo-se a três dos seus colegas editores. Duas facas estão cravadas numa ilustração de Thomas Warton apresentada no frontispício do seu *History of English Poetry* [História da poesia inglesa], livro contra o qual Ritson estava sempre esbravejando. Essa caricatura intitula-se "Homem frugal e feroz não é amigo de nenhum preparador erudito*". Esse é Ritson tal como era visto pelos seus contemporâneos.

Ritson dedicou sua vida adulta a "re-membrar" os fragmentos de textos desmembrados e a proteger os animais. Ao expor o que os editores fizeram com seus textos — as peças de Shakespeare, por exemplo —, ele faz referências explícitas a violação, alteração, corrupção, ferimento. Esse modo inflamado de se expressar fica flagrante quando ele escreve sobre o consumo de carne, referido como "esse crime horrendo, antinatural, de devorar seus semelhantes".[9]

---

* No original: "*commentator*". Ritson compilou e organizou baladas antigas — entre elas *Robin Hood* —, contos de fadas e lendas sobre o rei Artur. (N. da T.)

Figura 3. RITSON NA VISÃO DOS SEUS CONTEMPORÂNEOS
Da caricatura feita por Sayer, publicada por Humphrey no dia 22 de março de 1803. Frontispício do vol. 2 de BRONSON, Bertrand H. *Joseph Ritson: Scholar-at-Arms.* Berkeley: University of California Press, 1938, 1966.

Ritson acreditava na integridade de qualquer texto sobrevivente e no seu direito de não ser violado pelos editores que punham as mãos nele. Um dos seus biógrafos chama isso de "um apego dedicado à própria forma e corpo dessas produções antigas".[10] Ele passou anos reunindo baladas, canções folclóricas, versos infantis; em certo sentido, isso era uma tentativa de proteger o "anônimo" — essa "autora prolífica"[11] — de também ter suas obras desaparecidas. Ele contestava os editores exageradamente zelosos, que muitas vezes impunham à obra o seu ego, e procurava proteger o texto (feminino) da violação (masculina).

A fórmula de Ritson para o respeito à integridade dos textos literais pode ser aplicada aos preceitos vegetarianos básicos, e isso revela os seguintes padrões vegetarianos: primeiro, o papel característico do editor que respeita o texto se tornaria o papel característico dos seres humanos que controlam animais. Em vez de desmembrá-los, ele lhes possibilita a integridade. Nenhum egocentrismo editorial imporá uma vontade (masculina) ao corpo (feminino). Entulhar um texto com coisas supérfluas equivale ao que se faz com um animal para torná-lo agradável depois de morto: cozinhá-lo, temperá-lo.

Em *An Essay on Abstinence from Animal Food as a Moral Duty* Ritson nos expõe simultaneamente dois argumentos — pense nesses fatos sobre o vegetarianismo, sustenta ele no texto principal, e nas notas de rodapé ele sugere: pense nessas ideias sobre textos em geral. Ao tentar reunir argumentos contra o consumo de carne, Ritson precisa considerar a natureza da humanidade e a natureza dos textos. Ele cria vozes antifonais; a primeira discute a Era de Ouro do vegetarianismo, a outra está interessada numa "Era de Ouro" dos escritores — Hesíodo, Homero e outros.

O capítulo 1, intitulado "Dos homens", demonstra a unidade básica desse diálogo antifonal. O que nós enfrentamos é uma duplicação da gênese, uma focalização nos começos. Não somente se pode dizer que "no princípio era a palavra", mas no princípio eram as palavras de oradores e escritores sobre o princípio, um princípio que era vegetariano. Dito de forma sucinta, sua fórmula parece ser: falar de vegetarianismo é falar dos princípios; falar dos princípios é falar de autores e seus textos. Ao voltarmos aos princípios, falamos contra textos da carne que vieram depois.

Ao argumentar que as pessoas não deviam comer os outros animais, Ritson tenta apagar os limites que distinguem os seres humanos dos animais. Ele mostra que os seres humanos são semelhantes aos animais vegetarianos como os macacos e os orangotangos. Os indícios de quadrúpedes humanos que viveram como ou com animais, como um menino-lobo, na sua opinião reduzem ainda mais as diferenças entre os seres humanos e os outros animais. Ritson, supondo que o consumo de carne surge em razão das diferenças entre os animais humanos e os não humanos, procura fixar as suas semelhanças.

Muitos dos tópicos do seu livro aparecem em escritos vegetarianos posteriores: a carne não é necessária à nossa sobrevivência; a comida animal não é necessária para sermos fortes; a comida animal é nociva; uma dieta de vegetais promove a saúde; e a ética exige uma dieta sem carne. Como prova, Ritson cita exemplo após exemplo de indivíduos ou países que vivem principalmente como vegetarianos. Não é surpreendente que ele frequentemente tenha exagerado na sua defesa: o alimento animal, argumenta ele, foi a causa de sacrifícios humanos e o canibalismo resulta do consumo de carne. Nesse ponto da discussão, ele revelava ter sido presa de visões colonialistas, tendo herdado o legado do equívoco racista com relação aos africanos e aos astecas.[12]

Na verdade, os detratores de Ritson ficaram exultantes com o surgimento de *An Essay on Abstinence from Animal Food*, pois viram o livro como um descrédito para as suas outras obras, textos que contestavam as decisões editoriais desses detratores. Aos olhos deles, os argumentos sábios de Ritson eram minados pelas alegações exageradas em nome do vegetarianismo. Ritson infelizmente anunciou que "o uso da comida animal predispõe o homem para ações cruéis e ferozes". Então como é que ele explica seus próprios textos causticantes contra outros eruditos? Pois evidentemente as pessoas notaram o contraste entre o seu estilo mordaz e peçonhento quando discutia textos e o seu panegírico a um vegetarianismo pacífico. A crítica de *An Essay on Abstinence from Animal Food as a Moral Duty* publicada na *Edinburgh Review* refere-se ao "recém-descoberto animal de natureza anômala, o *ritson*, sangrento, assassino, carnívoro". E a *British Critic*, escarnecendo do temperamento de Ritson, comentou a sua "'tranquilidade de alma', que o levou a manter uma guerra incessante e envenenada contra toda a espécie humana, sobretudo contra a sua parte mais respeitável", acrescentando que "nunca será demais chamar a atenção do leitor sobre esse traço, um dos felizes efeitos que decorrem da abstinência total do alimento animal".[13] As ideias de Ritson foram atacadas pelos seus críticos como reivindicações absurdas feitas por um homem irracional. As gerações posteriores foram igualmente críticas: o *Dictionary of National Biography* [Dicionário de biografia nacional] afirma impiedosamente que o *Essay* mostra marcas da "insanidade incipiente" de Ritson.[14] (Esse mesmo dicionário ostenta um ponto de vista igualmente desdenhoso na biografia de outros vegetarianos.)

O último livro de Ritson, deixado em manuscrito antes de morrer, é considerado um exemplo precoce da pesquisa erudita moderna; mas o penúltimo, *An Essay on Abstinence from Animal Food*, tem sido visto como o sinal de uma doença mental degenerativa. Em seu manuscrito final, que posteriormente recebeu o título de *The Life of King Arthur: from Ancient Historians and Authentic Documents* [A vida do rei Artur: a partir de historiadores antigos e documentos autênticos], Ritson chegou a conclusões que são, "em essência, num número incrivelmente grande de casos, as das melhores autoridades recentes", de acordo com um crítico do século XX que vê nele "um dos maiores pioneiros da pesquisa erudita moderna".[15] *King Arthur*, que quanto ao estilo é semelhante a *An Essay*, apoia-se na montagem de traduções e citações de outros textos; foi considerado "o ponto culminante das pesquisas de Ritson sobre a história e a literatura da Idade Média; é fruto da experiência madura".[16] Sua última obra "revela o autor como um pesquisador erudito de consecuções nada comuns", que exercia "o julgamento criterioso" e "o bom senso". Ele é visto como

> um crítico que por sua paixão pela precisão e apreensão do fato censurava uma época de desonestidade intelectual, e que, por uma agudeza por vezes sem a desejável inspiração, enunciava teorias para as quais o mundo erudito finalmente se voltou depois de longas e encarniçadas controvérsias.[17]

Se a obra final de Ritson revela um especialista maduro, como pode a sua penúltima obra ser um sinal da sua insanidade? Porque ela foi julgada pelos seus textos da carne que desmembram as palavras vegetarianas.

Escrever o literal; escrever vegetarianismo

Quando uma escritora inclui o vegetarianismo num romance, ele vai representar uma complexa superposição de camadas de respeito pelo literal e de reconhecimento da estrutura do referente ausente. Pode-se dizer das escritoras que abordam a questão do vegetarianismo que elas estão "sustentando a palavra vegetariana". Margaret Homans identifica muitas situações ou práticas literárias recorrentes que revelam o interesse das mulheres pelo literal, que ela chamou de "promover a Palavra".[18] Por exemplo, Homans mostra como o *Frankenstein* de Mary Shelley lembra a linguagem do *Alastor* de Percy Shelley; pode-se dizer que, no seu romance, Mary está sustentando as palavras de Percy. Mary Shelley promove igualmente a palavra "vegetariano" de Percy Shelley; *Alastor* apresenta um vegetariano que consome "comida sem sangue", assim como *Frankenstein*.[19]

A questão do vegetarianismo é uma pedra de toque para o literal, pois trata das atividades literais de consumo de carne ao discutir o que é literalmente consumido. Por exemplo, no final do romance de Shelley, o Monstro de Frankenstein escreve em pedras e árvores pretendendo deixar bilhetes para o seu perseguidor. Nessa ação somos presenteados com uma evocação multilaminada do literal. Primeiro temos a atenção despertada para o ato de escrever. Uma vez que a criatura não tem papel nem caneta, ela usa a própria natureza: pedras e árvores. Com isso temos uma escrita explícita sobre o literal, que é a natureza. Uma dessas marcas, que comete uma violação por escrever *na* natureza, lembra a violação *da* natureza: "Se seu passo não for lento demais, você vai encontrar perto deste lugar uma lebre morta; coma-a e revigore-se".[20] A própria natureza sustenta as palavras que lembram a fala de Plutarco sobre "despedaçar um cordeiro ou uma lebre e lançar-se sobre ele, comendo-o vivo". A Criatura escreve no literal sobre o destino do literal e dá nome ao referente ausente.

É possível promover a palavra vegetariana na ficção feminina, de modo a "re-membrar" textos *e* animais, por meio de: (1) Alusão a palavras literais de um vegetariano tiradas de um texto mais antigo. A alusão dá credibilidade à opinião da pessoa, por meio da associação. Além disso, transforma o literal — livros reais — na moldura figurativa do que a pessoa escreve. (2) Figuras de romances que lembram vegetarianos históricos, como, em

The Good Apprentice [O bom aprendiz], de Iris Murdoch, a matriarca vegetariana casada com um artista importante da época que repete as ideias culinárias de Laura Huxley, viúva de Aldous Huxley.[21] *The Saviors* [Os salvadores], de Helen Yglesias, apresenta um casal vegetariano, socialista e pacifista — Dwight e Maddy, que, após anos de ativismo político, fazem "a longa retirada para a boa vida" — muito semelhante ao casal vegetariano, socialista e pacifista Scott e Helen Nearing, que demonstra "viver a boa vida".[22] (3) Tradução de textos vegetarianos. Por exemplo, os dois ensaios de Plutarco "Sobre o consumo de carne" — os textos vegetarianos mais respeitados — foram traduzidos por Joseph Ritson e também por Percy Shelley. (4) Linguagem que claramente identifica o funcionamento da estrutura do referente ausente pela referência direta a animais mortos. Por exemplo, *A era do gelo*, de Margaret Drabble, começa com a morte de um faisão após um ataque cardíaco; há um comentário de que a ave "tinha tido o prazer, pelo menos, de morrer de morte natural". O herói do romance reflete sobre comer o animal morto porque ele "não podia imaginar uma ave morrendo de modo tão trágico". Tendo o personagem testemunhado a morte da ave, não havia referente ausente.[23] (5) Uma forma final de garantir espaço para a palavra vegetariana é alcançada quando, pela leitura de textos vegetarianos, as pessoas se dispõem a parar de comer carne, objetivo que Ritson tinha para o seu *Essay on Abstinence.*

Promover a palavra vegetariana

O livro de Isabel Colegate, *Dias de caça*, demonstra vários aspectos da promoção da palavra vegetariana e oferece a oportunidade de percebermos como uma escritora trata o privilégio dado por uma vegetariana ao literal. Encontramos o vegetariano do romance, Cornelius Cardew, dentro do contexto do consumo de carne. Tom Harker, um caçador furtivo, pegou um coelho, matou-o com uma faca e o guardou consigo. Ao voltar para casa, antegozando o jantar que logo teria, encontra Cardew, que está completando um percurso de 34 quilômetros de bicicleta e lhe pede informações sobre como chegar a uma hospedaria. Cardew, convidado por

Tom a caminhar junto dele para não se enganar quanto ao caminho, observa o coxear do companheiro, que "se deve à tentativa de disfarçar o volume do coelho no seu bolso".[24] Cardew fica imaginando se seria um ferimento de guerra e Tom, mentindo, diz que anda assim por ter sido ferido por uma armadilha. Cardew fica indignado com isso e começa um discurso contra a caça. Embora os leitores e Tom saibam que a pregação está sendo feita para um carnívoro, Cardew acha que está conversando com um possível adepto. Nessa conversa, aparece a primeira forma de promover a palavra vegetariana através da alusão — são invocadas as palavras literais de um vegetariano num texto anterior. Cardew proclama: "Enquanto não reconhecermos a afinidade universal de todas as criaturas vivas, permaneceremos nas trevas". Em seguida, Cardew lembra as palavras de Henry Salt, que definiu um "credo da afinidade": "A base de qualquer moralidade verdadeira deve ser o sentimento de afinidade entre todas as coisas vivas".[25] Para reforçar suas ideias, ele entrega a Tom um panfleto contendo essas ideias, resumindo seus pontos de vista sobre a questão dos animais.

No dia seguinte, no meio de uma tradicional expedição de caça, Cardew faz piquete e entrega para o anfitrião seu panfleto sobre "os direitos dos animais, uma defesa da doutrina da afinidade universal", e o homem começa a falar sobre a impressão de textos em geral. Esse terreno comum no interesse compartilhado da panfletagem confirma Cardew como uma personalidade parecida como a de Ritson, com um interesse literal em escrever.

Cardew tem muitos textos sobre vegetarianismo; ele promove as palavras vegetarianas no piquete e no panfleto, e, com os textos que guarda, promove as palavras literais de escritores anteriores. Por meio do título do seu panfleto, ele promove as palavras de *A Vindication of the Rights of Woman*, de Mary Wollstonecraft, e de *A Vindication of Natural Diet*, de Percy Shelley. Colegate resume uma terceira "justificação", também daquela época: *A Vindication of the Rights of Brutes* [A reivindicação dos direitos dos animais] — a primeira resposta escrita à *Vindication* de Wollstonecraft —, que parodiava o seu livro ampliando as reivindicações da autora para os animais. Henry Salt observou que essa resposta ao livro de Wollstonecraft demonstra "como a zombaria de uma geração pode se tornar realidade na seguinte".[26] Colegate evoca inteligentemente a impressão de que os esforços para os direitos das mulheres podem ser minados, quando se indica que os animais serão os seguintes a merecer consideração — a mensagem do *Rights of Brutes* — com esta resposta trocista: "Sir Reuben Hergesheimer estava contando para Minnie que tinha aparecido um louco e ele julgou tratar-se de uma sufragista, mas ficou perplexo ao perceber que a agitação era a favor dos animais. 'Votos para os faisões, creio eu.'"

O segundo aspecto na tentativa de promover a palavra vegetariana, conforme se vê no romance de Colegate, pode ser notado no trecho em que um personagem de ficção lembra um vegetariano histórico. O personagem vegetariano de Colegate se baseia em Henry Salt, que Heywood Broun chama de "pai do vegetarianismo moderno" em razão da sua influência sobre Shaw e Gandhi.[27] Além dos textos inter-relacionados, há muitos paralelos biográficos notáveis entre o Cardew ficcional e o histórico Salt. Colegate compõe Cardew como Salt, envolvido com a Confraria da Nova Vida e a Sociedade Fabiana. Ela faz Cardew, como Salt, tornar-se vegetariano quando está na escola secundária. Salt nos conta nas suas memórias:

> Assim, gradualmente se impôs em mim a convicção de que nós, os senhorzinhos de Eton, por mais impecáveis que fossem nossos ambientes, não passávamos de canibais com barrete acadêmico e toga — quase literalmente canibais, pois devorávamos a carne e o sangue de seres não humanos que estão em situação elevada na escala animal e têm conosco uma afinidade tão grande.[28]

Salt fundou a Liga Humanitária, um grupo voltado para a reforma que, como Cardew, se preocupava com os direitos dos animais, a extensão do direito de voto, a reforma agrária e o socialismo, entre outras questões.[29]

A terceira forma utilizada para promover a palavra vegetariana nesse romance pode ser notada na linguagem que se refere diretamente aos animais mortos. Cardew chama o abate de animais de "assassinato" e o corpo de um animal morto de "cadáver" — ele não usa a palavra "carcaça", adotada com mais frequência — e contabiliza cuidadosamente o número de aves mortas.

A última forma de promover a palavra vegetariana envolve a intenção de proselitismo, a esperança de que, pela leitura de textos vegetarianos, os indivíduos se disporão a deixar de comer carne. Cardew acha que o seu discurso vegetariano se fará carne. Imagina as reações de uma família que recebeu seu panfleto,

> palavras que lhes pareceriam inicialmente estranhas, depois alarmantes, e depois cintilando com uma bela luz refulgente que tornava tudo novo e simples, mostrando para eles de modo irresistível a clara necessidade de que eles, os trabalhadores pobres, explorados pelos ricos, se unissem por uma aliança de simpatia aos animais, explorados por todos os homens.[30]

Cardew representa os escritores vegetarianos, como Percy Shelley, Joseph Ritson e Henry Salt que, após sua própria conversão ao vegetarianismo, tentam fazer as adesões se multiplicarem acrescentando textos ao cânone vegetariano. Eles buscam leituras vegetarianas de gerações diversas, de textos diversos, que combatem os textos culturais da carne. Supõem uma relação contínua entre o texto e o leitor, em que o texto, protegido, deixado inteiro, terá um efeito sobre o leitor que acolher as palavras literalmente.

Em essência, a dialética entre vegetarianismo e consumo de carne no texto representa a dialética entre escritor e leitor. O primeiro busca converter o último pela força do texto. Invertendo a imagem de um texto que, inscrito na natureza e deixando nela uma cicatriz, aponta para um animal morto, tal qual é lembrado em *Frankenstein*, eles esperam que, a partir da sua imagem do texto não violado, surja o desejo de dietas que não violam. A assinatura de um vegetariano num texto vegetariano, seja ele Cardew ou Shelley, Ritson ou Salt, é a assinatura de alguém que tenta escrever no leitor, deixar uma marca no próprio texto da carne que o leitor tem como seu. É uma tentativa de tornar carne as palavras deles e de fazer cessar a história da carne. Na sua expectativa de uma resposta literal, eles não mais buscam textos desmembrados, animais desmembrados, mas sim querem um texto "re-membrado" que proteja os animais vivos, literalmente.

Capítulo 6

O monstro vegetariano de Frankenstein

> "Respeitar, em outros animais, o princípio da vida que, da mesma forma que o próprio ser humano, eles receberam das mãos da Natureza é um crime tão horripilante contra a sociedade? Ó mãe de todas as coisas vivas! Ó fonte eterna de beneficência; devo eu ser perseguido como um monstro por ter ouvido tua sagrada voz?"
>
> John Oswald, *The Cry of Nature,* 1791

O monstro criado por Frankenstein era vegetariano. Este capítulo, ao analisar o significado da dieta adotada por uma Criatura composta de partes desmembradas, demonstrará os benefícios de "re-membrar", em vez de desmembrar, a tradição vegetariana. Assim como *Dias de caça* explora ideias vegetarianas e um indivíduo da Inglaterra eduardiana, período em que é ambientado, também *Frankenstein* deve muito ao ambiente vegetariano da sua época. Consequentemente, este capítulo insere os temas ligados ao vegetarianismo tanto na história vegetariana do período do Romantismo quanto no feminismo implícito nesse livro notável. Ao associar feminismo, radicalismo romântico e vegetarianismo, o livro de Mary Shelley promove a palavra vegetariana.

Para um trabalho que recebeu uma quantidade incomum de atenção da crítica nos últimos trinta anos, tendo quase todos os seus aspectos examinados cuidadosamente, é notável que o vegetarianismo da Criatura tenha sido deixado de fora da esfera dos comentários. James Regier viu "*Frankenstein* como um ecotipo imaginário, infinitamente aplicável a mares de pensamento incompatíveis".[1] Ao explorar o vegetarianismo da Criatura e fornecer uma estrutura literária, histórica e feminista para sua compreensão, este capítulo oferece mais algumas ondas de interpretação para essas águas que se avolumam.

O vegetarianismo da Criatura não apenas confirma a sua benevolência inerente, original,[2] como transmite a interpretação precisa que Mary Shelley faz dos temas articulados por um grupo de contemporâneos seus que denomino "vegetarianos românticos". As referências centrais para o romance de Shelley e para os escritores românticos de forma geral — os escritos de Ovídio, Plutarco, Milton e Rousseau — são unidas por associações vegetarianas positivas. Durante o período do Romantismo, os mitos de Adão e Eva e de Prometeu, evocados claramente no romance, foram interpretados num contexto vegetariano como ligados à introdução do consumo de carne. O marido de Mary Shelley, Percy, estava entre o grupo de vegetarianos que formulou essa interpretação.

Entre as numerosas áreas de investigação que atraíram os críticos literários, muitas coincidem com o projeto de recuperar o significado vegetariano desse romance: a estratégia narrativa do romance; seus aspectos literários, históricos e biográficos; e as questões feministas e de gênero do romance. Nas seções a seguir eu reflito sobre essas três áreas e interpreto o tema do vegetarianismo nelas embutido.

Círculos fechados e consciência vegetariana

> "O universo moral não é apenas um sistema de círculos concêntricos no qual os apelos internos devem sempre prevalecer sobre os externos. [...] Entretanto, o modelo de círculos concêntricos que separa *nós* e *eles* permanece muito influente. Uma de suas formas mais populares é a ideia de que a preocupação com *eles* além de um certo limite — e especialmente a preocupação com os animais — não é séria porque é uma questão de emoção."
>
> Mary Midgley, *Animals and Why They Matter*
> [Animais e por que eles importam][3]

A Criatura inclui nos seus códigos morais os animais, mas se vê contrariada e profundamente frustrada quando procura ser incluída nos códigos morais da humanidade. Ela aprende que, apesar dos seus próprios padrões morais inclusivos, o círculo humano é tão contraído que exclui a ela e aos animais.

O vegetarianismo da Criatura é revelado no mais interno dos três círculos concêntricos que formam a estrutura do romance. O círculo externo consiste nas cartas que Robert Walton escreve para sua irmã Margaret Saville, que está na Inglaterra, durante sua viagem pelo Ártico. O navio de Walton se distancia cada vez mais da sociedade humana à medida que a história de desenrola; mas, quando ela termina, Walton concordou em retornar aos braços da civilização. A sua inversão de rumo acontece depois que Victor Frankenstein, o criador do Ser, é trazido semimorto para o navio de Walton. Empenhado em matar a Criatura para vingar a morte da esposa, do amigo e do irmão, Victor a havia seguido até o Ártico. O relato que faz para Walton sobre o seu afastamento do círculo humano — por meio das solitárias experiências científicas que culminaram na criação do Ser e na subsequente perseguição à Criatura — é situado no romance como a narrativa intermediária entre o relato de Walton sobre a sua sede de viagens e a desafortunada história de deserção parental, isolamento e rejeição pelos seres humanos, contada pela Criatura. O círculo interno é o relato da Criatura como órfã: sua aquisição dos conhecimentos e habilidades de sobrevivência e a explicação do que levou ao assassinato do irmãozinho de Victor. E repetidas vezes ela diz que a sociedade humana se recusou violentamente a admiti-la. Na conclusão dessa narrativa, a Criatura propõe a criação de uma companheira, para que ela não mais precisasse buscar inclusão no círculo humano; ela se contentaria em ter companhia no seu restrito círculo interno.

Num discurso retumbante, emocional, a Criatura enuncia os princípios da dieta que ele e sua companheira seguirão quando aceitarem o exílio autoimposto na América do Sul. O vegetarianismo é uma das formas que a Criatura usa para declarar sua diferenciação e separação em relação ao seu criador, pela ênfase no seu código moral mais inclusivo. Na explanação que faz sobre o vegetarianismo, ela restaura o referente ausente:

> Minha comida não é a mesma do homem; eu não abato o cordeiro e o cabrito para satisfazer meu apetite; as bolotas do carvalho e as bagas me propiciam alimento suficiente. Minha companheira será da mesma natureza que eu e se contentará com a mesma alimentação. Faremos a nossa cama com folhas secas; o sol brilhará sobre nós como sobre os homens e amadurecerá nossa comida. O quadro que eu lhe apresento é pacífico e humano.[4]

O vegetarianismo da Criatura serve para torná-la um ser mais digno de simpatia, que pensa em como estaria explorando os outros. Ao incluir os animais em seu círculo moral, a Criatura fornece um símbolo para aquilo pelo qual ela ansiou e de que necessitou, mas não conseguiu receber da sociedade humana.

Por meio da sua existência estrutural como a mais interna das três narrativas concêntricas, a história da Criatura reforça a sua posição na sociedade; ela precisa ser independente, pois ninguém vai interagir com ela. A litania de rejeições da Criatura pelos seres humanos — a rejeição de Victor assim que ela ganhou vida; os aldeões fugindo dela; o ataque sofrido depois de ela ter salvo a vida de uma garotinha; a repulsa de De-Lacey à sua aproximação — fornece a pista para o que realmente reúne o centro comum das três narrativas: os seres humanos se veem como seu próprio centro, em cujo edifício moral nem os seres gigantescos nem os animais são admitidos.

A estrutura reitera o tema. A Criatura precisa superar a concentricidade para ser ouvida, para estabelecer relações sociais e ser incorporada à sociedade humana. Nesse esforço de superação dos círculos concêntricos, fechados em si — que estão no romance tanto quanto na sociedade —, a Criatura também desafia os círculos concêntricos que, segundo a filósofa Mary Midgley, separam os seres humanos dos animais. O fato de a Criatura incluir os animais em seu código moral simboliza a ideia que ela busca alcançar na relação com os seres humanos, transpondo os círculos concêntricos do *nós* e do *eles*.

A sustentação da palavra vegetariana romântica

> "Foi somente depois da época de Rousseau [...] que o vegetarianismo começou a se declarar um sistema, um argumento fundamentado contra a alimentação baseada na carne. Nesse sentido, ele foi um novo princípio ético."
>
> Henry Salt, *The Humanities of Diet* [As humanidades da dieta], 1914[5]

Os críticos literários identificam em *Frankestein* uma destilação da vida e do aprendizado de Mary Wollstonecraft Shelley, um entrelaçamento de biografia e bibliografia. Por meio de seu pai, William Godwin, Mary Shelley encontrou muitos eminentes vegetarianos, como John Frank Newton, autor de *The Return to Nature; or, A Defense of the Vegetable Regimen* [O retorno à natureza; ou Uma defesa do regime vegetariano]; Joseph Ritson, seu editor; sir Richard Phillips; além, é claro, de Percy Shelley, autor de *A Vindication of Natural Diet,* e do visionário e vegetariano *Queen Mab*.[6]

O radicalismo romântico forneceu o contexto para o vegetarianismo a que Mary Wollstonecraft Shelley foi exposta enquanto crescia. Como comentou o historiador James Turner: "As políticas radicais e outras ideias pouco ortodoxas andavam lado a lado com o vegetarianismo".[7] O historiador Keith Thomas concorda com isso: "Nos anos 1790, o vegetarianismo tinha traços marcadamente radicais".[8] Turner observa que, de todas as "novas manifestações de simpatia pelos animais" que começaram a aparecer nessa época, "a que mais profundamente subvertia os valores convencionais era o vegetarianismo".[9] Um clérigo que censurou Thomas Jefferson Hogg por se tornar vegetariano demonstrou a forma pela qual essa reforma subversiva foi acolhida: "Mas esse novo sistema de comer vegetais [...] persistiu na tua Mãe como um tipo de indicação de que a tua determinação era de divergir de todos os costumes antigos e estabelecidos do mundo".[10]

Os vegetarianos românticos procuraram expandir o círculo moral antropocêntrico que não considerava os animais dignos de consideração. Para eles, matar animais era assassinato, e quem se encarregava disso se brutalizava tanto quanto os seus alvos. Eles argumentavam que o consumo de carne tinha redefinido a relação moral da humanidade com os animais, e a partir de então as comportas da imoralidade haviam sido abertas; o resultado disso era o mundo imoral e degenerado em que eles e seus contemporâneos viviam. Joseph Ritson acreditava que a escravidão humana deveria estar associada ao hábito de comer carne, ao passo que Percy Shelley sugeria que um povo vegetariano nunca teria "fornecido seu cruel sufrágio à lista de proscritos de Robespierre".[11] Eles argumentavam que era urgentemente exigido incluir os animais no círculo das considerações morais.[12]

A maioria dos vegetarianos românticos era constituída por simpatizantes da república. Eles viam a Revolução Francesa como um dos pontos de apoio para reformar o mundo, e eliminar o consumo de carne seria outro. John Oswald, cujo *The Cry of Nature; or, An Appeal to Mercy and to Justice, on Behalf of the Persecuted Animals* [O grito da natureza; ou Um apelo à misericórdia e à justiça, em nome dos animais perseguidos] (1791) foi o primeiro livro britânico de sua época a advogar o vegetarianismo, perdeu a vida na França, em 1793, lutando pelos jacobinos na batalha de Pont-de-Ce.[13] Ritson visitou Paris em 1791, adotou o novo calendário republicano e gostava de ser chamado de "Cidadão Ritson". Richard Phillips, editor tanto de Ritson como de Godwin e fundador da *Monthly Magazine*, apoiava a causa republicana.

Diferentemente de muitas campanhas dessa época em prol dos animais — que direcionavam sua energia ao controle dos abusos contra animais ocasionados pelos esportes populares entre as classes baixas, como as rinhas de ursos ou de búfalos —, os vegetarianos foram direto na jugular da classe alta — consumo de carne e esportes sangrentos. Como Percy Shelley veementemente argumentou: "Mesmo hoje, são somente os abastados que podem se permitir em alto grau a abominável avidez por carne morta".[14]

As ideias em torno das quais Mary Shelley e os vegetarianos românticos gravitam superpõem-se de forma torturante: todas elas reescreveram os mitos da Queda (especialmente o de Gênesis 3) e o mito de Prometeu. Todas consideravam a natureza do mal e as visões da Utopia. Na narrativa da Criatura, Mary Shelley se une aos vegetarianos românticos que decifraram todos os contos da queda primitiva mediante a interpretação de que eles tratavam implicitamente da introdução da carne na alimentação. Ela situa a atitude vegetariana em relação a esses dois mitos precisamente na narrativa da Criatura. Os dois mitos preeminentes que moldam o seu *Frankenstein*, o mito de Prometeu e a história de Adão e Eva, tinham sido ambos incorporados à atitude vegetariana romântica e interpretados a partir do ponto de vista vegetariano de Joseph Ritson, John Frank Newton e Percy Shelley.

O Jardim do Éden vegetariano e a Queda

De modo geral, se supunha que o Jardim do Éden era vegetariano.[15] Afirmava-se que a prova da natureza vegetariana do Jardim do Éden podia ser encontrada em Gênesis 1:29: "E disse Deus: Eis que vos tenho dado todas as ervas que dão semente, que está sobre a face de toda a terra; e toda a árvore, em que há fruto de árvore que dá semente, ser-vos-á para mantimento" (*meat*, na época da *King James Version* da Bíblia, significava "alimento")*. Katherine Philips, poetisa do século XVII, disse sobre a Era de Ouro: "De raízes, não de animais, eles se alimentavam".[16] Num trecho que Joseph Ritson citaria, Alexander Pope escreveu que no Éden:

> O homem andava com o animal, inquilinos do mesmo teto;
> A mesma mesa ele tinha, e a mesma cama;
> Nenhuma morte o vestia, nenhuma morte o nutria.[17]

Milton, no livro 5 de *Paraíso perdido,* descreve Eva preparando "para o jantar frutas saborosas, para agradar o paladar / Apetite verdadeiro".[18]

Os vegetarianos românticos adotaram calorosamente a ideia de um Jardim do Éden sem carne. Introduziram essa interpretação singular nas suas ponderações sobre o Gênesis 3. Transformaram o mito, estabelecendo o consumo de carne como a causa da Queda. Por exemplo, o livro de John Frank Newton, *The Return to Nature;* postula que as duas árvores do Jardim do Éden representam "os dois tipos de alimento que Adão e Eva tinham

---

* Em inglês: "to you it shall be for meat"; literalmente, "para vós será para alimento", e não "será para carne", sentido que tem hoje a palavra "*meat*" (N. da T.). Adotou--se aqui o versículo do texto consagrado na tradução para o português da Bíblia na versão de João Ferreira de Almeida (N. do E.).

diante de si no Paraíso, a saber, os vegetais e os animais".[19] A penalidade por comer da árvore errada foi a morte para a qual Adão e Eva tinham sido alertados. Mas não seria uma morte imediata, e sim uma morte doentia e prematura causada pelo consumo de alimentos errados, ou seja, pela carne.

Abordar a Queda com essa interpretação desvia a atenção do papel de Eva como sedutora e retira a obsessão patriarcal pelo feminino como causador do mal no mundo. Em razão da atenção dada pelos vegetarianos ao papel (masculino) dos açougueiros e à suposta virilidade do consumo de carne, o mal que se espalha pelo mundo depois da queda é generalizado, se não simplesmente masculinizado. Dando apoio à sugestão de Gilbert e Gubar de que Eva sintetiza todos os componentes da história de *Frankenstein* — especialmente a Criatura[20] —, a Criatura (diferentemente de Adão, mas assim como Eva na descrição de Milton) prepara seu próprio jantar com "frutas saborosas". E quando a Criatura imagina a sua companheira, não coloca o preparo da comida como papel dela, embora ela vá compartilhar do seu alimento.

O mito de Prometeu

Mary Shelley e os vegetarianos românticos tecem juntos em seus escritos outro mito da Queda: o mito de Prometeu, que roubou o fogo, foi acorrentado no monte Cáucaso e enfrentou a agonia diária de ter seu fígado devorado por um abutre, apenas para ver o órgão se recompor a cada noite. Além da típica visão romântica de Prometeu como um rebelde lutando contra a tirania, Mary Shelley tinha conhecimento de outra interpretação do mito. Para os vegetarianos românticos, a história da descoberta do fogo por Prometeu é a história do início do consumo de carne. Eles concordavam com a afirmação de Plínio na *História Natural* de que "Prometeu foi o primeiro a ensinar o uso do animal como alimento (*Primus bovem occidit Prometheus*)".[21] Sem cozimento, a carne não seria saborosa. De acordo com eles, o cozimento também mascara os horrores de um cadáver e torna o consumo de carne psicológica e esteticamente aceitável. Percy Shelley fornece a interpretação vegetariana romântica desse mito:

> Prometeu (que representa a raça humana) realizou grandes mudanças nas condições da sua espécie e utilizou o fogo para propósitos culinários; dessa

> maneira, ele inventou um expediente para esconder da sua repugnância os horrores do matadouro. A partir desse momento, os seus órgãos vitais foram devorados pelo abutre da doença.[22]

É notável como a Criatura de uma narrativa que tem por subtítulo "O Prometeu moderno" lida com a sua apresentação ao fogo e à carne. Ao encontrar uma fogueira deixada por alguns mendigos errantes, ela descobre que "algumas das sobras de carne que os viajantes haviam deixado tinham sido assadas, e eram muito mais saborosas que as bagas que eu apanhava nas árvores". Isso não a leva a adotar o consumo de carne, mas a aprender a cozinhar alimentos vegetais. "Tentei, então, cozinhar minha comida da mesma forma, colocando-a sobre as brasas vivas. Descobri que as bagas se estragavam com essa operação e as nozes e raízes ficavam muito melhores." As sobras representavam o consumo de carne; a Criatura rejeita esse presente que remete a Prometeu.

A Era de Ouro e a dieta naturalista

As descrições do que a Criatura come revelam o compromisso de Mary Shelley com as refeições vegetarianas expostas por Ovídio e Rousseau. Vale dizer que seu livro sustenta a palavra vegetariana por meio de alusões a palavras anteriores sobre o vegetarianismo. A Era de Ouro descrita no primeiro livro das *Metamorfoses* de Ovídio é uma época anterior à construção de locais de moradia, uma época de contentamento com bolotas de carvalho e bagas, uma época em que os animais não eram excluídos do círculo humano por meio do consumo de carne:

> Contentes com o alimento que a Natureza produzia largamente,
> De maçãs bravas e morangos eles se alimentavam;
> Cornisos e amoras silvestres eram o complemento,
> E as bolotas de carvalho no chão proviam um banquete.[23]

Depois de declarar a Victor o seu vegetarianismo, a Criatura diz que, assim que Victor modelar-lhe uma companheira, os dois irão para a América do Sul e viver lá de forma irrepreensível. Ovídio parece ser a fonte para a fraseologia precisa da visão vegetariano-pacifista de Shelley que a Criatura apresenta a Victor, particularmente pelo uso de "bolotas e bagas", citados antes como sua fonte nutritiva. A Criatura entra num mundo decaído, em que é rejeitada, e busca criar uma nova Era de Ouro na qual a harmonia reina por meio do vegetarianismo.

A Criatura também sustenta a palavra vegetariana de Rousseau nas descrições do autor sobre alimento. Desde o *Discurso sobre a origem e os fundamentos da desigualdade entre os homens*, quando Rousseau primeiro sugeriu que um dos elos das correntes que mantinham o gênero humano atado era uma dieta contrária à natureza, até *Emílio* e *La Nouvelle Heloise* [A nova Heloise], o vegetarianismo é a dieta ideal para Rousseau.[24] Émile, Sophie e Julie eram vegetarianos. Mary Shelley apresenta exatamente a dieta ideal de Rousseau na narrativa da Criatura. Rousseau escreveu entusiasmado em suas *Confissões*: "Não conheço uma alimentação melhor que uma refeição frugal. Com leite, ovos, ervas, queijo, pão preto e um vinho razoável pode-se sempre estar certo de me agradar".[25] Uma vez forçada a deixar o fogo de Prometeu para trás devido à escassez de alimentos, a próxima vez que a Criatura se depara com comida é uma paráfrase da refeição preferida de Rousseau em arredores rústicos: "Devorei vorazmente as sobras do café da manhã do pastor, que consistiam em pão, queijo, leite e vinho; do último, entretanto, eu não gostei".[26] (Assim como a carne, o vinho era um tabu para os vegetarianos românticos.) Numa aldeia, a Criatura novamente reage com prazer aos alimentos ideais que Rousseau identificou: "Os legumes nos jardins, o leite e o queijo que vi colocado nas janelas de algumas das cabanas despertaram o meu apetite".

Dieta para um planeta pequeno

Outro exemplo que ilustra a interseção da visão da Criatura — para quem o mundo está decaído — com a dos vegetarianos românticos é o comentário da Criatura de que as vacas precisam de alimento. Ela observa, com relação a uma vaca de propriedade de uma família pobre, que o animal "produzia muito pouco leite durante o inverno, quando seus donos mal conseguiam obter alimento que pudesse sustentá-la". Sua referência às exigências de uma vaca quanto ao suprimento de alimentos repercute a opinião do vegetarianismo ecológico moderno, popularizada em *Dieta para um pequeno planeta*, de Frances Moore Lappé. Essa escritora argumenta que a terra usada para alimentar o gado seria mais bem empregada se usada para a alimentação dos seres humanos.

Essa foi uma questão levantada por muito tempo pelos vegetarianos, e os primeiros sinais dela aparecem em *A república*, de Platão, quando Sócrates comenta com Glauco que a produção de carne exige uma grande quantidade de pasto. Consequentemente, seria preciso ocupar "um pedaço do território dos nossos vizinhos; e se eles também estiverem insatisfeitos com o que é básico e se aplicarem a obter riqueza ilimitada, vão querer um pedaço do nosso território". Assim, Sócrates declara: "Então o que acontecerá em seguida, Glauco, é que entraremos em guerra".[27] Em 1785, o livro *The Principles of Moral and Political Philosophy* [Princípios de filosofia moral e política], de William Paley, expôs as questões econômicas e agrícolas ligadas ao consumo de carne: "Um pedaço de terra capaz de fornecer alimento animal suficiente para a subsistência de dez pessoas sustentaria com grãos, raízes e leite pelo menos o dobro desse número".[28] O artigo vegetariano que Richard Phillips escreveu em 1811 argumenta:

> Os 47 milhões de acres da Inglaterra e do País de Gales *manteriam com abundância a mesma quantidade de habitantes* caso estes se alimentassem apenas de grãos, frutas, legumes e verduras; no entanto, eles sustentam apenas 12 milhões *escassamente* com o alimento animal como base da subsistência humana.[29]

O artigo de Percy Shelley é o corolário dessa opinião, afirmando que, com o vegetarianismo,

> os carnívoros monopolizadores não destruiriam mais sua constituição devorando um acre em cada refeição. [...] Na verdade, os distritos mais férteis do globo habitável são agora cultivados pelos seres humanos para os animais, com uma demora e um desperdício incalculável de alimento.[30]

O matadouro como fonte para o corpo da Criatura

A Criatura "nasce" num mundo decaído; mas ela também "nasceu" *desse* mundo decaído — como na visão dos vegetarianos românticos —, por ser feita, em parte, de elementos de um matadouro. Diferentemente de muitos contos góticos, em que é obrigatório um ataque de surpresa ao cemitério, ao construir sua Criatura Victor Frankenstein faz excursões ao matadouro: "A sala de dissecção e o matadouro forneceram muitos dos meus materiais". Como foi que Mary Shelley ampliou o roubo à sepultura com a invasão do matadouro? Sua familiaridade com as ideias do vegetarianismo moderno pode tê-la influenciado. O matadouro foi uma das consequências da queda do vegetarianismo, e os vegetarianos românticos não podiam evitar de pensar nisso, mesmo fazendo propositadamente, como John Oswald, longos desvios para não passar por matadouros e açougues. Sir Richard Phillips remonta o seu vegetarianismo à experiência que teve aos 12 anos, quando foi "tomado de tal horror ao ver acidentalmente as barbaridades de um matadouro londrino, que aquele momento em diante nunca mais comeu outra coisa além de vegetais".[31]

O vegetariano anatomicamente correto

O fato de Victor ir aos matadouros não somente incorpora ao romance o anátema com que os vegetarianos o viam, como também deixa sugestivamente subentendido que a Criatura era herbívora. Uma vez que apenas os animais herbívoros são consumidos pelos seres humanos, os restos que Victor levou do matadouro teriam sido partes de corpos herbívoros. Assim, pelo menos uma parte da Criatura era anatomicamente vegetariana. Os vegetarianos românticos afirmavam que o corpo humano não era carnívoro e por isso a má saúde resultava do consumo de carne. No que se tornaria um clássico argumento vegetariano, Rousseau discutiu a aptidão fisiológica do corpo para uma dieta vegetal. Como os dos animais herbívoros, os dentes dos seres humanos não eram pontiagudos. Os intestinos também não se pareciam com os dos animais carnívoros. Fazendo com que parte da Criatura seja gerada no matadouro, Mary Shelley escamoteia o argumento anatômico que os vegetarianos da época achavam irrefutável, mas que para seus críticos era ridículo.

Quando o vegetarianismo do romance é considerado separadamente do seu contexto vegetariano, ele fica despojado das alusões literárias que contém e sua adesão ao projeto de repercutir textos anteriores passa despercebida. Em *Frankenstein* encontramos uma Criatura que procura restabelecer a Era de Ouro de uma dieta vegetariana à base de raízes e bagas; uma Criatura que come a refeição ideal de Rousseau; um Ser que, tal como os animais que servem de comida aos humanos, se vê excluído do círculo moral da humanidade.

A decifração de significados silenciados

> "Fizemos transcrição, com essa caligrafia redonda, alongada, copiamos trechos marcados. Escrevi incontáveis vezes, com uma calma satisfação: 'Gostaria de viver entre as folhas e a urze como os pássaros, usar a roupa de plumas e comer bagas'. Eu achava que essa frase tinha uma completude absoluta e invulnerável."
>
> Denise Riley, "Waiting"[32]

A Criatura encarna tanto o significado vegetariano quanto o feminista. Embora em *Frankenstein* as mulheres ponham em prática a subversão do sentimentalismo que Mary Shelley empreende, desempenhando papéis femininos e morrendo por isso, e os homens representem papéis masculinos inflexíveis, é o Novo Ser que encarna a crítica completa da ordem presente que Shelley tentou fazer. A Criatura sem nome, que Gilbert e Gubar veem como buscando um princípio materno em meio a um mundo de pais, condena resolutamente a comida e os costumes dos pais; nesse sentido, o seu vegetarianismo transmite insinuações feministas tanto quanto pacifistas. Aqueles que naquela época injuriaram abertamente a dieta de carne não perceberam que estavam criticando veladamente um símbolo masculino. O princípio materno estaria presente no paraíso vegetariano da Criatura; na verdade, o princípio materno é um aspecto ausente do vegetarianismo romântico.

Lembrando as exclusões reforçadas pelas narrativas externas sobre o círculo interno da Criatura, encontramos um paradigma para interpretar não somente o vegetarianismo da Criatura, mas também um dos aspectos feministas do romance. Embutida na história da Criatura está outra história, a da família DeLacey. Dentro da história dessa família encontramos a narrativa da mãe independente de Safie. Esse é na verdade o "elemento estruturalmente central da narrativa".[33] Safie tinha sido orientada pela mãe a "aspirar a estágios superiores do intelecto e a uma independência de espírito, interditada às seguidoras de Maomé".[34] Marc Rubenstein observa que a mãe de Safie "é uma caricatura distorcida mas reconhecível da mãe da autora, Mary Wollstonecraft".[35] De fato, na segunda página da introdução a *A Vindication of the Rights of Woman*, Wollstonecraft comenta sobre mulheres do seu próprio país que, "no genuíno estilo islâmico, são tratadas como um tipo de seres subordinados, e não como parte da espécie humana".[36]

A raiva das mulheres em face do confinamento e suas ideias de realização de independência estão elas próprias confinadas, nesse romance, dentro de várias camadas de círculos concêntricos representativos de uma sociedade que exclui essas questões. Embora estando no centro do livro, as questões que nele estão representadas — essenciais tanto para Mary Wollstonecraft quanto para sua filha — foram bloqueadas pela ordem mundial dominante. Entre outras coisas, *Frankenstein* tornou-se um veículo catártico para uma mulher que reprime uma grande raiva por ter sido posta numa situação de subordinada.

A proclamação vegetariana da Criatura é um código; embora no texto tenha sido tratada como algo com pouco sentido, ela é uma chave para os sentimentos de Mary Wollstonecraft Shelley quanto ao discurso e ao papel com características de código — ou seja, o papel de não entidade —, permitido às mulheres pelo discurso masculino. Como constatou a mãe de Shelley, as mulheres eram excluídas do círculo fechado do patriarcado. Ao descrever os eventos que levaram à concepção de *Frankenstein* na edição de 1831, Mary Shelley cria uma imagem cifrada de si mesma, ao se retratar como fora do círculo do discurso dos homens do seu grupo: ela se lança no papel de ouvinte fiel. "As conversas entre lorde Byron e meu marido eram frequentes e longas, e eu era uma ouvinte atenta mas quase silenciosa".[37] Durante a época em que *Frankenstein* foi escrito, Mary era excluída das muitas horas compartilhadas por Byron e Percy Shelley. Marcia Tillotson, que examina essa exclusão e mostra o quanto a fúria da Criatura reflete a raiva da própria Mary Shelley por ser excluída, indaga:

> A pergunta a que não posso responder é se Shelley estava plenamente consciente do que fazia: ela usou deliberadamente a autodefesa do monstro para protestar contra o comportamento dos homens em relação às mulheres, ou simplesmente fez o monstro falar por ela sem saber que a fonte da raiva dele era a dela?[38]

A situação da Criatura corresponde à de muitas personagens femininas para quem a tragédia "provém do fato de que a consciência deve ultrapassar as possibilidades da ação, a percepção deve andar compassadamente dentro de uma gaiola de ferro".[39] Mas o modo de falar da Criatura difere enormemente das formas características de discurso atribuídas às mulheres. Sua fala não é hesitante, recatada, fraca, educada, contida. Não se caracteriza por evasões: talvez, provável, possivelmente, por favor.[40] A Criatura não evita o confronto. Seu discurso é exaltado, apaixonado, mas claro, inequívoco, direto. Exige, ameaça, implora, ordena, profetiza. A Criatura é um orador convincente; vigorosamente e sem medo, excede os limites nas conversas. Encarna padrões de discurso que seriam estranhos para muitas mulheres da época. Mas, como as feministas, seu discurso foi silenciado pela ordem social dominante; assim como aconteceu com o vegetarianismo. Este, como o feminismo, é excluído do círculo patriarcal, do mesmo modo como Mary Shelley sentiu-se excluída do círculo masculino de artistas ao qual ela se sentia pertencente.

Pode ser que a forma comprimida da declaração de vegetarianismo da Criatura a leve a ser apagada da nossa memória coletiva. Mas, uma vez que o vegetarianismo não faz parte da cultura dominante, é mais provável que as revelações vegetarianas, concisas como são, sejam silenciadas porque não temos estrutura na qual possamos assimilá-las, do mesmo modo como por mais de cem anos o significado feminista que está no centro desse romance não foi amplamente analisado. As fúteis esperanças de admissão no círculo humano alimentadas pela Criatura refletem a situação dos vegetarianos e das feministas daquela época; eles enfrentam um mundo cujos círculos, muito contraídos, recusam a sua entrada, fazendo com que haja uma separação entre *nós* e *eles*.

Capítulo 7

O feminismo, a Grande Guerra e o vegetarianismo moderno

> "O que é civilização? O que é cultura? É possível para uma raça saudável ter como pai a violência — na guerra ou no matadouro — e como mãe escravas, ignorantes ou parasitas? Onde está o historiador que investiga a relação da ascensão e queda das nações com a situação social das suas mulheres?"
>
> Agnes Ryan, "Civilization? Culture?"

Assim que a Criatura de Frankenstein descreve sua dieta de bolotas de carvalho e bagas e fala da esperança de ir para a América do Sul com sua companheira, ela diz a Frankenstein: "O quadro que eu lhe apresento é pacífico e humano".[1] A idílica visão da utopia pacifista e vegetariana da Criatura se cruza com os temas de vários romances escritos por mulheres do século XX, que, desafiando a sociedade patriarcal, olham para uma Era de Ouro do feminismo, do pacifismo e do vegetarianismo. O contexto que se deve ter em mente ao ler esses romances mais recentes é a Primeira Guerra Mundial — pois foi então que a pacífica vida vegetariana imaginada pela Criatura e por muitos outros se deparou com a sua forma mais contrastante, catalisando a assimilação do vegetarianismo na visão professada pelas escritoras, de oposição à guerra. Como expôs Edward Carpenter depois da Primeira Guerra Mundial:

> Quando pensamos nos incontáveis regimentos de soldados e mercenários mutilados e dilacerados [...] quando percebemos *o que* significa toda essa luta desordenada, inclusive a interminável chacina de animais inocentes e belos, e o medo, o terror, o sofrimento em que eles vivem

precisamos "prestar homenagem" à visão andrógena de Percy Shelley, pois ele

> viu que apenas um novo tipo de ser humano que combinasse o homem e a mulher poderia em última instância salvar o mundo — um ser que tivesse a observação e a imaginação femininas para perceber o mal, e a força e coragem masculinas para se opor a ele e finalmente aniquilá-lo.[2]

Do mesmo modo como a Grande Guerra é o contexto da declaração de Carpenter sobre a necessidade de uma visão andrógena para contestar a guerra e o abate de animais, muitas escritoras modernas — na esteira da Primeira Guerra Mundial — relacionam as causas da guerra e do consumo de carne ao domínio masculino. Os acontecimentos da Grande Guerra uniram as ideias de pacifismo e de vegetarianismo, que até então só haviam se ligado esporadicamente. A Grande Guerra estimulou o vegetarianismo, impulsionando-o como um movimento no século XX e como um tema nos romances escritos por mulheres.

Como um atributo de personagens ficcionais, poucos exemplos literários de vegetarianismo são anteriores à Grande Guerra, com a notável exceção da Criatura de Frankenstein. A modernização do vegetarianismo ocorreu quando ele começou a aparecer nos romances como um tema ou como elemento fortuito. No capítulo anterior, examinei a relevância do vegetarianismo e suas manifestações históricas do ponto de vista em que ele aparece num romance; este capítulo aplica a mesma abordagem para considerar temas vegetarianos recorrentes numa série de romances. Como acontece em *Frankenstein*, esses romances também põem em prática uma estratégia narrativa que realça o significado vegetariano.

Neste capítulo, vou propor que a estratégia textual de "interrupção" permite às escritoras modernas apresentar incidentes vegetarianos em seus romances. Quatro temas vêm à baila quando se tem uma "interrupção" vegetariana. Esses temas incluem a rejeição dos atos de violência masculinos, a identificação com animais, o repúdio ao controle masculino sobre as mulheres e a postulação de um mundo ideal composto de vegetarianismo, pacifismo e feminismo — por oposição a um mundo decaído composto em parte de opressão feminina, guerra e consumo de carne.

Os romances que serão considerados neste capítulo representam fielmente os padrões discutidos no capítulo 5, "Textos desmembrados, animais desmembrados". Eles sustentam a palavra vegetariana pela alusão a ideias vegetarianas anteriores, pela linguagem que identifica claramente o funcionamento da estrutura do referente ausente e pela suposição de que as pessoas que leem textos vegetarianos se tornam vegetarianas. Veremos que a ideia da carne é usada como uma alegoria para a opressão feminina; essa alegoria identifica a sobreposição da opressão das mulheres e dos animais.

Uma perspectiva feminista liga, nesses romances, a violência contra pessoas e a violência contra animais. É essa perspectiva singular que será cuidadosamente examinada, pois ela demonstra como os *insights* vegetarianos podem ser aplicados a análises de outras formas de violência política. As críticas aparentemente não relacionadas que as mulheres fazem à guerra e os vegetarianos fazem ao consumo de carne tornam-se intimamente relacionadas. Por essa perspectiva das inter-relações da violência, o vegetarianismo pode ser visto como uma contestação da guerra; o pacifismo, como uma contestação do consumo de carne. Essa inter-relação se torna visível quando as mulheres articulam uma conexão com os animais — seres que também são tornados referentes ausentes pela sociedade patriarcal —, correlacionando assim atos de violência masculinos contra pessoas e animais. Ao promover a palavra vegetariana, elas contestam um mundo em guerra.

Depois de resumir brevemente uma análise feminista da violência política e o modo pelo qual a Grande Guerra operou a modernização do vegetarianismo, consideraremos as estratégias narrativas e os interesses temáticos de várias obras ilustrativas. Essa consideração vai sugerir a profundidade da relação entre vegetarianismo e pacifismo nos textos femininos do século XX, como também estender nossa compreensão acerca da política sexual da carne.

A política sexual da guerra

Durante a Grande Guerra, algumas feministas que se opunham à conflagração sustentaram, como Edward Carpenter, que, mais que os homens, as mulheres tinham traços peculiares que as levavam a amar a paz. Essa ênfase nas distinções de sexo, que um historiador disse ser um "argumento para a influência aprimoradora", focalizava o papel das mulheres como nutridoras e mães. O historiador C. Roland Marchand expõe esse ponto de vista:

> As mulheres corporificavam os "traços mais suaves da ternura e da compaixão" e, portanto, tinham uma contribuição especial a oferecer para o governo. [...] As ideias destrutivas masculinas de força física somente seriam vencidas, afirmava a militante sufragista Harriet Stanton Blatch, quando o "ponto de vista da mãe" abrisse caminho à força na diplomacia internacional.[3]

Num capítulo intitulado "Mulher e guerra", do seu livro de 1911, *Woman and Labour* [Mulher e trabalho], Olive Shreiner nos dá um exemplo ilustrativo desse argumento em favor da influência aprimoradora. Ela postula que é o parto que leva as mulheres a se oporem à guerra *e* à matança de animais por esporte:

> É inegável que as relações da mulher com a produção da vida humana influenciam até a sua relação com os animais e toda e qualquer vida. "O dia está bonito, vamos sair e matar algum bicho!", grita instintivamente o típico macho de certas raças. "Veja lá uma coisa viva; ela vai morrer se não for cuidada", diz a mulher típica, de modo quase igualmente instintivo.[4]

Outras feministas censuravam a violência política com o argumento de que a guerra se devia ao domínio masculino — e não a traços dos homens — e à ausência de poder feminino. A exclusão das mulheres das posições de poder na sociedade patriarcal oferece a Virginia Woolf a oportunidade de propor, em seu brilhante ensaio contra a guerra, *Three Guineas* [Três guinéus], a criação de uma Sociedade das Excluídas. Ao desenvolver seu argumento — que relaciona poder masculino, exclusão das mulheres e militarismo belicoso —, ela, como Carpenter e Schreiner anteriormente haviam feito, correlaciona a morte de pessoas e de animais:

> Quase não há seres humanos no curso da história que tenham morrido por um disparo feito por mulher; a imensa maioria dos pássaros e feras foi morta por vocês, não por nós.[5]

Agnes Ryan e seu marido Henry Bailey Stevens, ambos editores do *Woman's Journal* e pacifistas, tornaram-se vegetarianos durante a Grande Guerra. Resolveram que a responsabilidade pela guerra e pelo consumo de carne era dos homens, e foram influenciados em sua análise pela amizade que tinham com Emarel Freshel. Ryan fala sobre o discurso de Freshel sobre a guerra e o consumo de carne numa reunião da Sociedade Fabiana, ocorrida em 1915:

> Ali havia um novo tipo de mulher; havia uma nova força espiritual atuando no universo. [...] Ela claramente enfatizava a ideia de que as guerras não seriam nunca vencidas enquanto a crença de que é justificável tirar a vida, matar — *quando conveniente* —, não fosse erradicada da consciência humana.[6]

Em 1917, Freshel, autora do melhor livro de culinária daquela época, *The Golden Rule Cookbook* [O livro de cozinha da regra de ouro], saiu da Igreja da Ciência Cristã quando esta apoiou a entrada dos Estados Unidos na Primeira Guerra Mundial.

Se as vegetarianas feministas afirmavam que matar animais se torna uma justificativa para matar seres humanos, entre os que são fieis ao ponto de vista dominante há os que convencem as crianças a comer carne com a justificativa da necessidade, por vezes, de matar até seres humanos. Lawrence Kohlberg, um respeitado especialista no desenvolvimento moral das crianças, conta que seu filho de 4 anos "está no movimento pacifista e vegetariano e recusou-se a comer carne porque, segundo ele, é ruim matar animais". A reação de Kohlberg foi uma tentativa de "dissuadi-lo argumentando sobre a diferença entre matar de modo justificável e matar de modo não justificável",[7] criando assim uma moralidade que aceita como legítimas algumas formas de matar. É como se o modo de criar a aceitação da criança para a morte de animais seja convencê-la de que às vezes os seres humanos também precisam ser mortos. As guerras "justas" justificam assim o consumo de carne. Esse fenômeno é imaginado em "Dry August Burned" [Agosto seco queimado], de Walter de La Mare: uma menina está chorando diante de um referente ausente, um coelho morto que está na mesa da cozinha. Um grupo de artilharia de campo que faz um enorme barulho ali perto interrompe o seu pranto. Ela observa o fascínio e o tumulto da cena, volta para a cozinha e, com as bochechas coradas, pede para assistir ao esfolamento do coelho.[8] Ver os soldados influenciou seus sentimentos; na presença deles, o coelho morto tornou-se um fato aceito, não mais a ser lamentado.

"Dry August Burned" imagina uma transição numa atitude em face de um animal morto para ser comido, uma transição causada pela lembrança da guerra. Essa reação reforça a relação entre comer animais e matar seres humanos. Se a matança de seres humanos na guerra é usada para criar a legitimidade do consumo de carne, então contestar o consumo de carne contesta um mundo em guerra.

Houve mulheres que se preocuparam com os *insights* das brutalidades interligadas da guerra e do consumo de carne:

> Naquela época eu reagi violentamente contra todas as instituições estabelecidas, como casamento, surras, dieta de carne, prisões, guerra, escolas particulares e a nossa forma de governo[9].

Durante a Primeira Guerra Mundial, houve muitas pacifistas feministas e vegetarianas. Um exemplo é Charlotte Despard, que oferecia na sua propriedade refeições vegetarianas a preços módicos.[10] Pelo menos quatro feministas americanas viajaram no Ford Peace Ship [Navio da paz de Ford] em 1915.[11]

Na esteira do grande conflito, a opinião de que a ausência de poder feminino levou à guerra se cruzou com a visão de que as culturas consumidoras de carne eram culturas inclinadas à luta armada (embora nem todas as culturas consumidoras de carne estivessem então na guerra). À medida que as feministas e os vegetarianos compartilhavam opiniões cruciais, eles descobriram que os valores destrutivos da cultura patriarcal não se limitavam à frente de batalha.

A Grande Guerra: modernização do vegetarianismo

> "Quando os tempos são de normalidade, as pessoas e os governos inclinam-se a perseguir linhas de menor resistência; ou seja, a continuar práticas e costumes não por eles serem melhores, e sim por causa do hábito. Mas durante os períodos anormais pensamos melhor. [...] Eu tinha há muito tempo a ideia de escrever um livro sobre 'Cardápios sem trigo e sem carne', mas a época de fazê-lo só amadureceu agora."
>
> Eugene Christian,
> *Meatless and Wheatless Menus*
> [Cardápio sem carne e sem trigo], 1917[12]

Do mesmo modo que as feministas contrárias à guerra acreditavam que dar poder às mulheres acabaria com a guerra, os vegetarianos achavam que eliminar o consumo de carne levaria o mundo para mais perto do pacifismo. Na verdade, diziam eles, a palavra védica para guerra "significa 'desejo de vacas'".[13] Anna Kingsford, quando discutia as Convenções das Mulheres pela Paz no século XIX, deplorou que "essas pobres criaturas iludidas não possam ver que a paz universal é absolutamente impossível para uma raça carnívora".[14] Percy Shelley trovejou que "o abate de animais inofensivos não pode deixar de produzir grande parte desse espírito de exultação insana e hedionda, em que a notícia de uma vitória significa o massacre de centenas de milhares de homens".[15] Em 1918, a Federation of Humano-Vegetarians dos Estados Unidos escreveu para o presidente Woodrow Wilson pedindo que os "seguidores do Culto Vegetariano" tivessem o mesmo tratamento dispensado a quem, por motivos religiosos se recusava a entrar na guerra, porque

> nós, vegetarianos, reafirmando a nossa fé na Afinidade Universal do 'Reino Animal' e a 'Fraternidade do Homem', somos obedientes ao mandamento humano fundamental: 'Não matarás'.[16]

Douglas Goldring, discutindo acerca das pessoas religiosas que se recusaram a entrar na guerra e ingressaram no Clube em 1917, observa que elas "eram certamente o grupo de pessoas mais estranhas unidas temporariamente sob uma bandeira. Alguns levavam tão longe sua aversão ao ato de matar que sobreviviam apenas à base de vegetais".[17] É de se notar que, depois da Grande Guerra, os *insights* sobre as possíveis conexões entre guerra e consumo de carne podem ser encontrados em escritores que não são vegetarianos éticos.

Uma razão para o fato de os *insights* sobre essas conexões serem então encontrados em outros escritores são as revelações da própria guerra. Durante essa primeira grande conflagração, a maioria dos soldados pôde perceber o que Bernard Shaw e outros vegetarianos vinham advertido há décadas: cadáveres são cadáveres. Como o soldado poderia evitar pensar no que ele tinha de comum com animais, enquanto nas trincheiras olhava grandes ratos pretos consumirem soldados e cavalos? Os horrores dessa guerra também foram sentidos no matadouro. A apresentação do editor para o artigo de L. F. Easterbrook sobre "Álcool e carne" explica:

> Em 1918, a visão de uma manada de gado amedrontado e em sofrimento, empurrado para dentro de um vagão de trem e sendo levado para uma área de abate, impressionou o escritor desta nota a descrever a cena como, no mínimo, tão abominável e degradante para a nossa civilização quanto qualquer coisa a que ele tenha assistido recentemente em várias frentes de penoso combate na França e na Itália.[18]

A filósofa Mary Midgley considera a Primeira Guerra Mundial um momento decisivo para as atitudes em relação aos animais, mostrando que depois da guerra houve uma grande onda de interesse pela igualdade entre os outros animais e os seres humanos, tendo até surgido muitas provas delas. Depois de citar exemplos de bondosa tolerância com atos notórios de caça, ela escreve: "Para a maioria de nós, contudo, parece que em certo sentido o foco mudou — na verdade, provavelmente mudou durante a Primeira Guerra Mundial".[19]

A Grande Guerra também proporcionou um ambiente vegetariano positivo, embora transitório, para os civis, especialmente as mulheres, por meio do racionamento dos alimentos.[20] Os civis puderam se voltar para livros como *Meatless and Wheatless Menus* ou *The Golden Rule Cookbook*. O racionamento pôs à disposição de um estudioso a maior população acessível para pesquisa: toda a população da Dinamarca. O doutor Mikkel Hindhede refere-se ao seu estudo como "uma experiência com baixa proteína realizada em larga escala, com cerca de 3 milhões de indivíduos". Depois de orientar o programa de racionamento exigido pela guerra — "uma dieta de leite e legumes" associada a pão de farelo, cevada, mingau, batata e verduras —, Hindhede, que desde 1895 vinha realizando experiências com dietas de baixa proteína, sobretudo de vegetais, constatou que a dieta havia mitigado os índices de mortalidade dos dinamarqueses.[21] Em razão do maior atrativo do vegetarianismo, a época entre a primeira e a segunda guerras mundiais tem sido chamada de "Era de Ouro do Vegetarianismo".[22]

Enquanto os civis tiveram o estímulo governamental para adotar dietas sem carne, os soldados — o epítome do homem viril — receberam carne, como já mencionei no capítulo 1. Marty Feldman relatou que, durante a Segunda Guerra Mundial, quando seu pai "estava no Exército, não podia comer carne porque era judeu ortodoxo. Ele quase morreu de inanição e foi tratado com grande desprezo pelos outros soldados, porque um soldado não deve recusar um bife".[23] Essa ênfase na carne para a população masculina no *front* da guerra pode ter deixado claro, nos lares, as conexões entre feminismo, vegetarianismo e pacifismo.

"A lição dos últimos seis anos é esta", observou Henry Salt em 1921:

> Se o homem mata as raças inferiores para ter comida ou por esporte, ele estará disposto a matar a sua própria raça por hostilidade. Não é *esse* banho de sangue ou *aquele* banho de sangue, que precisa parar, mas *todos* os banhos de sangue sem necessidade — toda imposição gratuita de dor ou morte aos nossos semelhantes.[24]

Nessa observação, Salt amplia a ideia da "frente" onde ocorre uma matança deplorável. Algumas escritoras inglesas e norte-americanas do século XX expandem estrategicamente o terreno da guerra, ao explorar a questão do domínio masculino. O *front*, sugerem elas, existe não somente na guerra tal qual tradicionalmente a vemos, mas também naquilo que elas consideram a guerra contra animais não humanos, exemplificada na caça e no consumo de carne. Assim, elas aplicam *insights* sobre guerras à política sexual da carne.

A ficção feminina e o front expandido

> "As guerras nunca deixarão de existir enquanto os homens continuarem matando outros animais para comer, uma vez que transformar qualquer criatura viva num assado, num bife ou numa costeleta, ou em qualquer outra forma de "carne", implica o mesmo tipo de violência, o mesmo tipo de derramamento de sangue e o mesmo tipo de processos mentais exigidos para transformar um homem vivo num soldado morto."
>
> Agnes Ryan, "For the Church Door",
> março de 1943[25]

> "Espero que depois de ter visto muitas vezes um veado ou uma marmota rebentar e se reduzir a pedacinhos, a ideia de um ser humano ser rebentado e reduzido a pedacinhos seja bem menos impossível de se conceber."
>
> Grace Knole, medievalista,
> em *The James Joyce Murders* [Os assassinos de James Joyce][26]

Um homem revisita a Grande Guerra ao lembrar os tempos em que caçava raposas? Sim, de acordo com Siegfried Sassoon, em *The Memoirs of George Sherston* [As memórias de George Sherston], livro publicado em 1918 e que foi o ápice da sua obra, iniciada com *Memoirs of a Fox-Hunting Man* [Memórias de um caçador de raposas].[27] O esporte é um treino para a guerra, como Henry Salt afirmou em 1914?[28] De que outra forma Robert Graves deveria começar seu relato cômico, satírico, bem-humorado — o livro que depois do fim da guerra mudou não só ela, mas tudo o mais — senão apresentando-nos um vegetariano?[29] Pode existir *A Case for the Vegetarian Conscientious Objector* [Uma defesa da recusa a combater na guerra por ser vegetariano], como Max Davis e Scott Nearing acreditavam em 1945? Onde mais deveria começar um romance que antecipava a Grande Guerra, senão numa expedição de caça composta apenas por homens? Todas essas obras mostram uma ligação entre o consumo de carne (e/ou a caça) e a guerra. Essa impressão de ligação foi confirmada e intensificada quando examinada pela lente feminista. Pois então se viu que era o *Homem* o Caçador e o

Homem o Soldado — palavras de Charlotte Perkins Gilman, de um poema que abre seu penúltimo livro, *His Religion and Hers* [A religião dele e a dela], escrito depois da Primeira Guerra Mundial e influenciado por ela.[30]

Homem o caçador, homem o soldado: esse refrão não somente liga atos de violência distintos — a matança de pessoas e a matança de animais — como também focaliza o sexo do matador. A tradição que discuto neste capítulo dos romances vegetarianos feministas escritos por mulheres lembra essa abordagem. Essa tradição tem sua origem na identificação de um *front* expandido que existe sempre que animais são mortos. Uma constelação de observações feministas parece se seguir a essa identificação, que separei em quatro temas diferentes. (1) O tema da rejeição dos atos de violência masculinos: Embora a sua cumplicidade no consumo de carne localize as mulheres *no front*, uma sensibilidade maior em relação a esse consumo gera também uma crítica abrangente contra a guerra *a partir do front*. (2) O tema da identificação com animais: As mulheres são aliadas dos animais porque também elas são objeto de uso e posse. (3) O tema do vegetarianismo como rejeição do controle e da violência masculinos: Por meio da adoção do vegetarianismo, as mulheres rejeitam simultaneamente um mundo belicista e a dependência dos homens. Essa dependência não somente se manifesta na necessidade de ser protegida pelos homens, mas também na necessidade de projetar nas tarefas masculinas o que as mulheres preferem não pensar em fazer, por exemplo ser matadoras. (4) O tema da relação entre as opressões e da relação entre os estados ideais: O domínio do macho humano é visto como causando a opressão das mulheres, a guerra e o consumo de carne; inversamente, nas discussões sobre o mundo perfeito antes da Queda, o vegetarianismo e o pacifismo tornam-se correlacionados à igualdade das mulheres. Embora as obras dessa tradição sejam unificadas pela inclusão de animais, nenhuma delas tenta incluir todos os quatro temas num único texto, e tampouco há uma ordem cronológica no desenvolvimento desses temas. Em essência, embora os textos sejam unidos pela identificação de um *front* de guerra expandido, eles variam de acordo com os temas distintos correspondentes à configuração específica que estão explorando.

O romance *Dias de caça*, de Isabel Colegate, ancora firmemente os textos dentro da tradição de oposição à guerra. Ao explorar a relação entre caça e guerra a partir da perspectiva feminina, Colegate demonstra, como Sassoon, que a caça é o prelúdio perfeito e o modelo para julgar um mundo belicista. No entanto, Colegate fornece um ponto de vista feminino ao incluir mulheres no *front* expandido. Se a caça é o espelho adequado contra o qual se deve julgar a guerra, então as mulheres podem adquirir voz julgando o que não compartilham — a frente de batalha — pelo julgamento do que elas compartilham como espectadoras — a experiência da caça.

O romance de Colegate, rigorosamente construído, retrata a noite do segundo dia e o terceiro dia de uma expedição de caça tradicional. É uma atordoante evocação da inocência do período que antecedeu a guerra e um soturno prenúncio de uma carnificina. Porém, a expedição de caça — com seu exército de batedores uniformizados seguindo planos de campanha, passando de um almoço num bivaque para a linha de frente da expedição, com os carregadores correndo numa terra de ninguém para resgatar os cadáveres que se acumulam no solo — não é um simples anúncio das coisas que estão por vir, mas uma descrição da própria guerra. "A guerra deve ser assim", pensa Olivia, "despreocupada, amigável e assustadora."[31] De fato a competição masculina, culminando com a morte acidental de um batedor, que fazia os amedrontados faisões avançarem para serem mortos pelas armas dos atiradores da classe alta, representa a eterna causa da guerra. Um caçador ansioso por ser o matador do maior número de animais atira equivocadamente no batedor.

Colegate põe no "*front*" mais espectadores do que atiradores. Encontramos ali os batedores, as mulheres da classe alta, um ativista vegetariano, uma criança preocupada com seu patinho e uma empregada doméstica. Seus pensamentos sobre o ato da caça são como um contraponto à competição recrudescente dos homens que atiram.

Posicionando mulheres na expedição de caça, Colegate cria o direito de fazer críticas, como as de Olivia: "E nas expedições de caça eu muitas vezes fico consciente de como me sinto diferente de um homem e de como, mais do que isso, eu realmente gostaria de me rebelar contra o mundo que os homens criaram, se soubesse como". Olivia articula o tema de Colegate da rejeição da violência masculina. No romance, a presença das mulheres no mundo violento que os homens criaram, mas opondo-se a ele, é constantemente reiterada.

Por meio da analogia da expedição de caça como uma guerra, Colegate expande o *front* para onde as mulheres estão presentes, conferindo poder às relações que elas estabelecem. Quando a guerra é referida como "uma expedição de caça ampliada que tinha começado em Flandres", o poder de decisão para falar *desse front* existe implicitamente. Assim, *Dias de caça* se torna uma resposta à pergunta recorrente que no século XX se fez às escritoras: Como uma mulher pode condenar a guerra, se ela não é soldado?[32] Essa questão é dissolvida se ela critica a guerra por meio da crítica ao seu equivalente, do qual ela *faz parte*.

Durante a Grande Guerra, a lacuna entre o soldado na guerra e a mulher espectadora foi ampliada de propósito por escritores soldados que condescendentemente desqualificavam — por falta de experiência no *front* — quaisquer textos escritos por não combatentes. Essa herança de condescendência e desqualificação chegou até a Segunda Guerra Mundial. Mostrando que as mulheres, antes da Grande Guerra, tinham direito de verbalizar sua perspectiva sobre esse conflito graças à experiência resultante da participação em expedições de caça e à sua reação a elas, Colegate restaura brilhantemente o direito de estabelecer uma ligação. Assim, a opinião que seu romance deixa não é a de que seja preciso ter estado no *front* de guerra para ter o direito de falar, e sim a de que a pessoa pode falar ligando à guerra a sua experiência, pelo estabelecimento da conexão entre caça e/ou consumo de carne e guerra. Desse modo se pode reivindicar uma voz. Wilfred Owen e outros escritores da Primeira Guerra Mundial erraram não por restringir as experiências autênticas apenas ao *front*, mas pela sua definição demasiado limitada de onde o *front* pode ser encontrado.

No *front* expandido surge o tema da identificação com animais: com quem se alinham as mulheres que estão lá, com o caçador ou com a caça? A identificação com animais é um momento fundamental em dois romances nessa tradição de escritoras. Para os personagens de Margaret Atwood e Marge Piercy, o consumo de carne se torna uma alegoria da sua própria opressão. As mulheres passam a se ver como consumidas pela opressão do marido no *front* doméstico; elas percebem o próprio corpo como um campo de batalha e veem os animais com sua nova consciência de uma experiência comum. O terceiro tema, relacionado à identificação com os animais, expressa o sentimento de violação compartilhada. Ligando a opressão sexual ao consumo de carne, as mulheres de Atwood e Piercy abdicam do final tradicional, ao desistirem do casamento e associarem ao consumo de carne o domínio masculino nas relações pessoais.[33] Com isso, elas desistem igualmente da carne.

A personagem mais bem-sucedida na rejeição da carne e do casamento é Beth, no romance de Marge Piercy *Small Changes*. Recém-casada, ela se vê uma noite comendo bolo de carne na mesa da cozinha. Embora transtornada por uma discussão veemente durante a qual o marido, furioso com a sua clamorosa independência, tinha atirado na privada as pílulas anticoncepcionais, ela se senta e reflete sobre a sua situação. Enquanto mastiga o bolo de carne, ela percebe seu *status* de vítima e ao mesmo tempo carrasca: "Um animal numa armadilha comendo um animal morto".[34] Ela restaura o referente ausente:

> Lembra-se do bolo de carne frio. Tira da geladeira o ketchup e cobre com ele o bolo. Isso o torna menos detestável. Carne, um animal morto que já fora vivo. Ela sente como se sua vida fosse algo escorregadio que ela tenta agarrar na água corrente.

Agarrando sua vida, ela abandona o *front* doméstico, tornando-se desertora por razões de consciência da guerra contra mulheres e animais.[35] Beth sofre várias "pequenas mudanças", nas quais Marge Piercy centraliza seu romance. A primeira mudança duradoura é a rejeição à carne:

> A repulsa pelo consumo de carne desde a noite do bolo de carne permaneceu. Era em parte superstição e em parte moralidade: ela havia fugido para a sua liberdade e não queria roubar a vida de outras criaturas de sangue quente.

(Sua recusa a comer carne não incluía peixes.) Os *insights* de um *front* expandido catalisam sua educação para o feminismo, sua evolução para o lesbianismo e, por fim, sua importante participação no ativismo contra a guerra num Teatro Feminino Itinerante. Como não podia deixar de ser, ela denuncia todos os *fronts* de guerra.

Embora a história do livro *A mulher comestível*, de Margaret Atwood, se passe longe da guerra, ela ocorre no meio de uma zona de guerra. A personagem de Atwood, Marian, descobre que ali não há civis, apenas caçador ou caçado, consumidor ou consumido. O trabalho de Marian é avaliar o impacto de um anúncio publicitário da cerveja Moose, que apresenta uma caçada:

> O típico bebedor de cerveja, ombros caídos e barrigão, certamente seria capaz de sentir uma identidade mística com o desportista de jaqueta com prega mostrado nas ilustrações, com o pé pousado no cadáver de um veado ou pescando uma truta com sua rede.[36]

Mas Marian se identifica com a vítima e grita quando ouve o noivo descrever a sua experiência no *front* como um caçador que mata e estripa um coelho.

Uma discussão emocional durante o jantar leva Marian a perceber que ela não somente *está no front*; ela *é o front*: ela observa o noivo cortar habilmente a carne e se lembra dos anúncios da cerveja Moose, o caçador posando com um veado, o que a faz se lembrar da reportagem do jornal da manhã, sobre um garoto que matou nove pessoas depois de ficar furioso. Novamente ela vê o noivo cortando as postas e se lembra do diagrama do seu livro de culinária, mostrando

> uma vaca atravessada com linhas e cheia de etiquetas que dizem de que parte dela são tirados todos os diferentes cortes. O que eles estavam comendo agora vinha de alguma parte das costas, pensou ela: corte na linha pontilhada.

Então Marian volta os olhos para a própria comida.

> Ela olhou para baixo e viu seu bife comido pela metade e subitamente o viu como um naco de músculos. Vermelho-sangue. Um pedaço de uma vaca de verdade, que antes se movimentava, comia e foi morta com um golpe na cabeça quando estava numa fila, como alguém que espera um bonde. Claro que disso todos sabem. Mas na maior parte das vezes ninguém pensa nisso.

Depois disso, a atitude inconsciente de Marian em relação à alimentação muda: seu corpo rejeita algumas comidas e ela percebe, surpresa, que está se tornando vegetariana, que seu corpo tomou uma atitude ética: "Ele simplesmente se recusava a comer o que quer que algum dia tivesse vivido ou (como as ostras na meia concha) ainda vivesse". O consumo de carne e a narrativa na primeira pessoa são suspensos quando Marian intui sua ligação com os outros animais, indicando que uma contestação do consumo de carne se liga a um ataque a um sujeito soberano. A subjetividade fluida, fundida, da parte média do livro encontra identidade mística com as coisas consumidas, especialmente os animais.

Somente quando consegue lidar com a sua própria submissão sexual é que Marian se liberta da recusa a comer, oposta pelo seu corpo. Ela enfrenta o noivo como uma mulher realmente comestível, um bolo que ela havia feito, e acusa: "Você tem tentado me destruir, não é mesmo? [...] Você tem tentado me assimilar".[37] A dinâmica doméstica, uma guerra sexual, levou ao vegetarianismo. Mas uma contestação tão profunda ao *status quo* parece demais para sustentar. Depois de romper o noivado e se libertar do jugo do noivo, Marian recupera a narrativa na primeira pessoa e readquire o controle sobre a seleção de alimentos que seu corpo faz. Livre da opressão doméstica, tem dificuldade em refletir sobre a oposição à visão de mundo dominante, e o prazer da sua própria autonomia a torna menos sensível à opressão sofrida pelos outros. Sua consciência de estar na frente se atenua. Ela começa a comer carne e volta a sair com homens.

Se o domínio masculino catalisa o *insight* feminista de um *front* expandido e o vegetarianismo resultante, o vegetarianismo feminista oferece aos homens um modo de rejeitar a guerra pela rejeição do consumo de carne. Ao contrário dos homens controladores, másculos, de Piercy e Atwood, cuja relação com as mulheres catalisa a inelutável constatação de que o consumo de carne e a opressão sexual estão ligados, o romance não publicado de Agnes Ryan *Who Can Fear Too Many Stars?* [Quem pode temer uma imensidão de estrelas?] apresenta um romance de conversão vegetariana para um homem liberado. Escrevendo na década de 1930, Ryan introduziu uma motivação incomum para o vegetarianismo: o amor de uma Nova Mulher. O vegetarianismo é o padrão contra o qual o novo homem é medido. Ryan assim se refere ao seu trabalho numa carta ao autor de *The Golden Rule Cookbook*: "Eu gostaria de fazer uma dilacerante história de amor cujo pivô é o consumo de carne".[38]

Ruth, uma mulher independente, uma profissional, não gosta da ideia de casamento, mas descobre que está apaixonada por John Heather. Temendo a possibilidade de um rompimento, esconde de John uma informação muito importante. Ela "não vai admitir no seu círculo íntimo alguém que seja capaz de pensar — e ainda assim comer carne". Infelizmente, John é carnívoro. Ele se esforça para se tornar vegetariano por amor a Ruth, mas no Natal o romance desmorona, quando ele lhe manda uma pele de raposa. Horrorizada com o presente e a falta de compreensão que ele revela — John não havia realmente entendido a completa rejeição dela à exploração de animais —, Ruth devolve a pele e foge. Profundamente apaixonado, John resolve aprender o máximo possível sobre vegetarianismo, lendo, entre outros, a vegetariana Anna Kingsford, que viveu no século XIX, e Bernard Shaw. Por fim, o diário que ele mantém durante esse período revela a Ruth que ele agora é um perfeito vegetariano e assim os dois podem se casar.

Nesse romance, o vegetarianismo e o feminino agem como vozes antífonas, e não como uma visão unificada, a não ser para demonstrar o tema de Ryan de que "existem muitas mulheres com ideias modernas que se propõem ser inflexíveis com os homens — ou não se casar".[39] Enquanto John lê textos vegetarianos, Ruth recebe um tratado contra o casamento, que adverte: "Ser esposa é se tornar escrava, de corpo e alma".[40] Com suas referências a livros, diários e panfletos, Ryan introduz no romance argumentos vegetarianos e feministas; para ela, os textos medeiam a conversão ao vegetarianismo e ao feminismo. Isso está de acordo com a tradição de promover a palavra vegetariana, acreditando que ler fará surgir a revelação e a mudança. O que quer que John e Ruth leiam, precisamos ler como leitores do romance de Ryan, deparando-nos assim com os argumentos literais e literários para o vegetarianismo e o feminismo. Mas nisso existe um desequilíbrio. Enquanto John, com a leitura, ingressa no vegetarianismo, Ruth evita enfrentar a implicação do amor romântico. O destino de John como um homem apaixonado por uma "mulher com ideias modernas" é a redenção. A palavra se torna carne enquanto ele se torna vegetariano. O destino de Ruth como uma mulher de mentalidade moderna *casada* será viver na opressão. Com isso, Ryan reconhece que algumas coisas o vegetarianismo não pode redimir e a leitura não pode realizar. O texto falha nesse ponto. Qual pode ser o destino de uma mulher numa dilacerante história de amor que tem como pivô o consumo de carne? Como um vegetarianismo redimido pelo amor romântico é escrito no texto, *o destino dessa mulher* é escrito fora dele. O romance desmorona e se torna um tratado como aqueles com que John e Ruth se deparam.

O romance de Ryan apresenta uma formulação diferente de vegetarianismo enquanto rejeição do controle e da violência masculinos. Em vez de retratar uma mulher que simultaneamente rejeita a violência e a dependência de um homem, como as heroínas de Piercy e Atwood, esse texto apresenta um homem que, pelo seu amor por uma mulher, descobre a capacidade de rejeitar um mundo de guerra. John representa o marido de Ryan, Henry Bailey Stevens, para quem a humanidade era inicialmente vegetariana, adorava uma deusa e era pacifista. Essas características encarnam o quarto tema do *front* expandido, a Era de Ouro do vegetarianismo.

A Era de Ouro do vegetarianismo e a ficção feminina

> "Rynn Berry, Jr.: A senhora acha que, se um número cada vez maior de pessoas se tornarem vegetarianas, isso vai inaugurar uma nova Era de Ouro?
> Brigid Brophy: Não, não por si só. Bernard Shaw mostrou que os seres humanos vegetarianos frequentemente eram pessoas muito ferozes, e os animais vegetarianos frequentemente são muito ferozes. Não, não há relação direta. No entanto, se os seres humanos entenderem a questão e resolverem renunciar à violência, então, obviamente, quem renuncia à violência contra galinhas, vacas, cordeiros etc. renunciará da mesma forma à violência contra os seres humanos. E então, se todos pudermos conseguir isso, entraremos diretamente na Era de Ouro."[41]

Em *The Recovery of Culture* [O restabelecimento da cultura], Henry Bailey Stevens propõe que uma cultura de base agrícola — que ele considera antropológica e horticulturalmente comprovada — foi substituída por uma "cultura do sangue". Numa seção intitulada "O estupro do matriarcado" ele escreve: "A verdade é que a criação de gado e a guerra são as instituições em que o homem se mostrou mais competente. Ele tem sido açougueiro e soldado; e, quando a Cultura do Sangue passou a controlar a religião, as sacerdotisas foram postas de lado".[42] Os romancistas e os contistas estão junto com Stevens ao localizarem no domínio masculino a causa do consumo de carne e da guerra; algumas escritoras do século xx acreditam que, antes da queda, houve uma Era de Ouro que era feminista, pacifista e vegetariana.

No conto "An anecdote of the Golden Age — Homage to *Back to Methuselah*" [Uma história trivial da Era de Ouro — homenagem a *De volta a Methuselah*], Brigid Brophy insinua que a mudança de comportamento dos homens está na raiz da guerra, da opressão das mulheres e da matança de animais. A Era de Ouro de Brophy é uma época em que os imortais consomem uma profusão de comida vinda da horta. Mulheres nuas menstruam abertamente e o sangue é admirado por todos em razão da sua rara beleza. Contudo, os homens descobrem que podem também sangrar quando dois deles se envolvem numa briga violenta e o paraíso se perde. A menstruação vira tabu e a fruta, que momentos antes era um alimento apreciado, agora é desprezada por um desses homens, Strephon. Ele atira uma bomba no pagode de outro homem e, mal-humorado, apresenta esta justificativa: "Corydon era um assassino. Foi um jogo limpo. E acabei de me lembrar: tenho de matar os animais".[43] Strephon mantém a mulher menstruada confinada em sua casa, "e preferivelmente na cozinha, um lugar sem graça onde ela ficará menos atraente para os outros homens". Brophy conclui sua história acauteladora: "Strephon, o único do grupo que será verdadeiramente imortal, está no poder até hoje".

Embora nesse caso Brophy esteja obviamente brincando, seu ponto de vista é coerente com os outros textos que ela escreveu sobre o tema da opressão da mulher e dos animais.[44] Brophy mostra que, enquanto os homens estiverem no poder, a violência patriarcal e a concomitante opressão da mulher e dos animais continuará. Esse tema da derrubada masculina de uma era vegetariana pré-patriarcal também aparece em *Ariadne: a Novel of Ancient Crete* [Ariadne: um romance de Creta antiga], de June Brindel. Nesse caso, o sacrifício de sangue se associa ao controle masculino. Ariadne, que o autor chama de "a última matriarca de Creta", tenta introduzir os antigos rituais de adoração que dão destaque às oferendas de leite e mel, em lugar do sangue. A mitopoesia feminista-vegetariana-pacifista de Brindel apresenta uma época vegetariana de sacerdotisas poderosas que adoram deusas. O triunfo do controle patriarcal introduz simultaneamente a matança de animais e a adoração de deuses masculinos:

> Dédalo faz cautelosamente uma pergunta sobre o ritual: "Quando a súplica a Zeus foi introduzida na cerimônia? Eu não a encontro nos textos antigos". Ou "Os registros antigos de oferendas à Deusa apontam apenas grãos e frutas. Quando foi acrescentada a oferenda de animais mortos?".[45]

A dependência de Brindel em relação à especialista Jane Harrison, que viveu e trabalhou no início do século XX, fica evidente na sua descrição dos rituais seguidos por Ariadne. Quando as mulheres são alijadas do poder, Ariadne foge para as montanhas e declara que o labirinto de Teseu é o pensamento patriarcal que matou o centro, a Mãe Deusa. Brindel continua esse tema em *Phaedra: a Novel of Ancient Athens* [Fedra: um romance de Atenas antiga], em que Fedra, apesar de estar numa atmosfera hostil, tenta levar uma vida pacífica, vegetariana, de adoração à deusa.[46] Brindel, como Brophy, evoca uma Era de Ouro, voltada para as mulheres, em que não há *fronts* nem guerras.

Por meio de dietas para uma vida vegetariana pacífica, as utopias feministas fazem a crítica do *front* expandido, imaginando um mundo sem violência. Esse aspecto do quarto tema é inicialmente retratado na primeira utopia feminista, vegetariana e pacifista escrita por uma mulher, o livro *Herland: a terra de mulheres*, de Charlotte Perkins Gilman, publicado durante a Grande Guerra.[47] Em Herland encontramos cardápios que lembram *The Golden Rule Cookbook*: "O café da manhã não era abundante, mas [...] essa refeição — com suas frutas tenras e deliciosas, a travessa de nozes de aroma forte e agradável e os bolinhos muito saborosos — foi extremamente agradável".[48] Árvores de frutas e nozes, grãos e bagas, frutas cítricas, azeitonas e figos são cultivados com cuidado pelas mulheres que ali habitam. O narrador de Gilman, o intelectual norte-americano de 1915, observa imediatamente a ausência de carne em *Herland* e indaga: "Vocês não têm bois, carneiros, cavalos?" Num romance que demonstra a necessidade de uma bondade amorosa feminista, que Gilman chamou de Panteísmo Maternal, poderíamos esperar que seu vegetarianismo fosse uma expressão do amor de mãe e o corolário da crença de que o consumo de carne leva ao comportamento agressivo, tal como o domínio masculino e a guerra. Mas não é. Em vez disso, é uma conclusão politicamente astuta e ecologicamente correta: as guerras podem ser evitadas se o consumo de carne for eliminado. Ali não havia bois, carneiros ou cavalos porque elas "não os queriam mais". "Esses animais ocupam espaço demais — precisamos de toda a nossa terra para alimentar o povo. É um país tão pequeno, sabe?" O que a guerra tinha exigido da Dinamarca, a possível causa da guerra exigiu de Herland.

A Herland de Gilman é um comentário feminista à opinião ecológica enunciada na *República* de Platão.[49] O subtexto do livro, sobre o uso da terra levando à guerra, opõe-se ao texto manifesto, de acordo com o qual as motivações surgidas da Mãe Amor determinam as políticas de Herland. Com o seu uso do argumento ecológico clássico de que por meio do controle da dieta se evitam as guerras, Gilman reconhece que as mulheres que vivem por conta própria ainda teriam um potencial para o emprego da violência umas contra as outras, *se* deixassem incontrolada a sua dieta. Assim, as mulheres não estão livres de guerras futuras, como insinua o Panteísmo Maternal. Por extensão, continuando o consumo de carne, a Grande Guerra não poderia ser a guerra que acabaria com todas as guerras. A questão do vegetarianismo é uma parte inevitável de Herland, porque Gilman, enquanto enfatiza as forças e capacidades das mulheres, desconstrói o que realmente importa na cultura patriarcal em suas várias frentes.

Se *Herland* é um texto inicial no qual uma escritora moderna postula a configuração do feminismo, do vegetarianismo e do pacifismo, *The Kin of Ata are Waiting For You* [A família de Ata está esperando você], de Dorothy Bryant amplia o tratamento de Gilman, situando os animais dentro da ordem moral. *The Kin of Ata* descreve uma sociedade igualitária utópica, em que os homens e as mulheres dividem o cuidado com as crianças, a jardinagem e a limpeza. Frutas secas e nozes, grãos e legumes, raízes vegetais e ervas oferecem uma grande variedade para a dieta. E a razão apresentada para a dieta equivale à que Bryant apresentou na década de 1970 para o Panteísmo Maternal:

> Eu tinha bastante discernimento para não falar que devíamos comer pássaros ou animais, ou mesmo peixes. Eles teriam reagido como se eu lhes tivesse dito para comer crianças. [...] Ninguém teria pensado em matar nenhum desses animais.[50]

Por terem percebido conexões entre o domínio masculino, a guerra e o consumo de carne, Gilman, Bryant, Ryan e outras escritoras imaginam homens que demonstram a capacidade de mudar. Encontramos nos seus romances homens adaptáveis, que renegam alguns privilégios masculinos e os privilégios concentrados nos seres humanos, até mesmo o consumo de carne. Além disso, escritores sensíveis como Shelley, Shaw, Salt e Stevens exploraram as questões dos animais e da alteridade feminina. Na verdade, a conclusão a ser tirada dos seus escritos e da sua vida é que os homens, tanto quanto as mulheres, podem ter um modo de vida sensível às questões do feminismo, do pacifismo e do vegetarianismo.

Rachel Blau DuPlessis comenta que "a supressão do dualismo das esferas pública e privada é uma parte da crítica da ideologia presente nos textos femininos".[51] Os quatro temas que surgem conjuntamente do *insight* do *front* expandido exemplificam essa supressão. O significado do *front* público invade a esfera privada, estimulando uma redefinição da localização do *front*. Além disso, esses quatro temas considerados conjuntamente contestam o dualismo que separa as consequências da violência com os animais e com os seres humanos. Essas obras afirmam que a opressão doméstica e o consumo de carne, normalmente considerados ocorrências privadas, são vitalmente ligadas à guerra, ao passo que o vegetarianismo, um ato aparentemente privado, constitui a rejeição pública da guerra como método de solução de conflito. No *front*, as ligações entre domínio masculino, matança de animais e matança de seres humanos se tornam claras.

A estratégia narrativa da interrupção

> "Fundamental em todo o pensamento de Woolf é a revelação da interrupção, o anúncio da mudança e a crescente expectativa de que a sociedade está no limiar de uma transformação radical."
>
> Lucio Ruotolo, *The Interrupted Moment*[52]

> "O simbolismo do consumo de carne nunca é neutro. O carnívoro acha que come vida. Para o vegetariano, ele está comendo morte. Existe um tipo de mudança de *gestalt* entre as duas posições que dificulta a mudança e torna complicado simplesmente fazer perguntas sobre a questão sem termos de nos preparar para o debate."
>
> Mary Midgley, *Animals and Why They Matter*[53]

Já examinamos romances em que os *insights* feministas catalisam conexões entre vegetarianismo e violência política. Todos esses romances parecem empregar a mesma técnica literária para evocar essas conexões — uma técnica a que chamo de *interrupção.* A interrupção fornece a mudança de *gestalt* pela qual o vegetarianismo pode ser ouvido. Do ponto de vista técnico, isso ocorre quando o movimento do romance subitamente cessa e numa seção fechada do romance se dá atenção à questão do vegetarianismo. Há sinais de que ocorreu uma interrupção. Traços ou pontos; o uso da palavra "interrupção"; balbucios, pausas, desarticulação ou confusão entre aqueles que normalmente são controlados; a história sofre um desvio e passa a focalizar a comida e os hábitos alimentares; ou há referência a importantes figuras mais antigas ou a eventos da história vegetariana: tudo se torna um recurso para criar a interrupção, o intervalo na narrativa em que o vegetarianismo pode ser considerado.[54] Embora a interrupção seja posta de lado, o significado que ela contém atesta temas centrais do romance, unificando a interrupção e o texto interrompido por meio de argutos comentários críticos sobre a ordem social e o consumo de carne.[55]

Nas palavras das escritoras modernas, a intrusão de um incidente vegetariano no texto anuncia uma subversão da ordem mundial dominante, realizada por meio da subversão do próprio texto pela estratégia textual da interrupção. O que tinha sido silenciado irrompe no texto, desviando a atenção das forças que geralmente o silenciam, tanto temática quanto textualmente. A interrupção oferece a oportunidade para refocalizar a trajetória do texto, além de criar um espaço protegido dentro do romance para expandir o *front*. A interrupção luta com o romance pelo significado, extraindo significado da cultura dominante tal como representada no próprio texto.[56] Essencialmente, a expansão do *front* exige a extensão do campo de interesse do romance, levando-o para um novo território temático, e essa é a função da interrupção, que fornece o espaço necessário para essa expansão. Uma presença vegetariana desestabiliza os interesses patriarcais.

A reflexão de Isadora Duncan sobre a ligação entre guerra e consumo de carne, na sua autobiografia *Minha vida*, exemplifica a interrupção da narrativa. Ela interrompe uma discussão sobre a sua vida durante a Grande Guerra para declarar: "Bernard Shaw diz que, enquanto os homens torturarem e matarem animais e comerem sua carne, teremos guerra. Acho isso sensato; as pessoas pensantes devem ter essa opinião". Da sua experiência da guerra, ela conclui:

> Quem gosta dessa coisa horrível chamada Guerra? Provavelmente, os carnívoros, tendo matado, sentem necessidade de matar; matar pássaros, animais, o terno veado ferido, caçar raposas. O avental sujo de sangue do açougueiro incita ao derramamento de sangue, ao abate. Por que não? Do corte da garganta de um bezerrinho ao corte da garganta dos nossos irmãos e irmãs é apenas um passo. Enquanto formos a sepultura viva de animais abatidos, como poderemos esperar quaisquer condições ideais na terra?[57]

A interrupção de Duncan é claramente anunciada aos leitores pela sua referência a Shaw, logo no início, numa seção fechada do romance, e pela finalização com uma invocação literal do que ela acreditava serem palavras dele.[58] Contudo, Duncan apresenta uma interpretação nitidamente feminista dos *insights* de Shaw. Colocando juntos o avental sujo de sangue e o açougueiro como um homem, ela implicitamente acusa o comportamento masculino.

A interrupção de texto mais notável ocorre durante um jantar do dia de Ação de Graças na França, descrito em *Pássaros da América*, de Mary McCarthy, um romance a que me referi de passagem no capítulo 1. O romance avança sem muita preocupação com qualquer ética de consumo específica. Subitamente uma vegetariana fala, a atenção das pessoas se fixa no que ela está dizendo e no que ela não está comendo. As interrupções ocorrem em muitos níveis. Roberta Scott, uma jovem norte-americana, rejeita tanto a carne escura quanto a branca, oferecidas pelo seu anfitrião, um general da OTAN. Chocado, ele precisa pousar sua faca de trinchar antes de poder dizer: "Não quer peru?" Com a faca de trinchar ele se arrogava poder, e cada fatia de carne que ele espeta reforça a sua presença militar. A recusa da moça contesta o uso que ele faz desses equipamentos simbólicos, e com isso o seu poder. Seus equipamentos permanecem sem uso quando ele fica sabendo do vegetarianismo de sua convidada, e ele precisa recorrer a brincar "impacientemente" com eles enquanto informa solenemente à moça: "Hoje é dia de Ação de Graças!"[59]

Mais tarde a mulher dele pergunta à moça: "O que fez você resolver adotar o vegetarianismo? Não quero ser indelicada, mas conte para nós, você acha mesmo que é cruel matar animais?" Novamente, as ações do general cessam pela presença do vegetarianismo: "O general, que estava trinchando partes menos nobres, deteve-se com a faca no ar para esperar o veredicto". No meio dessa interrupção, encontramos a repetição precisa que a srta. Scott faz da opinião dos vegetarianos sobre a guerra, habilidosamente introduzida no texto antes de uma discussão acalorada sobre a guerra do Vietnã:

> Nossa, algumas pessoas dizem que foi o hábito de comer carne que transformou o homem em assassino dos seus próprios semelhantes! Ele tem os instintos do tigre sem os tabus do tigre. Claro, isso é apenas uma hipótese. Um modo de testá-la seria a humanidade praticar o vegetarianismo durante muitas gerações. Talvez constatássemos que a guerra e o assassinato desapareceriam.

O capítulo de McCarthy usa acontecimentos domésticos para considerar a afirmação de que o consumo de carne leva à guerra, enquanto registra a lenta escalada da raiva do general, para quem trinchar carne evoca o poder militar. Ele anuncia que está "no comando aqui" e, ignorando a recusa da srta. Scott, dá a ela o pedaço de peru que lhe caberia. Mas ela não come a carne nem tampouco as comidas poluídas pelo molho que ele lhe estende. A recusa da moça pressupõe que, se o consumo de carne e a guerra estão ligados, como afirmam *algumas* pessoas, então a mesa da sala de jantar é uma parte do *front* expandido; seu vegetarianismo significa uma condenação da guerra. A mesa logo se torna um local de guerra simulada, quando um recruta imita o som de uma metralhadora. Enquanto isso, o general percebe a sutil condenação e recrudesce a batalha verbal, ao perguntar sobre o bombardeio de Hanói. Apontando a causa daquela belicosidade, sua mulher confidencia: "Cá entre nós, meu marido se irritou, vendo essa moça se recusar a tocar na comida. Percebi isso imediatamente". O romance de McCarthy persegue a questão de até que ponto as obrigações morais devem se estender; essa interrogação mostra que elas se estendem até a ave típica das comemorações festivas nos Estados Unidos.

As interrupções de *Dias de caça* são causadas pelo aparecimento de Cornelius Cardew, que efetivamente interrompe a expedição ao promover com um piquete a palavra vegetariana. Ele apoia no ombro sua bandeira com a inscrição "Não matarás" e marcha "diretamente para se posicionar bem diante das armas".[60] Alguns atiradores se recusam a parar de disparar, especialmente o mais competitivo: "A interrupção não o havia feito perder um único tiro", mas para os outros "a concentração tinha se perdido com a interrupção". Com a interrupção de Cardew, a histórica ligação entre feminismo e vegetarianismo é sugestivamente invocada: ele entrega o seu próprio panfleto, que, como vimos no capítulo 5, evoca argumentos de escritores do passado — *A Vindication of the Rights of Woman*, de Mary Wollstonecraft, e *A Vindication of Natural Diet*, de Percy Shelley.

Como demonstram esses exemplos, as interrupções contêm seu próprio mecanismo de legitimação pela invocação de personagens históricos que apoiaram o que elas transmitem — a mensagem do *front* expandido. Essencialmente, a tradição vegetariana fornece a autoridade para interromper o texto com o vegetarianismo. Shaw é invocado por Duncan e Brophy, Salt por Colegate, os Doukhobors (pacifistas-vegetarianos russos que emigraram para o Canadá) por McCarthy e Atwood, e Kingsford por Ryan. É impressionante o fato de dois textos diferentes que ligam o vegetarianismo e o pacifismo inserirem o nome dos Doukhobors, que mantiveram seu vegetarianismo e pacifismo em circunstâncias adversas, de perseguição e banimento da Rússia e migração com um grupo (calculado em 7.500 indivíduos) para o Canadá. Os Doukhobors tornaram-se figuras fundamentadoras. Essa tradição de fornecer mais argumentos de autoridade pelo uso de referências históricas é uma versão do que faz qualquer grupo envolvido em conflito — ou seja, evocar figuras que são pedras de toque, figuras que, com termos feministas, poderíamos considerar como "modelo, pelo papel que desempenharam".

A invocação histórica de vegetarianos do passado imprime uma hermenêutica nitidamente feminista: a opinião de Duncan de que os açougueiros acostumam o mundo ao derramamento de sangue; a contestação da figura feminina de McCarthy à belicosidade masculina por meio da escolha da dieta; as alusões de Colegate a Wollstonecraft, Shelley e também Salt. Situar a referência histórica dentro da interrupção mostra que a ideia de um *front* expandido é um recurso que se repete na história. E, por meio da hermenêutica feminista trazida para a história vegetariana, efetua-se uma ligação causal com o domínio masculino e a guerra. A interrupção desestabiliza o texto e a cultura que ele representa.

A superação dos pontos de vista dominantes

> "Nem sempre há incentivo e aceitação para quem tenta introduzir significados para os quais não há espaço conceitual na ordem social."
>
> Dale Spender, *Man Made Language*[61]

> "Existe um tipo de sedução num movimento que é revolucionário, mas não suficientemente revolucionário."
>
> Mary Daly, *Beyond God the Father*[62]

Como podemos explicar a maior sensibilidade das escritoras do século XX à violência contra animais e o fato de a crítica literária não a ter comentado? Quando a marginalidade feminina está "em diálogo com o domínio", ela invoca a situação dos animais, que também estão nas margens, que também são referentes ausentes.[63] Uma parte da alteridade com que as escritoras se identificam é a alteridade dos outros animais; eles são pegos na estrutura superposta da opressão, em que funcionam como referentes ausentes para os outros. A "retomada assertiva de voz" inclui a expressão da voz por meio da identificação com aqueles que não têm nenhuma voz.[64]

Com as identificações femininas específicas catalisadas pela opressão masculina, o personagem reflete sobre a pergunta: "O que você acharia se fizessem isso com você?" Quando a Marian de Margaret Atwood não pode pensar em si mesma como *eu*, quando a sua identidade na primeira pessoa do singular é interrompida, seu corpo fica atento para a opressão dos outros animais. O que se desenvolve é uma dialética de compromisso entre as mulheres e os animais, e uma crença de que a violência contra outros animais tem a mesma gravidade que a violência contra pessoas; onde existe consumo de carne existe o *front*. O vegetarianismo se torna, então, um acompanhamento necessário para o pacifismo. A contestação do *ethos* dominante de que os animais existem para serem consumidos pelos seres humanos contesta, por extensão, um mundo de guerra.

Geralmente, as mulheres, assim como os homens, se prendem ao *ethos* dominante com relação aos animais —, e Marian demonstra tal condição, ao voltar ao consumo de carne assim que se torna novamente apta a pensar em si mesma na primeira pessoa do singular. Isso provoca o silenciamento de uma tradição que não se prende ao *ethos* dominante.

As escritoras modernas enfrentam o significado do consumo de carne no contexto da guerra com uma tradicional dialética entre silenciamento e discurso arriscado. É uma tradição que fala por meio da especificidade (ou seja, nominando o que é comido): interrompendo uma refeição, interrompendo o controle de um homem, interrompendo a tradição masculina com vozes femininas. Quando as escritoras levantam a questão do vegetarianismo, elas tocam no seu dilema de serem silenciadas num mundo patriarcal. O vegetarianismo se torna uma meditação feminina complexa sobre ser dominado e dominador.

Enquanto o vegetarianismo moderno interrompe o que as escritoras modernas escrevem e com isso perturbam seu texto como um meio de encontrar espaço e poder de falar, num nível mais profundo ele confirma o trabalho das mulheres. Redefinindo a frente e localizando-a sempre que há consumo de carne, as escritoras modernas fazem uma declaração vigorosa sobre os direitos das mulheres e das escritoras de terem voz durante a guerra. E essa tradição feminista, vegetariana, pacifista — cuja gênese remonta à Grande Guerra — argumenta que um aspecto da guerra que lhe deu voz continua até hoje.[65]

PARTE III

Coma arroz, tenha fé nas mulheres

"Os mortais esclarecidos do século xx certamente serão vegetarianos."
Frances Willard, 1839-1898,
feminista, vegetariana e líder de um movimento de temperança

"coma arroz, tenha fé nas mulheres
o que não sei agora
ainda posso aprender
se hoje estou sozinha
estarei com eles mais tarde
se sou fraca no momento
posso me fortalecer
lentamente lentamente
se aprendo posso ensinar aos outros
se outros aprendem primeiro
preciso acreditar
que eles voltarão e me ensinarão
....
lentamente começamos
a devolver o que foi tirado
nosso direito ao controle do nosso corpo
conhecimento de como lutar e construir
comida que nutre
remédio que cura
....

coma arroz, tenha fé nas mulheres
o que não sei agora
ainda posso aprender"

Fran Winant, "Eat Rice Have Faith in Women"

Capítulo 8

A distorção do corpo vegetariano

Registro no meu diário. Dia 4 de maio de 1976:

Pela minha frustração por não encontrar informações prontamente acessíveis sobre feministas do passado que eram vegetarianas — escrever um artigo sobre Vegetarianismo e Feminismo. A historiografia usa a análise de Mary (Daly) de *B(eyond) G(od) t(he) F(ather)* — como as pessoas não levam a sério pela trivialização, obliteração, como se encontra uma conexão quando ela não está classificada?

— Participação de Frances Willard (mencionada de passagem), Lou Andreas-Salomé e Agnes Ryan em grupos de "fanáticos", de acordo com o arquivista da Redcliffe (Schlesinger Library) vinte anos atrás.

veg — decisão consciente que tem um impacto em cada dia da sua vida, não somente uma moda de reforma.

A pessoa precisa chegar ao material de leitura com uma atitude esperançosa, de fé, esperando por uma única mençãozinha.

Deixei a Schlesinger às 15h45. Andei de bicicleta durante uma hora na margem do rio Charles. O jantar foi maravilhoso — pão árabe, tomate, abacate, brotos de alfafa, grão-de-bico; manteiga de girassol em torrada, com banana. Na casa de CSR (Carroll Smith-Rosenberg) não pude deixar passar o bolo inglês com sorvete. Discussão sobre se Agnes Ryan seria uma boa candidata para o quarto volume da NAW *(Notable American Women)*. Voltando para cá às 21h, li Kate Millet e não fiz a minha ioga.

Antes de terminar de ler este livro, você terá saboreado pelo menos uma refeição. Antes de terminar de escrever este livro, saboreei muitas centenas de refeições. Antes de morrer, as pessoas cuja história reconstruímos saborearam dezenas de milhares de refeições. Se eu como um hambúrguer vegetariano em vez do hambúrguer normal, essa opção diz algo sobre mim como ator histórico. Pois eu tenho de tentar responder a estas perguntas:

- Eu estou bem informada sobre o que como?
- Quais são os meus interesses no preparo e na apresentação estética de uma comida vegetariana?
- Quais são os meus recursos?
- Eu comia num restaurante vegetariano?
- Eu tinha disponível um mix de *fast-food*?
- Eu usava um livro de cozinha vegano?
- Por que eu excluí a carne da minha dieta?

Sempre que as pessoas excluem conscientemente a carne da sua dieta, esse tipo de perguntas também lhes pode ser dirigido.

O vegetarianismo revela como as pessoas vivem com as consequências frequentemente difíceis das suas decisões. A carne tem relação com expectativas codificadas, padrões de respostas. Fico perplexa com os excessos nas tentativas de explicar quem retirou a carne da sua dieta e por que, assim como os hiatos na interpretação que ignoram a questão por completo. Não poderemos compreender essas coisas pelas quais nossas irmãs ficcionais e históricas são mais notadas se não reconhecermos as coisas pelo que elas são menos notadas.

Este capítulo vai analisar as razões para a tendência, em geral evidenciada entre os especialistas, a ignorar os sinais da relação entre feminismo e vegetarianismo. Para contra-atacar os hiatos na interpretação, eu proponho que o vegetarianismo não só era uma aplicação lógica de um ponto de vista moral como também repercutia a teoria feminista e a experiência feminina. Começo definindo o "corpo vegetariano" como um *corpus* de textos e ao mesmo tempo a ideia, defendida por muitos vegetarianos, de que somos fisiologicamente predispostos para o vegetarianismo. Para isso, uso como ponto de apoio o *insight* articulado por Beverly Harrison, especialista em ética que declara a importância de estarmos em contato com o nosso corpo:

> Se começamos, como devem fazer as feministas, com "nosso corpo, nós mesmas", reconheceremos que todo o nosso conhecimento, incluindo o nosso conhecimento moral, é um conhecimento mediado pelo corpo. [...] Não viver profundamente no "nosso corpo, nós mesmas" destrói a possibilidade de relações morais entre nós.[1]

As vegetarianas reconhecem uma relação entre um corpo saudável e uma dieta que respeite as relações morais entre nós e os outros animais.

Definição do corpo vegetariano

> "Não mereço louvores por me abster de comer carne. Nasci sem nenhum desejo de saborear carne."
>
> Lucinda Chandler,
> depois de 45 anos vivendo como vegetariana.[2]

Os jantares e as conferências feministas para levantar fundos com frequência servem pratos de carne; algumas feministas fazem palestras trajando roupas de couro ou casacos de pele. Essa é a distorção literal do corpo vegetariano. O vegetarianismo ético é uma teoria que as pessoas põem em prática com seu corpo. "O Corpo Vegetariano" é um conceito que incorpora essa compreensão e muitas outras. Encontramos um *corpus* de literatura enaltecedor do vegetarianismo que tem sido distorcido por não ser apreciado pela cultura dominante.

Um tema importante desse *corpus* de literatura de protesto vegetariana propõe outro nível de significado para essas palavras: o argumento de que os seres humanos têm um corpo mais parecido com o dos herbívoros do que com o dos carnívoros. Os indícios dos dentes, da saliva, dos ácidos gástricos e da extensão dos intestinos foram apontados como argumento para essa definição do corpo humano vegetariano. Esse argumento frequentemente era o único a minar as questões éticas relativas ao uso de animais como alimento; os carnívoros do passado receberam as alegações de uma disposição fisiológica para o vegetarianismo como demasiado forçadas, e, a partir disso, consideraram que todos os outros argumentos eram indignos de confiança. *A Vindication of The Rights of Woman*, o ataque furioso de Mary Wollstonecraft às opiniões de Rousseau sobre as mulheres, começa não com uma crítica à sua misoginia, mas com uma nota de rodapé que ataca seu argumento vegetariano-anatômico. Quando menciona o nome de Rousseau pela primeira vez, ela não resiste e comenta o absurdo da opinião dele: "Contrariando a opinião dos anatomistas, que argumentam por analogia com base na formação dos dentes, do estômago e dos intestinos, Rousseau não pode permitir que um homem seja um animal carnívoro".[3]

Os convertidos ao vegetarianismo há muito discutiram a relação entre consumo de carne e doenças como o câncer, mas, com isso, só conseguiram parecer mais risíveis. Agora, no entanto, essa relação é confirmada por um grande número de estudos médicos. A dieta onívora ocidental associa-se a níveis mais altos de diabete, cardiopatias, hipertensão e câncer. Por outro lado, uma dieta de vegetais fornece os benefícios protetores dos fitoquímicos, antioxidantes, fibras, além de evitar o colesterol.

Uma reconceptualização do corpo vegetariano da literatura se faz necessária, tendo em mente as crescentes informações médicas sobre o corpo humano. Além disso, as fontes antropológicas indicam que nossos ancestrais hominídeos mais antigos tinham corpo vegetariano. Nos registros dos seus ossos, das impressões dentais e de ferramentas, esses ancestrais anônimos revelam o fato de que só recentemente — nos últimos 40 mil anos — a carne, como parte considerável da dieta, tornou-se constante. Na verdade, até duzentos anos atrás, a maioria das pessoas do mundo ocidental não tinha oportunidade de consumir carne diariamente.

Os restos arqueológicos fornecem evidências da dieta vegetariana dos primeiros seres humanos. O sistema mastigatório dos hominídeos mais antigos inclui dentes capazes de triturar alimentos vegetais, em lugar de cortar carne. Não há marcas de arranhões, tais como as que se encontram nos dentes dos carnívoros. Em vez desse padrão, os dentes dos fósseis têm padrões de desgaste coerentes com o consumo de grande quantidade de alimentos vegetais. Além disso, lâminas afiadas que sobreviveram ao tempo — seu uso foi originalmente ligado à retirada da pele e ao corte da carne animal — têm lascas e estragos nas pontas, o que indica atividades de cavar. As análises de matéria fecal de seres humanos fossilizados também confirmam uma dieta de alimentos vegetais. Com base nisso, os vegetarianos sustentam que somos os carnívoros que nunca desenvolveram um corpo equipado para digerir a carne. Temos um corpo do primeiro estágio, com uma dieta do quarto estágio. A principal distorção do corpo vegetariano, aos olhos deles, ocorre toda vez que uma pessoa come carne e força o corpo a digerir alimentos animais com muita gordura, carregados de proteína e com colesterol em excesso.

A dieta baseada em plantas não é revelada apenas pela nossa história mais antiga. São muitos os sinais internos cuja leitura proclama a nossa disposição anatômica para uma dieta vegetariana. Temos na saliva "a enzima pitialina, para digerir o amido, característico dos herbívoros".[4] As proteínas especiais da saliva encontradas nos macacos e nos seres humanos "fortalecem o esmalte dos dentes, tornando-os mais resistentes à deterioração causada por grandes quantidades de carboidrato das plantas e / ou uma grande variedade de fibras na dieta".[5] Jane Brody discute amplamente a diferença entre os nossos "dentes caninos" e os dentes caninos dos carnívoros. Ela conclui:

> Nossos dentes guardam mais semelhança com os dos herbívoros do que com os dos carnívoros. Nossos dentes centrais são grandes e afiados, bons para morder; nossos caninos são pequenos — quase um vestígio, se comparados com os do tigre; nossos molares são chatos; e nosso maxilar é móvel, para triturar a comida em pedacinhos que possamos engolir.[6]

Não dispomos de uma língua limadora e, comparados com as quantidades existentes num carnívoro, nossos sucos gástricos têm somente uma quantidade mínima de ácido hidroclorídrico.[7] Os intestinos dos animais carnívoros são pequenos, apenas três vezes a extensão do corpo do animal. Nós, por outro lado, temos uma extensão intestinal doze vezes maior que a do nosso corpo.

Se a nossa constituição anatômica indica mais semelhança com os herbívoros do que com os carnívoros, o que ocorre quando a carne é ingerida? Podemos sustentar que, na verdade, o referente ausente do animal nunca está ausente: ele está apenas redefinido. O referente ausente se faz presente no corpo da pessoa por meio dos efeitos que a carne tem na forma de doença, sobretudo cardiopatias e câncer. Mais de uma centena de pessoas morrem a cada hora nos Estados Unidos por problemas cardíacos. Os vegetarianos têm cerca de 50 por cento menos probabilidade de morrer em razão de cardiopatias do que os carnívoros. De acordo com estudos realizados em países desenvolvidos, os vegetarianos têm um índice de mortalidade por câncer menor do que o dos carnívoros. Embora outros fatores aumentem o risco de câncer, "o Instituto Nacional para Controle do Câncer estima que um terço de todas as mortes por câncer neste país e oito em cada dez dos cânceres mais frequentes se relacionam com a dieta".[8]

Durante pelo menos duzentos anos, os vegetarianos argumentaram que há uma ligação entre consumo da carne e câncer. Sarah Cleghorn, vegetariana e feminista do início do século XX, mencionou os textos de um certo doutor Leffingwell, que indicou "uma origem carnívora para o câncer. Eu gostaria que Instituto Nacional para Controle do Câncer calculasse o percentual de câncer entre os vegetarianos".[9] Depois da Segunda Guerra Mundial, Agnes Ryan escreveu um manuscrito intitulado "The Cancer Bogy" [O espectro do câncer], em que afirmou:

> Convenci-me a tal ponto da causa original do câncer que fiz uma total reviravolta no meu modo de viver, de maneira a produzir um efeito muito drástico na minha saúde. [...] Estou totalmente convencida de que agora é possível prevenir o câncer a um custo barato, com o nosso conhecimento atual, e com medidas muito simples.[10]

"The Cancer Bogy" é talvez o primeiro guia vegetariano de autoajuda para a boa saúde. Ryan começa estabelecendo uma correlação entre o número de mortes por câncer e o consumo de carne. A fórmula que, segundo ela, predispõe o corpo da pessoa a contrair câncer é: "Ingestão de veneno [expressão com a qual se refere a 'todas as comidas à base de carne', assim como tabaco, agentes tóxicos e drogas], mais deficiência de vitaminas, mais eliminação deficiente". Inversamente, sua fórmula para a saúde é "Alimentos naturais, mais eliminação adequada, mais exercício físico praticado ao longo da vida".[11]

A mudança da *gestalt* pela qual os vegetarianos veem a carne como morte e os carnívoros a veem como vida influencia a receptividade de cada grupo para as informações que indicam associações entre consumo de carne e doença. Os vegetarianos literalmente veem o vegetarianismo como dando vida, e a carne como causando morte aos consumidores. Eles sabem que o coração do carnívoro típico bate mais rápido do que o do vegetariano. Sabem que as vantagens em termos de prevenção do câncer proporcionadas por uma dieta vegetariana que inclua brócolis, couve-de-bruxelas e repolho já foram demonstradas, e isso os leva a concluir que pode surgir uma imunidade vegetariana às doenças degenerativas que assolam a nossa cultura. Para essas pessoas, a carne causa a morte porque as dietas com muita gordura aumentam a suscetibilidade da pessoa ao câncer e às doenças cardíacas.

Muita gente que, ao menos durante algum tempo, parou de comer carne comenta as diferenças que notou. Essas pessoas relatam não terem sentido sono depois de uma refeição; o peso que elas ligavam ao consumo de comida ter sido substituído por uma leveza indefinível. Outras constataram que o vegetarianismo melhorou sua saúde. Quando Anna Kingsford cursava medicina em Paris, no final do século XIX, seu vegetarianismo ajudou-a a superar "muitos obstáculos e dificuldades, físicas e morais, que se tornaram particularmente árduos pelas deficiências artificiais impostas às pessoas do meu sexo e por várias circunstâncias pessoais".[12] Ao experimentarem o conhecimento mediado pelo corpo, muitas pessoas concluíram que a palavra que o corpo humano fala é vegetariana.

Distorções da crítica

> "Com o seu imenso conhecimento sobre as atividades das mulheres, você não poderia me dar alguma informação sobre Anna Kingsford, que até onde sei foi a primeira vegetariana do mundo? Não consigo encontrar nada sobre ela em lugar nenhum."
>
> Agnes Ryan para Alice Park, 1936[13]

> "Quando falo com meus amigos antivivisseccionistas, antivacinas, espiritualistas ou defensores da liberdade para as mulheres [...] sempre acho que aqueles que não se abstêm de carne têm um chão instável sob seus pés e lamento bastante, quando os ajudo em suas boas obras, não poder sustentar aberta e publicamente aquilo em que acredito tão ardentemente: o movimento vegetariano é o fundo e a base de todos os outros movimentos que buscam a Pureza, a Liberdade, a Justiça e a Felicidade."
>
> Anna Kingsford[14]

Na tentativa de interpretar o vegetarianismo com base na perspectiva dominante, os historiadores frequentemente o contestam, em lugar de explicá-lo. Surgem vários textos da carne que distorcem a crítica cultural radical do vegetarianismo. Por exemplo, as razões oferecidas para o surgimento do interesse pelo vegetarianismo durante a época da Revolução Francesa, e também depois, residem em reações pessoais à mudança cultural. Os historiadores opinaram que os vegetarianos tentaram dominar a sua natureza animal e repudiar sua (temida) bestialidade concentrando-se na crueldade do consumo da carne. Eles desprezaram a discussão sobre as invenções exclusivamente humanas do consumo da carne, para as quais não há paralelos animais: o uso de equipamentos para matar e desmembrar o animal, assim como o cozimento e o tempero da carne.

Os escritores vegetarianos do passado, começando por Plutarco, passando por Percy Shelley e Anna Kingsford e entrando no século XX, não se perturbaram com o dado de que os outros animais comem carne; eles estavam preocupados é com o fato de que ao comer animais os seres humanos o faziam de um modo muito diferente dos outros animais. Como vimos no capítulo 2, a linha clássica do *corpus* vegetariano da literatura é mais ou menos esta: *os animais não precisam cozinhar sua carne antes de comê-la e eles não precisam de ajuda para soltar a carne do osso. Se o consumo da carne é natural, por que nós não a consumimos naturalmente, como os animais?* Os vegetarianos não temiam o que era natural para os seres humanos, eles deploravam, sim, a aceitação de uma prática inatural e, para eles, desnecessária.

Os vegetarianos reconhecem os aspectos culturais do consumo da carne, o que tenho chamado de textos da carne. Uma vez que a carne não é comida no seu estado "natural" — crua, extraída do cadáver —, mas em vez disso transformada por meio de intervenção cultural, os vegetarianos dirigiram sua energia para a análise das especificidades dessa intervenção cultural. Eles afirmam que as estruturas que transformam a carne — do estado em que é consumida pelos demais animais para o estado em que é consumida pelos seres humanos — não são irrelevantes ou triviais, especialmente por indicarem o grau de distanciamento que nossa cultura determinou ser necessário para prosseguir com o consumo de animais. Até mesmo um bife ao molho tártaro é um resultado de intervenção cultural, na forma de *haute cuisine*.

Embora o corpo vegetariano não seja distorcido pela afirmação de que os vegetarianos temiam os aspectos animais do ser humano, os historiadores argumentaram que os vegetarianos refletiam um impulso conservador e tentavam resgatar a debilitada sociedade pastoral da Europa pré-Revolução Industrial. Mas muitos vegetarianos se viam como contestadores da repressão e da opressão, e não como agentes de regressão. No capítulo 6, vimos que muitos vegetarianos românticos ligaram sua política radical ao interesse que tinham pelos animais. Em 1845, Maria Loomis, que vivia na comunidade utópica de Skaneateles, escreveu que o vegetarianismo "é o ponto de partida para os reformadores. Tenho pouca confiança em qualquer reforma significativa que não comece por ele".[15] No final do mesmo século, Henry Salt, em *The Logic of Vegetarianism* [A lógica do vegetarianismo], emitiu uma opinião coincidente: "O vegetarianismo é, na verdade, *o progressismo na dieta*".[16] Seus colegas da Sociedade Fabiana na década de 1890, como Bernard Shaw e Annie Besant, concordavam essencialmente com a afirmação, pois a maioria era vegetariana.[17]

Precisamos ter uma história da distorção que examine os problemas implicados no modo como julgamos o ativismo social em nome dos animais; a pessoa, e não a sociedade, é vista como disfuncional. As explicações oferecidas — por exemplo o deslocamento de *status*, o desmantelamento da sociedade rural ou uma forte identificação com animais de estimação — são óbvias tentativas da cultura dominante de eviscerar a crítica, atribuindo motivos psicológicos no lugar de motivos políticos para os que protestam contra as atividades dessa cultura.

Um modo pelo qual a cultura dominante evita a crítica radical do vegetarianismo é focalizando indivíduos que parecem refutar as afirmações dos vegetarianos. Assim, os carnívoros se referem ao "vegetarianismo" de Hitler. Na verdade, Hitler não era vegetariano.[18] Mas muitos carnívoros precisam acreditar que Hitler era vegetariano para se tranquilizar com a ideia de que o vegetarianismo não nos torna necessariamente pessoas melhores. A mensagem parece ser: "Não tenho de lidar com essa questão, já que Hitler era vegetariano". Mas Mahatma Gandhi também o era. E Isaac Bashevis Singer, igualmente. Quando uma mulher comentou com Singer que sua saúde havia melhorado depois que ela parou de comer carne, Singer respondeu: "Eu não como carne por pensar na saúde das galinhas".[19]

A resposta de Singer é uma lembrança de que os benefícios do vegetarianismo para a saúde — os argumentos do corpo vegetariano — não devem ser separados de um conhecimento mediado pelo corpo, que gera o nosso conhecimento moral. Do contrário, o resultado é a autoabsorção. A pessoa encontra nos textos de vegetarianos como Percy Shelley a preocupação de que qualquer doença seja usada para julgar a adequação da sua dieta e a eficácia dos seus argumentos. Como no caso da declaração de Singer, a saúde das galinhas era a principal preocupação moral. No prefácio que escreveu para *Heartbreak House* [Casa da desolação], Bernard Shaw reitera a questão levantada por Singer: "Sendo uma casa do ócio, era uma casa hipocondríaca, sempre correndo atrás de curas. Parar de comer carne não foi feito pelas razões válidas de Shelleyan, mas para se livrar de um fantasma chamado ácido úrico".[20] O fato de se achar aceitável a carne orgânica pode decorrer da tendência de focalizar apenas a preocupação com a saúde. Como a focalização do suposto vegetarianismo de Hitler, isso mostra uma resistência a examinar a aceitação que a pessoa tem da estrutura do referente ausente. E defender o vegetarianismo apenas pelos seus benefícios para a saúde reduz o potencial do conhecimento mediado pelo corpo.

A perspectiva desvirtuadora adotada pela cultura dominante é evidente na acusação de que o vegetarianismo é racista. Pelo fato de os negros, como as brancas e os vegetarianos, vivenciarem o silenciamento pela cultura dominante, explorar essa questão não é fácil nem simples. Mas, do mesmo modo como a maioria das mulheres adota os textos da carne habituais da cultura dominante da qual fazem parte e no entanto estão separadas, assim também agem outros grupos oprimidos. Por isso o enfrentamento que Pat Parker descreve em seu poema "To a Vegetarian Friend" [Para um amigo vegetariano] é perturbador, mas também revelador. Ao que tudo indica, o seu amigo vegetariano criticava o fato de Parker consumir carne. A poeta lembra a seu amigo que as tripas com couve, as costeletas e as rabadas que ela comia a ligavam aos seus ancestrais, que por gerações tinham sobrevivido à escravidão e ao racismo: "Essa comida é boa para mim", escreve Parker. "Revigora a minha alma." Faça a nós dois um favor, pede Parker, se você não pode deixar de fazer comentários sobre a minha comida, fique em casa.[21]

O poema de Parker subentende que duas opressões — racismo e consumo de animais — estão em oposição uma em relação à outra. A insinuação é de que o vegetarianismo precisa acomodar o consumo da carne de modo a não satisfazer o racismo. Mas, se o poema de Parker é uma forma de representação, a carne é outra. O conflito que ela apresenta não é um conflito entre o papel da carne como representação e a realidade do consumo da carne. Para Parker, a carne representa a comida dos seus ancestrais e lhe dá a impressão de continuidade. Contudo, a carne que ela apoia não é a mesma carne consumida pelos seus ancestrais, embora seja assim classificada. A carne que ela consome vem de um mundo de mercadorias, um mundo capitalista em que prevalece o quarto estágio do consumo da carne. Os métodos contemporâneos de produção de carne que aprisionam os animais e os enchem de remédios criam uma diferença radical entre os animais mortos que os ancestrais de Parker comiam e os que integram a refeição que ela faz.

Parker explica o significado da sua refeição de carne usando palavras que demonstram o funcionamento do referente ausente. As tripas, as costeletas e a rabada não se referem ao animal do qual eles foram retirados, mas metaforicamente incorporam uma ligação com os ancestrais oprimidos — condição que também é a de Parker — por um sistema de racismo branco. Parker está expondo a importância do significado ritual, e não discordo da sua importância. Mas colocar o significado da carne como referente de algo que não o animal — isto é, que o animal funciona como ligação com os ancestrais dela — é participar da estrutura do referente ausente. Não proponho qual deva ser a comida ritual para ligar a pessoa aos seus ancestrais vitimizados por um sistema opressivo; mas é importante não desmembrar da vida dos animais o significado da carne. Na verdade, o corpo vegetariano da literatura demonstra que a comida para a alma pode ser vegetariana, e que o conhecimento dos ancestrais escravizados e oprimidos não precisa se dar à custa dos animais escravizados e oprimidos.[22]

Tanto quanto os brancos determinam o que é normativo e importante, embora ignorem a cultura e a experiência dos negros, assim também os carnívoros de todas as raças, sexos e classes tomaram como pressupostos a normatividade e o papel central da sua atividade. Com isso, as historiadoras feministas e os críticos literários absorveram a visão do vegetarianismo própria da cultura dominante, embora as escritoras e ativistas tenham frequentemente exposto um ponto de vista alternativo.

Eu gostaria que este livro oferecesse uma história definitiva da longa e fascinante relação entre as pensadoras ativistas feministas e o vegetarianismo. Mas nenhum livro pode detalhar essa história, pois os próprios especialistas que têm acesso ao material primário que indica a preocupação das mulheres com os animais — seja pelo ativismo ou pela escolha individual do vegetarianismo por razões éticas — normalmente ignoram essas informações. Como sei disso? Porque perguntei a eles ou consultei o que eles escreveram.

Perguntei a uma sufragista — que na década de 1970 ainda era ativa na política radical, e de quem eu estava registrando a história oral — se ela alguma vez havia discutido vegetarianismo com sua amiga Agnes Ryan. Não, respondeu ela; isso lhe parecia relativamente irrelevante. Perguntei a uma das mais destacadas historiadoras feministas que acabara de ler as cartas de mulheres pacifistas na época da Primeira Guerra Mundial se, nessas cartas, havia referências ao vegetarianismo. Francamente, admitiu ela, isso tinha lhe passado despercebido. Ida Husted Harper, que organizou os dois últimos volumes da gigantesca *History of Woman Suffrage* [História do voto feminino], omitiu as discussões sobre os confrontos, entre uma chapeleira vegetariana e uma funcionária da Associação Nacional Americana pelo Sufrágio Feminino, em torno de um chapéu com plumas e de um jantar com frango. Harper poderia ter incluído a afirmação apaixonada feita pela chapeleira em favor dos animais, ocorrida durante a Convenção Nacional de 1907:

> Nada me convenceria a comer um frango ou a ser conivente com o horror de matar animais inocentes para usar suas plumas. Sinto um arrepio quan-

do assisto a uma convenção de sufragistas e vejo mulheres com horríveis troféus de carnificina no corpo.[23]

Mas Harper a omitiu.

A ligação das mulheres com o vegetarianismo na história e nos textos literários tem sido distorcida. O resultado é a falta de registro de uma inspiradora rede de feministas vegetarianas. Vegetarianas do passado que eram teóricas do feminismo sofreram um silenciamento de parte da sua teoria feminista. O que temos é uma história duplamente oculta: a história oculta das mulheres e a história enganosa do ativismo pró-animais e do vegetarianismo das mulheres.

A ausência de referências ao vegetarianismo pelos historiadores e especialistas em literatura faz parte da história das mulheres. As distorções ocorrem na história e na crítica literária, não somente porque os historiadores e os críticos literários deixam de levar a sério o vegetarianismo com que se deparam em seus textos, mas também por eles não levarem a sério o seu próprio consumo da carne e, com isso, deixarem de encarar o significado do seu próprio possível corpo vegetariano.

Os textos feministas-vegetarianos são o referente ausente da crítica e da história feminista. O vegetarianismo é trivializado, visto como um pequeno aparte nos aspectos importantes da história e da biografia, ou como irrelevantes, ou relegados ao campo do individual e vistos através da lente da experiência masculina. E, ao contrário dos temas prementes e delicados como sexualidade, política, família, trabalho, racismo, violência sexual e doméstica, o vegetarianismo é considerado não pertinente a um estudo sério da vida das mulheres. O silenciamento do vegetarianismo feminino é um ato teórico crucial, porque, do mesmo modo como a história e os textos feministas-vegetarianos ficam perdidos para nós, também se perdem as nossas bases para novos *insights*. Esse silenciamento dos textos feministas-vegetarianos é comparável ao meu próprio silenciamento; afinal de contas, treze anos se passaram desde que identifiquei no registro do meu diário as questões que este capítulo examina.

Por que precisamos aprender a reconhecer as distorções do corpo vegetariano? Primeiro, porque nosso registro histórico é inadequado. Segundo, porque um modo de retirar a legitimidade de um movimento de reforma é chamá-lo de moda. Um dos clichês históricos difundidos nos livros é que o vegetarianismo é moda. Mas pode alguma coisa ser moda — por definição algo que desfruta de uma popularidade *breve* —, se ela é recorrente em toda a história registrada? Na citação de *Notable American Women* referindo-se a Abigail Kelley Foster, observe como a autora cria uma dicotomia entre coisas como vegetarianismo e os objetivos "mais importantes" da vida de Kelley:

> Como muitas reformadoras de sua época, ela foi atraída para novidades sobre dieta, cura pela água, homeopatia, frenologia e espiritualismo: mas esses interesses em voga na época nunca a desviaram dos objetivos mais importantes da sua vida.[24]

Uma vez que alguns especialistas estão hoje discutindo a relação entre feminismo e vegetarianismo, a sua história também se reveste de importância na interpretação da cultura da atualidade. O silenciamento do vegetarianismo se relaciona com os silêncios maiores, que dizem respeito às mulheres e têm interesse pelo que revelam sobre como as culturas dominantes reforçam seu domínio. Quem vivencia profundamente seu corpo pode superar as separações impostas pela moralidade dominante. Nas seções seguintes vou justapor a opinião tradicional do vegetarianismo com uma abordagem mais positiva. Nossa omissão em reconhecer a importância do conhecimento mediado pelo corpo e o modo como ele pode ser permeado pelo corpo vegetariano nos levou a distorcer nosso passado e a explicar equivocadamente por que as mulheres se tornaram vegetarianas.

A sexualidade e o corpo vegetariano

> "A pureza vitoriana foi criação de um grupo de homens que se diziam reformadores sexuais; eles defendiam várias reformas, todas envolvendo uma fusão de controle corporal e social: temperança, vegetarianismo, revisão da saúde e dos alimentos, eugenia baseada na frenologia. [...] Na verdade, tudo elegia o corpo como foco dos seus esforços de reforma."
>
> Carroll Smith-Rosenberg[25]

"Por que não nos libertarmos de muitas inconveniências ao mesmo tempo abandonando uma dieta de carne?"

Porfírio[26]

Agora que foram confirmadas as assertivas dos vegetarianos sobre a salubridade da sua dieta, iremos criar uma análise diferente das decisões das mulheres do passado sobre seu corpo vegetariano? É importante que a discussão sobre a saúde/anatomia do vegetariano não vise fetichizar os órgãos sexuais como fatores essenciais na composição dos seres humanos; as teorias do corpo vegetariano não gravitam em torno de uma constituição essencialmente feminina/masculina. Elas protestam contra atividades que consideram não estar em conformidade com o corpo *humano*.

Mas Sylvester Graham, que no século XIX popularizou o vegetarianismo, legou ao feminismo uma herança mista. Por um lado, a da dieta predominantemente vegetariana que ganhou o seu nome e lhe deu a reputação que se mostrou imensamente popular entre as reformadoras feministas da sua época. Por outro lado, a da ênfase que ele e os médicos que o seguiram deram à suposta influência da carne sobre os órgãos sexuais masculinos, que levou essas ideias a serem expostas como mais um exemplo da palhaçada das ideias dissidentes. O fato de os seguidores de Graham terem chamado a carne de "proteína animalizada" sinalizou para os críticos que os vegetarianos estavam negando a sua natureza animal. A partir disso, extrapolou-se a ideia de que se temiam outros aspectos da nossa natureza "animal", isto é, a sexualidade. O medo do corpo foi então corroborado pelo foco de Graham no controle da sexualidade do homem.

Graham, sua dieta, suas teorias e a reação feminista a isso são questões mais complexas e reveladoras do que temos tradicionalmente percebido. Sua alegação, como reformador moral, de que a carne exercia uma pressão indevida sobre os órgãos sexuais do homem, turvou as águas da reflexão histórica. Essa opinião subentendia que quem eliminasse a carne da sua dieta poderia passar a ser indevidamente obcecado por preocupações de ordem sexual. Tal equação, simplificada em "não comer carne significa ter dificuldades sexuais", influenciou as impressões de muitos historiadores para quem o consumo da carne é um aspecto aceito e importante da sua própria vida. Quando puxamos os fios da distorção, torna-se aparente uma abordagem feminista alternativa para a abstinência histórica de carne, em especial pelas mulheres. Uma ênfase na influência da carne sobre os órgãos sexuais masculinos pode ter sido atraente para as mulheres por outras razões que não o puritanismo e o controle moral. O consumo da carne foi, para muita gente, mais um sinal da capitulação ao controle exercido pelos outros; o vegetarianismo era um exercício de autoidentidade e da consciência feminista.

O controle da sexualidade masculina por si só não foi um objetivo equivocado das primeiras feministas, sobretudo se ele significava o controle da fertilidade da mulher. Tendo em conta nossos movimentos atuais que focalizam o estupro cometido pelo marido, a pornografia e o abuso sexual de crianças, o controle da sexualidade masculina é um aspecto legítimo e essencial de muitas campanhas para garantir a integridade da mulher. O aspecto estranho e peculiar dessa opinião antiga foi a ênfase na carne como causa de sexualidade antinatural e a inclusão da masturbação dentro dessa categoria. Era isso que Graham afirmava: "A dieta imprópria" era uma das "causas da ampla e excessiva autopolução". O uso estimulante de "comidas muito temperadas, pratos gordurosos, o uso liberal da carne", tudo isso aumentaria "a excitabilidade concupiscente e a sensibilidade dos órgãos genitais".[27] Para Graham, o corpo era um sistema de energia fechado. Carroll Smith-Rosenberg resumiu o seu ponto de vista:

> Os indivíduos tinham quantidades limitadas de energia nervosa e nutricional, que o corpo destinava aos vários órgãos de acordo com a importância deles no metabolismo geral do homem. Os reformadores sexuais sustentavam que a excitação sexual e o orgasmo perturbavam essa ordem natural, levando o sangue e a energia para os órgãos inferiores e menos necessários — a sua genitália.[28]

Além de considerar a carne um estimulante como o álcool, acreditava-se que ela causava prisão de ventre e com isso predispunha o homem à masturbação.

A cruzada de Graham contra a carne deve ser colocada no contexto da quantidade de carne consumida nos Estados Unidos. O consumo da carne era quantitativamente diferente para os norte-americanos e para os europeus. Como o historiador Daniel Boorstin proclamou, "Os norte-americanos se tornariam os maiores consumidores de carne do mundo".[29] Os visitantes europeus notavam com espanto a imensa quantidade de carne que os norte-americanos comiam. Frances Trollope, o inquisitivo autor de *Domestic Manners of the Americans* [Modos domésticos dos norte-americanos], comentou na década de 1830: "Eles consomem uma quantidade extraordinária de *bacon*. O presunto e o bife estão na mesa de manhã, ao meio-dia e à noite".[30] Durante essa década — 1830-39 — o consumo *per capita* de carne foi calculado, por baixo, em cerca de 90 quilos por ano.[31] Anthony Trollope constatou, perplexo, que os norte-americanos consumiam pelo menos o dobro da quantidade de carne bovina consumida pelos ingleses. Depois de observar uma pessoa cobrir com gordura uma torta, um vegetariano se queixou em 1846: "Pode-se tanto pregar contra a licenciosidade de um sodomita quanto denunciar a gordura consumida por um norte-americano, especialmente se ele for da região Norte".[32] O doutor John Wilson, médico sulista, criticava o consumo de carne de porco dos cidadãos do seu país, estimado em três vezes maior do que o da Europa: "Os Estados Unidos poderiam ser chamados com propriedade de Confederação dos Comedores de Porco, ou República do Reino Suíno".[33] Muitas cartas para parentes do Velho Mundo proclamavam: "Comemos carne três vezes por dia".[34] Um imigrante achava que, se dissesse a verdade sobre a quantidade de carne que consumia, seus parentes europeus não lhe dariam crédito; assim, ele reduzia nas cartas o relato da frequência com que comia carne.

As mulheres do século XIX viam o vegetarianismo como libertando--as do preparo de pratos gordos e do trabalho no forno quente. As irmãs Grimké, feministas e abolicionistas, estavam convencidas de que a dieta vegetariana de Sylvester Graham, que elas adotaram, "era a 'que mais conduzia à saúde, e além disso [...] libertava as mulheres da labuta da cozinha'".[35] Seu biógrafo observa:

> Sem dúvida, numa época de comilança exagerada e excesso de álcool, quando a melhor parte da vida da mulher tendia a ser passada cozinhando, assando e servindo refeições abundantes, a dieta de Graham simplificou as tarefas domésticas e representou uma melhoria nutricional.[36]

Uma vez que as mulheres norte-americanas do século XIX eram amas secas para uma época dispéptica em que as frituras e a carne dominavam a dieta, elas viram no vegetarianismo uma promessa de saúde. Catherine Beecher, avaliadora dos papéis femininos na sociedade, e sua irmã, Harriet Beecher Stowe, afirmavam que uma diminuição do consumo de carne

> reduziria enormemente a quantidade de febres, erupções, dores de cabeça, ataques de bílis e muitos outros males produzidos ou agravados por uma dieta demasiadamente gordurosa. [...] A ideia popular de que a carne é mais nutritiva do que o pão é um grande engano. Um pão saudável nutre mais do que a carne do açougue.[37]

O vegetarianismo ofereceu uma libertação do duplo papel de cozinheira e ama-seca, eliminando da dieta as carnes e as frituras. No *American Vegetarian and Health Journal* de 1853, a senhora F. Gale defendeu que as mulheres precisam aprender a se curar e mostrou como havia curado de varíola seus seis filhos sem chamar o médico, graças ao vegetarianismo. De acordo com ela, "as mulheres são escravas da moda — escravas do apetite — escravas do homem — e, em maior medida, escravas dos médicos".[38] Do mesmo modo, depois da Segunda Guerra Mundial, quando a Grã-Bretanha ainda vivia o racionamento da guerra, as mulheres procuravam alimentos alternativos que prometiam saúde com uma dieta parcimoniosa. Sobre a conversão da mãe ao vegetarianismo, uma filha escreve:

> Nossa dieta tinha relação com a necessidade desesperada de tomarmos conta do nosso corpo, forçadas pelas circunstâncias de restrição. A Reforma Alimentar prometia acabar com a doença, se alguns procedimentos fossem seguidos.

E obviamente se podia comer bem e com pouco dinheiro — algo que tampouco passou despercebido para as reformadoras do século XIX, como as irmãs Grimké.[39] O grahamismo prometia que o vegetarianismo libertaria as mulheres não só da opressão doméstica como também da tirania dos médicos, dos quais elas não mais dependeriam por terem uma boa saúde. Além disso, essa dieta propiciava uma forma de integração feminina.

A linguagem usada pelas mulheres no que diz respeito à sua decisão de ser vegetarianas repercute um significado feminista: as irmãs Grimké se veem como "emancipadas" pela mudança da sua dieta; a senhora Gale fala como libertadora para as escravizadas pela cultura dominante. Anne Denton, num artigo sobre os "Direitos das Mulheres" publicado no *American Vegetarian and Health Journal* em 1852, convocou as mulheres a desenvolver seu intelecto, aprender psicologia, tornarem-se vegetarianas e abandonar os padrões de comportamento burgueses: "As mulheres devem aspirar a algo mais elevado e mais nobre do que paladares canibais, boa aparência, eletrodomésticos e mobília cara". Com seu marido, Mary Gove Nichols, feminista e vegetariana do século XIX, escreveu sobre a nova mulher que eles imaginavam: "Ela não será a escrava de uma família isolada, que vive cozinhando carne de porco e outras comidas para um homem glutão". Em vez disso, "ela será uma pessoa que conhece bem a cura pela água; uma boa médica e uma boa enfermeira; vai se alimentar pura e simplesmente de dieta vegetal; e beber água". Eles concluem: "Muitas mulheres assim estão se formando entre nós".[40]

Além dos atrativos da melhoria da saúde, da redução do tempo na cozinha e da emancipação, muitos afirmavam que o vegetarianismo até proporcionava um parto mais fácil. Esse apelo para uma experiência exclusivamente feminina e quase sempre temida foi suficiente para converter muitas mulheres em idade fértil. Alice Stockham, no seu *Tokology: A Book for Every Woman* [Obstetrícia: um livro para todas as mulheres], que recomendava uma dieta vegetariana para as grávidas, incluiu testemunhos de mulheres que tinham tido partos fáceis graças ao conselho dado por ela.[41] O apelo vegetariano de Stockham é ratificado pelos numerosos anúncios do livro que apareceram na *Vegetarian Magazine* naquela época. No livro *Maternity: Letters from Working-Women* [Maternidade: cartas de operárias], organizado por Margaret Llewelyn Davies, grande amiga de Virginia Woolf, uma missivista assim se referiu à sua opção por uma dieta vegetariana: "Ela nos leva a ter bebês mais limpos, mais saudáveis".[42]

Tendo em mente essas especificidades ligadas às mulheres como atrativos para o vegetarianismo, vamos tratar das discussões sobre a relação entre vegetarianismo e controle da sexualidade masculina. Uma vez que se considerava a carne como causadora de pressão indevida sobre a genitália masculina e também um alimento estimulante, essas ideias podiam ser usadas pela opinião feminina que queria controlar a sexualidade masculina. A abstinência de carne foi estimulada como forma de provocar a abstinência sexual masculina. Num mundo em que o controle da natalidade deixava a desejar, em que as mulheres tinham um número enorme de filhos, o grahamismo ofereceu uma promessa de libertação e indicava que o controle da sexualidade podia ser posto na mão das mulheres. Não somente muitos governantes do sexo masculino apoiavam o controle da natalidade e o aborto, como alguns também defendiam que as mulheres tivessem direito ao prazer no sexo.[43] Assim, encontramos, de um lado, o vegetarianismo invocado como o remédio para a incontrolável sexualidade masculina e, de outro, o vegetarianismo como a dieta escolhida pelas comunidades utópicas que praticavam formas de amor livre.[44] A historiadora Susan Cayleff comenta que, "nos Estados Unidos do século XIX, a dieta sem carne era uma questão social e moral legítima".[45] Por isso, ela falava diretamente às mulheres sobre a posição social delas e as atraía por legítimas razões sociais e morais.

Uma fobia de carne?

> "Às vezes os adolescentes se agarram a filosofias que implicam um afastamento radical dos costumes dietéticos do restante da família. As *dietas vegetarianas* são muito populares atualmente entre os jovens idealistas que querem erradicar a fome no mundo ou acham errado comer animais, ou os que querem evitar os 'venenos' supostamente existentes no alimento animal. Não há nada de errado numa dieta vegetariana."
>
> Jane Brody[46]

> "'Carne' e 'Sangue' são demasiado afins com a *vida animal* do ser humano para serem um Alimento adequado a ele; é como se casar com um irmão ou uma irmã."
>
> Thomas Tryon, 1683[47]

Os dicionários registram a informação de que uma "fobia" é um medo persistente, anormal ou ilógico de uma coisa ou situação específica. Se uma pessoa acha que a carne é repulsiva, horripilante, perturbadora, essa reação emotiva e pessoal pode ser vista como ilógica e anormal para a sociedade dominante. Afinal de contas, essa sociedade considerou a carne aceitável e apetitosa. Assim, o vegetarianismo seria a manifestação de um problema psicológico com a comida? A tentativa de forçar o significado de uma reação à comida a se enquadrar no termo "fobia", quando ela pode ser cultural, simbólica ou política, demonstra o impulso de rotulação adotado pela cultura dominante que quer controlar a interpretação. Quando a recusa a comer carne é rotulada como fobia, a sociedade dominante está pondo em prática a distorção; ela não pode conceder um *status* positivo às objeções a comer animais. Quando alguém diz que o consumo de carne é repulsivo, é o seu estado psicológico que os historiadores ou intérpretes culturais contemporâneos tentam pôr em perspectiva. A perspectiva contra a qual a recusa a comer carne é julgada presume que o consumo da carne é uma atividade adequada. Assim, a perspectiva dominante silencia a perspectiva da minoria, absorvendo-a dentro da perspectiva dominante pela sua rotulação como individual e anormal.

A linguagem do vegetarianismo do século XIX *parece* fóbica, mas é isso mesmo? A feminista e vegetariana Mary Gove Nichols fala de um piquenique na década de 1840: "Havia presunto recheado, frango cozido, frango grelhado, salsichas, torta de carne e outros horrores feitos com o cadáver de animais".[48] Em 1906, uma linguagem semelhante pode ser encontrada no texto de Josiah Oldfield: "E, assim, neste momento toda a questão dos perigos, dos horrores e da repugnância ao paladar implicados no hábito de comer carne está num proeminente primeiro plano na mente dos homens".[49] O que acontece quando mulheres jovens que, quanto ao mais não se distinguem das outras, usam a mesma terminologia dessas escritoras? Eu gostaria de examinar um caso específico em que uma discussão sobre a recusa de mulheres jovens a comer carne é envolta em termos psicológicos, distorcendo muitas das questões levantadas pela observação rigorosa do consumo de animais. É um estudo de caso da distorção histórica.

Em *The Female Malady* [A doença das mulheres], Elaine Showalter diz:

> A carne, o "rosbife da velha Inglaterra", não era apenas a comida tradicional dos guerreiros e agressores, mas também era tida como o combustível da raiva e da luxúria. A repulsa à carne era um fenômeno comum entre as moças vitorianas; a dieta carnívora associava-se à precocidade sexual, especialmente a um fluxo menstrual abundante, e até à ninfomania.[50]

A fonte de Showalter para essa afirmação é um artigo de Joan Jacobs Brumberg sobre "moças cloróticas".[51] A clorose era uma forma de anemia. A reação de repulsa à carne era comum entre essas moças. Brumberg relata que um estudioso da doença observou, em 1897: "A maioria das moças cloróticas gosta de bolachas, batatas etc., mas elas quase sempre evitam a carne, e quando a aceitam, preferem a parte externa tostada". Uma moça disse para o médico da família: "Eu não suporto carne". Um guia médico trazia a observação de que entre as cloróticas "o apetite pela comida animal cessa completamente".[52] São reações fisiológicas que muitas outras pessoas observaram ter sido produzidas pelo seu próprio corpo; mas uma interpretação psicológica se aplica a elas. Ficamos com a dedução de que as moças temiam por sua sexualidade e a possível ninfomania. A fonte das alegações de que "o consumo excessivo de carne se ligava à insanidade das adolescentes e à ninfomania" é um artigo sobre mulheres, menstruação e medicina no século XIX.[53] Trata-se de um artigo de 1857, quando o modelo de sexualidade e consumo de carne apresentado por Graham era muito popular. O fato de essas moças da década de 1890 terem tido uma perspectiva alternativa disponível — a perspectiva exposta acima, em que a identidade feminina autônoma se ligava ao vegetarianismo — não é considerado.[54]

Outro ponto de vista para abordar a repulsa à ideia da carne é reconhecer que a pessoa que a manifesta pode ter ligado a forma da carne ao referente ausente, o animal morto. As objeções das moças ao consumo da *carne* podem estar relacionadas ao repúdio que elas sentem ao pensar em comer *animais*. De fato, Brumberg dá indícios de que essa associação foi feita por algumas das moças. "Muitas delas suportaram o consumo da carne em razão das suas propriedades de cura, mas elas o desprezavam do ponto de vista moral e estético".[55] Como se estivesse escrevendo para confirmar a ideia de que as moças acham a carne esteticamente repugnante, lady Walb Paget relatou em 1893: "Durante toda a minha vida, achei que o consumo de carne era desagradável do ponto de vista estético. Até mesmo quando eu era criança, a moda de fazer passar uma enorme *grosse piece* numa travessa colossal desagradava o meu senso de beleza".[56] Brumberg prossegue: "As descrições contemporâneas revelam que algumas jovens podem perfeitamente ter sido fóbicas em relação ao consumo da carne em virtude das associações que o ato lhes evoca", e fornece esta citação de um artigo de 1907:

> Uma ilustração que todo mundo vê milhares de vezes durante a vida mostra uma moça [cujas funções requerem o consumo de muita gordura, mas] cujo estômago revira à simples ideia da carne gorda. A mãe tenta persuadi-la, suplica, ameaça e promete punições. Mas nada vence o traço artístico da natureza da moça, que a faz ter náuseas à simples ideia de pôr entre os lábios o pedaço gorduroso de um animal morto.[57]

Esse artigo, que foi uma resposta a um artigo escrito pelo doutor Josiah Oldfield, um vegetariano, não versa sobre moças cloróticas. Ele reflete sobre a questão levantada por Oldfield de que "algo na própria ideia de comer um cadáver é repulsivo para o homem e a mulher com senso estético apurado".[58] O autor do artigo propõe que as moças têm uma reação "artística" a comer animais mortos. De fato, o artigo não recomenda que se forcem as moças a comer carne, e sim que elas obtenham de outros alimentos sua fonte de gordura.[59] O que esse artigo demonstra, sobretudo, é que "os homens e as mulheres com senso estético apurado", como também muitas moças, restauram o referente ausente; eles se veem comendo animais mortos, e não carne.

A restauração do referente ausente é um indício de uma fobia de carne? A moça referida anteriormente exagerou imaginando alguma coisa? Parece que o conflito na interpretação surge porque alguns médicos, e agora historiadores, supõem que a carne evitada é referente da experiência que as moças têm do seu corpo. A carne está se referindo à sua sexualidade ou ao sangramento do seu próprio corpo? Ou elas restauraram o referente ausente — o corpo de animais? Talvez as mocinhas não comessem carne porque a carne tinha um significado específico no seu próprio mundo *e também* porque elas haviam sobrepujado a estrutura do referente ausente. Aliás, e se o repúdio à carne não se limitasse às moças cloróticas? Como está implícito no artigo mencionado, muitas moças achavam a carne repulsiva, mas aparentemente essa reação só era comentada quando suas outras respostas se ajustavam à ideia culturalmente definida de "moças cloróticas". Mas então surge a pergunta: "Alguém que tem um problema psicológico com a comida poderia também ter uma objeção legítima à carne?"

Significados corporificados

> "'O médico diz que ela precisa de uma boa surra se continuar não comendo direito.' Você tentava dizer que não podia tolerar ver o sangue brotando, o cérebro, os tecidos do animal morto que um dia tivera vida própria, com tubos e canais condutores, e sulcos com suas musculosas extremidades venosas, intestinos, cérebro e língua. Na cozinha, havia baldes de ferro com cabeças de ovelha fervendo num caldo. Todo mês havia baldes de ferro com trapos ensanguentados postos de molho. Precisávamos comer tudo que punham diante de nós."
>
> Denise Riley, "Waiting"[60]

Para onde vai o significado feminino numa cultura patriarcal? Se os significados não têm para onde ir, em termos de mundo verbal, para onde eles vão? Talvez o significado das mulheres seja expresso de modo diferente quando elas se veem silenciadas. É possível que a comida se torne a linguagem falada da dissensão? Uma vez que as mulheres são as principais preparadoras de comida na cultura ocidental e a carne é definida como comida masculina, o vegetarianismo emana um significado dentro de uma linguagem que quer escapar do seu próprio silenciamento. Se "as mulheres tendem a usar o discurso não para contestar as afirmações do outro, e sim para tomá-las como base",[61] então as escolhas alimentares podem ser algo menos confrontador do outro do que romper os limites do discurso. As mulheres podem codificar sua crítica à ordem do mundo predominante escolhendo as comidas identificadas com elas. Nesse caso, o corpo feminino se torna os textos sobre o qual elas inscreveram sua dissensão por meio do vegetarianismo. As adolescentes cuja recusa a comer carne é classificada de fóbica constituem, na verdade, a epítome da situação das mulheres cujos significados não têm para onde ir; sua impossibilidade de articulação se tornou codificada em escolhas de alimento.

A obra de especialistas confirma que existe uma ligação entre as mulheres e o significado simbólico das escolhas alimentares. Em *Holy Feast and Holy Fast: The Religious Significance of Food to Medieval Women* [Banquete sagrado e jejum sagrado: o significado religioso da comida para as mulheres na Idade Média], Caroline Bynum apresenta algumas observações que não se restringem exclusivamente à interpretação da experiência das mulheres da Idade Média. Bynum descobriu que a comida atua como símbolo para as mulheres mais do que para os homens: "As práticas e os símbolos da alimentação caracterizaram a experiência das mulheres mais do que a dos homens". Ela conclui: "Os habitos alimentares ajudavam as moças a adquirir controle sobre si mesmas tanto quanto sobre as circunstâncias. Com o jejum, as mulheres internalizavam e também manipulavam e evitavam as estruturas familiares e religiosas patriarcais".[62] Brumberg explica que a comida "fazia parte da identidade do indivíduo. Para as mulheres, particularmente, o modo como a pessoa comia era um testemunho de traços do seu caráter básico".[63]

Se o corpo se torna um foco especial para a luta das mulheres por liberdade, o que é ingerido constitui um ponto primordial lógico para anunciar a independência da pessoa. Ao recusar a ordem masculina da comida, as mulheres praticaram a teoria do feminismo por meio do seu corpo e da sua opção pelo vegetarianismo.

Pode haver sinais de desconforto com a ideia e o fato de comer carne sem que necessariamente isso seja sinal de problemas pessoais ou psicológicos. Os papéis sexuais, o domínio masculino e a menstruação — para falar de apenas algumas questões que surgem a partir da experiência feminina — se entrelaçam com a nossa mitologia do consumo da carne muito antes de se aventar a hipótese de considerar a questão do destino dos animais. Um modo alternativo de interpretar a recusa de algumas moças a comer carne é este: elas viam a carne como um símbolo do domínio masculino — cujo controle sobre sua vida ficava mais rígido à medida que elas chegavam à idade adulta — e assim rejeitavam não o Eros masculino, e sim o poder masculino. Essa conclusão não é totalmente ilógica nem a-histórica. Existem muitos exemplos da interseção dos *insights* feministas e vegetarianistas que mostram uma hostilidade feminista subjacente — embora geralmente não manifesta — ao consumo da carne que essas mocinhas punham em prática. Tomemos como exemplo Inez Irwin, que explica com recordações da infância a fonte do seu radicalismo:

> Pensando naqueles anos, o almoço do domingo parecia simbolizar curiosamente tudo o que eu detestava e temia com relação à vida da mulher de classe média. A refeição exuberante — o enorme assado, gotejando sangue quando o homem da casa o trinchava; os muitos legumes esfumaçantes; o pudim pesado. E quando a refeição terminava — a mesa com uma carnificina que me dava arrepio —, a silenciosa retirada dos homens empanturrados para suas poltronas, seus jornais do domingo, seu cochilo indolente, enquanto as mulheres retiravam todos os vestígios do horror. Os almoços de domingo! Deixaram uma cicatriz na minha alma. Até hoje me dão arrepios quando penso neles. [...] Todo aquele turbilhão espiritual foi formando em mim um desejo de escrever. [...] Quando olho retrospectivamente para os meus insólitos 50 anos de vida neste planeta, me pergunto quando surgiu, realmente, o meu desejo de ficar só — lutas, ancestralidade, influências liberais; juventude cheia de discussões? Talvez tenha sido naqueles almoços de domingo![64]

Irwin parece estar escrevendo sobre o final do século XIX, quando as adolescentes se recusavam a comer carne. O almoço tradicional de domingo tinha um cardápio semelhante àquele com que se defrontavam as adolescentes. Irwin está desconcertada com os seguintes textos da carne: o assado que sangra; a faca de trinchar na mão do homem; os homens empanturrados; o papel feminino de retirar os vestígios do horror. A identificação do horror dos almoços de domingo, que deixaram uma cicatriz na alma de Irwin, mostra que no lar está acontecendo algo que, quando confrontado e refletido, leva a pessoa a se arrepiar. Uma rebelde pode ser levada a escrever; uma adolescente pode ser levada a evitar a carne.

Pode perfeitamente acontecer que a aversão das mulheres pela cultura patriarcal torne repulsiva a carne. O que os diários e cartas das mulheres dizem sobre a comida? Para interpretar o significado do vegetarianismo para as mulheres, ele precisa ser posto no contexto das associações masculinas sobre o consumo da carne e das associações femininas sobre menstruação. As mulheres se tornam vegetarianas por terem com o sangue uma relação mais próxima? Na oposição entre sangue feminino e sangue animal, temos uma constante feminina *versus* um processo que anuncia controle e violência. Além disso, nossa experiência corporal da menstruação pode diferir, dependendo de se a carne é incluída ou não na nossa dieta. Barbara Seaman e o doutor Gideon Seaman escrevem:

> Desconfiamos que pode haver elementos na carne que agravam as cólicas menstruais, assim como as queixas sobre a menopausa. De qualquer maneira, esses dois incômodos são raros nas sociedades vegetarianas e as mulheres norte-americanas que abrem mão da carne quase sempre relatam uma melhoria.[65]

Como desvendamos as reações codificadas às experiências das mulheres ou das adolescentes, se não estamos preparados para romper o código ou respeitar o conhecimento mediado pelo corpo?

O corpo dos animais contém significados. Esses significados podem ser percebidos até mesmo quando ele já foi transformado em carne. Nosso corpo expressa significados por meio das escolhas de alimento. A matança de animais para serem usados como alimento é uma questão feminista que as feministas deixaram de levantar por causa do clima carregado das opções de dieta e da estrutura do referente ausente. Estar em contato com o corpo vegetariano restaura o referente ausente e o conhecimento mediado pelo corpo.

Capítulo 9

Por uma teoria crítica feminista-vegetariana

> "Os artigos omitidos no romance vegetariano? Use-os no romance feminista."
>
> Agnes Ryan, bilhete para si mesma

> "Enquanto conversávamos sobre liberdade e justiça para todos algum dia, sentamo-nos para comer um bife. Estou comendo sofrimento, pensei, ao dar a primeira mordida. E cuspi a carne."
>
> Alice Walker, "Am I Blue?"

> "coma arroz, tenha fé nas mulheres
> o que não sei agora
> ainda posso aprender"
>
> Fran Winant, "Eat Rice Have Faith in Women"

Onde termina o vegetarianismo e começa o feminismo, ou onde termina o feminismo e começa o vegetarianismo? Nenhuma dessas epígrafes indica que a escritora está substituindo os assuntos. Do mesmo modo, momentos importantes da história feminista e figuras importantes da literatura feminina associaram o feminismo e o vegetarianismo de um modo que anuncia continuidade, e não descontinuidade.

A elaboração de uma teoria feminista-vegetariana inclui o reconhecimento dessa continuidade. Nossas refeições incorporam ou negam os princípios feministas pelas escolhas de comida que põem em prática. Os romancistas e os indivíduos inscrevem veementes declarações feministas dentro de um contexto vegetariano. Do mesmo modo como a repulsa à carne age como uma alegoria para sentimentos sobre o domínio masculino, nos romances escritos por mulheres e na vida destas o vegetarianismo indica a independência feminina. Uma parte integrante da identidade da mulher autônoma pode ser o vegetarianismo, que, declarando-se ou não como uma rebelião contra as estruturas masculinas, é uma rebelião contra a cultura dominante. O vegetarianismo resiste à estrutura do referente ausente, que torna objetos as mulheres e os animais.

Não somente a defesa dos animais é a teoria e o vegetarianismo a prática; o feminismo é a teoria e o vegetarianismo faz parte da sua prática, um ponto que este capítulo desenvolverá mais plenamente. O consumo da carne faz parte do domínio masculino; o vegetarianismo age como um sinal de doença na cultura patriarcal. Vou expor um modelo para expressar essa doença que tem três facetas: a revelação da nulidade da carne, a nominação das relações e a censura a um mundo patriarcal e consumidor de carne. Por fim, apresentarei as normas básicas para uma leitura feminista-vegetariana da história e da literatura.

O exame da realidade material de uma vida vegetariana ilumina a teoria, do passado e do presente. O que fazemos com o fato de muitas feministas notáveis, atuando no campo da escrita, desde o início dos tempos modernos terem reagido a preocupações com os animais ou se interessado pelo vegetarianismo? No século XVII, a escritora feminista Mary Astell deixou de comer carne.[1] Katherine Philips e Margaret Cavendish discutem o consumo de carne em sua poesia, além de propor que a Era de Ouro foi vegetariana. Como vimos no capítulo 4, Aphra Behn, a heroína da nossa revista contemporânea *Aphra*, escreveu um poema de louvor aos textos de Thomas Tryon, cujos livros escritos no século XVII defendendo o vegetarianismo ela disse terem-na influenciado a deixar de comer carne. *A Description of Millenium Hall* [Uma descrição da mansão do milênio] descreve um refúgio protegido para animais onde os seres humanos não são tiranos com os bichos; as palavras de Alexander Pope sobre o Éden são usadas para reforçar o fato de que os animais foram protegidos do consumo da carne.[2] Sabemos que, em *Frankenstein*, Mary Wollstonecraft Shelley fez da sua Criatura em conflito com o mundo um vegetariano.

Podemos seguir a relação histórica do feminismo com o vegetarianismo nos textos que defendem utopias e nas sociedades utópicas; no ativismo antivivissecção; nos movimentos da temperança e pelo sufrágio; e no pacifismo do século xx. Os institutos hidropáticos do século xix, que apresentavam regimes vegetarianos, eram frequentados por Susan B. Anthony, Elizabeth Cady Stanton, Sojourner Truth e outras. Num banquete vegetariano em 1853, os convidados reunidos ergueram suas taças de bebida sem álcool para brindar: "Abstinência total, direitos da Mulher e vegetarianismo!" Em 1865 morreu o doutor James Barry, que tinha sido cirurgião do exército durante mais de 44 anos e era vegetariano, além de ser um ardente seguidor de Mary Wollstonecraft; depois da sua morte, descobriu-se que "ele" na verdade era mulher. Algumas pessoas que sempre haviam desconfiado disso se referiram à dieta vegetariana, além do amor que ela manifestava pelos animais de estimação, como um dos sinais do seu sexo.[3] Clara Barton, fundadora da Cruz Vermelha, Matilda Joslyn Gage (organizadora de *The History of Woman Suffrage* [A história do voto feminino], juntamente com Elizabeth Cady Stanton e Susan B. Anthony), bem como algumas dirigentes do movimento de reforma do vestuário feminino no século xix, eram vegetarianas. A feminista e vegetariana Alice Stockham foi a editora de Edward Carpenter, o socialista, antivivisseccionista e vegetariano inglês.

Em 1910, as sufragistas canadenses abriram um restaurante vegetariano na sua sede em Toronto. A *Vegetarian Magazine* do início do século xx tinha uma coluna chamada "The Circle of Women's enfranchisement" [O círculo da emancipação das mulheres]. No livro de 1914 *Potpourri Mixed by Two* [Potpourri misturado por duas], duas mulheres trocam reflexões sobre culinária vegetariana, voto feminino e outras questões de interesse para elas. Notáveis mulheres independentes do século xx, como Louise Nevelson e Lou Andreas-Salomé, eram vegetarianas.[4] Esses exemplos levam a uma revelação convincente: existe uma irrefutável tradição literária e histórica feminista-vegetariana. O que precisamos para examiná-la e interpretá-la?

A reconstrução da história do feminismo e do vegetarianismo

"Por que não podemos ser reformadoras completas? Por que fazemos de um tópico de reforma um *hobby* e nos esquecemos dos outros? Compaixão, abstenção de álcool, vegetarianismo, voto feminino e paz fariam da Velha Terra um paraíso, e no entanto a maioria defende apenas uma — se tanto — dessas coisas."

Flora T. Neff, superintendente no estado de Indiana da Mercy, Women's Christian Temperance Union, para a *Vegetarian Magazine*, 1907[5]

Uma teoria crítica feminista-vegetariana começa, como vimos, com a percepção de que no mundo patriarcal as mulheres e os animais se encontram em situação semelhante: são objetos, e não sujeitos. Os homens recebem no décimo mandamento as instruções sobre como devem se comportar com as mulheres e os animais. Uma vez que a queda do homem é atribuída a uma mulher e a um animal, a Irmandade do Homem exclui as mulheres e os animais. Na crítica que fez em 1890 ao livro de Henry Salt *Animal Rights* [Direitos dos animais] para a *Shafts*, a revista das feministas e vegetarianas da classe trabalhadora, Edith Ward afirmou que "a defesa do animal é a defesa da mulher". Ela explicou que a

> situação semelhante das mulheres e dos animais inferiores, embora fosse muito diferente em grau, devia garantir que as primeiras apoiassem do modo mais vigoroso e inabalável todos os movimentos pela melhoria das condições de existência dos animais. É isso que acontece?[6]

Mais recentemente, Brigid Brophy, vegetariana e feminista, observou:

> Na verdade, as mulheres no mundo ocidental industrializado são como os animais de um zoológico moderno. Não há jaulas. Parece que as gaiolas foram abolidas. Mas, na prática, as mulheres ainda são mantidas no seu lugar com a mesma firmeza com que os animais são mantidos nos seus cercados.[7]

Ou tomemos esta declaração encontrada em *The History of Woman Suffrage*: "A civilização passada não incomodou nem as criaturas mudas nem as mulheres consultando-as com relação aos seus próprios problemas".[8] *Who Cares for the Animals?* [Quem se importa com os animais?], título de uma história sobre os 150 anos da Sociedade Real pela Prevenção da Crueldade contra os Animais, apresenta na própria capa a resposta: as mulheres. A descrição que Margaret Mead faz de sua mãe ativista invoca num único parágrafo duas das causas mais caras a essa mulher:

> O entusiasmo de minha mãe era reservado para as causas que ela apoiava. [...] Por uma questão de princípios, ela nunca usava peles; e as plumas, com exceção das penas de avestruz, eram proibidas. Muito antes de saber o que eles eram, fiquei sabendo que os penachos denunciavam o assassinato de inocentes. Havia tipos de pessoas, também, para as quais ela não via utilidade — as que se opunham ao voto feminino.[9]

A estrutura patriarcal do referente ausente — que torna ausentes como sujeitos as mulheres e os animais, desmorona pontos de referência e resulta em opressão superposta — exige uma contestação do feminismo e do vegetarianismo, unidos. Mas essa opressão das mulheres e dos animais, apesar de unificada pela estrutura do referente ausente, é experimentada em separado e de modo diferente pelas mulheres e pelos animais. Assim, trata-se de uma estrutura opressiva que, quando percebida, é frequentemente percebida em fragmentos e atacada de modo fragmentado; isto é, algumas mulheres trabalham para a libertação feminina, outras mulheres e também homens contestam a opressão dos animais.

Um sinal de que a opressão é uma só aparece sempre que a cultura patriarcal sente que seu controle sobre as mulheres está sendo ameaçado pela opção pela dieta sem carne. No plano doméstico, isso pode ser notado quando os homens usam o pretexto da ausência de carne para cometerem violência contra as mulheres, como vimos no capítulo 1. Além disso, uma visão de mundo ameaçada mostra a unidade dessa opressão quando se conclui que as discussões a favor dos direitos da mulher levarão a discussões a favor dos direitos dos animais. Como reação ao movimento pelo voto feminino do século XIX, um homem disse: "E o que elas vão fazer em seguida, educar vacas?" Era quase previsível que a primeira contestação ao livro de Mary Wollstonecraft, *A Vindication of the Rights of Woman* tivesse como título *A Vindication of the Rights of Brutes* [Uma reivindicação dos direitos das feras]. Mas a paródia se baseava num dos textos vegetarianos clássicos: *Sobre a abstinência de comida animal*, de Porfírio. Uma vez que a opressão às mulheres e aos outros animais deriva de uma única estrutura hierárquica, podemos esperar que, em determinados pontos da nossa história, algumas pessoas tenham contestado a estrutura de um modo unificado; ou seja, podemos esperar encontrar a interseção de feminismo e vegetarianismo, a unificação das discussões de Wollstonecraft e Porfírio. Assim, Edith Ward afirma, em *Shafts*:

> Por exemplo, o que poderia ser mais calculado para produzir brutais espancadores de mulheres do que a longa prática de crueldade selvagem com outros animais? E o que, por outro lado, mais provavelmente vai impressionar a humanidade com a necessidade de justiça para as mulheres do que o despertar da ideia de que a justiça era o direito até de um boi ou de um carneiro?[10]

O vegetarianismo foi um modo pelo qual muitas pessoas, especialmente mulheres, expressaram uma relação com animais específicos — os destinados a serem carne — afirmando: "Eu gosto dessas criaturas; não vou comê-las". O vegetarianismo foi um modo de rejeitar um mundo masculino que objetualizava as mulheres e os animais. As mulheres não só enunciavam conexões com os animais como também se definiam como sujeitos com o direito de agir e tomar decisões éticas; ao fazê-lo, definiam os animais como sujeitos, e não objetos. O vegetarianismo ético tornou-se uma representação simbólica e ao mesmo tempo literal de relações justas com os animais.

Aspectos integrantes do feminismo e do vegetarianismo se cruzam. Ao mesmo tempo em que os vegetarianos postulam uma queda do estado de graça, de uma Era de Ouro vegetariana, muitas feministas se referem a uma época semelhante em que o poder das mulheres não era limitado, constituindo um período matriarcal da existência humana. Quando considerada como uma mitopoesia que motiva o feminismo, e não como um tempo historicamente validado, a interseção desse período com a Era de

Ouro do vegetarianismo é reveladora. Do que, afinal de contas, as grandes deusas eram as grandes deusas? Os grãos e legumes têm uma longa história de associação com as mulheres.

No início do século xx, podemos encontrar uma identificação do poder matriarcal com o vegetarianismo e do poder patriarcal com o consumo da carne, associação esta que é uma parte íntima da formação dos mitos feministas atuais. Quando em 1903 Jane Harrison publicou *Prolegomena to the Study of Greek Religion* [Prolegômenos para o estudo da religião grega], ela ofereceu pistas para a associação entre culto a deusas e vegetarianismo. No seu livro, encontramos o relato de Pausânias sobre o sacrifício que fez à deusa Deméter, de acordo com o costume local: "Não sacrifiquei nenhuma vítima à deusa, sendo esse o costume das pessoas do lugar. Elas levavam como oferendas o fruto da vinha e de outras árvores que plantavam, favos de mel e também lã". Harrison observa que esse "era um serviço para agradar até Pitágoras". Os ingredientes de uma das festas de mulheres que Harrison descreve quase teriam igualmente satisfeito os padrões de Pitágoras: "Os materiais da festa das mulheres são interessantes. A dieta prescrita é de cereais, peixe e talvez aves, mas claramente sem carne. Pois isso era característica da antiga população pelagiana antes da chegada dos aqueanos carnívoros".[11] É verdade que não se pode atribuir inequivocamente a Harrison o aspecto vegetariano, mas outra referência a *Sobre a abstinência de comida animal*, de Porfírio, as suas suposições sobre a invasão de adoradores de deuses masculinos carnívoros que venceram as deusas vegetarianas, pode ter sugerido uma impressão de perspectiva histórica ou mitológica para as vegetarianas feministas da época. Elas foram assimiladas? Sabemos que Harrison influenciou Virginia Woolf. Houve outros que ela influenciou especificamente por causa do interesse deles pelo vegetarianismo? Indepedentemente de Harrison ter sido ou não absorvida no pensamento feminista-vegetariano da sua época, ela foi assimilada pelo movimento atual. (Lembre-se da discussão do romance *Ariadne*, de June Brindel, no capítulo 7.) Os formuladores recentes de um período matriarcal também o identificam como vegetariano.[12]

A história recente do feminismo e do vegetarianismo também oferece pontos de interseção. Os dois experimentaram um renascimento por meio de livros escritos nos anos que se seguiram à Revolução Francesa. Ambos tiveram um encontro muito importante ocorrido na década de 1840: o encontro de 1847 em Ramsgate, em que a palavra "vegetarianismo" foi cunhada ou ratificada; e o encontro de 1848 em Seneca Falls, em que as reivindicações das mulheres norte-americanas pelos seus direitos foram esboçadas. De acordo com algumas análises históricas, ambos foram considerados afundando na obscuridade; o feminismo depois da consecução do sufrágio em 1920 e o vegetarianismo praticamente desde o momento em que começou como um movimento autoidentificado.

A reconstrução da história feminista-vegetariana exige uma atenção maior para os significados ocultos em declarações sobre saúde e dieta. Por exemplo, num livro de entrevistas orais com sobreviventes sufragistas há uma declaração com pistas que sugerem o vegetarianismo. Ao descrever sua infância, Jessie Haver Butler afirma:

> Mas a minha mãe era muito inteligente — tinha um livro sobre cuidados de saúde que ela conhecia profundamente. Além disso, seguia as modas, e assim é natural que eu também tenha durante a minha vida inteira seguido as modas. Ela comprava todos os livros de um homem chamado doutor Jackson, que começou um sistema de alimentação totalmente novo.[13]

As pistas de que Butler está descrevendo uma dieta vegetariana incluem o fato de ela dizer que a mãe seguia as modas — o vegetarianismo deve ter recebido esse rótulo, "uma moda". A referência a "um sistema de alimentação totalmente novo" corrobora isso. A confirmação final vem com a invocação do nome do doutor Jackson. James Caleb Jackson dirigiu um instituto de hidropatia em Dansville, no estado de Nova York.

Jackson incentivava as dietas sem carne. Ellen G. White, que frequentava o "Lar da encosta", dirigido por Jackson, comentou: "O doutor Jackson leva ao pé da letra seus princípios relativos à dieta. Não põe na mesa manteiga nem sal, carne ou qualquer tipo de gordura".[14] No caso de Clara Barton, "toda a sua filosofia de vida sofreu uma mudança nesse ambiente" do Lar da encosta, a tal ponto que ela mudou para Dansville e adotou o vegetarianismo.[15]

Jackson adotou os princípios de Sylvester Graham no que diz respeito à alimentação. Graham recomendava, por exemplo, que as refeições não fossem mais frequentes do que a cada seis horas e nunca antes de ir dormir. Em Dansville havia apenas duas refeições por dia: o café da manhã às oito e o almoço às duas e meia. Butler comentou que Jackson "tinha algumas ideias estranhas que não se adequavam muito bem à vida no campo. Uma delas era que não havia jantar". Mas a mãe de Butler seguia rigorosamente as recomendações de Jackson, como se depreende do comentário de Butler sobre os trabalhadores da fazenda: "Ficar sem jantar até o café da manhã, do almoço até o café da manhã, devia ser muito penoso".

A influência de Jackson por meio do seu popular livro *How to Treat the Sick Without Medicine* [Como tratar o doente sem remédio] chegou até a mãe de Butler, no Colorado. Butler estava certa ao se referir ao livro como "um ótimo livrão de orientações para a saúde" — o livro tinha 537 páginas. Uma medida comum predomina para a cura das doenças que ele discute no livro, quer se trate de tinha, sarampo, inflamação dos olhos, insanidade, diabete ou alcoolismo: abster-se de carne. E ali, no Colorado, numa fazenda do prado, afastada das convenções e do amplo círculo de apoio para essas reformas existente no Leste, em meio às suas ocupações de fornecer as refeições para os trabalhadores, criar quatro filhos *e ainda* lutar pelo voto feminino, a mãe de Jessie Haver Butler achou importante encontrar tempo para conhecer as ideias do doutor Jackson, comprar todos os seus livros e assimilar as orientações de um deles a tal ponto que sua filha conhecia as recomendações que ele fazia para uma dieta adequada.

Na verdade, pode ter sido por causa da luta pelo sufrágio que ela ouviu falar do doutor Jackson. Ele era muito amigo de várias sufragistas. Amelia Bloomer fazia conferências em Dansville. Elizabeth Cady Stanton ia a Dansville para descansar e se restaurar;[16] os residentes de Dansville captaram o dinheiro necessário para o julgamento de Susan B. Anthony quando ela foi acusada de votar ilegalmente em 1872. Jackson sempre mandava mensagens para as convenções sufragistas. Na convenção de 1896, ele recebeu uma homenagem póstuma.

Outras ativistas pelo sufrágio feminino também adotaram o vegetarianismo. O obituário de Jessica Henderson, sufragista e vegetariana, é encontrado entre os papéis de Agnes Ryan. Gloria Steinem descreve a avó vegetariana e sufragista que continuava servindo carne para seus filhos carnívoros e antifeministas.[17] A socialista Anna Gvinter, presa com outras sufragistas em 1917, escreveu na prisão que não comia carne.[18] As sufragistas canadenses que abriram um restaurante em 1910 certamente achavam que haveria fregueses para seu empreendimento.

O confronto na reunião de 1907 da Associação Nacional Norte-americana pelo Sufrágio Feminino revela o desafio de reconstruir a história feminista--vegetariana. Como indiquei no último capítulo, esse confronto foi omitido do registro oficial, *The History of Woman Suffrage*, mas revela a exigência da unificação das questões de reforma, que algumas mulheres estavam fazendo na época. Em uma de suas falas, Harriet Taylor Upton, a tesoureira nacional, relatou que lhe tinham pedido para não usar o chapéu com penacho que ela havia usado durante a convenção. Ao que ela respondeu:

> Ninguém que come um frango ou uma vaca ou um peixe tem direito de dizer alguma coisa contra o uso de um papagaio, uma raposa ou uma foca. As duas coisas são igualmente condenáveis, e eu acho que todas nós temos comido frango!

Foi nesse ponto que a chapeleira feminista vegetariana interrompeu a reunião, tremendo de indignação e raiva. "Preciso protestar", disse ela,

> contra ser incluída numa declaração tão generalizadora. Nada me convenceria a comer frango ou a ser conivente com o horror de matar animais inocentes para usar suas plumas. Sinto um arrepio quando assisto a uma convenção de sufragistas e vejo mulheres com horríveis troféus de carnificina no corpo.

Em sua resposta, ela rebateu a objeção de incoerência que Upton invocou para desviar a crítica.

A superposição de feminismo e vegetarianismo torna-se mais complexa quando se considera a temperaça. O Departamento de saúde e higiene da União Cristã Feminina da Temperança (UCFT) era dirigido pela senhora Ella Kellogg, vegetariana. Os hidropatas, como o seu marido, doutor J. Kellogg, e o doutor Jackson, afirmavam que a influência estimuladora da carne contribuía para o alcoolismo. Consequentemente, o vegetarianismo era necessário para curar o alcoolismo. Jackson exortava:

> Não acredito que os alcoólatras recuperados, de modo geral, possam ser mantidos sóbrios depois de declarados curados se lhes for permitido comer carne à vontade, temperada com várias especiarias comumente usadas pelos norte-americanos.[19]

Como essa perspectiva influenciou as atividades da UCFT, se é que isso aconteceu? Tanto Frances Willard, presidente da UCFT, quanto a sua sucessora, Lillian Stevens, eram vegetarianas. Quando a Organização Mundial da Temperança se reuniu em Londres em 1895, sua recepção foi um almoço vegetariano organizado pela União Vegetariana Feminina.

E quanto às conexões entre feministas, vegetarianas e lésbicas (ou homossociais)? Historicamente, as relações homossociais muitas vezes incluíram o vegetarianismo.[20] Assim, além de "The Historical Denial of Lesbianism" [A negação histórica do lesbianismo], que Blanche Cook identifica, existe uma negação histórica do vegetarianismo que foi compartilhado dentro das relações lésbicas. Por exemplo, Cook observa que *Miss Marks and Miss Woolley* [A srta. Marks e a srta. Woolley], de Anna Mary Wells, nega a possibilidade da sexualidade na vida dessas duas mulheres, que mantiveram uma relação por 47 anos. Por causa dessa negação, Wells "inevitavelmente diminui a qualidade da vida conjunta das duas". Cook acrescenta: "Toda a dimensão política da vida delas, a natureza do socialismo, do feminismo e do internacionalismo que elas compartilhavam continua inexplorada".[21] Cook cai na mesma armadilha de Wells — deixando de reconhecer a importância e a legitimidade do comportamento privado — porque omite o vegetarianismo na sua relação dos interesses das duas mulheres. Quando Jeanette Marks voltou do sanatório de Battle Creek, dirigido por John Harvey Kellogg, a srta. Woolley "encomendou nozes, uvas-passas e cereais integrais da S. S. Pierce Co., em Boston".[22]

Outras amizades próximas entre mulheres podem ter incluído um interesse comum pelo vegetarianismo. Mary Walker, feminista, revolucionadora do vestuário, heroína da Guerra Civil, era vegetariana. Teria sido o seu "Adamless Eden" (Éden sem Adão) um retiro para mulheres, vegetarianas, como a maioria das pessoas imaginava ser o Éden original? Teria a advogada feminista Belva Lockwood, que viveu durante algum tempo com Mary Walker, experimentado o vegetarianismo por isso? Teria a íntima amizade de Clara Barton com Harriet Austin, médica hidropata e vegetariana do instituto do doutor Jackson, influenciado sua decisão de viver em Dansville e adotar o vegetarianismo? Em 1893, Frances Willard conheceu lady Somerset, diretora da UCFT inglesa, e ingressou na Sociedade Fabiana e na sociedade London Vegetarian. Teria o vegetarianismo feito parte da sua relação com lady Somerset? O mundo homossocial da temperança inglesa e das trabalhadoras feministas teria acentuado o vegetarianismo de um modo que atraiu Willard? As irmãs Grimké teriam sido capazes de manter seu vegetarianismo porque eram duas, e não uma, de modo que com isso contavam com um apoio garantido?

Se a mulher do passado optava por uma refeição vegetariana, precisamos perguntar:

- Onde ela a comia? No restaurante vegetariano de propriedade das sufragistas do seu bairro em Toronto? No Wheatsheaf ou no Orange Grove de Londres, no John Maxwell de Chicago ou no Bernarr Macfadden's Physical Culture and Strength Food Restaurant de Nova York?
- Quais eram as suas fontes? Uma revista vegetariana-feminista como *Shafts*? A frequência como associada na Millennium Guild? A *Vegetarian Magazine*? Livros de culinária vegetariana? O grande e ótimo livro de saúde do doutor Jackson?
- Qual era o seu contexto? Direitos dos animais? Uma sociedade utópica? A UCFT? A natureza poupadora de tempo do vegetarianismo?

O vegetarianismo fazia parte da identidade feminina autônoma. Era uma rebelião *de facto* contra uma cultura dominante, independentemente de reivindicar ou não o *status* de rebelião. Mas muitas mulheres reivindicavam efetivamente seus aspectos rebeldes. Lembremos que Mary Alden Hopkins, escrevendo na década de 1920, relatou que a certa altura da sua vida havia reagido "contra todas as instituições estabelecidas, como casamento, surras, dieta de carne, prisões, guerra, escolas particulares e a nossa forma de governo".[23]

A busca vegetariana

"1º de maio de 1922:
Queria conversar com vocês dois sobre dieta — mas por enquanto dou um alerta: que todos os vegetarianos, com exceção de mim, põem a dieta vegetariana totalmente fora de proporção — ela é 100 por cento dos objetivos da vida e a carne é 100 por cento dos enganos; nenhuma causa atua sobre a estrutura humana além da dieta. Nego a 'calúnia imunda'. Há algumas causas no universo ao lado da carne e do vegetarianismo.

31 de dezembro de 1936:
Mas quanto à propaganda e à agitação — eu sempre escolhi o feminismo primeiro. Gostaria de ter uma chance de discutir isso com vocês.

5 de fevereiro de 1941:
Mas tomem cuidado com o fanatismo quase universal dos vegetarianos, para os quais a carne é o demônio maior ou único."

Alice Park, feminista, vegetariana, autora de "The Circle of Women's Enfranchisement", em *The Vegetarian Magazine,* cartas para Agnes Ryan e Henry Bailey Stevens[24]

Carol Christ, em *Diving Deep and Surfacing* [Mergulhar fundo e vir à tona], descreve uma tipologia para a busca espiritual das mulheres.[25] Na adoção do vegetarianismo, alguns modelos que eu chamo de "busca vegetariana" ficam evidentes. Esta se compõe de três partes: um despertar, quando ocorre a revelação da nulidade da carne; a nominação das relações percebidas com os animais; e a censura a um mundo carnívoro.

O primeiro passo da busca vegetariana é vivenciar *a revelação da nulidade da carne* como um elemento da alimentação. A nulidade da carne surge porque a pessoa vê que ela veio de algo, ou melhor, de um ser, e foi tornada nenhuma coisa, nenhum ser. A revelação envolve o reconhecimento da estrutura do referente ausente. A revelação também pode ser catalisada quando a carne foi destituída de quaisquer qualidades positivas a que normalmente ela é associada. Depois do despertar para a nulidade da carne, a pessoa vê que o seu requinte deriva dos disfarces dos molhos, das marinadas e do processo de cozinhar, ou seja, a oferta de proteína não é exclusiva nem insubstituível. Ao vivenciar a nulidade da carne, a pessoa percebe que não está consumindo comida, e sim cadáveres. Assim, George Sand parou de comer carne vermelha durante duas semanas, depois de ter visto da sua janela cadáveres humanos apodrecendo, depois de uma pavorosa batalha.[26] Muitos escritores descrevem uma experiência epifânica que os encerra num movimento de afastamento da carne. É um momento de percepção em que eles dizem: "O que é que eu estou fazendo, comendo carne?" Barbara Cook atribui o seu "*despertar* para o amor" e o seu ativismo pelos direitos dos animais ao momento em que segurou nos braços um bezerrinho que "parecia ser o símbolo de todas as criaturas novas trazidas ao mundo". Mas ela soube que esse símbolo logo se tornaria "vitela". Assim, a nulidade da carne lhe foi revelada:

> Nos meses que se seguiram, eu chorava quando pensava no bezerrinho. Chorava quando via num cardápio vitela, que é bezerro ainda alimentado com leite. Nunca mais os pedaços de carne clara envolvidos em papel celofane no supermercado seriam massa sem rosto.[27]

A autobiografia não publicada de Agnes Ryan discute o seu vegetarianismo num capítulo chamado "Encontrei uma nova força". Suas lembranças desse acontecimento oferecem um excelente estudo de caso para descrever a revelação da nulidade da carne. Ao começar a preparar uma carne, Agnes viu que ela estava podre.

> As costeletas não prestavam. Tinham sido congeladas. O calor do cômodo as estava degelando. Fiquei horrorizada. Fazia muito tempo que eu não sentia aquele cheiro. Uma terrível e devastadora corrente de pensamentos começou a fluir em mim. Algo verdadeiro na minha vida estava lutando para se libertar. É espantoso que uma vida inteira pode ser projetada na mente em meio minuto.[28]

Lembranças, reações, repulsa e reflexões são desencadeadas pela carne pútrida: "Eu teria sido capaz de comer carne alguma vez na vida se tivesse me permitido pensar na criatura viva que haviam privado da vida?"

Ela pensa na carne do ponto de vista do poder de uma Nova Mulher que passou a ver o mundo, de maneira geral, a partir de uma bifurcação: "Eu sabia que teoricamente os homens não se importavam em matar. Não eram eles que costumavam ser os açougueiros, os soldados, os carrascos?" Ela se abre com o marido: "Eu nunca teria sido capaz de engolir um pedaço de carne ou peixe em toda a minha vida, se me lembrasse do detalhe da procedência, de *como* aqueles pedaços de carne surgiram! Eu falei para ele da violência, do horror, da degradação que envolve o consumo da carne". Ryan relata que nunca ouvira falar de vegetarianos, porém diz ter pensado "em todas as moças e mulheres que, assim como eu, repudiavam a manipulação da carne e que não viam uma saída, achando que a carne era necessária para a saúde e a força do corpo". Ainda sob o impacto dessa experiência, ela ouve a presidente da Millennium Guild, Emarel Freshel, discursar contra o consumo de carne. Então sua reação recebe um novo contexto:

> Estava ali um novo tipo de mulher; estava ali uma nova força espiritual em funcionamento no universo. [...] Ela enfatizou claramente a ideia de que as guerras nunca serão superadas, se a crença de que é justificável tirar a vida, matar — *quando conveniente* — não for erradicada da consciência humana.

De acordo com a reconstrução que Ryan faz desse evento, a revelação do consumo de carne fornece um contexto para refletir sobre as expectativas do papel dos homens e das mulheres na cultura ocidental. Por meio da exposição a um modelo de papel feminino, Freshel, ela encontra um contexto para interpretar a nulidade da carne num mundo de guerra. Sua revelação foi reforçada pelas conexões entre feminismo, vegetarianismo e pacifismo.

O relato de Ryan sobre esse evento conflita com o do seu marido, Henry Bailey Stevens. Stevens afirma que inicialmente era cético em relação ao vegetarianismo; Ryan o apresenta como sendo receptivo à ideia. Stevens diz que eles tinham comprado carne fresca; Ryan diz que a carne estava congelada. Ryan diz que seu encontro com Freshel foi casual e reveste isso de um significado providencial. "Não sei que força possa ser essa que me levou por acaso ao encontro da Millennium Guild na própria semana do nosso despertar." Mas Stevens cita Ryan como dizendo: "Acabei de saber que uma mulher está dando conferências sobre vegetarianismo".[29] Pelo fato de Ryan conciliar nesse acontecimento suas opiniões mais pertinentes contra a carne, eu não me convenci de que a sequência e a intensidade das suas reações sejam do modo como ela relata. Contudo, aos olhos dela, esse momento teve uma tal importância que, refletindo retrospectivamente sobre ele Ryan viu ali o ponto de origem de todas as principais opiniões que ela defendeu durante os quarenta anos seguintes. O fato de Ryan as situar no momento da vida em que ela se tornou vegetariana confirma a experiência reveladora da nulidade da carne.

Vivenciar a nulidade da carne pode significar uma experiência de conversão, um afastamento do consumo da carne acompanhado de um proselitismo ativo. A ardorosa lealdade ao vegetarianismo que caracteriza muitos convertidos preocupava a feminista-vegetariana Alice Park, como vemos nas epígrafes desta seção. O vegetarianismo, afirmou ela para Ryan e Stevens, faz parte de um contexto, um contexto de feminismo.

A revelação da nulidade da carne pode ser menos dramática ou reconstruída com menos detalhes do que a relatada por Agnes Ryan, que examinamos em profundidade. Mas qualquer que seja o seu elemento desencadeador — e existem incontáveis catalisadores, por exemplo o desenvolvimento de afeto por um animal que depois foi morto, uma lembrança dos olhos do animal, a ligação da carne com cadáveres humanos, ver um matadouro, ler a opinião de outra pessoa —, ele faz surgir um afastamento do desejo de comer carne. Assim, o segundo passo da busca vegetariana é *nominar as relações*. Estas incluem: a ligação entre a carne que está na mesa e um animal vivo; entre nós e os outros animais; entre nossa ética e nossa dieta; e o reconhecimento da violência desnecessária implicada no consumo da carne. A interpretação avança da nulidade da carne para a convicção de que matar animais é algo errado. Pode incluir a percepção de uma continuidade entre guerra e consumo de carne num mundo patriarcal, como Freshel mostrou a Ryan. A repulsa aos cadáveres de animais, como aconteceu com George Sand. A identificação do destino das mulheres com o dos animais também aparece no estágio de nominação. Quando falam de ser tratadas como um pedaço de carne, as mulheres estão identificando a sua própria nulidade com a dos animais. Como vimos no capítulo 7, quando no romance *Small Changes* Marge Piercy relata um momento de epifania na vida de Beth, ela correlaciona as duas faces da nulidade. Beth era um "animal preso numa armadilha e comendo um animal morto".[30] Seria esclarecedor conhecer melhor essa experiência de muitas mulheres que se tornaram vegetarianas por causa das analogias que perceberam, no patriarcado, entre o tratamento dado aos animais e o tratamento dispensado às mulheres.

Um aspecto da nominação das relações é exigir palavras certas para a carne, palavras que não se baseiem em eufemismos, distorções, atribuição de nome errado. Renominando palavras referentes à carne, os vegetarianos redefinem a carne e oferecem uma visão de como os seres humanos devem se ver em relação aos animais.

Com o tempo, a busca vegetariana frequentemente se torna mais intensa. Em 1905, May Wright Sewall escreveu: "Estou me tornando uma vegetariana cada vez mais entusiasmada".[31] Como uma das participantes do Navio da Paz de Ford, uma década depois, seu entusiasmo não se limitou apenas ao vegetarianismo. A conversão de Henry Bailey Stevens ao vegetarianismo inspirou um livro, *The Recovery of Culture* [A recuperação da cultura], que trinta anos depois nominaria relações: do vegetarianismo, do culto a deusas e do pacifismo.[32]

A *censura a um mundo carnívoro* é o estágio final da busca vegetariana. Ao ser posto em prática, o vegetarianismo censura uma sociedade carnívora porque mostra que uma alternativa ao consumo da carne existe e dá bom resultado. No mundo ocidental, um grande número de vegetarianos está vivendo livres de ataques cardíacos, hipertensão e câncer. Parece que a prática do vegetarianismo atende de fato às necessidades de um corpo vegetariano. Mas muitos vegetarianos não se satisfazem com a prova da salubridade do corpo vegetariano. Eles tentam mudar o mundo carnívoro. Assim, embora Gloria Steinem fale de sua avó vegetariana e feminista que servia carne para o restante da família, os vegetarianos frequentemente tentam alterar os hábitos de alimentação dos outros. Sabemos da vegetariana, feminista e pacifista Charlotte Despard, que não servia refeições com carne para os pobres. Agnes Ryan planejou um "Guia do vegetariano, formato bolso", um manual pequeno, fácil de carregar, que forneceria às pessoas interessadas as sugestões e os pensamentos do vegetarianismo.

O vegetarianismo vai além da censura a uma sociedade *carnívora*; ele censura uma sociedade *patriarcal*, uma vez que, como vimos, o consumo da carne está associado ao poder masculino. Os colonialistas ingleses carnívoros (homens) não são vistos de modo positivo se você não aprova o consumo da carne, o controle masculino ou o colonialismo. Na verdade, o domínio masculino não evita nenhuma palavra ao vociferar contra o vegetarianismo por desconfiar de uma inclinação contra os homens. Ao vermos a nulidade da carne, nós a despimos do seu significado falocêntrico e lhe negamos qualquer significado simbólico, patriarcal, que exija um referente ausente. *The Recovery of Culture*, de Stevens, censura simultaneamente o domínio masculino e o consumo da carne.

Os resultados da censura a um mundo patriarcal carnívoro não devem ser minimizados simplesmente em razão do que se considera sua natureza pessoal. Os boicotes à carne depois da Segunda Guerra Mundial e na década de 1970 foram realizados por indivíduos que faziam algo juntos. Ao concordar com relação ao que não comprariam nas mercearias, eles forçaram a redução dos animais que seriam mortos para servir de alimento. Embora não estivessem motivados pelo vegetarianismo ético e sim por uma tentativa de adquirir controle do consumo, o efeito que causaram foi o mesmo que ocorreria se todos tivessem se tornado vegetarianos e agissem individualmente de acordo com essa opinião. É interessante o fato de o boicote ter sido mais observado pelas mulheres do que pelos maridos.

Reconhecer a existência da busca vegetariana ajuda a colocar as ações isoladas de mulheres dentro de um contexto que pode explicar suas decisões. A partir desse contexto, surgem leituras sensíveis de romances e biografias de mulheres. O modelo da busca vegetariana oferece oportunidades para interpretação, em vez de distorção.

Significado vegetariano e crítica literária

"Que as fadas sejam vegetarianas!"

Judy Grahn, *The Queen of Swords* [A rainha das espadas]

O que a ficção contemporânea faz com o consumo da carne? Há épocas em que a objetualização normativa dos animais como corpos comestíveis é deslocada, desgastada, perturbada. Épocas em que os textos da carne são superados por textos feministas.

O vegetarianismo é um ato da imaginação. Reflete uma capacidade de imaginar alternativas aos textos da carne. Os críticos literários precisam estar alertas para os modos como o vegetarianismo aparece nos romances escritos por mulheres. Como foi apontado no capítulo 5, o vegetarianismo aparece na ficção por meio da alusão ao discurso vegetarianista de períodos anteriores; em personagens de romances que lembram vegetarianos históricos; por meio de citações diretas de textos vegetarianistas anteriores; e por meio da linguagem que identifica o funcionamento da estrutura do referente ausente. Quando Barbara Christian nos diz que o romance *Meridian* [Meridiano], de Alice Walker, evoca o título do "poema profético de Jean Toomer sobre os Estados Unidos, 'The Blue Meridian'", podemos ser levados a perguntar: o vegetarianismo do melhor amigo de Meridian no romance é um eco do vegetarianismo de Jean Toomer?

Podemos encontrar nos textos femininos descrições da busca vegetarianista, a carne como alegoria para a opressão das mulheres e a consideração da autonomia feminina através da adoção do vegetarianismo por mulheres. As implicações das incoerências de Pamela Smith em *Chilly Scenes of Winter* [Cenas frias do inverno], de Ann Beattie, podem ser explicadas pela relação entre atividade feminina autônoma e vegetarianismo. Pamela é uma vegetariana que come frango, uma lésbica que dorme com homens. Será que a atividade anterior simboliza a perda de autonomia efetuada pela posterior?[35]

Nos textos feministas, as questões vegetarianistas podem ser encontradas na interseção da política com a espiritualidade; na ficção, essa interseção se expressa por meio da política da formação de mitos. Em muitos exemplos da ficção feminina que considera as questões feministas, isso é feito no contexto da nova formação de mitos. O vegetarianismo aparece no processo de nos recriarmos dentro de uma cosmologia significativa que reflita os valores feministas. Assim, vemos que quem controla as histórias controla a memória e o futuro. Esse é um aspecto de *Cry Wolf* [Grite lobo], de Aileen La Tourette.[36] Nas histórias contadas pelo seu narrador, a consciência política incorpora animais e conexões com o mundo não humano. A relação com animais é envolta dentro de uma visão radical mais ampla, que examina as mulheres e o olhar feminista, Deus e a atividade antinuclear.

A formação de mitos feminista que inclui o vegetarianismo pode ser encontrada também em *The Queen of Swords*, com fadas que reclamam a "carne surrada" de Inanna, surrada até ser um pedaço de carne. Quando as escritoras chamam atenção para a narrativa de histórias, elas indicam que a formação de mitos é um processo compartilhado em que o leitor também se engaja. Elas oferecem para os leitores um processo de liberação da garra de autores autoritários, assim como dos textos da carne.

Oranges Are Not the Only Fruit [As laranjas não são a única fruta], de Jeanette Winterson, revela a necessidade da formação de mitos na expressão do doloroso *bildungsroman* [romance de aprendizagem] de uma jovem mulher cujo chamado para ser pregadora evangélica tem um brusco final, com a descoberta do seu lesbianismo. O turbilhão espiritual e psicológico que explode quando ela é expulsa de casa e da sua igreja é seguido pela mitologia do poder de um bruxo. Um vagabundo vegetariano precisa libertá-la do domínio do bruxo. O poder deste é demonstrado pelo seu conhecimento de uma das comidas prediletas da mulher: cozido de feijão *azuki*. A autonomia advinda de seu vegetarianismo é ameaçada quando o bruxo afirma também ser vegetariano. Nas histórias paralelas da sua expulsão da igreja e do mito que fala do controle do bruxo, a heroína precisa decidir entre lealdade, tradição e significado, por um lado, e a manutenção da integridade do seu próprio ser, por outro.[37]

The Birds of the Air [As aves do ar], de Alice Thomas Ellis, apresenta o papel da formação de mitos na dotação de significado para a perda e a ressurreição. Mary é uma mulher que chora a morte do filho Robin. No Natal, ela está na casa da sua mãe. Ela imagina uma antiga festa em que se fazia a reanimação de aves mortas. A peça central da festa era um cisne; dentro dele "escondiam-se outras aves, cada uma contendo outra menor. E, no centro de tudo, onde antes tinha estado o fígado do cisne, havia o ovo de uma cambaxirra, cozido". Exatamente no momento em que o dono da festa levantou a faca para começar a trinchar, a animação foi interrompida pelo surgimento de um estranho esfarrapado. Alguém ali supõe que ele seja uma pessoa que vive "de nozes, bagas e raízes que só pessoas desse tipo conhecem". Ela lhe pede para contar uma história, mas ele resolve em vez disso mostrar-lhes uma história. O ovo da cambaxirra rola para fora do cisne, se rompe e de dentro dele um filhote de cambaxirra sai cambaleando. O cisne se levanta e então aparece "um galeirão chamuscado, depenado, mutilado, parcialmente derretido". O molho é devolvido às vacas de quem ele havia sido tirado; elas "se abaixaram, atônitas, enquanto seus úberes se encheram instantaneamente de leite morno com sabor levemente acebolado". Todas as comidas foram devolvidas ao seu estado natural: amêndoas para as amendoeiras; cebolas sepultadas na terra; uvas de volta às parreiras; o mel entrando nos favos; a farinha, no trigo. Aves saíram voando da barriga do cisne; um pombo, uma galinha, um pato, uma garça, um marreco, uma abetarda, um grou. Finalmente, o cisne se desfaz dos adornos de marmelo, pão de gengibre e tomilho, e levanta-se. Mary é chamada de volta do seu "devaneio", como diz sua mãe, pelo cheiro de carne queimada. "'Alguma coisa foi pega', diz ela, desejando que o peru pudesse abrir a porta do forno, libertar-se como 24 melros, levantar-se como a fênix e ir fazer glu-glu no jardim, deixando os carnívoros a beber neve e comer crisântemos." Mas isso não é possível, porque as aves do ar estão todas mortas: o peru do Natal, o cisne, o filho, Robin.[38]

Na construção desse mito, a função do referente ausente é evidenciada por meio da ideia das aves reanimadas; as aves que escapam do destino de ser carne. O corpo de uma ave é menos transformado pelo consumo da carne do que o das vacas, porcos ou carneiros. Como comentou um pitagoreano em 1825:

> Numa ave [...] temos diante de nós a estrutura perfeita que um dia continha um ser vivente — as asas com que ela voava, as pernas para saltar ou se empoleirar numa árvore, e as partes usadas para comer e cantar: a cabeça e o bico. Assim, ao comer uma ave, a pessoa tem diante de si a imagem de uma criatura que já viveu, e sabe que a está destruindo, com suas funções.[39]

A semelhança entre a ave viva e a morta contesta a estrutura do referente ausente, porque o corpo da ave viva continua sendo um referente ausente mesmo na morte. Ela não está ausente enquanto não é consumida. Por isso, na ficção feminina contemporânea a ave morta é uma imagem recorrente.

Se a busca vegetariana identifica a nulidade da carne, nos romances feministas a imagem das aves mortas revela o *ser alguém* dos seres vivos. Sinais da revelação do encadeamento da vida, em especial o papel das aves como indutoras do processo de reconhecimento, podem ser encontrados nos escritos de muitas mulheres. Tomemos os vários exemplos em que a questão do consumo ou da matança de pássaros apareceu neste livro: a carne de frango literal no filme *Os pássaros*; a criança de 2 anos que pergunta ao pai filósofo por que eles estão comendo um peru, que certamente queria viver; o faisão não comido, morto de um ataque cardíaco; o confronto na Associação Nacional Norte-americana pelo Sufrágio Feminino em 1907, motivado pelos chapéus com penachos e pelo cardápio que incluía frango; as centenas de aves mortas em *Dias de caça*. Com esses exemplos em mente, consideremos primeiro certos textos históricos que esclarecem algumas das questões surgidas quando nos deparamos com a imagem de aves mortas. A presença de aves, especialmente filhotes, evidencia o funcionamento do referente ausente no sentido de apagar a vida dos animais.

Mary Church Terrell, uma das fundadoras da Associação Nacional para o Progresso das Pessoas Negras, sufragista e autora de *A Colored Woman in a White World* [Uma mulher negra num mundo branco], precisou abandonar uma tentativa de criar galinhas porque não suportava a ideia de comê-las. Então ela as vendeu, e recorda esse dia: "Eu chorava intimamente enquanto as pegava e amarrava seus pés. Elas são as minhas filhas com penas. Eu as criei".[40] Beth Brant se lembra do avô, que, ao criar galinhas para ter uma fonte de ovos e carne, deu-lhes nomes *mohawk* como Atyo, que significa "cunhada".

> Mas quando chegou a hora de matar a primeira galinha, vovô não conseguiu fazer isso. Disse que estaria matando um membro da família. E Atyo não estava olhando para ele com aqueles olhos, exatamente como uma cunhada, e implorando-lhe que não cortasse a cabeça dela?[41]

Por causa da sua proximidade com os pavões, Flannery O'Connor se defrontou com o significado do referente ausente em sonhos sobre eles.

> Ultimamente tenho tido um sonho recorrente. Tenho 5 anos e sou um pavão. Um fotógrafo foi trazido de Nova York e em comemoração pôs-se uma mesa comprida. A refeição deve ser excepcional: eu mesma. Eu grito 'Socorro! Socorro' e acordo.[42]

Colette nos apresenta a imagem de uma ave morta, a ave morta e consumível — mas ela será consumida?

> Vial olhou para elas e eu fiz o mesmo. Soberbos! Um pouquinho de sangue rosado ainda estava nas juntas quebradas das galinhas depenadas e mutiladas, e podia-se ver a forma das asas e a pele jovem que cobria as perninhas que naquela mesma manhã corriam alegres. Por que não cozinhar também uma criancinha? Silenciei a minha arenga e Vial não disse palavra. Suspirei enquanto despejava o molho picante, gorduroso, mas logo o aroma da carne delicada gotejando sobre o carvão me fez sentir uma fome enorme. Então pensei: acho que logo vou parar de comer carne, mas não hoje.[43]

Em *Olho de gato*, de Margaret Atwood, a narradora reconhece a semelhança entre um peru e um bebê. Ela olha para "o peru, que parece um bebê atado, sem cabeça; ele havia se livrado do seu disfarce como carne e se revelara para mim tal como era, uma grande ave morta".[44] Ela recupera o referente ausente. Em *Surfacing* [Aflorar], uma garça morta representa a matança sem finalidade e suscita pensamentos sobre outras mortes sem finalidade. Uma ave morta aparece no trabalho mais recente de Alice Thomas Ellis, *Unexplained Laughter* [Riso sem explicação]. Nessa história em que o problema da mudez é abordado de forma eloquente — somos apresentados a personagens que não falam, não falarão e não podem evitar falar — surge a questão de o que fazer com um faisão morto na estrada. Lydia havia convidado uma vegetariana, Betty, para passar as férias com ela na sua choupana no País de Gales. Na abordagem das questões do consumo da carne, o vegetarianismo de Betty, motivado por preocupações quanto à saúde e também quanto à crueldade, mas que é continuamente comprometido pelas tortas de frango ou salsichas, tem menos importância figurativa do que o papel do faisão morto. Lydia resolve deixar a ave dependurada na cozinha durante uma semana, para que o tempero penetre nela. Betty propõe enterrá-la, "e Lydia percebeu o que ela queria dizer, pois a morte humana era acompanhada de tantos rituais e tanta diligência, que por um instante parecia uma crueldade inaceitável negar algo semelhante a uma criatura indefesa".[45] Mas Lydia logo muda de ideia e propõe enterrar os ossos depois que elas consumissem a ave.

The Clock Winder [A chave do relógio de corda], de Anne Tyler, expõe por meio da questão do consumo de um peru o funcionamento da estrutura do referente ausente. Um dos capítulos é estruturado pela necessidade de Elizabeth — que tinha se integrado na família Emerson como faz-tudo — de matar um peru para o dia de Ação de Graças.

> Elizabeth ficou de pé na janela, alisando as mangas enroladas da sua blusa estampada e imaginando o que faria se fosse preciso mais de um golpe para matar o peru. Ou ela deveria simplesmente se recusar a fazer aquilo? Dizer que havia se tornado vegetariana?[46]

Embora não quisesse matar um peru para o dia de Ação de Graças, ela não tinha dificuldade em ir a um supermercado e comprar um peru morto. A diferença entre matar um peru e comprar um peru morto fica clara na estrutura do referente ausente.

O *poderia ter sido* do vegetarianismo se repete em outros romances de Tyler, de modo que surge a pergunta: nos seus romances "o vegetariano que *não é*" é um talismã? O vegetarianismo é algo no passado ou poderá ser no futuro, mas não no presente. Por exemplo, *O turista acidental* menciona um restaurante que poderia se tornar vegetariano; em *If Morning Ever Comes* [Se a manhã chegar], a magreza de Ben Joe é atribuída a uma recaída do vegetarianismo que ele havia abandonado; em *The Tin Can Tree* [A árvore de lata de estanho], Janie Rose, uma criança tragicamente morta num acidente, era vegetariana.[47]

Pode acontecer de a consciência literária ser paradigmática para a consciência vegetariana? Uma fenomenologia do vegetarianismo recapitula a fenomenologia da escrita: de apreender a linguagem, de identificar lacunas e silêncios. Essa fenomenologia vegetariana inclui a identificação com animais ou com o destino dos animais; questões de articulação, de quando falar e quando aceitar o silêncio; do controle das escolhas de comida; e da recusa dos mitos patriarcais que endossam o consumo da carne. Ao contrário da fragmentação e da violência características da queda na cultura patriarcal, o vegetarianismo nos textos femininos significa um modo diferente de se relacionar com o mundo. Ficamos sabendo que existe algo metaforicamente instrutivo na nossa relação com os animais. O uso da narração de histórias feito pelas feministas quase sempre comunica a importância dessa relação metafórica. Essa forma de narrar mostra que, ao considerarmos como os costumes sociais rígidos contribuem para a aniquilação nuclear ou a crueldade interpessoal, o vegetarianismo pode ser o caminho para uma reordenação da ordem moral patriarcal.

Para uma leitura feminista-vegetariana do corpo vegetariano

> "Para ser feminista, a mulher precisa primeiro se tornar feminista. [...] As feministas não percebem coisas diferentes das percebidas pelas outras pessoas; elas percebem as mesmas coisas, de maneira diferente. A consciência feminista, posso arriscar dizer, transforma um 'fato' numa 'contradição'."
>
> Sandra Lee Bartky[48]

Não podemos dizer a verdade sobre a vida das mulheres se não levamos a sério as opções de dieta consideradas em desacordo com a cultura dominante. O vegetarianismo falava para as mulheres. Se o vegetarianismo não fosse uma influência positiva na sua vida, elas não o teriam adotado, mantido, divulgado. Esse é um fato histórico que precisa ser aceito e ao qual os especialistas que estudam a vida e os textos das mulheres precisam reagir, depois de aceitá-lo.

O ativismo das vegetarianas e seus escritos foram absorvidos no cânone feminista literário e histórico sem se notar que elas estão dizendo e fazendo algo diferente quando se trata de consumo da carne. As muitas feministas que passaram a ser vegetarianas — das irmãs Grimké a Frances Willard, Clara Barton, Annie Besant, Matilda Joslyn Gage, May Wright Sewall e Mary Walker — mostram um padrão de contestação da cultura patriarcal não só porque ela tornava ausentes as mulheres, mas também porque tornava ausentes os animais. Enquanto as mulheres expressavam e exploravam a sua própria subjetividade, os animais eram libertados da categoria de objetos em que a cultura patriarcal os havia colocado. Consequentemente, as escritoras como Maxine Kumin, Alice Walker, Brigid Brophy e Maureen Duffy manifestaram ativamente opiniões de defesa dos direitos dos animais. Nessa mesma linha, perguntamos: qual foi o efeito literário sobre Alexis DeVeaux, poeta, dramaturga e romancista, para quem abrir mão da carne — somado ao fato de ter produzido a sua primeira peça, ganhadora do Black Creation Literary Contest, e testemunhar a dimensão da pobreza no Haiti — foi um dos sete pontos de virada transformadores na sua carreira e na sua vida?[49]

Claramente, tudo o que o vegetarianismo representou para as mulheres e como estas reagiram a ele exigem um exame rigoroso. O que as feministas-vegetarianas se veem fazendo? Que concessões elas estariam dispostas a aceitar? Servir carne a uma família, como a avó vegetariana de Gloria Steinem? O que lhe custa reprimir sentimentos de repulsa ao servir carne? Como as pessoas vivem com as consequências das suas opções de dieta? Quantas autoras e ativistas eram vegetarianas ou incluíram o vegetarianismo em seus escritos? Que tipo de rede feminista-vegetariana existiu? E o que as feministas carnívoras acham disso? Sabemos, por exemplo, que Susan B. Anthony, depois de dois dias com alguns vegetarianos em Nova York, ficou ávida para devorar um bife.

Muitos historiadores e críticos literários podem metaforicamente ficar ávidos para devorar um bife, porque o consumo da carne é coerente com a nossa cultura dominante. Mas o que é necessário no desenvolvimento de uma teoria crítica feminista-vegetariana é a sensibilidade aos significados literários e históricos que diferem das interpretações tradicionais. Qualquer atividade que se oponha ao costume predominante exige inovação, persistência e motivação.

Em *Surfacing*, Margaret Atwood oferece esta observação sobre comer animais:

> Os animais morrem para podermos viver, eles são pessoas substitutas. [...] E nós os comemos, enlatados ou de outros modos; somos comedores da morte, carne morta de Cristo ressuscitando dentro de nós, concedendo-nos vida.[50]

As atividades vegetarianas reagem ao consumo patriarcal e opõem-se ao consumo da morte. A atividade feminista-vegetariana declara que existe uma visão de mundo alternativa, uma visão que celebra a vida em vez de consumir morte; uma visão que não depende de animais ressuscitados, mas de pessoas com poder de decisão.

Epílogo

Desestabilização do consumo patriarcal

> "O consumo de carne animal, uma trivialidade agradável para a maioria das pessoas, a menos que seja tornado complexo por advertências rituais, pode se tornar um problema de evolução psicossocial, quando a espécie humana passa a rever e reavaliar as consequências internas e externas de ter aceito a vida de caçador armado e todos os impasses práticos e emocionais a que isso nos levou. Somente assim será possível separar os aspectos supersticiosos, neuróticos e de moda do vegetarianismo da sua possível capacidade de persuasão ética."
>
> Erik H. Erikson, *Gandhi's Truth* [A verdade de Gandhi]

Sob os equívocos e proteções que revestem a sua crítica ao consumo de carne, Erik Erikson reconhece no trecho acima que o vegetarianismo tem um significado ético; seu significado se liga às implicações de matar animais, cujas consequências são experimentadas interna e externamente. Como muitos outros carnívoros, Erikson percebe que o vegetarianismo é carregado de muitas associações, supersticiosas, neuróticas, de moda; ele deixa de admitir que o mesmo ocorre com o consumo da carne. O consumo de carne animal é carregado de superstições relativas às nossas necessidades de proteína animal e à associação da carne à resistência; os aspectos neuróticos do consumo de carne são revelados nas reações dos carnívoros à ameaça do vegetarianismo. A afirmação de Erikson, embora reconhecendo a dimensão perturbadora da matança de animais para alimento, que equipou nossa cultura para sermos caçadores armados mesmo quando isso já não é mais necessário, exemplifica o fato de que não se pode ser um analista objetivo do próprio consumo da carne. Assim, ele levanta questões sobre os textos da carne ao mesmo tempo em que está firmemente comprometido com eles.

Em razão do discurso dominante que aprova o consumo de carne, somos forçados a reconhecer o fato de que estamos consumindo animais mortos e aceitá-lo, ignorá-lo, neutralizá-lo, reprimi-lo. Quais são os custos disso? Quais são as implicações de reprimir a verdade sobre o referente ausente cuja morte possibilita o consumo da carne?

Para as mulheres da cultura patriarcal surgem outras questões. Pois temos sido engolidas *e* somos quem engole. Somos as consumidoras *e* as consumidas. Somos aquelas cujo estômago não ouve — já que não tem ouvidos — e somos aquelas que procuram ser ouvidas a partir de dentro do estômago, que não tem ouvidos.

Comer animais é uma prática que funciona como um espelho e uma representação dos valores patriarcais. O consumo da carne é a reiteração do poder masculino em cada refeição. O olhar patriarcal não vê a carne fragmentada dos animais mortos, e sim uma comida apetitosa. Se o nosso apetite reitera o patriarcado, nossas atitudes com relação à prática de se comer animais reificarão ou contestarão essa cultura recebida. Se a carne é um símbolo do domínio masculino, então a presença da carne proclama a retirada do poder de decisão das mulheres.

Para muitos analistas da cultura, os rituais que acompanham o consumo de animais em sociedades não tecnológicas ocorrem porque o consumo da carne representa o patricídio. O que é consumido é o pai. Supostamente, os homens resolvem a sua hostilidade em relação ao pai matando animais.[1] O animal morto representa o pai cujo poder foi usurpado pelos filhos mas que, como ancestral, os perdoa. Nessa tipologia, os piores temores de um patriarcado — os pais serem depostos pelos filhos — são afastados pelo ritual e pela matança de animais. A carne se torna uma metáfora para a resolução da tensão entre pai e filho, motivada pelo poder; a carne é vista como masculina. Surge a questão: será que executamos ritualmente o patricídio primitivo sempre que nos sentamos para comer carne?[2]

Embora estejamos comendo "carne do pai", não estamos consumindo o pai. Como o que comemos pode ser pai, se raramente comemos animais machos adultos, normais? A metáfora segundo a qual o que quer que seja comido se torna pai oculta a realidade que está por trás da metáfora. A realidade é a estrutura do referente ausente. Estamos continuamente comendo mães. O fato é que proclamamos e reforçamos o triunfo do domínio masculino comendo postas de carne identificadas com a mulher.

Kate Millet observou que "todos os trajetos que dão acesso ao poder" são dominados pelos homens. Isso inclui o "poder" que acreditamos absorver das vítimas mortas ainda sangrando. A carne é uma "relação estruturada no poder", na qual se acredita que o poder é transferido para quem a consome.[3] A ideia de que a carne dá resistência física deriva desse poder simbólico. A carne reflete o poder masculino toda vez que é consumida. Das mulheres simbolicamente derrotadas flui o imaginado poder, que é assimilado pelo vencedor. Assim, a carne é ao mesmo tempo animalizada *e* masculinizada.

Uma reconceptualização do poder ocorreu. O poder, o *mana*, era imaginado como existente nos animais mortos. O poder seria absorvido por meio do consumo do animal e, uma vez que os pais têm poder, considerou-se que o poder absorvido é o poder do pai. Fomos convencidos a ceder parte da nossa ideia de poder ao animal consumível, morto. Então achamos que absorvemos esse poder ao consumirmos o morto. Estamos nos dando de volta o poder que acreditávamos estar na vítima.

Como derrubamos o poder patriarcal, se continuamos comendo o que o simboliza? O ser autônomo, antipatriarcal, é claramente vegetariano. Para desestabilizar o *consumo* patriarcal precisamos interromper as *refeições de carne patriarcais*.

Virginia Woolf parece afirmar que é quando pensamos nas mulheres que esquecemos a carne. Em meio aos acontecimentos significativos de *O quarto de Jacob* está uma pequena troca entre mãe e filho. Betty Flanders, diz-nos Virginia Woolf, estava pensando em

> responsabilidade e perigo. Ela agarrou a mão de Archer. Ia em frente, com passos pesados, subindo a colina.
>
> — O que foi que eu lhe pedi para me lembrar? — ela perguntou.

> — Não sei — respondeu Archer.
>
> — Bom, eu também não sei — disse Betty, bem-humorada e com simplicidade. E quem vai negar que esse vazio mental, quando associado à profusão, à sagacidade materna, às histórias das velhas esposas, aos modos distraídos, aos momentos de incrível ousadia, humor e sentimentalidade — quem vai negar que nisso todas as mulheres são mais interessantes do que qualquer homem?
>
> Bom, Betty Flanders, para começar.
>
> Ela estava com a mão pousada no portão do jardim.
>
> — A carne! — exclamou, puxando o trinco.
>
> Ela havia se esquecido da carne.[4]

Mas como, exatamente, esquecer a carne quando nosso apetite está acostumado a ela? Os ianomâmi da América do Sul têm duas palavras para "fome": uma delas significa que você tem um estômago vazio; a outra palavra expressa que você tem um estômago cheio que anseia por carne. Como a narradora de *La naissance du jour* [O nascimento do dia], de Colette, descobriu — apesar de ver a realidade da carne, as juntas quebradas, as mutilações, de imaginar a vida que naquela manhã mesmo corria e ciscava alegremente, e de tentar determinar a diferença entre aquilo e cozinhar uma criança —, o aroma da carne delicada caindo no carvão desperta uma fome furiosa, uma fome que implora para que se esqueçam as objeções à carne.

Os códigos dos textos da carne precisam ser rompidos. Eles não podem ser rompidos enquanto a carne está presente, porque ela reifica todos os códigos antigos. Precisamos admitir que haverá uma destruição do prazer das refeições como o conhecemos hoje. Mas o que nos espera é a descoberta do prazer das refeições veganas.

Para esquecer a carne, começamos nominando e afirmando o referente ausente, devolvendo aos animais seus seres individuais. Precisamos considerar nossos próprios apetites e avaliar se gostaríamos de ser dependentes deles; colocamos a importância de aceitar esses apetites dentro da ordem simbólica patriarcal que eles aceitarão ou contestarão.

Um modo pelo qual aceitamos comer a carne de animais é criando uma ordem simbólica, uma cosmologia, que reifica o consumo de carne. Os valores patriarcais são expressos pela apropriação de imagens da morte de animais no nosso simbolismo. Joseph Campbell descreve essas imagens mentais:

> O supremo objeto de experiência é o animal. Morto e desmembrado, ele rende às pessoas os frutos da sua carne para se tornar nossa substância; dos seus dentes, para se tornarem nossos ornamentos; da sua pele, para roupas e tendas; dos tendões, para cordas; dos ossos, para ferramentas. Por meio da morte, da matança e das artes de cozinhar, curtir e costurar, a vida animal é inteiramente traduzida em vida humana.

O animal morto e desmembrado produz igualmente imagens mentais de ferocidade, imperativo territorial, caça com armas, comportamento agressivo, a vitalidade e a virilidade do consumo da carne. Os animais carnívoros fornecem um paradigma para o comportamento masculino. Por meio do simbolismo baseado na matança de animais, deparamo-nos com imagens de absorção, controle, domínio e necessidade de violência, carregadas de conteúdo político. Essa mensagem do domínio masculino é transmitida por meio do consumo da carne — tanto no seu simbolismo quanto na realidade.

De acordo com Campbell, o mundo vegetal, ao contrário do mundo animal, fornece

> desde tempos imemoriais o alimento, as roupas e o abrigo para as pessoas, mas também nosso modelo da maravilha da vida — no seu ciclo de crescimento e decadência, florescimento e semeadura, em que a morte e a vida aparecem como transformações de uma única força, superordenada e indestrutível.[5]

O mundo vegetal produz imagens de abrigo, nutrição, lenta mudança evolucionária, harmonia com as estações. As implicações políticas derivam de um senso de unidade orgânica, e não de disjunção; colheita, e não violência; vida em harmonia, e não domínio. Esse é o desafio oferecido pela união dos *insights* feministas e vegetarianos: simbolismo político baseado na afirmação de uma dieta extraída do mundo vegetal.

Utilizando uma imagem do espectro dos vegetais, podemos dizer que nós murchamos se comermos carne. Nós nos alimentaremos da graça dos vegetais. Virginia de Araújo descreve essa perspectiva, de um amigo seu, que com a aridez de um armário cheio unicamente de "fios de aipo, caules de acelga, cascas de abacate", cria um banquete, uma graça:

"& diz, com essa graça eu alimento, eu murcho
em espírito se como carne, que os porcos,
os coelhos vivam, as vacas pastem,
os ovos deem pintinhos & biquem sementes."[6]

A criação dos rituais vegetarianos que celebram a graça de comer plantas contribuirá para desestabilizar o consumo patriarcal. Diferentemente do ritual do bezerro engordado para a volta do filho pródigo, a celebração da volta de uma filha seria vegetariana. Maxine Hong Kingston sugere isso ao descrever sua acolhida em casa: "Meus pais mataram uma galinha e a cozinharam inteira, como se estivessem recebendo um filho, mas eu tinha abandonado o hábito da carne". Em vez de carne ela comeu arroz e legumes.[7]

Para desestabilizar o consumo da carne, coma arroz e tenha fé nas mulheres. Ao fazer isso, liberte Métis, e todas as que foram engolidas, da barriga de Zeus; assim nós restauramos a integridade das relações fragmentadas que mantemos com as outras pessoas e com os outros animais. A questão que está diante de nós é: que imagens do universo, do poder, dos animais, de nós, queremos ver representadas na nossa comida? De tudo o que veio antes de nós, o que deve permanecer?

Coma arroz, tenha fé nas mulheres. Nossas escolhas de dieta refletem e reforçam nossa cosmologia, nossa política. É como se pudéssemos dizer: "Comer arroz *é* fé nas mulheres".

Que essa graça alimente a todos nós.

Notas

As epígrafes deste livro foram extraídas de: *The Letters of Virginia Woolf: Volume Two, 1912-1922*, organizado por Nigel Nicolson e Joanne Trautman (Nova York e Londres: Harcourt Brace Jovanovich, 1976), p. 598; *Sister Outsider: Essays and Speeches*, de Audre Lorde (Trumansburg, NY: The Crossing Press, 1984), p. 133; *Jonathan Swift: The Complete Poems*, organizado por Pat Rogers (New Haven e Londres: Yale University Press, 1983), p. 207.

Prefácio à edição do vigésimo aniversário

1 Scott Glover, "9th Circuit's chief judge posted sexually explicit matter on his website", *Los Angeles Times*, 11 de junho de 2008. http://www.latimes.com/news/local/la-me-kozinski12-2008jun12,0,6220102.story

2 Abigail E. Adams, "Dyke to Dyke: Ritual Reproduction at a US Men's Military College", *Anthropology Today* 9, n. 5, out. 1993, pp. 3-6. Agradeço a Joe Hayns por me chamar a atenção para esse artigo.

3 Susan Faludi, *The Terror Dream: Fear and Fantasy in Post-9/11 America* (Nova York: Henry Holt and Company, 2007), p. 49.

4 Seth Stevenson, "Original suvs for Hippies? Hummer courts the tofu set". *Slate*, postado no dia 14 de agosto de 2006. http://www.slate.com/id/2147657/

Prefácio à primeira edição

[1] Citado em Dudley Giehl, *Vegetarianism: A Way of Life* (Nova York, Harper & Row, 1979), p. 128.

[2] Essa é a minha interpretação das propriedades de um texto enumeradas por Thomas A. Sebeok em "Poetics in the Lion's Den: The Circus Act as a Text", *Modern Language Notes* 86, n. 6, dez. 1971, p. 845.

[3] Da apresentação de Blanche W. Cook, Clare Coss, Alice Kessler-Harris, Rosalind P. Petchesky e Amy Swerdlow em *Women, History and Theory: The Essays of Joan Kelly* (Chicago: University of Chicago Press, 1984), p. XXIV.

[4] Veja por exemplo a declaração de Frances Moore Lappé: "Praticamente todas as sociedades tradicionais basearam sua dieta na complementaridade da proteína; usaram combinações de grãos e legumes como principal fonte de proteína e energia". Frances Moore Lappé, *Diet for a Small Planet: Tenth Anniversary Edition* (Nova York: Ballantine Books, 1982), p. 161 [ed. bras. *Dieta para um pequeno planeta*. São Paulo: Ground, 1985]. Em 1965, Aaron M. Altschul afirmou que "a pessoa típica do Extremo Leste come cerca de 50 gramas de proteína por dia, das quais 39 gramas são de origem vegetal, ao passo que na Europa do Norte o total consumido diariamente fica em torno de 95 gramas, das quais cerca de 53 são de origem animal". Aaron M. Altschul, *Proteins: Their Chemistry and Politics* (Nova York: Basic Books, Inc., 1965), p. 13. Jane Brody cita a American Dietetic Association ao observar que "a maioria da humanidade, durante a maior parte da história humana, subsistiu com dietas praticamente vegetarianas". *Jane Brody's Nutrition Book* (Nova York: W. W. Norton & Co., 1981), p. 438. Veja também Thelma Barer-Stein, *You Eat What You Are: A Study of Canadian Ethnic Food Traditions* (Toronto: McClelland and Stewart, 1979).

As epígrafes utilizadas na abertura da parte I vieram de: Robert B. Hinman e Robert B. Harris, *The Story of Meat* (Chicago: Swift & Co., 1939, 1942), p. 194; *The Man of Pleasure's Pocket Book*, citado em Ronald Pearsall, *The Worm in the Bud: The World of Victorian Sexuality* (Toronto: The Macmillan Co., 1969), p. 259.

Capítulo 1: A política sexual da carne

Epígrafe: H. R. Hays, *The Dangerous Sex: The Myth of Feminine Evil* (Nova York: Pocket Books, 1964) [ed. bras. *O sexo perigoso: o mito da maldade feminina*. Rio de Janeiro: Biblioteca Universal Popular, 1968], p. 37.

[1] P. Thomas Ziegler, *The Meat We Eat* (Danville, Illinois: The Interstate Printers and Publishers, 1966), pp. 5, 1.

[2] Frank Gerrard, *Meat Technology: A Practical Textbook for Student and Butcher* (Londres: Northwood Publications, Inc., 1945, 1977), p. 348.

[3] Waverley Root e Richard de Rochemont, *Eating in America: A History* (Nova York: William Morrow, 1976), p. 279.

[4] Lisa Leghorn e Mary Roodkowsky, *Who Really Starves: Women and World Hunger* (Nova York: Friendship Press, 1977), p. 21.

[5] Lloyd Shearer, "Intelligence Report: Does Diet Determine Sex?", resumo das conclusões do doutor Joseph Stolkowski, *Parade*, 27 de junho de 1982, p. 7.

[6] William S. Baring-Gould e Cecil Baring-Gould, *The Annotated Mother Goose* (Nova York: Bramhall House, 1962), p. 103.

[7] Elizabeth Cady Stanton, *The Woman's Bible: Part 1* (Nova York: European Publishing Co., 1898; Seattle: Coalition Task Force on Women and Religion, 1974), p. 91.

[8] Frederick J. Simoons. *Eat Not This Flesh: Food Avoidances in the Old World* (Madison: University of Wisconsin, 1961, 1967), p. 12. A citação do parágrafo seguinte está em Simoons, p. 73.

[9] Bridget O'Laughlin, "Mediation of Contradiction: Why Mbum Women do not eat Chicken", *Woman, Culture, and Society,* Michelie Zimbalist Rosaldo e Louise Lamphere, orgs. (Stanford: Stanford University Press, 1974), p. 303 [ed. bras. *A mulher, a cultura e a sociedade*. São Paulo: Paz e Terra, 1979].

[10] Robert B. Hinman e Robert B. Harris, *The Story of Meat* (Chicago: Swift & Co., 1939, 1942), p. 191.

[11] Sunset Books e Sunset Magazines, *Sunset Menu Cook Book* (Menlo Park, Califórnia: Lane Magazine and Book Co., 1969), pp. 139, 140.

[12] *Oriental Cookery*, da ChunKing and Mazola Corn Oil.

[13] Edward Smith, MD., *Practical Dietary for Families, Schools and the Labouring Classes* (Londres: Walton and Maberly, 1864), p. 199.

[14] Laura Oren, "The Welfare of Women in Laboring Families: England, 1860-1950: *Feminist Studies* 1, n. 3-4, inverno-primavera de 1973, p. 110, citando B. S. Rowntree e May Kendall, *How the Labourer Lives: A Study of the Rural Labour Problem* (Londres: Thomas Nelson and Sons, 1913). As citações do parágrafo seguinte são de Oren, p. 110, citando Rowntree e Maud Pember Reeves, *Round About a Pound a Week.*

[15] Maud Pember Reeves, *Round About a Pound a Week* (G. Bell and Sons, 1913, Londres: Virago Press, 1979), pp. 144 e 97.

[16] Cicely Hamilton, *Marriage as a Trade* (1909, Londres: The Women's Press, 1981), p. 75.

[17] Todd L. Savitt, *Medicine and Slavery: The Diseases and Health Care of Blacks in Antebellum Virginia* (Urbana e Chicago: University of Illinois Press, 1978), p. 91.

[18] Isaac Bashevis Singer, *Enemies: A Love Story* (Nova York: Farrar, Straus and Girouz, 1972), p. 257 [ed. bras. *Inimigos, uma história de amor*. Porto Alegre: L&PM, 2003].

[19] George M. Beard, M. D., *Sexual Neurasthenia [Nervous Exhaustion]: Its Hygiene, Causes, Symptoms and Treatment with a Chapter on Diet for the Nervous* (Nova York E. B. Treat & Co, 1898, Nova York: Arno Press, 1972). Essa citação e as seguintes estão nas pp. 272–78.

[20] Hinman e Harris, *The Story of Meat*, p. 1.

[21] W. Arens, *The Man-Eating Myth: Anthropology and Anthropophagy* (Nova York Oxford University Press, 1979).

[22] Russell Baker, "Red Meat Decadence", *New York Times*, 3 de abril de 1973, p. 43.

[23] Aaron M. Altschul, *Proteins, Their Chemistry and Politics* (Nova York: Basic Books, Inc., l965), p. 101.

[24] Reeves, p. 131.

[25] Helen Hunscher e Marqueta Huyck, "Nutrition", in *Consumer Problems in Wartime,* Kenneth Dameron, org. (Nova York e Londres: McGraw-Hill, 1944), p. 414.

[26] Irving Fisher, "The Influence of Flesh Eating on Endurance", *Yale Medical Journal* 13, n. 5, março de 1907, p. 207.

[27] Citado em "Red Meat: American Man's Last Symbol of Machismo", *National Observer*, 10 de julho de 1976, p. 13.

[28] Marty Feldman, citado em Rynn Berry Jr., *The Vegetarians* (Brookline, Massachusetts: Autumn Press, 1979), p. 32.

[29] *New York Times*, 15 de abril de 1973, p. 38.

[30] Ela conclui: "e eu gostaria que tivesse nos levado com você". Carolyn Steedman, "Landscape for a Good Woman" in *Truth, Dare or Promise: Girls Growing Up in the Fifties.* Liz Heron, org. (Londres: Virago Press, 1985), p. 114.

[31] Alice Walker, *The Temple of My Familiar* (San Diego, Nova York: Harcourt Brace Jovanovich, 1989), p. 50 [ed. bras. *O templo dos meus familiares*. Rio de Janeiro: Rocco, 1990].

[32] Richard E. Leakey e Roger Lewin, *People of the Lake: Mankind and Its Beginnings* (Nova York: Doubleday & Co., 1978, Nova York: Avon Books, 1979), pp. 210–11 [ed. bras. *O povo do lago — O homem: suas origens, natureza e futuro*. Brasília: UnB, 1996].

[33] Peggy Sanday, *Female Power and Male Dominance: On the Origins of Sexual Inequality* (Cambridge e Nova York: Cambridge University Press, 1981), pp. 65-66.

[34] Sanday, p. 39.

[35] Sandy Grady, "The Duke as Boring as Spinach", *Buffalo News*, 26 de março de 1988.

[36] De um catálogo do Northern Sun Merchandising, 2916 E. Lake Street, Minneapolis, Minnesota, 55406.

[37] De *Philosophy of Right* [ed. bras. *Filosofia do direito*. São Paulo: Loyola, 2010], de Hegel, parágrafo 166, p. 263, citado em Nancy Tuana, *The Less Noble Sex: Scientific, Religious, and Philosophical Conceptions of Woman's Nature.* Bloomington e Londres: Indiana University Press, 1994.

[38] Mary Douglas, "Deciphering a Meal", in *Implicit Meanings: Essays in Anthropology* (Londres: Routledge & Keagan Paul, 1975), p. 273.

[39] Marabel Morgan, *Marabel Morgan's Handbook for Kitchen Survival: The Total Woman Cookbook* (Nova Jersey: Fleming H. Revell Co., 1980), p. 13.

[40] Mary McCarthy, *Birds of America* (Nova York: Harcourt Brace Jovanovich, 1965, Nova York: New American Library, 1972), pp. 167, 180, 183 [ed. bras. *Pássaros da América*. São Paulo: Círculo do Livro, 1976].

[41] R. Emerson Dobash e Russell Dobash, *Violence Against Wives: A Case Against the Patriarchy* (Nova York: The Free Press, 1979), p. 100.

[42] Erin Pizzey, *Scream Quietly or the Neighbours will Hear* (Hammondsworth, Inglaterra: Penguin Books, 1974), p. 35.

[43] James C. Whorton, "'Tempest in a Flesh-Pot': The Formulation of a Physiological Rationale for Vegetarianism", *Journal of the History of Medicine and Allied Sciences* 32, n. 2, abril de 1977, p. 122.

[44] Editorial, *New York Times*, 17 de agosto de 1981.

Capítulo 2: Estupro de animais, retalhamento de mulheres

Epígrafes: John Berger, *About Looking* (Nova York: Pantheon, 1980), p. 5. Mary Gordon, *Final Payments* (Nova York: Random House, 1978), p. 119. Upton Sinclair, *The jungle* (1906; Nova York: New American Library, 1973), p. 40.

[1] *The Beast: The Magazine That Bites Back* 10, verão de 1981, pp. 18–19.

[2] Heidnik foi condenado por dois homicídios de primeiro grau, seis sequestros, cinco estupros, quatro lesões corporais qualificadas e uma relação sexual imprópria sem consentimento.

[3] Enquanto críticas feministas examinaram as correspondências entre o tratamento dado pela cultura científica ocidental às mulheres e à natureza num sentido generalizado (veja, por exemplo, *The Death of Nature: Women, Ecology, and the Scientific Revolution*, de Carolyn Merchant [Nova York: Harper & Row, 1980]) e mesmo algumas das conexões específicas entre animais e mulheres (como se vê em Susan Griffin, *Woman and Nature: The Roaring Inside Her* [Nova York: Harper & Row, 1978]), ninguém tratou explicitamente da importância da superposição da representação das mulheres e dos animais desmembrados. No entanto, as análises feministas das metáforas da natureza usadas pelos primeiros cientistas modernos revelam a visão sexualizada que os cientistas têm da natureza e, portanto, dos animais.

[4] Teresa de Lauretis, *Alice Doesn't: Feminism, Semiotics, Cinema* (Bloomington: Indiana University Press, 1984), p. 141.

[5] Devo à discussão de Margaret Homans sobre o referente ausente na literatura essa explanação ampliada da função cultural do referente ausente. Veja a sua obra *Bearing the Word: Language and Female Experience in Nineteenth-Centunry Women's Writing* (Chicago: University of Chicago Press, 1986), p. 4.

[6] Kathy Barry, *Female Sexual Slavery* (Englewood Cliffs, Nova Jersey: Prentice Hall, 1979), p. 3.

[7] Keith Thomas, *Man and the Natural World: A History of the Modern Sensibility* (Nova York: Pantheon, 1983), p. 44 [ed. bras. *O homem e o mundo natural: mudanças de atitude em relação às plantas e aos animais, 1500–1800*. São Paulo: Companhia de Bolso, 2010].

[8] Marjorie Spiegel, *The Dreaded Comparison: Human and Animal Slavery*, 2. ed. (Nova York: Mirror Books, 1989).

[9] Vincent Harding, *There Is a River: The Black Struggle for Freedom in America* (Nova York: Harcourt Brace Jovanovich, 1981, Nova York: Vintage Books, 1983), p. 7. A fonte de Harding é Peter H. Wood, *Black Majority: Negroes in Colonial South Carolina From 1670 through the Stono Rebellion* (Nova York: Alfred A. Knopf, 1974). Wood discute as razões pelas quais os proprietários da colônia da Carolina protestaram contra a escravização dos índios. Eles fizeram isso não só por temer "o desencadeamento de hostilidades com as tribos locais", mas também por estarem "ansiosos por proteger seu comércio pacífico de peles de veado, que fornecia à colônia a primeira fonte de renda direta para a Inglaterra. Com a abertura desse lucrativo comércio com os índios para mais pessoas, na década de 1690, os próprios colonos europeus tornaram-se cada vez mais dispostos a cortar a sua reduzida dependência da mão de obra indígena". *Black Majority*, p. 39.

[10] Dick Gregory, *The Shadow That Scares Me*, org. James R. McGraw (Garden City, Nova York: Doubleday & Co., Inc., 1968), pp. 69–70.

[11] Veja Carol J. Adams, "Bringing Peace Home: A Feminist Philosophical Perspective on the Abuse of Women, Children, and Pet Animals", in *Neither Man nor Beast: Feminism and the Defense of Animals* (Nova York: Continuum Publishing Company, 1994), pp. 144-61.

[12] Veja Carol J. Adams, "Woman-Battering and Harm to Animals", in *Animals and Women: Feminist Theoretical Explorations*, org. Carol J. Adams e Josephine Donovan (Durham e Londres: Duke University Press, 1995).

[13] Susan Glaspell, *A Jury* of *Her Peers* (Londres: Ernest Benn, Ltd., 1927).

[14] R. Emerson Dobash e Russell Dobash, *Violence Against Wives: A Case Against the Patriarchy* (Nova York: The Free Press, Macmillan, 1979), p. 110.

[15] Andrea Dworkin, *Pornography: Men Possessing Women* (Nova York: Perigee Books, 1981), p. 209; Gena Corea, *The Hidden Malpractice: How American Medicine Mistreats Women* (Nova York: William Morrow and Co., 1977, Nova York: Jove-Harcourt Brace Jovanovich Books, 1978), p. 129.

[16] Linda Lovelace e Mike McGrady, *Ordeal* (Nova York: Citadel Press, 1980, Berkley Books, 1981), p. 96. Note que aqui uma mulher olha para a outra como "carne".

[17] Susan Griffin, *Rape: The Power of Consciousness* (São Francisco: Harper & Row, 1979), p. 39.

[18] As ecofeministas, incluindo Susan Griffin, discutem o dualismo matéria/espírito em sua interação com outros dualismos importantes (humano/animal e homem/mulher) associados à cultura patriarcal. Val Plumwood, em *Feminism and the Mastery of Nature* (Londres e Nova York: Routledge, 1993), apresenta uma discussão profunda desses dualismos no seu capítulo "Dualismo: a lógica da colonização". Tendo em mente as formas interligadas de violência, eu amplio a análise da somatofobia (ou hostilidade ao corpo) feita por Elizabeth Spelman para incluir o modo como os animais são sempre equiparados em termos de corpo (matéria) e não são vistos como tendo alma (espírito). Veja "Bringing Peace Home", p. 152.

[19] Annette Kuhn observa: "As representações são produtivas: as fotos, longe de meramente reproduzirem um mundo preexistente, constituem um discurso altamente codificado que, entre outras coisas, constrói o que quer que esteja na imagem como objeto de consumo — consumo pelo olhar e muitas vezes pela compra, literalmente. Não é por coincidência, portanto, que em diversas formas de fotografia muito visíveis socialmente (e lucrativas) as mulheres dominam a imagem. Quando a fotografia toma mulheres como tema, ela também constrói a 'mulher' como um conjunto de significados que então entram na circulação cultural e econômica por sua própria conta" (*The power of the image: Essays on representation and sexuality* [Londres: Routledge and Kegan Paul, 1985], p. 19). Veja também Kaja Silverman, *The Subject of Semiothics* (Nova York: Oxford University Press, 1983), em especial o capítulo sobre "Sutura", pp. 194-236.

[20] William Morris, org., *The American Heritage Dictionary of the English Language* (Boston: American Heritage Publishing Co., Inc., e Houghton Mifflin Co., 1969), p. 734. A terceira edição corrige isso e restaura o referente ausente.

[21] William Hazlitt, *The Plain Speaker* (EL, s.d.), 173, citado em Keith Thomas, *Man and the Natural World*, p. 300 [ed. bras. *O homem e o mundo natural: mudanças de atitude em relação às plantas e aos animais, 1500–1800*. São Paulo: Companhia de Bolso, 2010].

[22] Robert Graves, *The Greek Myths: 1* (Baltimore: Penguin Books, 1955), p. 46 [ed. bras. *O grande livro dos mitos gregos*. Rio de Janeiro: Ediouro, 2008]. A referência original é encontrada em Hesíodo, *Theogony*, trad. Apostolos Athanassakis (Baltimore: Johns Hopkins University Press, 1983), linhas 886-900 [ed. bras. *Teogonia: a origem dos deuses*. São Paulo: Iluminuras, 2006].

[23] Com Leslie Friedman Goldstein, *The Constitutional Rights of Women: Cases in Law and Social Change* (Nova York e Londres: Longman, 1979), ficamos sabendo de uma curiosa coincidência da história: a imposição legal da localização dos matadouros numa parte bem separada das comunidades ocorreu simultaneamente à negativa da proteção às mulheres de acordo com a Décima Quarta Emenda. Em 1873, o processo *Bradwell contra o estado de Illinois,* "o

primeiro processo envolvendo direitos da mulher" (p. 2), foi levado à Suprema Corte. Esse processo contestou a classificação de sexo como uma violação da Décima Quarta Emenda. (A admissão de Myra Bradwell na ordem dos advogados de Illinois tinha sido negada sob a alegação de que ela era casada.) Duas semanas depois os processos sobre matadouros foram discutidos, o que levou à contestação, por parte dos açougueiros, de um estatuto da Luisiana que restringia a localização desses estabelecimentos. O objetivo do estatuto era "proteger a população em geral das fumaças, sons e outras ocorrências desagradáveis associadas à matança de animais, limitando essas atividades a uma única área, rigorosamente circunscrita, da cidade. No entanto, o estatuto permitiu *de facto* um monopólio (pp. 2-3). Invertendo a cronologia em que os processos ocorreram, a Suprema Corte emitiu em primeiro lugar a sua decisão sobre os processos referentes aos matadouros; o documento afirmava que o zoneamento podia limitar a localização dos matadouros. Essa primeira decisão da Décima Quarta Emenda limitou drasticamente o alcance potencial da cláusula dos privilégios e imunidades. Parece que ela foi emitida em primeiro lugar para fornecer a moldura legal que excluía as mulheres da proteção da Décima Quarta Emenda, uma posição anunciada no dia seguinte no processo de Bradwell.

24 Coral Lansbury, *The Old Brown Dog: Women, Workers and Vivisection in Edwardian England* (Madison: University of Wisconsin, 1985), p. 177.

25 Richard Selzer, "How to Build a Slaughterhouse", *Taking the World in for Repairs* (Nova York: Morrow, 1986), p. 116.

26 Tillie Olsen, *Yonnondio: From the Thirties* (Nova York: Dell, 1974), pp. 133-35.

27 Plutarco, "Essay on Flesh Eating", in *The Ethics of Diet: A Catena of Authorities Deprecatory of the Practice of Flesh-Eating*, org. Howard Williams (Londres, 1883), pp. 47-48.

28 "Violence — as distinct from power, force, or strength — always needs *implements*". Hannah Arendt, *On Violence* (Nova York: Harcourt, Brace & World, 1970), p. 4 [ed. bras. *Sobre a violência*. Rio de Janeiro: Civilização Brasileira, 2009].

29 Selzer, p. 120.

30 Selzer, p. 116.

31 As citações do parágrafo seguinte são do episódio da excursão pelos matadouros encontrado em Upton Sinclair, *The Jungle* (1906, Nova York: New American Library), pp. 38-45.

32 Sinclair, p. 311.

33 Robert B. Downs, posfácio de Sinclair, *The Jungle*, citado anteriormente, p. 346. Mais para o final do romance, Sinclair inclui uma declaração favorável ao vegetarianismo, quando leva o doutor Schliemann a dizer: "Está provado que a carne não é necessária como alimento; e obviamente ela é mais difícil de produzir do que o alimento vegetal, além de ser de preparo e manuseio menos agradáveis, e de ter maior probabilidade de ser insalubre" (p. 337).

[34] Citado por Downs em Sinclair, p. 349. Referindo-se à caracterização ofensiva que Sinclair faz dos trabalhadores negros, Michael Brewster Folsom conclui: "É óbvio que Sinclair não atingiu 'por acaso' o estômago do seu leitor; ele mirou diretamente esse órgão". ("Upton Sinclair's Escape from *The Jungle:* The Narrative Strategy and Suppressed Conclusion of America's First Proletarian Novel", *Prospects* 4 [1979], p. 261.)

[35] Bertolt Brecht, "Writing the Truth: Five Difficulties" in *Civil Liberties and the Arts — Selections "From Twice A Year, 1938-1948"*, org. William Wasserstrom (Syracuse, Nova York: Syracuse University Press, 1964), p. 295.

[36] Bertolt Brecht, *Saint Joan of the Stockyards,* trad. Frank Jones (Bloomington e Londres: Indiana University Press, 1969, Second Edition, 1971) [ed. bras. *A Santa Joana dos matadouros*. São Paulo: Cosac Naify, 2001].

[37] Henry Ford, *My Life and Work* (1922), p. 81 [ed. *Minha vida e minha obra*. São Paulo: Companhia Editora Nacional, 1933], citado em Allan Nevins, *Ford: The Times, The Man, The Company* (Nova York: Charles Scribner's Sons, 1954), pp. 471-72.

[38] Robert B. Hinman e Robert B. Harris, *The Story of Meat* (Chicago: Swift & Co., 1939, 1942), pp. 64-65.

[39] Como observa James Barrett, "Os historiadores subtraíram dos frigoríficos o título de pioneiros da produção em massa, que merecidamente era deles, pois não foi Henry Ford e sim Gustavus Swift e Philip Armour que desenvolveram a técnica da linha de montagem, até hoje símbolo da organização racional do trabalho". (*Work and Community in the Jungle: Chicago's Packinghouse Workers, 1894-1922* [Urbana e Chicago: University of Illinois Press, 1987], p. 20.)

[40] Em "Structural Constraints on Learning: Butchers' Apprentices", Hannah Meara Marshall comenta que ser aprendiz de cortador de carne pode ser "uma experiência tediosa e frustrante", mostrando que ao deixar o matadouro essa dupla alienação tem continuidade nos açougues. (*American Behavioral Scientist* 16, n. 1, setembro/outubro de 1972, p.35.)

[41] John Robbins, *Diet for a New America* (Walpole, New Hampshire: Stillpoint Publishing, 1987), p. 136.

[42] "Até então, um trabalhador hábil pegava uma pequena pilha de materiais e montava um volante do magneto completo. O empregado típico dessa sessão concluía 35 a 40 magnetos numa jornada de nove horas, levando em média vinte minutos em cada montagem. Agora a montagem era dividida em 29 operações realizadas por 29 homens dispostos ao longo de uma esteira em movimento. O tempo de montagem foi imediatamente reduzido para treze minutos e dez segundos." Concluindo a sua discussão da "linha móvel", Nevins observa: "Assim nasceu a produção em massa, para a qual Ford deu a sua clássica definição como a concentração do poder, da precisão, da velocidade, da continuidade e de outros princípios na fabricação de um bem padronizado em grandes quantidades". Nevins, *Ford,* pp. 472, 476.

[43] Harry Braverman, *Labor and Monopoly Capital: The Degradation of Work in the Twentieth Century* (Nova York e Londres: Monthly Review Press, 1974), pp. 148-49

[ed. bras. *Trabalho e capital monopolista: a degradação do trabalho no século* XX. Rio de Janeiro: LTC, 1987].

[44] Ray Allen Billington, *Land of Savagery Land of Promise: The European Image of the American Frontier in the Nineteenth Century* (Nova York: W. W. Norton & Co., 1981), p. 235.

[45] Lenore E. Walker, *The Battered Woman* (Nova York: Harper & Row, 1979), p. 120. A citação seguinte nesse parágrafo é de Walker, p. 5.

[46] Philip Roth, *Portnoy's Complaint* (Nova York: Random House, 1969, Nova York: Bantam Books, 1970), p. 19 [ed. bras. *O complexo de Portnoy*. São Paulo: Companhia das Letras, 2004].

[47] Essas questões foram levantadas por Carol Barash.

[48] PETA *News*, 1, n. 8, 1986, People for the Ethical Treatment of Animals, p. 2. Veja também Gena Corea, *The Mother Machine: Reproductive Technologies from Artificial Insemination to Artificial Wombs* (Nova York: Harper & Row, 1985), pp. 12-13.

[49] Samuel Butler, *Erewhon* (1872), Hammondsworth, Inglaterra: Penguin Books, 1970), p. 230.

[50] Marabel Morgan, "365 Ways to Fix Hamburger", *Total Joy* (Nova Jersey: Fleming H. Revell Co., 1971), p. 113.

[51] G. J. Barker-Benfield, *The Horrors of the Half-Known Life: Male Attitudes Toward Women and Sexuality in Nineteenth-Century America* (Nova York: Harper and Row, 1976), p. 113.

[52] Embora se possa pensar que os animais mortos de acordo com as leis judaicas e islâmicas referentes à dieta sejam mortos instantaneamente e por isso não sofram, essa suposição é equivocada. Peter Singer relata: "Em vez de serem rapidamente derrubados e mortos ao chegarem no chão, nos Estados Unidos os animais mortos de acordo com os rituais podem ter uma perna traseira acorrentada, ser içados no ar e depois, ainda totalmente conscientes, ficar dependurados de cabeça para baixo na correia transportadora durante dois a cinco minutos — e eventualmente muito mais, se alguma coisa dá errado na 'linha da morte' —, antes de o magarefe fazer sua etapa do trabalho". *Animal Liberation: A New Ethics for* Our *Treatment of Animals,* segunda edição (Nova York: A New York Review Book, 1990), p. 154 [ed. bras. *Libertação animal: o clássico definitivo sobre o movimento pelos direitos dos animais*. São Paulo: Wmfmartinsfontes, 2010]. Veja também Roberta Kalechofsky, "Shechitah — The Ritual Slaughter of Animals", que pode ser encontrado em: <*www.micahbooks.com*>.

[53] P. Thomas Zeigler, *The Meat We Eat* (Danville, Illinois: The Interstate Printers and Publishers, 1966), p. 10. Travers Moncure Evans e David Greene, *The Meat Book* (Nova York: Charles Scribner's Sons), p. 107.

[54] Essas descrições acompanham ilustrações em Ziegler, *The Meat We Eat,* pp. 40-44.

[55] Milan Kundera, *The Book of Laughter and Forgetting* (Nova York: Alfred A. Knopf, 1980, Nova York: Penguin Books, 1985), p. 75 [ed. bras. *O livro do riso e do esquecimento*. São Paulo: Companhia de Bolso, 2008].

[56] Ronald Pearsall, *The Worm in the Bud: The World of Victorian Sexuality* (Toronto: The Macmillan Co., 1969), p. 308.

[57] Judith R. Walkowitz, "Jack the Ripper and the Myth of Male Violence", *Feminist Studies* 8, n. 3 (1982), p. 550.

[58] Citado em Pearsall, p. 308.

[59] Citado em Walkowitz, p. 551.

[60] Stephen Knight, *Jack the Ripper: The Final Solution* (Londres: Granada Publishing Limited, 1977), p. 59.

[61] Pearsall, p. 307.

[62] Citado em Pearsall, p. 313.

[63] Marge Piercy, "In the men's room(s)", *Circles on the Water* (Nova York: Alfred A. Knopf, Inc., 1982), p. 80.

[64] Dworkin, *Pornography*, p. 67.

[65] Phyllis Chesler, "Men and Pornography: Why They Use It", in *Take Back the Night: Women on Pornography*, org. Laura Lederer (Nova York: William Morrow and Company, Inc. 1980), p. 155.

[66] Dario Fo e Franca Rame, "A Woman Alone", *Female Parts: One Woman Plays*, adaptado por Olwen Wywark, trad. Margaret Kunzle (Londres: Pluto Press, 1981), pp. 15-16.

[67] Norma Benney, "All of One Flesh: The Rights of Animals", in *Reclaim the Earth: Women Speak out for Life on Earth*, org. Leonie Caldecott e Stephanie Leland (Londres: The Women's Press, 1983) p. 148. Benney cita um pôster sem crédito da revista *Zig Zag* n. 129 (agosto de 1982).

[68] Tradução de Phyllis Trible em *Texts of Terror: Literary-Feminist Readings of Biblical Narratives* (Filadélfia: Fortress Press, 1984), pp. 76-77. Trible conclui seu comentário sobre essa história bíblica de violência dizendo que devíamos "reconhecer a contemporaneidade da história [...] A mulher como objeto ainda é capturada, traída, estuprada, torturada, assassinada, desmembrada e dispersada. Assim, preocupar-se com essa história antiga é admitir a sua realidade presente". Sua nota de rodapé se refere ao brutal estupro sucessivo por vários homens sofrido por uma mulher de New Bedford.

[69] Juízes 19:29, tradução de Trible, p. 80. Trible observa que o verbo hebraico "dividir" usado nessa passagem "é usado em outras apenas para animais" (p. 90, nota 51). *The Sin Eater*, de Alice Thomas Ellis, refere-se a essa passagem. Uma das personagens femininas "estava de volta no livro dos Juízes, 19, e ao temível lugar dos benjamitas, imaginando inteiramente contra a sua vontade como o levita havia desmembrado a sua concubina — com que habilidade ultrajante, legalista, ele a havia partido em *doze* pedaços: um para cada tribo de Israel. [...] Um corpo não era facilmente cortado em *doze* pedaços. Onze pedaços era o que as pessoas fariam. Se o levita tivesse um pendor para a simetria, e ela estava convicta disso, pelo que conhecia dele, isso o teria contrariado, a chata falta de jeito de o corpo humano de ser repartido em doze pedaços". (Londres: Duckworth, 1977), p. 145.

[70] Kate Millet, *Sexual Politics* (Garden City, Nova York: Doubleday & Co., 1970), p. 292.

[71] Beverly LaBelle, "*Snuff* — The Ultimate in Woman-Hating", in Lederer, *Take Back the Night*, pp. 273-4. Refletindo sobre a cena do assassinato sob o chuveiro em *Psicose*, Kaja Silverman comenta: "Quando começa o esfaqueamento há um corte cinematográfico em praticamente todos os golpes da faca. A equiparação implicada é impressionante demais para ser ignorada: a máquina cinematográfica é letal; também ela assassina e disseca". (*Subject of Semiotics*, p. 211.)

[72] Simone de Beauvoir, *The Second Sex*, trad. e org. H. M. Parshley (Hammondsworth, Inglaterra: Penguin, 1972), p. 236 [ed. bras. *O segundo sexo*. 2 vols. Rio de Janeiro: Nova Fronteira, 1980]; Mary Daly, *Gyn/Ecology: The Metaethics of Radical Feminism* (Boston: Beacon Press, 1978), p. 31. Andrea Dworkin, *Woman Hating* (Nova York: E. P. Dutton & Co., 1974), p. 63; Ti-Grace Atkinson, *Amazon Odyssey* (Nova York: Links Books, 1974), pp. 57-63; Bell Hooks, *Ain't I a Woman: black women and feminism* (Boston: South End Press, 1981), p. 112. Cada uma dessas críticas feministas comenta um aspecto diferente da cultura patriarcal, e essa relação não comunica a extensão das suposições teóricas sobre as quais suas ideias se erguem. O que me fascina é que cada escritor gravita em torno de metáforas de desmembramento ou de consumo.

[73] Carol Barash sugeriu "chacinar a metáfora" para a dependência das imagens do violento desmembramento das mulheres (e dos animais) na teoria feminista radical.

Capítulo 3: Violência mascarada, vozes silenciadas

Epígrafe: Mary Daly, *Beyond God the Father: Toward a Philosophy of Women's Liberation* (Boston: Beacon Press, 1973), p. 8.

[1] Beverly Wildung Harrison, "Sexism and the Language of Christian Ethics", in *Making the Connections: Essays in Feminist Social Ethics*, org. Carol S. Robb (Boston: Beacon Press, 1985), p. 29.

[2] Peter Singer, *Animal Liberation: A New Ethics for Our Treatment of Animals* (Nova York: A New York Review Book, 1975), p. 96 [ed. bras. *Libertação animal: o clássico definitivo sobre o movimento pelos direitos dos animais*. São Paulo: Wmfmartinsfontes, 2010].

[3] Dale Spender, *Man Made Language* (Londres, Boston e Henley: Routledge & Kegan Paul, 1980), p. 145.

[4] Spender, p. 183.

[5] Relatado em James Serpell, *In the Company of Animals: A Study of Human-Animal Relationships* (Nova York: Basil Blackwell, 1986), pp. 158-59.

6 M. R. L. Sharpe [posteriormente Freshel], *The Golden Rule Cookbook: 600 Recipes for Meatless Dishes* (Cambridge, Massachusetts: The University Press, 1908), p. 18.

7 Com exceção das que se referem a bezerros, frangos e perus, todas as estatísticas são da People for the Ethical Treatment of Animals, "Living without Cruelty" (501 Front St., Norfolk, Virginia 23510). *Animal Place News* forneceu a estatística de frangos e perus (Summer 1999 4, n. 2). Essas estatísticas não fornecem lista expandida para sexo, raça ou classificação.

8 T. H., "Pythagorean Objections against Animal Food", *London Magazine* (novembro de 1825), p. 382.

9 J. Byrnes, "Raising Pigs by the Calendar at Maplewood Farm", *Hog Farm Management*, setembro de 1976, p. 30, citado em Jim Mason e Peter Singer, *Animal Factories* (Nova York: Crown Publishers, 1980), p. 1.

10 Colman McCarthy, "Sins of the Flesh", *Washington Post*, 25 de março de 1990.

11 Paul M. Postal, "Anaphoric Islands", in *Papers from the Fifth Regional Meeting of the Chicago Linguistic Society, April 18-19, 1969*, org. Robert I. Binnick, Alice Davison, Georgia M. Green, Jerry L. Morgan (Chicago: Department of Linguistics, University of Chicago, 1969), p. 235.

12 Daly, p. 8.

13 Joseph Ritson, "A new Dictionary for the Orthography, Pronunciation, and Etymology, of the English Language", deixado em manuscrito quando ele morreu; citado em Bertrand H. Bronson, *Joseph Ritson: Scholar-at-Arms*, volume 1 (Berkeley: University of California Press, 1938), p. 136.

14 Elsa Lanchester, *Herself* (Nova York: St. Martin's Press, 1983), p. 12.

15 Citado em Cheris Kramarae e Paula A. Treichler, *A Feminist Dictionary* (Boston, Londres e Henley: Pandora Press, 1985), p. 33.

16 Geoffrey L. Rudd, "Why Kill for Food?" (Madras, Índia: *The Indian Vegetarian Congress*, 1973), p. 77; Peter Singer, *Animal Liberation*, p. XII [ed. bras. *Libertação animal: o clássico definitivo sobre o movimento pelos direitos dos animais*. São Paulo: Wmfmartinsfontes, 2010]; Bernard Shaw citado em Dudley Giehl, *Vegetarianism: A Way of Life* (Nova York: Harper & Row, 1979), p. 137; *The Autobiography of Benjamin Franklin*, org. Leonard W. Labaree, Ralph L. Ketcham, Helen Boatfield e Helene Fineman (New Haven: Yale University Press, 1964), p. 87 [ed. bras. *Autobiografia*. Rio de Janeiro: Ediouro, 1990]; Richard Holmes, *Shelley: The Pursuit* (Nova York: E. P. Dutton and Co., 1975), p. 129. Isso pode ter sido irônico, mas como ela e Percy Shelley estavam tentando ser vegetarianos na época, Harriet revela as atitudes que eles associavam ao vegetarianismo.

17 Esses adesivos são anunciados em PETA *News 1*, n. 9 (inverno de 1986).

18 Mary Daly e Jane Caputi, *Websters' First New Intergalactic Wickedary of the English Language* (Boston: Beacon Press, 1987), p. 257.

19 Daly, *Wickedary*, p. 250.

[20] Simone Weil, *The Iliad, or the Poem of Force,* 1940, trad. Mary McCarthy (Wallingford: Pendle Hill, 1956, 1970), p. 3.

[21] Mary Rayner, *Garth Pig and the Ice Cream Lady* (Nova York: Atheneum, 1977), p. 5.

[22] Richard Selzer, "How to Build a Slaughterhouse", *Taking the World in for Repairs* (Nova York: Morrow 1986), p. 129.

[23] Andre Joly, "Toward a Theory of Gender in Modern English", in *Studies in English Grammar,* org. A. Joly e T. Fraser (Paris: Editions Universitaires, 1975), p. 267. As citações seguintes estão nas pp. 270 e 271.

[24] Mason e Singer, p. 5.

[25] P. Thomas Ziegler, *The Meat We Eat* (Danville, Illinois: The Interstate Printers and Publishers, 1966), p. 23.

[26] A. R. Miller, *Meat Hygiene* (Filadélfia: Lea & Febiger, 1951, 1958), p. 41.

[27] Maureen Duffy, "Beast for Pleasure", in *Animals, Men and Morals: An Enquiry into the Maltreatment of Non-Humans,* org. Stanley Godlovitch, Roslind Godlovitch e John Harris (Nova York: Taplinger, 1972), p. 117.

[28] Paul Shepard, *The Tender Carnivore and the Sacred Game* (Nova York: Charles Scribner's Sons, 1973), p. 172.

[29] Kate Millet, *Sexual Politics* (Garden City, Nova York: Doubleday & Co., 1970), nota da p. 292.

[30] Citado em E. P. Evans, *The Criminal Prosecution and Capital Punishment of Animals* (Londres: William Heinemann, Nova York: E. P. Dutton and Co., 1906), pp. 55-56.

[31] Vladimir Estragon, *Waiting for Dessert* (Nova York: The Viking Press, 1982), p. 177. Veja também "The Boy Made of Meat: A Poem for Children", de W. D. Snodgrass, que fala sobre o papel da cultura dominante no incentivo ao consumo de carne, para horror da criança que protesta. W. D. Snodgrass, *Selected Poems: 1957-1987* (Nova York: Soho Press, 1987), p. 71.

[32] Entrevista com o dr. Alan Long em Rynn Berry, Jr., *The Vegetarians* (Brookline, Massachusetts: Autumn Press, 1979), pp. 102-3.

[33] Citado em Giehl, *Vegetarianism: A Way of Life,* p. 204.

[34] Comunicado pessoal de Kathy Epling, Garbersville, Califórnia, 18 de abril de 1986.

[35] Spender, pp. 164, 229.

[36] Lynn Meyer, *Paperback Thriller* (Nova York: Random House, 1975), pp. 4-5.

[37] Elaine Showalter, "Feminist Criticism in the Wilderness", in *The New Feminist Criticism: Essays on Women, Literature, and Theory,* org. Elaine Showalter (Nova York: Pantheon Books, 1985), p. 262.

[38] Zora Neale Hurston, *Their Eyes Were Watching God* (1937, Greenwich, Connecticut: A Fawcett Premier Book, 1965), p. 51 [ed. bras. *Seus olhos viam Deus*. Rio de Janeiro: Record, 2002].

[39] Mary Helen Washington, *Invented Lives: Narratives of Black Women 1860-1960* (Garden City, Nova York: Doubleday & Co., 1987), p. 237.

[40] Hurston, p. 16. Hurston pode ter tido conhecimento de comentários como aquele a que Mary Church Terrell se referiu em *A Colored Woman in a White World:* enquanto Terrell viajava pelo Sul, ela nem sempre era reconhecida como negra. "No que diz respeito ao negro", disse-me um homem, "ele é como uma mula. É um bom animal, desde que você o controle". "Mas os soldados negros prestaram um ótimo serviço aos Aliados durante a Grande Guerra", interpus. "E a mula também", replicou imediatamente meu interlocutor. "Não existe nenhum animal no mundo que tenha feito melhor serviço do que a mula durante a guerra. A mula é exatamente como o negro. Ele faz o trabalho se você entra com o cérebro." Washington, DC: Ransdell, Inc., 1940; Nova York: Arno Press, 1980, p. 325.

[41] Lorraine Bethel, "This Infinity of Conscious Pain": Zora Neale Hurston and the Black Female Literary Tradition", in *All the Women are White, All the Blacks are Men, But Some of Us Are Brave — Black Women's Studies,* org. Gloria T. Hull, Patricia Bell Scott e Barbara Smith (Old Westbury, Nova York: The Feminist Press, 1982), p. 182.

[42] Washington, p. 253, n. 15. Hurston pode ter escolhido a mula como representante da opressão das mulheres negras e também dos outros animais por saber que "a própria palavra 'mulato' etimologicamente deriva da palavra 'mula' e é uma reminiscência do debate em que os norte-americanos se empenharam, questionando a inclusão dos negros na mesma espécie que os brancos". Barbara Christian, *Black Women Novelists: The Development of a Tradition, 1892-1976* (Westport, Connecticut e Londres: Greenwood Press, 1980), p. 16.

[43] Hurston, p. 51.

[44] Esse trecho parece seguir o padrão que Washington descreve: "Trechos que supostamente representam a consciência de Janie começam marcando alguma mudança ocorrida no seu plano mental, depois gradual ou abruptamente um personagem masculino toma o lugar de Janie como sujeito do discurso; na conclusão desses trechos, ostensivamente dedicados à revelação da vida interior de Janie, a voz masculina predomina", pp. 243-44.

[45] Baruch de Espinosa, *Ethic,* iv. prop. 37 (trad. W. Hale White, quarta ed. 1910, 209). Citado em Keith Thomas, *Man and the Natural World: A History of the Modern Sensibility* (Nova York: Pantheon Book, 1983), p. 298 [ed. bras. *O homem e o mundo natural: mudanças de atitude em relação às plantas e aos animais, 1500–1800.* São Paulo: Companhia de Bolso, 2010].

[46] Brigid Brophy, "In Pursuit of a Fantasy", in *Animals, Men, and Morals,* p. 130.

[47] Audre Lorde, *Sister Outsider: Essays and Speeches* (Trumansburg, Nova York: The Crossing Press, 1984), p. 41.

[48] Nancy F. Cott, *The Grounding of Modern Feminism* (New Haven e Londres: Yale University Press, 1987), p. 15.

[49] Vic Sussman, *The Vegetarian Alternative: A Guide to a Healthful and Humane Diet* (Emmaus, Pensilvânia: Rodale Press, 1978), p. 2.

[50] Isabel Giberne Sieveking, *Memoir and Letters of Francis W. Newman* (Londres: K. Paul, Trench, Trubner & Co., 1909), p. 118.

[51] Ellen G. White, Letter 72, *Counsels on Diet and Foods* (Takoma Park: Review and Herald Publishing Assoc., 1938, 1976), p. 396 [ed. bras. *Conselhos sobre o regime alimentar*. Tatuí, SP: Casa Publicadora Brasileira, 2005].

[52] Já se argumentou que a placenta é outro alimento produzido pelas mulheres enquanto vivas.

[53] Para a interseção entre o racismo branco e o não reconhecimento do ginocentrismo de muitas culturas, veja Paula Gun Allen, *The Sacred Hoop: Recovering the Feminine in American Indian Tradition*, de Gunn Allen (Boston: Beacon Press, 1986).

[54] E. B. White, *Charlotte's Web* (Nova York: Harper & Row, 1952, 1973), pp. 78, 95 [ed. bras. *A teia de Charlotte*. São Paulo: Wmfmartinsfontes, 2010].

[55] Plutarco, "Of Eating of Flesh", in *Animal Rights and Human Obligations,* org. Tom Regan and Peter Singer (Englewood Cliffs, Nova Jersey: Prentice-Hall,) Inc., 1976), p, 111.

Capítulo 4: A palavra se fez carne

Epígrafes: Ovídio, *Metamorphoses,* trad. Rolfe Humphries (Bloomington e Londres: Indiana University Press, 1955, 1971), p. 367 [ed. bras. *Metamorfoses*. São Paulo: Madras, 2003]. *The Poems of Emily Dickinson,* org. Thomas H. Johnson (Cambridge: The Belknap Press of Harvard University Press, 1951), poema 1651.

[1] Teresa de Lauretis, *Alice Doesn't: Feminism, Semiotics, Cinema* (Bloomington: Indiana University Press, 1984) pp. 8-9.

[2] Dudley Giehl, *Vegetarianism: A Way of Life* (Nova York: Harper & Row, 1979); Vic Sussman, *The Vegetarian Alternative: A Guide to a Healthful and Humane Diet* (Emmaus, Pensilvânia: Rodale Press, 1978); Keith Akers, *A Vegetarian Sourcebook: The Nutrition, Ecology, and Ethics of a Natural Foods Diet* (Nova York: G. P. Putnam's Sons, 1983).

[3] Keith Thomas, *Man and the Natural World: A History of the Modern Sensibility* (Nova York: Pantheon, 1983), p. 297 [ed. bras. *O homem e o mundo natural: mudanças de atitude em relação às plantas e aos animais, 1500–1800*. São Paulo: Companhia de Bolso, 2010].

[4] Aphra Behn, "On the Author of that excellent and learned Book, entitled, *The Way to Health, long Life and Happiness*", in Thomas Tryon, *The Way to Make All People Rich; or, Wisdoms Call to Temperence and Frugality* . . . [sic] (Londres, 1685).

[5] *The Autobiography of Benjamin Franklin,* org. Leonard W. Labaree, Ralph L. Ketcham, Helen Boatfield e Helene Fineman (New Haven: Yale University Press, 1964), p. 63 [ed. bras. *Autobiografia*. Rio de Janeiro: Ediouro, 1990].

[6] Joseph Ritson, *An Essay on Abstinence from Animal Food, as a Moral Duty* (Londres: Phillips, 1802), p. 201.

[7] Bernard Mandeville, *The Fable of the Bees; or, Private Vices, Publick Benefits* (Oxford: Clarendon Press, 1911), observação P, p. 173.

[8] James Turner, *Reckoning with the Beast: Animals, Pain and Humanity in the Victorian Mind* (Baltimore e Londres: Johns Hopkins University Press,) 1980), p. 18.

[9] Bertrand H. Bronson, *Joseph Ritson: Scholar-at-Arms*, vol. 1 (Berkeley: University of California Press, 1938), p. 34. Para mostrar isso ele inclui toda a referência de Mandeville retirada da Observação P em um dos dois únicos apêndices da biografia, vol. 2, pp. 743-48.

[10] Citado em Ritson, p. 225.

[11] Frederick A. Pottle, *Shelley and Browning: A Myth and Some Facts* (Hamden, Connecticut: Archon Books, 1965), p. 22.

[12] Mohandas K. Gandhi, *An Autobiography: The Story of My Experiments with Truth* (1927, 1929, Boston: Beacon Press, 1956, 1972), p. 48 [ed. bras. *Autobiografia: minha vida e minhas experiências com a verdade*. São Paulo: Palas Athena, 2010].

[13] Citado em Brigid Brophy, "The Way of no Flesh", in *The Genius of Shaw*, org. Michael Holroyd (Nova York: Holt Rinehart and Winston, 1979), p. 100.

[14] Sheila Rowbotham, *Women, Resistance and Revolution: A History of Women and Revolution in the Modern World* (Nova York: Pantheon Books, 1972), p. 12.

[15] Citado em Brian Hill, "Vegetables and Distilled Water: William Lambe, M.D. (1765-1847)", *Practitioner* 194 (1965), p. 285.

[16] William Cobbett, *Journal of a Year's Residence in the United States of America* (1819, Gloucester: Alan Sutton, 1983), p. 202.

[17] Harriot K. Hunt, *Glances and Glimpses; or Fifty Years Social, Including Twenty Years Professional Life* (Boston: John P. Jewett and Co., 1856, Nova York: Source Book Press, 1970), p. 140.

[18] John Oswald, *The Cry of Nature; or, an Appeal to Mercy and to Justice, on Behalf of the Persecuted Animals* (Londres, 1791), p. i.

[19] *The Life of Thomas Holcroft Written by Himself Continued to the Time of His Death from his Diary Notes & Other Papers by William Hazlitt*, org. Elbridge Colby (Nova York: Benjamin Blom, 1928, 1968, 1980), vol. 2, pp. 127, 129.

[20] George Borrow, *Lavengro: The Scholar, the Gypsy, the Priest*, org. George F. Whicher (Nova York: The MacMillan Company, 1927), p. 197.

[21] Paráfrase de comentários feitos por Susanne Kappeler.

[22] Esse incidente e o seguinte são relatados em Bronson, que os via como exagerados ou histórias apócrifas, vol. 1., p. 251, *Life of Sir Walter Scott*, de J. G. Lockhart.

[23] De Lauretis, *Alice Doesn't*, p. 37.

[24] Isabel Colegate, *The Shooting Party* (Nova York: The Viking Press, 1980, Avon Books, 1982), p. 94 [ed. bras. *Dias de caça*. Rio de janeiro: Record, 1980].

[25] Alice B. Toklas, *The Alice B. Toklas Cook Book* (1954, Garden City, Nova York: Anchor Books, 1960), pp. 37-57 [ed. bras. *O livro de cozinha de Alice B. Toklas*. São Paulo: Companhia das Letras, 1996].

[26] Roland Barthes, "Introduction to the Structural Analysis of Narratives", *Image-Music-Text,* trad. Stephen Heath (Nova York: Hill and Wang, 1977), p. 79. A linguagem sexista foi mudada.

[27] De Lauretis, p. 5.

Epígrafe da segunda parte: Robert Graves, *The Greek Myths: Volume 1* (Middlesex, Inglaterra, e Baltimore, Maryland: Penguin Books, 1955, 1974), p. 46 [ed. bras. *O grande livro dos mitos gregos*. Rio de Janeiro: Ediouro, 2008].

Capítulo 5: Textos desmembrados, animais desmembrados

Epígrafe: Simone Weil, *The Need for Roots: Prelude to a Declaration of Duties toward Mankind* (Nova York: G. P. Putnam's Sons, 1952), pp. 224-25 [ed. bras. *O enraizamento*. Bauru, SP: Edusc, 2001].

[1] William Godwin, *Fleetwood or, The New Man of Feeling* (Londres, 1805, Nova York e Londres: Garland Publishing Inc., 1979), p. 177.

[2] Carta de Bernard Shaw para Sidney Webb, 18 de outubro de 1898, em *Bernard Shaw: Collected Letters 1898-1910,* org. Dan H. Laurence (Nova York: Dodd, Mead & Co., 1972), p. 67.

[3] Veja, por exemplo, Lillian S. Robinson, "Treason Our Text: Feminist Challenges to the Literary Canon", *Tulsa Studies in Women's Literature* (primavera de 1983), pp. 83-98. A publicação da *The Norton Anthology of Literature by Women,* organizada por Susan Gubar e Sandra Gilbert, por suas tentativas de re-membrar os textos femininos, subentende a preexistência de um cânone desmembrado (Nova York e Londres: W. W. Norton and Co., 1985).

[4] Barbara Smith, "Toward a Black Feminist Criticism", in *All the Women are White, All the Blacks are Men, But Some of Us Are Brave — Black Women's Studies,* org. Gloria T. Hull, Patricia Bell Scott e Barbara Smith (Old Westbury, Nova York: The Feminist Press, 1982), p. 161. Veja também Alice Walker, "One Child of One's Own: A Meaningful Digression within the Work(s)", in Walker, *In Search of Our Mother Gardens: Womanist Prose* (San Diego, Nova York: Harvest/Harcourt Brace Jovanovich, 1983), pp. 361-383. Deborah E. McDowell, "New Directions for Black Feminist Criticism", *Black American Literature Forum* (inverno de 1980), pp. 153-59.

[5] Elizabeth Robins, *Ancilla's Share* (1924, Westport, Connecticut: Hyperion, 1976), pp. 94-95.

[6] Lorraine Bethel, "'This Infinity of Conscious Pain': Zora Neale Hurston and the Black Female Literary Tradition", in Hull, Scott e Smith, p. 177.

[7] Caren Greenberg, "Reading Reading: Echo's Abduction of Language", in *Women and Language in Literature and Society,* org. Sally McConnell-Ginet, Ruth Borker e Nelly Furman (Nova York: Praeger, 1980), p. 303. As outras citações são das pp. 306, 307.

[8] H. S. V. Jones, "Joseph Ritson: A Romantic Antiquarian", *Sewanee Review Quarterly* 22, n. 3 (julho de 1914) p. 348.

[9] *The Letters of Joseph Ritson, Esq. Edited chiefly from originals in the possession of his nephew. To which is prefixed a Memoir of the Author by Sir Harris Nicolas* (Londres: William Pickering, 1833), p. 38.

[10] Bertrand H. Bronson, *Joseph Ritson: Scholar-at-Arms* (Berkeley: University of California Press, 1938), vol. 2, p. 608.

[11] Veja a definição de "anônimo" em Cheris Kramarae e Paula A. Treichler, *A Feminist Dictionary* (Boston: Pandora Press, 1985), p. 53.

[12] Para um histórico da influência colonialista sofrida por escritores como Ritson, veja *Critical Inquiry* 12 (1985), que inclui artigos de Patrick Brantlinger, "Victorians and Africans: The Genealogy of the Myth of the Dark Continent", (pp. 166-203) e Mary Louise Pratt, "Scratches on the Face of the Country; or, What Mr. Barrow Saw in the Land of the Bushmen" (pp. 119-43).

[13] *Edinburgh Review 2* (abril 1803): pp. 128ss; *British Critic* 22 (novembro de 1803): pp. 483-89. Citado em Bronson, vol. 1, pp. 280, 296.

[14] Sidney Lee, "Joseph Ritson", *Dictionary of National Biography,* Volume 16, org. sir Leslie Stephen e sir Sidney Lee (Londres: Oxford University Press), p. 1216.

[15] Tom P. Cross, "Review of *Joseph Ritson, A Critical Biography* by Henry Alfred Burd", *Modern Philology* 17 (1919-1920), pp. 234, 233.

[16] Annette B. Hopkins, "Ritson's *Life of King Arthur*", *PMLA* 43 (março de 1928), p. 251.

[17] Cross, p. 233.

[18] Entre elas está "a literalização de uma figura", que se dá quando uma metáfora ampliada se torna traduzida num evento real; a referência à figura da Virgem Maria, que era a Mãe do Verbo; a representação das personagens femininas que traduzem idiomas, levam mensagens ou são amanuenses, que Homans vê como "a apresentação temática das mulheres levando ou transmitindo a própria linguagem"; e ocasiões em que o texto lembra a linguagem de outros autores, especialmente homens. Margaret Homans, *Bearing the Word: Language and Female Experience in Nineteenth-Century Women's Writing* (Chicago e Londres: University of Chicago Press, 1986), pp. 30-31.

[19] Veja *Alastor,* line 101. *English Romantic Writers,* org. David Perkins (Nova York: Harcourt, Brace and World, Inc., 1967), p. 961.

[20] Mary Wollstonecraft Shelley, *Frankenstein; or, The Modern Prometheus: The 1818 Text,* org. James Regier (Indianápolis: Bobbs-Merrill, 1974; Chicago: University of Chicago Press, 1982), p. 202 [ed. bras. *Frankenstein.* Porto Alegre: L&PM, 1996].

[21] Iris Murdoch, *The Good Apprentice* (Nova York e Hammondsworth: Penguin Books, 1987). Veja Laura Huxley sobre "The Cooking Meta Toy", em *Between Heaven and Earth: Recipes for Living and Loving* (Nova York: Farrar, Straus and Giroux, 1975), pp. 141-61.

[22] Helen Yglesias, *The Saviors* (Boston: Houghton Mifflin Co., 1987), p. 301. Veja por exemplo Helen e Scott Nearing, *Living the Good Life: How to Live Sanely and Simply in a Troubled World* (Nova York: Shocken Books, 1954, 1970) e Helen Nearing, *Simple Food for the Good Life: An Alternative Cook Book* (Nova York: Dell Publishing Co., 1980).

[23] Margaret Drabble, *The Ice Age* (Nova York e Scarborough, Ontário: New American Library, 1977), pp. 3-4 [ed. bras. *A era do gelo*. Rio de Janeiro: Rocco, 1987].

[24] Isabel Colegate, *The Shooting Party* (Nova York: The Viking Press, 1980, Avon Books, 1982), p. 30 [ed. bras. *Dias de caça*. Rio de Janeiro: Record, 1980]. Outras citações são encontradas nas pp. 30, 111, 32.

[25] Henry S. Salt, *The Creed of Kinship* (Nova York: E. P. Dutton and Co., 1935), p. VIII.

[26] Henry Salt, *Animals' Rights Considered in Relation to Social Progress* (1892, Clarks Summit, Pensilvânia: Society for Animal Rights, Inc., 1980), p. 5.

[27] Heywood Broun, "The Passing of Shaw's Mentor", *New Republic,* 98 (3 de maio de 1939), p. 376.

[28] Henry Salt, *Seventy Years Among Savages* (Londres: George Allen and Unwin, 1921), p. 64.

[29] Além de compartilhar impulsos reformadores semelhantes, a personagem ficcional e a figura histórica ligam-se também na vida privada, porque Colegate recorre a informações sobre o casamento de Salt para descrever o de Cardew. A mulher de Salt, Kate, era filha do Mestre Inferior de Eton, o reverendo J. L. Joynes. Era ótima pianista e feminista. (Veja George Hendrick, com a ajuda especial de John F. Pontin, *Henry Salt, Humanitarian Reformer and Man of Letters* [Urbana, Chicago, Londres: University of Illinois Press, 1977], p. 14.) Ada, a mulher de Cardew, é filha do Mestre Principal, uma ótima pianista cuja causa preferida era "Votos para as Mulheres". Salt e sua mulher estabeleceram-se num chalé próximo de Tilford depois de deixarem Eton; Cardew vive com a mulher num chalé nas colinas de Surrey. Edward Carpenter fazia visitas frequentes a Tilford para executar duetos com Kate Salt. Mais tarde, com a insistência de Carpenter, os Salt construíram uma casa perto da sua residência em Millthorpe e eles e Carpenter se encontravam diariamente. (Na verdade Kate Salt estava "desesperadamente" apaixonada por Carpenter. Veja Sheila Rowbotham e Jeffrey Weeks, *Socialism and the New Life: The Personal and Sexual Politics of Edward Carpenter and Havelock Ellis* [Londres: Pluto Press, 1977], pp. 77 e 97.) Cardew pensa no seu amigo, o filósofo H. W. Brigginshaw, que frequentemente faz duetos com Ada ao piano. Salt era amigo íntimo de Shaw e "escrevia sempre para Shaw". (Stephen Winsten, *Salt and His Circle* [Londres: Hutchinson and Co., Ltd., 1951], p. 126.) Cardew imagina o que deve contar numa carta para

Shaw. Kate era lésbica. (Provavelmente ela falou para o irmão que não estava interessada em sexo, ou pelo menos, presumimos, em sexo heterossexual. Winsten, p. 71.) Ada preferiu manter "toda aquela bobagem" [relações sexuais, supõe-se] "no ponto mínimo". Cardew se parece com Salt apenas até a época em que supostamente ocorreu a expedição de caça, ou seja, 1913; depois disso a vida de Cardew diverge do modelo da de Salt.

30 Colegate, pp. 32-33.

Capítulo 6: O monstro vegetariano de Frankenstein

Epígrafe: John Oswald, *The Cry of Nature; or, An Appeal to Mercy and to Justice, on Behalf of the Persecuted Animals* (Londres, 1791), p. 44.

1 Mary Wollstonecraft Shelley, *Frankenstein or, The Modern Prometheus The 1818 Text*, org. James Rieger (Indianapolis: Bobbs-Merrill, 1974, Chicago e Londres: University of Chicago Press, 1982), "Preface"; p. x [ed. bras. *Frankenstein*. Porto Alegre: L&PM, 1996]. Embora eu tenha escolhido a versão de 1818 e não a revisão de 1831, de acordo com o cotejo de Rieger dos textos de 1818 e 1831, no Apêndice B, as correções feitas por Shelley no núcleo central da narrativa do Monstro, em que o seu vegetarianismo é revelado, são em menor número do que as existentes em todo o restante do romance.

2 Como outras críticas feministas que identificaram a Criatura de Frankenstein como mulher e assim evitaram o uso do pronome masculino inglês, vou usar o pronome neutro para me referir à Criatura. Veja por exemplo U. C. Knoepflmacher, "Thoughts on the Aggression of Daughters": "o Monstro — propositadamente não referido por um '*he*' nesta discussão — inicialmente exibe qualidades femininas", e "sob o rosto contorcido da criatura de Frankenstein oculta-se um semblante feminino tímido mas determinado". *The Endurance of Frankenstein*, org. George Levine e U. C. Knoepflmacher (Berkeley e Los Angeles: University of California Press, 1979), pp. 106, 112.

3 Mary Midgley, *Animals and Why They Matter* (Athens: University of Georgia Press, 1984), pp. 22, 32.

4 Shelley, p. 142.

5 Henry Salt, *The Humanities of Diet: Some Reasonings and Rhymings* (Manchester: The Vegetarian Society, 1914).

6 John Frank Newton, *The Return to Nature; or, A Defence of the Vegetable Regimen* (Londres, 1811). Godwin pode ter conhecido também John Oswald, autor de *The Cry of Nature; or an Appeal to Mercy and to Justice, on Behalf of the Persecuted Animals* (1791). Godwin foi organizador interino do *The Political Herald, and Review*, jornal para o qual Oswald escrevia. Contudo, de acordo com David

Erdman, "Não só o nome dos colaboradores era omitido ou disfarçado por pseudônimos, como de costume; parece que os principais colaboradores não conheciam uns aos outros". *Commerce des lumieres: John Oswald and the British in Paris, 1790-1793* (Columbia: University of Missouri Press, 1986), p. 37. Erdman continua: "Devemos supor que Oswald nessa época estava estabelecendo algumas relações nos círculos editoriais; possivelmente ele e Godwin já se conheciam" (p. 42). Por exemplo, Oswald e Mary Wollstonecraft publicavam com o mesmo editor, Joseph Johnson.

7 James Turner, *Reckoning with the Beast: Animals, Pain, and Humanity in the Victorian Mind* (Baltimore: Johns Hopkins University Press, 1980), p. 19.

8 Keith Thomas, *Man and the Natural World: A History of the Modern Sensibility* (Nova York: Pantheon Books, 1983), p. 296 [ed. bras. *O homem e o mundo natural: mudanças de atitude em relação às plantas e aos animais, 1500–1800*. São Paulo: Companhia de Bolso, 2010].

9 Turner, p. 17.

10 Citado em Kenneth Neill Cameron, *The Young Shelley: Genesis of a Radical* (Nova York: Macmillan, 1950; Octagon Books, 1973), p. 378.

11 Joseph Ritson, *An Essay on Abstinence from Animal Food as a Moral Duty* (Londres: Phillips, 1802), p. 89. Percy Shelley, *A Vindication of Natural Diet*, in *The Complete Works of Percy Bysshe Shelley*, Volume 6, *Prose*, org. Roger Ingpen e Walter E. Peck, (Nova York: Gordian Press, 1965), p. 11 (a partir de agora referido como *Vindication*).

12 John Oswald assim declarou o ponto de vista: "Quando ele considera a tendenciosidade natural do coração humano para o lado da compaixão e observa por toda parte os governos bárbaros da Europa dando lugar a um sistema de coisas melhor, ele se inclina a esperar que está começando a se aproximar o dia em que o crescente sentimento de paz e boa vontade em relação aos homens vai também abranger, num amplo círculo de benevolência, as ordens inferiores de vida" (p. 11).

13 Seu biógrafo mais recente o chama de "intelectual militar inglês", comentando que "a singularidade biográfica mais sensacional é a sua combinação de uma carreira militar com uma dieta pitagoreana". David Erdman, *Commerce des lumières*, p. 3.

14 *Vindication*, p. 13.

15 Como observa Keith Thomas: "O vegetarianismo sempre foi incentivado pelo ensinamento cristão, pois todos os teólogos concordavam em que originalmente o ser humano não era carnívoro". *Man and the Natural World*, p. 289 [ed. bras. *O homem e o mundo natural: mudanças de atitude em relação às plantas e aos animais, 1500–1800*. São Paulo: Companhia de Bolso, 2010].

16 Thomas, p. 289, in *Minor Poets of the Caroline Period*, org. George Saintsbury (Oxford, 1968), i. 558.

17 Veja Ritson. p. 55. Alexander Pope, Epistle III, "An Essay on Man", 11. 152-54, in *Poetry and Prose of Alexander Pope*, org. Aubrey Williams (Boston: Houghton Mifflin Co., 1969), pp. 142-43.

[18] *Paradise Lost*, Book 5, 11.303-4 [ed. bras. *Paraíso perdido*. Belo Horizonte: Itatiaia, 1994], in *John Milton: Complete Poems and Major Prose,* org. Merritt Y. Hughes (Nova York: The Bobbs-Merrill Co., Inc., 1957), p. 309.

[19] Newton, p. 5.

[20] Veja Sandra Gilbert e Susan Gubar, *The Madwoman in the Attic: The Woman Writer and the Nineteenth-Century Literary Imagination* (New Haven: Yale University Press, 1979), pp. 230, 234-46.

[21] Citado em Shelley, *Vindication,* p. 6, referido como "Plin., *Nat. Hist.* livro VII, seção 57".

[22] *Vindication,* p. 6.

[23] Ovídio, *Metamorphoses,* org. sir Samuel Garth, trad. John Dryden (Londres, 1720), livro 1, p. 8 [ed. bras. *Metamorfoses*. São Paulo: Madras, 2003].

[24] Madeleine A. Simons, "Rousseau's Natural Diet", *Romantic Review* 45 (1 de fevereiro de 1954), pp. 18-28.

[25] De *Les Confessions,* 1, 72, citado em Simons, p. 25. Mary Shelley releu as *Confessions* enquanto transcrevia *Frankenstein,* em outubro de 1817.

[26] Shelley, p. 101.

[27] Platão, *The Republic of Plato,* trans. Francis MacDonald Cornford (Nova York: Oxford University Press, 1966), Parte 2, 373, pp. 60-61 [ed. bras. *A república de Platão*. São Paulo: Perspectiva, 2006].

[28] William Paley, *The Principles of Moral and Political Philosophy* (1785, Nova York e Londres: Garland Publishing Inc., 1978), p. 599.

[29] Citado em *The Ethics of Diet: A Catena of Authorities Deprecatory of the Practice of Flesh-Eating,* org. Howard Williams (Londres, 1883), p. 241. Essa observação apareceu pela primeira vez no *Medical Journal* de 27 de julho de 1811.

[30] *Vindication,* p. 13.

[31] Williams, p. 243.

[32] Denise Riley, "Waiting", em *Truth, Dare or Promise: Girls Growing Up in the Fifties,* org. Liz Heron (Londres: Virago Press, 1985), p. 239.

[33] David Ketterer, *Frankenstein's Creation: The Book, the Monster and Human Reality* (University of Victoria: English Literary Studies, 1979), p. 15.

[34] Shelley, p. 119.

[35] Marc A. Rubenstein, "'My Accursed Origin': The Search for the Mother, in *Frankenstein*", *Studies in Romanticism,* 15 (primavera de 1976), p. 169.

[36] Mary Wollstonecraft, A *Vindication of the Rights of Woman,* org. Charles W. Hagelman, Jr. (1792; Nova York: W. W. Norton & Co., 1967), p. 32.

[37] Shelley, p. 227 (Introdução à terceira edição).

[38] Marcia Tillotson, "'A Forced Solitude': Mary Shelley and the Creation of Frankenstein's Monster", in *The Female Gothic,* org. Juliann E. Fleenor, (Montreal e Londres: Eden Press, 1983), p. 168.

[39] Carolyn Heilbrun e Catharine Stimpson, "Theories of Feminist Criticism: A Dialogue", in *Feminist Literary Criticism: Explorations in Theory,* org. Josephine Donovan (Lexington: University Press of Kentucky, 1975), p. 68.

[40] Esses modos foram descritos como estratégias de polidez negativa em Penelope Brown, "How and Why Are Women More Polite? Some Evidence from a Mayan Community", in *Women and Language in Literature and Society,* org. Sally McConnell-Ginet, Ruth Borker e Nelly Furman (Nova York: Praeger, 1980), p. 116.

Capítulo 7: O feminismo, a Grande Guerra e o vegetarianismo moderno

Epígrafe: "Civilização? Cultura?" notas para *Vegetarian Pocket Monthly.* Caixa 2, arquivo n. 33, "Vegetarian Writings, circa 1952-3". Toda a correspondência e os manuscritos não publicados de Agnes Ryan citados nesse capítulo estão na Agnes Ryan Collection da Arthur and Elizabeth Schlesinger Library on the History of Women in America, Radcliffe College, Cambridge, Massachusetts. A permissão para publicar o material foi dada pela The Schlesinger Library e pelo falecido Henry Bailey Stevens.

[1] Mary Wollstonecraft Shelley, *Frankenstein or, The Modern Prometheus The 1818 Text,* org. James Rieger (Indianápolis: Bobbs-Merrill, 1974, Chicago e Londres: University of Chicago Press, 1982), p. 142 [ed. bras. *Frankenstein*. Porto Alegre: L&PM, 1996].

[2] Edward Carpenter e George Barnefield, *The Psychology of the Poet Shelley* (Londres: George Allen & Unwin Ltd., 1925), p. 19.

[3] C. Roland Marchand, *The American Peace Movement and Social Reform, 1898-1918* (Princeton: Princeton University Press, 1972), p. 202.

[4] Olive Schreiner, *Woman and Labour* (1911, Londres, Virago, 1978), p. 176.

[5] Virginia Woolf, *Three Guineas* (Londres: The Hogarth Press, 1938, 1968), pp. 13-14.

[6] Agnes Ryan, *The Heart to Sing,* autobiografia não publicada, pp. 314-15.

[7] Kohlberg se impressiona tanto com o episódio, que cita essa troca em três das suas preleções em Lawrence Kohlberg, *Essays on Moral Development,* Volume I: *The Philosophy of Moral Development* (Nova York: Harper & Row, 1981), pp. 14, 46, 143. *Studies of Childhood*, de James Sully, detalha uma transição semelhante. Sully, fala sobre uma criança de 4 anos que contestou o consumo de carne por parte dos pais, a matança de focas e a caça de veados. Ela queria que a polícia parasse essas atividades e é informada de que "Eles não podem fazer isso porque as pessoas têm permissão para matar esses animais".
C. (alto e apaixonadamente). "Permissão? Permissão? As pessoas não têm permissão para matar outras pessoas."
M. "As pessoas acham que há uma diferença entre matar homens e matar animais."
Sully se refere a esse período como uma época em que a criança estava lutando "com o temível 'deve', que transforma homens em assassinos" e se refere ao

fato de que nessa época o menino também aprendeu a aceitar como positiva a existência dos soldados. (James Sully, *Studies of Childhood* [Nova York e Londres: D. Appleton and Co., 1914], p. 475.)

Lisa, de Matthew Lipman, um livro para ajudar as crianças em discussões que focalizam questões filosóficas e éticas, começa no episódio 1 com a pergunta: "Podemos ao mesmo tempo amar os animais e comê-los?" Expõe-se um debate sobre caça. Um lado argumenta que matar pessoas é uma sequência natural da caça; o outro afirma que matar pessoas é diferente de matar animais. Lisa observa: "Quando adquirimos o hábito de matar animais, podemos achar difícil nos conter quando se trata de pessoas". (Matthew Lipman, *Lisa* [Upper Montclair, Nova Jersey: Institute for the Advancement of Philosophy for Children, 1983], pp. 1, 2.)

8 Walter de la Mare, "Dry August Burned", *The Complete Poems of Walter de la Mare* (Nova York: Alfred A. Knopf, 1970), p. 365.

9 Mary Alden Hopkins, "Why I Earn My Own Living", in *These Modern Women: Autobiographical Essays from the Twenties* (Publicado originalmente em 1926-1927 em *The Nation*), org. Elaine Showalter (Old Westbury, Nova York: The Feminist Press, 1978), p. 44.

10 Relatado em Andro Linklater, *An Unhusbanded Life: Charlotte Despard, Suffragette, Socialist and Sinn Feiner* (Londres: Hutchinson, 1980), p. 179.

11 As quatro eram Alice Park, Lucinda Chandler, May Wright Sewall e Mary Alden Hopkins.

12 Eugene Christian, *Meatless and Wheatless Menus* (Nova York: Alfred A. Knopf, 1917), pp. 6-7.

13 Quincy Wright, A *Study of War,* Volume 1 (Chicago: University of Chicago Press, 1942), p. 134 [ed. bras. *A guerra*. Brasil: Bibliex, 1988].

14 Edward Maitland, *Anna Kingsford: Her Life, Letters, Diary and Work vol.* 1 (Londres: Redway, 1896), p. 28.

15 Percy Shelley, *On the Vegetable System of Diet,* in *The Complete Works of Percy Bysshe Shelley,* Volume 6, org. Roger Ingpen e Walter E. Peck (Nova York: Gordian Press, 1965), p. 343.

16 Citado em Max Davis, *The Case for the Vegetarian Conscientious Objector* with a foreword by Scott Nearing (Brooklyn, Nova York: Tolstoy Peace Group, 1944), p. 13.

17 Douglas Goldring, *The Nineteen Twenties: A General Survey and some Personal Memories* (Londres: Nicholson and Watson, 1945; reimpresso por Folcroft Library Editions, 1975), p. 140.

18 L. F. Easterbrook, "Alcohol and Meat", *Nineteenth Century and After* 95 (fevereiro de 1924), p. 306. Um vegetariano recente, um autêntico herdeiro dessa opinião, diz que abandonou o consumo de carne quando viu "pôsteres mostrando a devastação de pessoas e propriedades no Vietnã". Ele reagiu perguntando-se: "O que é que eu estou fazendo, comendo carne? Estou simplesmente aumentando a violência". *The New York Times,* entrevista com Frederick P. Salvucci, 21 de

março de 1975, p. 33. Dick Gregory escreve sobre a relação entre o vegetarianismo e o movimento não violento pelos direitos civis:

> "Sob a liderança do dr. King eu me tornei totalmente comprometido com a não-violência e me convenci de que a não-violência significava oposição a qualquer forma de matança. Senti o mandamento "Não matarás", aplicando-o aos seres humanos não somente nas suas interações uns com os outros — guerra, linchamento, assassinato etc. — mas também na sua prática de matar animais para se alimentarem ou por esporte. Os animais e os seres humanos sofrem e morrem do mesmo modo. A violência causa a mesma dor, o mesmo derramamento de sangue, o mesmo cheiro de morte, a mesma arrogante, cruel e brutal retirada da vida.

Dick Gregory's Natural Diet for Folks Who Eat: Cookin' with Mother Nature, org. James R. McGraw (Nova York: Harper & Row, 1973), pp. 15-16.

19 Mary Midgley, *Animals and Why They Matter* (Athens: The University of Georgia Press, 1983), p. 15.

20 O apelo de maior alcance para as mulheres inglesas se tornarem vegetarianas durante a Segunda Guerra Mundial está detalhado em Raynes Minns, *Bombers and Mash: The Domestic Front 1939-45* (Londres: Virago, 1980).

21 Mikkel Hindhede, "The Effect of Food Restriction During War on Mortality in Copenhagen". *Journal of the American Medical Society*, 74, n. 6 (7 de fevereiro de 1920), p. 381. Estudos semelhantes depois da Segunda Guerra Mundial confirmaram a relação entre uma queda na mortalidade e o racionamento de alimentos. Axel Strom, M.D., e R. Adelsten Jensen, M.D. "Mortality from Circulatory Diseases in Norway 1940-1945", *The Lancet* 260 (2 de janeiro de 1951), pp. 126-29.

22 Mervyn G. Hardinge e Hulda Crooks, "Non-Flesh dietaries. 1. Historical Background: *Journal of the American Dietetic Association*, 43 (dezembro de 1963), p. 548.

23 Citado por Rynn Berry, Jr., *The Vegetarians* (Brookline, Massachusetts: Autumn Press, 1979), p. 44.

24 Henry Salt, *Seventy Years Among the Savages*, citado em George Hendrick, com a ajuda especial de John E. Pontin, *Henry Salt: Humanitarian Reformer and Man of Letters* (Urbana, Chicago, Londres: University of Illinois Press, 1977), p. 84.

25 Agnes Ryan, "For the Church Door", março de 1943, box 2.

26 Amanda Cross, *The James Joyce Murders* (Nova York: Macmillan Co., 1967), p. 89.

27 Veja a discussão de Paul Fussell sobre essas obras, *The Great War and Modern Memory* (Londres, Oxford, Nova York: Oxford University Press, 1975), p. 91.

28 Henry Salt, "Sport as a Training for War", em *Killing for Sport: Essays by Various Writers*, org. Henry Salt (Londres: G. Bell and Sons, Ltd. Para a Humanitarian League, 1914).

29 O primeiro parágrafo do primeiro capítulo de *Good-bye to All That* (Jonathan Cape: 1929, Hammondsmith, Grã-Bretanha: Penguin Books, 1957), de Graves,

termina assim: "ou o sr. Eustace Miles, o inglês campeão de tênis real e vegetariano, com as suas nozes exóticas, do meu modo eu sabia tudo sobre eles" (p. 9). Veja também Fussell, *The Great War*, pp. 203-20.

30 Na sua introdução para *The Home*, William O'Neill afirma que Gilman "publicou muito pouca coisa depois da Guerra" e atribui isso ao fato de que "a Primeira Guerra Mundial, e as mudanças que a acompanharam, destruíram a base moral da sua carreira" (William O'Neill, Apresentação de *The Home*, de Charlotte Perkins Gilman [Urbana: University of Illinois Press, 1972], p. x). Mas eu afirmo que a Guerra confirmou a sua convicção sobre a necessidade de envolver as mulheres e os valores das mulheres nas tomadas de decisão, e que *Herland* e *His Religion and Hers* mostram, de modos opostos, primeiro positiva e depois negativamente, a conclusão de que a violência decorria do domínio masculino. *His Religion and Hers: A Study of the Faith of Our Fathers and the Work of Our Mothers* (Londres: T. Fisher Unwin, 1924).

31 Isabel Colegate, *The Shooting Party* (Nova York: The Viking Press, 1980, Nova York: Avon Books, 1982), p. 131 [ed. bras. *Dias de caça*. Rio de Janeiro: Record, 1980]. Outras citações constantes nesse capítulo estão nas pp. 20, 102, 188.

32 Veja por exemplo Susan Schweik, "A Word No Man Can Say for Us: American Women Writers and the Second World War" (Dissertação de Ph.D., Yale University, 1984), que examina o fenômeno de que, especialmente durante a guerra, as mulheres precisam ser recebedoras de informações, objetos que leem, e não opositoras que escrevem; repositórios de significado, e não originadoras de significado.

33 Nesse ponto sou devedora da análise de DuPlessis em *Writing beyond the Ending*, sobre a estratégia das escritoras para contestar o romance tradicional. Veja Rachel Blau DuPlessis, *Writing beyond the Ending: Narrative Strategies of Twentieth-Century Women Writers* (Bloomington: Indiana University Press, 1985).

34 Marge Piercy, *Small Changes* (Garden City: Doubleday and Co., 1972, Greenwich, Connecticut: A Fawcett Crest Book, 1973), p. 41. As citações seguintes desse parágrafo encontram-se nas pp. 42, 48.

35 Essas metáforas são minhas, não de Piercy. Uso-as para mostrar que, depois do seu momento epifânico na cozinha, Beth desenvolve uma rejeição sistemática, contínua, a uma cultura masculina, carnívora, cuja melhor representação é pelo uso de metáforas do movimento contra a guerra.

36 Margaret Atwood, *The Edible Woman* (Boston: Little Brown and Co., Nova York: Warner Books, 1969), p. 25 [ed. bras. *A mulher comestível*. Rio de Janeiro: Globo, 1987]. Outras citações desse capítulo estão nas pp. 155, 183, 279.

37 Atwood relata que a ideia dessa cena lhe ocorreu quando ela estava olhando "para a vitrine de uma confeitaria cheia de porcos feitos de marzipã. Pode ter sido uma vitrine da Woolworth cheia de bolinhos com a figura de Mickey Mouse, mas de qualquer modo fiquei especulando durante algum tempo sobre o canibalismo simbólico". Essa cena, tal como Atwood a vivenciou como pessoa e também a descreveu como romancista, exemplifica a estrutura do referente ausente. Ela vê

um porco de marzipã ou bolos em forma de camundongo; imagina um bolo que é uma mulher comestível. Essa associação demonstra a permutabilidade das categorias de animal e mulher. Além disso, a relação entre símbolo (bolo de animal ou mulher-bolo) e a realidade (animal consumido ou mulher consumida) sugere a conexão entre o que realmente é consumido e o que é imaginado como sendo consumido. Veja Margaret Atwood, "An Introduction to *The Edible Woman*", em *Second Words: Selected Critical Prose* (Boston: Beacon Press, 1982), p. 369.

38 Carta para Freshel, 14 de outubro de 1936, Box 6, arquivo n. 81.

39 Carta, 23 de março de 1937, Box 4, arquivo n. 82.

40 *Who Can Fear Too Many Stars?*, Box 3, arquivo n. 35, p. 131.

41 Entrevista de Berry com Brophy, em Berry, p. 88.

42 Henry Bailey Stevens, *The Recovery of Culture* (Nova York: Harper & Row, 1949), p. 105.

43 Brigid Brophy, "An Anecdote of the Golden Age [Homage to *Back to Methuselah*]", em *The Adventures of God in his Search for the Black Girl* (Boston: Little, Brown & Co., 1968), p. 35.

44 Veja, por exemplo, "The Rights of Animals" e "Women" em Brophy, *Don't Never Forget: Collected Views and Reviews* (Nova York: Holt, Rinehart and Winston, 1966), pp. 15-21, 38-44; *Hackenfeller's Ape* (Londres: Allison and Busby, 1953, 1979); e "In Pursuit of Fantasy", in *Animals, Men, and Morals: An Enquiry into the Maltreatment of Non-Humans,* org. Stanley Godlovitch, Roslind Godlovitch e John Harris (Londres: Gollancz, e Nova York: Taplinger, 1972).

45 June Rachuy Brindel, *Ariadne: A Novel of Ancient Crete* (Nova York: St. Martin's Prcss, 1980), p. 76.

46 June Rachuy Brindel, *Phaedra: A Novel of Ancient Athens* (Nova York: St. Martin's Press, 1985).

47 É possível dizer que a rainha Mab de Shelley é a primeira Utopia feminista, vegetariana e pacifista.

48 Charlotte Perkins Gilman, *Herland* (Nova York: Pantheon Books, 1979), p. 27 [ed. bras. *Herland: a terra das mulheres*. Rio de Janeiro: F. Alves, 1981]. Publicada em capítulos pela primeira vez em Forerunner 6 (1915).

49 Resumi essa opinião no capítulo 6. Sócrates diz a Glauco que a produção de carne precisa de grandes extensões de pasto. Por isso ela exigirá que se corte "um pedaço do território dos nossos vizinhos; e se eles também estiverem insatisfeitos com o que é básico e se aplicarem a obter riqueza ilimitada, vão querer um pedaço do nosso território". Assim, Sócrates declara: "Então o que acontecerá em seguida, Glauco, é que entraremos em guerra". Platão, *The Republic of Plato*, trad. Francis MacDonald Cornford (Nova York e Londres: Oxford University Press, 1966), 2. 373, p. 61 [ed. bras. *A república de Platão*. São Paulo: Perspectiva, 2006]. Veja também Frances Moore Lappe, *Diet for a Small Planet: Tenth Anniversary Edition* (Nova York: Ballantine Books, 1971, 1982), pp. 67-74 [ed. bras. *Dieta para um pequeno planeta*. São Paulo: Ground, 1985].

[50] Dorothy Bryant, *The Kin of Ata are Waiting for You* (1971, Berkeley: Moon Books, 1976), originalmente intitulado *The Comforter*, p. 159.

[51] DuPlessis, p. 113.

[52] Lucio P. Ruotolo, *The Interrupted Moment: A View of Virginia Woolf's Novels* (Stanford: Stanford University Press, 1986), p. 16.

[53] Midgley, *Animals and Why They Matter*, p. 27.

[54] Dale Spender ressalta que "98 por cento das interrupções em conversas entre homens e mulheres foram feitas pelos homens". Ela prossegue: "A interrupção é um mecanismo pelo qual (a) os homens podem impedir as mulheres de falar, e (b) eles podem passar a ter a palavra. Assim, ela é um mecanismo pelo qual eles engendram o silêncio das mulheres". Se não se espera que uma mulher interrompa um homem em público mas a *presença* de uma vegetariana, especialmente em jantares, chamará atenção para ela e provocará uma interrupção ou perturbação, então as mulheres encontraram um modo de deslocar a conversa sem serem vistas como verbalmente agressivas. Dale Spender, *Man Made Language* (Londres: Routledge & Kegan Paul, 1980), pp. 43-44.

[55] De modo semelhante, Lucio P. Ruotolo afirma que encontrar significado na interrupção é importante quando se consideram os romances de Virginia Woolf. Ele defende a natureza criativa, positiva, da interrupção por causa da nova direção que ela provoca, do novo espaço criado. "Quem permite que a intrusão frequentemente aleatória de outros remodele sua vida surge às vezes heroicamente. Aqueles que verbalizam uma aversão à interrupção retiram-se, invariavelmente, parece, para a insulabridade autossustentada." *The Interrupted Moment*, p. 2.

[56] As imagens da Guerra nessa frase nos lembram que os modelos de guerra foram adotados no estilo e no conteúdo do discurso.

[57] Isadora Duncan, My *Life* (Nova York: Liveright, 1927, 1955), p. 309 [ed. bras. *Minha vida*. Rio de Janeiro: José Olympio, 1989].

[58] Emarel Freshet e outros atribuem a Shaw um poema intitulado "Living Graves", que começa assim:

> "Somos sepulturas vivas de animais assassinados,
> abatidos para satisfazer os nossos apetites."

Janet Barkas analisa: "O poema prossegue num estado de espírito igualmente violento, condenando o abate de animais tanto quanto a guerra. Contudo, não há referências a essa obra em nenhum dos manuscritos, cadernos, correspondências ou diários. É possível mas improvável que Shaw o tenha escrito como uma aventura na rima". Janet Barkas, *The Vegetable Passion: A History of the Vegetarian State of Mind* (Nova York: Charles Scribner's Sons, 1975) p. 89.

[59] Mary McCarthy, *Birds of America* (Nova York: Harcourt Brace Jovanovich, 1965, Nova York: New American Library, 1972), p. 166. Outras citações são de pp. 171, 172, 183 [ed. bras. *Pássaros da América*. São Paulo: Círculo do Livro, 1976].

[60] Colegate, *The Shooting Party*, p. 92 [ed. bras. *Dias de caça*. Rio de Janeiro: Record, 1980].

[61] Spender, *Man Made Language*, pp. 82-83.

[62] Mary Daly, *Beyond God the Father: Toward a Philosophy of Women's Liberation* (Boston: Beacon Press, 1973), p. 56.

[63] Veja DuPlessis, p. 115.

[64] DuPlessis, p. 107.

[65] Jean Bethke Elshtain faz uma observação sobre esse fato ao concluir seu prefácio para *Women and War*. "Ao pensar e às vezes sonhar com a guerra nos últimos anos; ao ler reportagens sobre a Guerra e ver filmes de guerra; ao compor trechos de capítulos nas minhas caminhadas, assim como no meu processador de textos, adquiri uma consciência ampliada da preciosidade fugidia da vida, inclusive da vida que nós, seres humanos, compartilhamos com as outras criaturas com quem ainda precisamos aprender a viver de modo decente". Jean Bethke Elshtain, *Women and War* (Nova York: Basic Books, Inc., 1987), p. XIV.

Epígrafes da Parte III: Ruth Bordin, *Frances Willard: A Biography* (Chapel Hill e Londres: University of North Carolina Press, 1986), p. 122. Fran Winant, "Eat Rice Have Faith in Women," em Winant, *Dyke Jacket: Poems and Songs* (Nova York: Violet Press, 1980).

Capítulo 8: A distorção do corpo vegetariano

[1] Beverly Harrison, "The Power of Anger in the Work of Love: Christian Ethics for Women and Other Strangers", in *Making the Connections: Essays in Feminist Social Ethics*, org. Carol S. Robb (Boston: Beacon Press, 1985), p. 13.

[2] *Vegetarian Magazine* 14, n. 5 (janeiro de 1911), p. 156.

[3] Mary Wollstonecraft, *A Vindication of the Rights of Woman*, org. Charles W. Hagelman, Jr. (1792, Nova York: W.W. Norton & Co., 1967), p. 42.

[4] T. L. Cleave, G. D. Campbell, N. S. Painter, *Diabetes, Coronary Thrombosis, and the Saccharine Disease*, seg. ed. (Bristol, Inglaterra: John Wright & Sons, 1969), p. 11.

[5] Nancy Makepeace Tanner, *On Becoming Human: A Model of the Transition from Ape to Human and the Reconstruction of Early Human Social Life* (Cambridge e Nova York: Cambridge University Press, 1981), p. 187.

[6] *Jane Brody's Nutrition Book* (Nova York: W.W. Norton & Co., 1981), p. 436.

[7] Cleave et al., p. 11.

[8] As informações sobre saúde nesse parágrafo foram obtidas no capítulo 3 de "The World's Healthiest Diet", em Virginia e Mark Messina, *The Vegetarian Way* (Nova York: Crown, 1996). Eles fornecem um manancial de citações médicas para quem

deseja acessar diretamente o material de pesquisa. Essa pesquisa trata diretamente do debate sobre anatomia; algumas pessoas concluem que os benefícios protetores de uma dieta totalmente vegetariana confirmam os argumentos anatômicos.

9 Sarah N. Cleghorn, *Threescore: The Autobiography of Sarah N. Cleghorn* (Nova York: H. Smith and R. Haas, 1936, reimpressão Nova York: Arno Press, 1980), p. 172.

10 Agnes Ryan, "The Cancer Bogy", pp. 6, 79. As cartas e os manuscritos de Agnes Ryan mencionadas nesse capítulo estão todos na Agnes Ryan Collection, Schlesinger Library, Radcliffe College.

11 "The Cancer Bogy", pp. 107, 108.

12 Anna Kingsford, *The Perfect Way in Diet* (Londres: Kegan Paul, 1892), p. 90.

13 Agnes Ryan para Alice Park, 6 de janeiro de 1936, Box 5, arquivo n. 62. Park mandou-lhe *Perfect Way in Diet*, o livro de Kingsford, e a biografia de Maitland em dois volumes.

14 Edward Maitland, *Anna Kingsford: Her Life, Letters, Diary and Work* vol. 2 (Londres: Redway, 1896), pp. 223-24.

15 Maria Loomis, *The Communitist,* 1, n. 22 (9 de abril de 1845), p. 87.

16 Henry Salt, *The Logic of Vegetarianism* (Londres: Ideal Publishing, 1899), p. 106.

17 Veja a entrevista de Rynn Berry Jr. com Malcolm Muggeridge em *The Vegetarians* (Brookline, Massachusetts: Autumn Press, 1979). "Meu pai foi um dos primeiros fabianos, sabe? E essas pessoas tendiam a ser vegetarianas." p. 93.

18 Colin Spencer admite a afirmação de que Hitler era vegetariano (*The Heretic's Feast: A History of Vegetarianism* [Hanover e Londres: University Press of New England, 1996], pp. 304-9). Contudo, Roberta Kalechofsky e Rynn Berry fornecem evidências convincentes de que o "vegetarianismo" de Hitler era semelhante ao dos muitos onívoros de hoje que se dizem vegetarianos, embora tenham eliminado da sua dieta apenas a "carne vermelha". Hitler continuou comendo aves, salsicha e bolinhos de fígado. O seu "vegetarianismo" fazia parte de uma campanha de *public-relations* nazista para apresentá-lo como ascético e "puro". Mas quando ele tomou o poder, as sociedades vegetarianas foram declaradas ilegais. (Veja Roberta Kalechofsky, "Hitler's Vegetarianism"; <www.micahbooks.com>; Rynn Berry, Jr., *Hitler: Neither Vegetarian nor Animal Lover* [Nova York: Pythagorean Publishers, 2004].) Hitler era contra o cigarro e implementou políticas de combate ao fumo, mas assim como o vegetarianismo, isso não significa que agora o ativismo contra o fumo seja de certa forma suspeito. No meu livro *Living among Meat Eaters* examino melhor a dinâmica que impele as pessoas a protegerem o seu próprio consumo da carne apegando-se à ideia do "vegetarianismo" de Hitler.

19 Veja Robert Proctor, *Racial Hygiene: Medicine under the Nazis* (Cambridge, Massachusetts, e Londres: Harvard University Press, 1988), p. 228.

20 *Bernard Shaw, Complete Plays with Prefaces*: Vol. *1* (Nova York: Dodd, Mead & Co., 1962), p. 455.

21 Pat Parker, "To a Vegetarian Friend", *Womanslaughter* (Oakland, Califórnia: Diana Press, 1978), p. 14.

[22] Veja Mary Keyes Burgess, *Soul to Soul: A Soul Food Vegetarian Cookbook* (Santa Barbara, Califórnia: Woodbridge Publishing Co., 1976) e *Dick Gregory's Natural Diet for Folks Who Eat: Cookin' with Mother Nature,* org. James R. McGraw e Alvenia M. Fulton (Nova York: Harper & Row), 1973.

[23] Relatado em *The Vegetarian Magazine* 10, *n.* 11 (março de 1907), p. 16.

[24] Keith E. Melder, "Abigail Kelley Foster", *Notable American Women 1607-1950,* vol. 1, org. Edward T. James e Janet James (Cambridge, Massachusetts: The Belknap Press of Harvard University Press, 1971), p. 649.

[25] Carroll Smith-Rosenberg, "Sex as Symbol in Victorian Purity: An Ethnohistorical Analysis of Jacksonian America", *Turning Points: Historical and Sociological Essays on the Family,* org. John Demos e Sarane Spence Boocock, *American Journal of Sociology* 84, Suplemento (1978) (Chicago e Londres: University of Chicago Press, 1978), p. S213.

[26] *Porphyry on Abstinence from Animal Food,* org. Esme Wynne-Tyson, trad. Thomas Taylor (sem lugar de publicação: Centaur Press, 1965; Barnes & Noble), p. 53.

[27] Sylvester Graham, *Lecture to Young Men on Chastity,* terc. ed. (Boston, 1834, 1837), pp. 152-53, 47. Veja também R. T. Trail, *Home Treatment for Sexual Abuses. A Practical Treatise* (Nova York: Fowlers and Wells, 1853). Não foram apenas os vegetarianos que consideraram a carne estimulante; os ortodoxos também tinham essa opinião. Como relata James Whorton: "Os médicos consideravam que, em relação à saúde, esse poder estimulante da carne era tanto uma contribuição quanto um perigo: um certo grau de estimulação era necessário". (James Whorton, *Crusaders for fitness: the history of American health reformers* [Princeton: Princeton University Press, 1982], p. 78.)

[28] Smith-Rosenberg, pp. S222-3.

[29] Daniel J. Boorstin, *The Americans: The Democratic Experience* (Nova York: Random House, 1973), p. 5.

[30] Frances Trollope, *Domestic Manners of the Americans* (1832, Nova York: Alfred A. Knopf, 1949), p. 297.

[31] Richard Osborn Cummings, *The American and His Food: A History of Food Habits in the United States*, seg. ed. (Chicago: University of Chicago Press, 1941), P. 15.

[32] Maria Loomis, *The Communitist* 2, n. 29 (5 de março de 1846), p. 115.

[33] Sam Bowers Hilliard, *Hog Meat and Hoecake: Food Supply in the Old South, 1840-1860* (Carbondale: Southern Illinois University Press, 1972), p. 42.

[34] "A frase 'comemos carne três vezes por dia' foi repetida uma 'American Letter' após outra que cruzou o Atlântico". Ray Allen Billington, *Land of Savagery, Land of Promise: The European Image of the American Frontier* (Nova York: W.W. Norton & Co., 1981), p. 233.

[35] Gerda Lerner, *The Grimké Sisters from South Carolina: Pioneers for Woman's Rights and Abolition* (Nova York: Schocken Books, 1971), p. 253.

[36] Lerner, p. 253.

[37] Catherine Beecher e Harriet Beecher Stowe, *The American Woman's Home or Principles of Domestic Science* (Nova York: J.B. Ford and Co., 1869; reimpressão Nova York: Arno Press e The New York Times, 1971), pp. 132-33.

[38] F. Gale, *American Vegetarian and Health Journal* 3, n. 5 (maio de 1853), p. 100.

[39] Carolyn Steedman, "Landscape for a Good Woman", in *Truth, Dare or Promise: Girls Growing Up in the Fifties*, org. Liz Heron (Londres: Virago Press, 1985), p. 115. Veja também Lerner, p. 253.

[40] Thomas L. Nichols e Mary Gove Nichols, *Marriage: Its History, Character and Results: Its Sanctities and Its Profanities; Its Science and Its Facts* (Nova York: T.L. Nichols, 1854), pp. 212, 214.

[41] Alice Stockham, *Tokology: A Book for Every Woman* (Nova York: Fenno and Co., 1911).

[42] Carta n. 151. "Systematic Preparation", in *Maternity: Letters from Working-Women*, org. Margaret Llewelyn Davies (Londres: G. Bell and Sons, 1915, reimpressão, Nova York: W.W. Norton & Co., 1978), p. 178.

[43] A vegetariana e reformadora moral Lucinda Chandler defendia o amor livre moderado. Veja igualmente a discussão de Susan Cayleff sobre as crenças do dr. Trail em *Wash and Be Healed: The Water-Cure Movement and Women's Health* (Filadélfia: Temple University Press, 1987), pp. 56-58.

[44] Na verdade, em *Sex, Diet and Debility in Jacksonian America: Sylvester Graham and Health Reform* (Westport, Connecticut: Greenwood Press, 1980) o historiador Stephen Nissenbaum afirma que as teorias de Graham são muito parecidas com as do defensor do amor livre Percy Shelley. "Como Graham, Shelley desconfiava profundamente da ordem capitalista emergente, com a ameaça que ela representava para os valores sociais tradicionais. Como Graham, também, ele associava a nova ordem à decadência física e moral. Finalmente, tanto Shelley quanto Graham atribuíam os dois tipos de decadência à introdução do alimento animal na dieta humana." p. 48.

[45] Cayleff, *Wash and Be Healed*, p. 119.

[46] Brody, p. 400.

[47] Thomas Tryon, *The way to health, long life and happiness* (Londres, 1683), p. 396.

[48] Mary Gove Nichols, *Mary Lyndon or, Revelations of a Life: An Autobiography* (Nova York: Stringer and Townsend, 1855), p. 180.

[49] Josiah Oldfield, "The Dangers of Meat Eating," *Westminster Review* 166, n. 2 (agosto de 1906), p. 195.

[50] Elaine Showalter, *The Female Malady: Women, Madness, and English Culture, 1830-1980* (Nova York: Pantheon Books, 1985), p. 129.

[51] Joan Jacobs Brumberg, "Chlorotic Girls, 1870-1920: A Historical Perspective on Female Adolescence", in *Women and Health in America*, org. Judith Walzer Leavitt (Madison, Winsconsin: The University of Wisconsin Press, 1984), pp. 186-95. Em *Fasting Girls: The Emergence of Anorexia Nervosa as a Modern Disease* (Cambridge e Londres: Harvard University Press, 1988), Brumberg continua

analisando as meninas com uma doença que envolve o afastamento das comidas, assim como sua repulsa específica à carne.

[52] Brumberg, "Chlorotic Girls", p. 191.

[53] Brumberg, *Fasting Girls,* p. 176. Seu artigo sobre as meninas cloróticas inclui uma paráfrase dessa sentença, p. 191. A fonte de Brumberg é Vern Bullough e Martha Voght, "Women, Menstruation, and Nineteenth-Century Medicine," *Bulletin of the History of Medicine,* 47 (1973), pp. 66-82.

[54] O fato de *Fasting Girls* basicamente requentar o mesmo material sobre o consumo de carne contido em "Chlorotic Girls" indica que Brumberg deixou de explorar outras fontes com pontos de vista alternativos sobre o consumo de carne. Para descobrir o ponto de vista das meninas, seria preciso ignorar a análise médica e determinar o contexto cultural. Um problema flagrante da interpretação de Brumberg sobre a razão das meninas para evitar a carne envolve estudos comparativos. Ela observa que "as últimas décadas do século XIX podem ser um importante período de transição na história da nutrição no mundo ocidental" ("Chlorotic Girls", p. 195) e cita um estudo segundo o qual na França "as proteínas animais eram responsáveis por cerca de apenas 25 por cento do consumo total de proteínas até depois das décadas de 1880-90". Mas nós sabemos que o consumo nos Estados Unidos era pelo menos duas vezes maior do que o dos países europeus. Não se podem generalizar para os Estados Unidos os estudos nutricionais baseados na experiência europeia. Em geral, Brumberg parece não receptiva ao vegetarianismo (numa nota de rodapé ela associa o fato de ser uma *gourmand* exigente, a sua condição de vegetariana e o romance da anorexia, quando discute *Fasting Girls*, de Byron e Shelley, p. 329, n. 60). Suas opiniões sobre o consumo de carne demonstram os modos pelos quais até um especialista cuidadoso se cala sobre aquilo que o ponto de vista dominante não pode incorporar.

[55] *Fasting Girls,* p. 177.

[56] Lady Walb Paget, "Vegetable Diet", *Popular Science Monthly* 44 (1893), p. 94.

[57] *Fasting Girls*, p. 177. Essa parte da citação entre colchetes está no artigo de 1906, mas foi excluída de *Fasting Girls.*

[58] "The Antagonism Between Sentiment and Physiology in Diet", *Current Literature* 42 (fevereiro de 1907), p. 222, respondendo a um artigo de Josiah Oldfield em *Chamber's Journal.*

[59] Já em 1863 o dr. Edward Smith discute a aversão de muitas crianças à gordura da carne e faz recomendações para vencer a recusa de comer essa carne. Assim, essa aversão não se limitou às meninas cloróticas ou anoréxicas. Veja Edward Smith, M.D., *Practical Dietary for Families, Schools, and the Labouring Classes* (Londres: Walton and Maberly, 1864), pp. 135-36.

[60] Denise Riley, "Waiting", em Heron, p. 244.

[61] Jessie Bernard, *The Female World* (Nova York: The Free Press, 1981), p. 381.

[62] Caroline Walker Bynum, *Holy Feast and Holy Fast: The Religious Significance of Food to Medieval Women* (Berkeley e Los Angeles: University of California Press, 1987), pp. XIV, 298.

[63] Brumberg, *Fasting Girls*, p. 178.

[64] Inez Haynes Irwin, "The Making of a Militant", in *These Modern Women: Autobiographical Essays from the Twenties*, org. Elaine Showalter (Old Westbury, Nova York: The Feminist Press, 1978), pp. 39, 40.

[65] Barbara Seaman e Gideon Seaman, M.D., *Women and the Crisis in Sex Hormones* (Nova York: Rawson Associates Publishers, Inc., 1977), p. 142.

Capítulo 9: Por uma teoria crítica feminista-vegetariana

Epígrafes: Agnes Ryan, nota para ela mesma. Todas as citações de Agnes Ryan são dos manuscritos e cartas encontrados na Agnes Ryan Collection, Schlesinger Library, Radcliffe College. Alice Walker, "Am I Blue?" *Ms.*, julho de 1986, p. 30, e Fran Winant, "Eat Rice Have Faith in Women", em Winant, *Dyke Jacket: Poems and Songs* (Nova York: Violet Press, 1980).

[1] "Astell se abstinha de carne frequentemente — por certo com mais frequência do que as suas amigas londrinas", de acordo com a sua biógrafa Ruth Perry em *The Celebrated Mary Astell: An Early English Feminist* (Chicago e Londres: University of Chicago Press, 1986), p. 286.

[2] Sarah Scott, A *Description of Millenium Hall* (Londres, 1762; Nova York e Londres: Garland Publishing Inc., 1974), p. 20.

[3] Isobel Rae, *The Strange Story of Dr. James Barry: Army Surgeon, Inspector-General of Hospitals, Discovered on death to be a Woman* (Londres: Longmans, Green & Co., 1958), p. 93.

[4] "Suas necessidades pessoais nunca tinham sido extravagantes e, durante os anos de declínio, eram modestas. Ela já não viajava, passava a maior parte do tempo em casa, no seu jardim ou em caminhadas solitárias na floresta, e comia sozinha no quarto as suas frugais refeições vegetarianas". H. F. Peters, *My Sister, My Spouse: A Biography of Lou Andreas-Salome* (Nova York: Norton & Co., 1962), p. 296 [ed. bras. *Lou, minha irmã, minha esposa*. Rio de Janeiro: Jorge Zahar, 1987].

[5] Flora T. Neff, Letter to the Editor, *The Vegetarian Magazine* 10, n. 12 (abril de 1907), pp. 16-17.

[6] *Shafts* 1, n. 3 (19 de novembro de 1892).

[7] Brigid Brophy, "Women", *Don't Never Forget: Collected Views and Reviews* (Nova York: Holt, Rinehart and Winston, 1966), p. 38.

[8] Susan B. Anthony e Ida Husted Harper, org. *The History of Woman Suffrage*, Vol. 4, 1883-1900 (Indianápolis: The Hollenbeck Press, 1902, Nova York: Arno Press e New York Times, 1969), p. 245.

[9] Margaret Mead, *Blackberry Winter: My Earlier Years* (Nova York: William Morrow & Co., Nova York: Touchstone Books, 1972), p. 25.

[10] *Shafts* 1, n. 3 (19 de novembro de 1892), p. 41. Vale a pena observar que Annie Besant, que era surrada pelo marido, tornou-se uma ardorosa antivivisseccionista e vegetariana.

[11] Jane Ellen Harrison, *Prolegomena to the Study of Greek Religion* (Cambridge University Press, 1903, 1922, Nova York: Arno Press, 1975), pp. 94, 149.

[12] Veja Elizabeth Gould Davis, *The First Sex* (Nova York: G. P. Putnam's Sons, 1971, Baltimore, Maryland: Penguin Books, 1972) e Evelyn Reed, *Women's Evolution: from matriarchal clan to patriarchal family* (Nova York: Pathfinder Press, Inc., 1975).

[13] Entrevista com Jessie Haver Butler em Sherna Gluck, org., *From Parlor to Prison: Five American Suffragists Talk about Their Lives: An Oral History* (Nova York: Vintage Books, 1976), p. 65.

[14] Trecho da carta de White para Bro. e a irmã Lockwood, de 14 de setembro de 1864, em Ronald L. Numbers, *Prophetess of Health: A Study of Ellen G. White* (Nova York: Harper & Row, 1976), p. 203. De acordo com Numbers, White frequentava o instituto de Jackson até receber mensagens enquanto estava em transe — as quais eram rigorosamente fiéis aos princípios de Jackson — e começou a pedir uma dieta vegetariana ordenada por Deus para os Adventistas do Sétimo Dia.

[15] Ishbel Ross, *Angel of the Battlefield* (Nova York: Harper & Brothers, 1956), p. 128.

[16] "Como no fim do outono eu tinha tido um resfriado muito forte e um sentimento geral de depressão, resolvi ir para o Dansville Sanatorium. [...] Fiquei lá durante seis semanas e tentei todas as esfregaduras, beliscões, vaporizações, os movimentos suecos dos braços, mãos, pernas, pés; dieta, massagem, eletricidade, e logo me senti como um novo ser." *Elizabeth Cady Stanton as Revealed in Her Letters, Diary and Reminiscences,* vol. 1, org. Theodore Stanton and Harriot Stanton Blatch (1922, Nova York: Arno Press Reprint, 1969), p. 322.

[17] Gloria Steinem, *Outrageous Acts and Everyday Rebellions* (Nova York: Holt, Rinehart and Winston, 1983, reimpressão Nova York: New American Library, 1986), p. 163 [ed. bras. *Memórias da transgressão: momentos da história da mulher do século* XX. Rio de Janeiro: Rosa dos Tempos, 1997].

[18] Veja Doris Stevens, *Jailed for Freedom: The Story of the Militant American Suffragist Movement* (Nova York: Boni and Liveright, 1920, reimpressão Nova York: Shocken Books, 1976), p. 148.

[19] James C. Jackson, *How to Treat the Sick without Medicine* (Dansville, Nova York: Austin, Jackson & Co., 1870), p. 235.

[20] Num desvio interessante nesse sentido, Malcolm Muggeridge mostra que Samuel Butler ataca o vegetarianismo em *Erewhon* para compensar a sua própria homossexualidade. Entrevista com Malcolm Muggeridge em Rynn Berry, Jr., *The Vegetarians* (Brookline, Massachusetts: Autumn Press, 1979), p. 94.

[21] Blanche Cook, "The Historical Denial of Lesbianism", *Radical History Review* 20 (1979), p. 63.

[22] Anna Mary Wells, *Miss Marks and Miss Woolley* (Boston: Houghton Mifflin Co., 1978), p. 107. Quanto ao vegetarianismo na relação delas, veja também Susan E. Cayleff, *Wash and Be Healed: The Water-Cure Movement and Women's Health* (Filadélfia: Temple University Press, 1987), p. 153.

[23] Mary Alden Hopkins, "Why I Earn My Own Living", in *These Modern Women: Autobiographical Essays from the Twenties*, org. Elaine Showalter (Old Westbury: The Feminist Press, 1978), p. 44.

[24] Alice Park a Agnes Ryan e Henry Bailey Stevens, Agnes Ryan Collection, 1º de maio de 1922, 31 de dezembro de 1936 e 5 de fevereiro de 1941. Box 5, arquivos nos. 62, 66.

[25] Carol Christ, *Diving Deep and Surfacing: Women Writers on Spiritual Quest* (Boston: Beacon Press, 1980, 1986).

[26] Curtis Cate, *George Sand: A Biography* (Boston: Houghton Mifflin Co., 1975), p. 204.

[27] Barbara Cook, "The Awakening", *The Animals' Agenda,* 5, n. 8 (novembro de 1985), pp. 30-31.

[28] Agnes Ryan, "The Heart to Sing, an Autobiography", manuscrito não publicado, Agnes Ryan Collection, p. 309. As outras citações são das pp. 311-16.

[29] "Some Reminiscences of Henry Bailey Stevens", *Vegetarian World* 4 (1975), p. 6. O fato de Stevens se lembrar tão vividamente de uma experiência 58 anos depois de tê-la vivido a confirma como reveladora para ambos, apesar de haver um conflito quanto aos detalhes.

[30] Marge Piercy, *Small Changes* (Greenwich, Connecticut: Fawcett Crest Book, 1972), p. 41.

[31] *Vegetarian Magazine* 9, n. 10 (agosto de 1905), p. 174.

[32] Veja no capítulo 7 minha discussão do livro de Stevens *The Recovery of Culture*.

[33] Judy Grahn, *The Queen of Swords* (Boston: Beacon Press, 1987), p. 78.

[34] Barbara Christian, *Black Women Novelists: The Development of a Tradition, 1892-1976* (Westport, Connecticut: Greenwood Press, 1980), p. 207. Alice Walker, *Meridian* (Nova York: Harcourt Brace Jovanovich, 1976, Nova York: Washington Square Press, 1977). David Levering Lewis em *When Harlem Was in Vogue* se refere ao vegetarianismo de Toomer (Nova York: Alfred A. Knopf, 1981, Nova York: Vintage Books, 1982), p. 63.

[35] Ann Beattie, *Chilly Scenes of Winter* (Garden City, Nova York: Doubleday & Co., 1976).

[36] Aileen La Tourette, *Cry Wolf* (Londres: Virago Press, 1986).

[37] Jeanette Winterson, *Oranges are not the Only Fruit* (Nova York: The Atlantic Monthly Press, 1985, 1987).

[38] Alice Thomas Ellis, *The Birds of the Air* (Nova York: The Viking Press, 1981), pp. 90-98.

[39] T. H., "Pythagorean Objections Against Animal Food", *London Magazine* (novembro de 1825), p. 382.

[40] Citado em Dorothy Sterling, *Black Foremothers: Three Lives* (Old Westbury, Nova York: The Feminist Press, Nova York: McGraw-Hill Book Company, 1979), p. 151. Considere a exposição feita por Alice Walker de um *insight* semelhante: "Certo dia eu estava caminhando pela estrada com minha filha e meu companheiro. Estava chovendo e nós tentávamos ir para casa. Olhei para baixo e vi uma galinha com seus pintinhos. Eles também estavam tentando ir para casa. Foi uma dessas ocasiões a que as feministas se referem como 'um clique': bem, um desses cliques de animal humano para animal não humano, nos quais simplesmente me pareceu claro como nós somos um só. Eu era mãe. Ela era mãe". Ellen Bring, "Moving towards Coexistence: An Interview with Alice Walker", *Animals' Agenda* 8, n. 3 (abril de 1988), pp. 8-9.

[41] Beth Brant, (Degonwadonti) *Mohawk Trail* (Ithaca, Nova York: Firebrand Books, 1985), p. 27. Na verdade, eles comiam carne de frango quando este morria de causa natural.

[42] Flannery O'Connor, "The King of the Birds", em *Mystery and Manners: Occasional Prose,* org. Sally e Robert Fitzgerald (Nova York: Farrar, Straus & Giroux, 1957, 1970), p. 20.

[43] Colette, *Break of Day* (Nova York: Farrar, Strauss and Giroux, Inc., 1961, Nova York: Ballantine Books, 1983), pp. 28-29. Uma experiência parecida resultou no vegetarianismo de Cloris Leachman. Numa entrevista lhe disseram: "Li que você teve uma revelação enquanto estava lavando um frango sob a torneira: subitamente lhe ocorreu que aquilo que você estava fazendo não era muito diferente de banhar um bebê". Leachman respondeu: "Eu tinha um bebê recém-nascido e a experiência foi exatamente a mesma, sim". Entrevista com Cloris Leachman em Rynn Berry, Jr., *The Vegetarians,* p. 17.

[44] Margaret Atwood, *Cat's Eye* (Nova York: Doubleday, 1989), pp. 138-39 [ed. bras. *Olho de gato*. Rio de Janeiro: Rocco, 2007].

[45] Alice Ellis, *Unexplained Laughter* (Londres: Duckworth, 1985), p. 76.

[46] Anne Tyler, *The Clock Winder* (Nova York: Alfred Knopf, 1972), p. 35.

[47] Anne Tyler, *The Accidental Tourist* (1985, Nova York: Berkley Books, 1986) [ed. bras. *O turista acidental*. Rio de Janeiro: Record, 2009]; *If Morning Ever Comes* (1964, Nova York: Berkley Books, 1986); *The Tin Can Tree* (1965, Nova York: Berkley Books, 1986).

[48] Sandra Lee Bartky, "Toward a Phenomenology of Feminist Consciousness," in *Feminism and Philosophy,* org. Mary Vetterling-Braggin, Frederick A. Elliston e Jane English (Totowa, New Jersey: Littlefield, Adams & Co.), pp. 22, 26.

[49] Mencionado na introdução de Alexis DeVeaux, "The Riddles of Egypt Brownstone", in *Midnight Birds: Stories of Contemporary Black Women Writers,* org. Mary Helen Washington (Garden City, Nova York: Anchor Books, 1980), p. 16.

[50] Margaret Atwood, *Surfacing* (Nova York: Simon and Schuster, Nova York: Popular Library, 1972), p. 165.

Epílogo

Epígrafe: Erik H. Erikson, *Gandhi's Truth: On the Origins of Militant Nonviolence* (Nova York: W.W. Norton & Co. Inc., 1969), p. 142. (A linguagem sexista foi mudada.)

1 Veja, por exemplo, o uso feito por Joseph Campbell da declaração de Geza Roheim de que "o que quer que seja morto se torna pai" para explicar "os ritos dos caçadores do Paleolítico relacionados à matança e à ingestão dos seus animais totens". Joseph Campbell, *The Masks of God: Volume I: Primitive Mythology (Nova York*: The Viking Press, 1959, Nova York: Penguin Books, 1978), pp. 77, 129 [ed. bras. *As máscaras de Deus: mitologia primitiva*. São Paulo: Palas Athena, 2011].

2 Trata-se de uma paráfrase de uma questão posta por Rynn Berry, Jr., em seu livro *The Vegetarians* (Brookline, Massachusetts: Autumn Press, 1979), p. 83.

3 Kate Millet, *Sexual Politics* (Garden City, Nova York: Doubleday & Co., 1979 pp. 25, 23.

4 Virginia Woolf, *Jacob's Room* (Hogarth Press, 1922, Hammondsworth, Inglaterra: Penguin Books, 1971), p. 9 [ed. bras. *O quarto de Jacob*. São Paulo: Novo Século, 2008].

5 Campbell, *The Masks of God*, pp. 129, 137. A linguagem sexista foi mudada. Virginia de Araújo, "The Friend ..." *Sinister Wisdom*, *n.* 20 (1982), p. 17.

7 Maxine Hong Kingston, *The Woman Warrior: Memoirs of a Girlhood among Ghosts* (Nova York: Alfred A. Knopf, 1977), p. 34.

Bibliografia selecionada

Esta bibliografia relaciona algumas referências que tiveram uma influência formativa na elaboração da primeira edição de *A política sexual da carne.* Algumas dessas referências não aparecem no texto; e, inversamente, algumas referências que podem ser encontradas nas notas do final do livro não aparecem aqui. O uso que fiz de material específico escrito por Agnes Ryan, ancestral feminista-vegetariana, está detalhado nas notas. Seus escritos — cartas, romances, poemas, "The Cancer Bogy" e notas para a *Vegetarian Pocket Monthly* — estão na Agnes Ryan Collection, na Arthur and Elizabeth Schlesinger Library on the History of Women in America, Radcliffe College, Cambridge. Para destacar textos que apareceram depois da publicação da primeira edição, criei uma bibliografia do vigésimo aniversário, disponibilizada logo após esta bibliografia.

Sobre vegetarianismo

Akers, Keith. *A Vegetarian Sourcebook: The Nutrition, Ecology and Ethics of a Natural Foods Diet.* Nova York: G. P. Putnam's Sons, 1983.

Axon, William E. A. *Shelley's Vegetarianism.* Lido num encontro da Shelley Society, 12 de novembro de 1891. Reimpressão. Nova York: Haskell House Publishers Ltd., 1971.

Barkas, Janet. *The Vegetable Passion: A History of the Vegetarian State of Mind.* Nova York: Charles Scribner's Sons, 1975.

Berry, Rynn, Jr. *The Vegetarians.* Brookline, Massachusetts: Autumn Press, 1979.

Bloodroot Collective. *The Political Palate: A Feminist Vegetarian Cookbook.* Bridgeport, Connecticut: Sanguinaria Publishing, 1980.

Berry, Rynn, Jr. *The Second Seasonal Political Palate: A Feminist Vegetarian Cookbook.* Bridgeport, Connecticut: Sanguinaria Publishing, 1984.

Braunstein, Mark Matthew. *Radical Vegetarianism: A Dialectic of Diet and Ethics.* Los Angeles: Panjandrum Books, 1981.

Burgess, Mary Keyes. *Soul to Soul: A Soul Food Vegetarian Cookbook.* Santa Barbara: Woodbridge Publishing Company, 1976.

Davis, Max. *The Case for the Vegetarian Conscientious Objector* with a Foreword by Scott Nearing. Brooklyn, Nova York: Tolstoy Peace Group, 1944. Dombrowski, Daniel A. *The Philosophy of Vegetarianism.* Amherst: The University of Massachusetts Press, 1984.

Dyer, Judith. *Vegetarianism: An Annotated Bibliography.* Metuchen, Nova Jersey e Londres: Scarecrow Press, 1982.

Easterbrook, L. F. "Alcohol and Meat". *Nineteenth Century and After.* 95 (fevereiro de 1924), pp. 306-14.

Giehl, Dudley. *Vegetarianism: A Way of Life.* Nova York: Harper & Row, 1979.

Gregory, Dick. *Dick Gregory's Natural Diet for Folks Who Eat: Cookin' with Mother Nature.* Organizado por James R. McGraw. Nova York: Harper & Row, 1973.

T. H. "Pythagorean Objections against Animal Food." *London Magazine* (novembro de 1825), pp. 380-83.

Kingsford, Anna. *The Perfect Way in Diet: A Treatise Advocating a Return to the Natural and Ancient Food of Our Race.* Londres: Kegan Paul, 1892.

Lappe Frances Moore. *Dieta para um pequeno planeta.* São Paulo: Ground, 1985.

Newton, John Frank. *The Return to Nature; or, A Defence of the Vegetable Regimen.* Londres, 1811.

Oldfield, Josiah. "The Dangers of Meat Eating:' *Westminster Review,* 166, n. 2 (agosto de 1906), pp. 195-200.

Oswald, John. *The Cry of Nature; or, An Appeal to Mercy and to Justice, on Behalf of the Persecuted Animals.* Londres, 1791.

Paget, lady Walb. "Vegetable Diet". *Popular Science Monthy,* 44 (1893), pp. 94-102.

Phillips, sir Richard. *Golden Rules of Social Philosophy; or, a New System of Practical Ethics.* Londres, 1826.

Ritson, Joseph. *An Essay on Abstinence from Animal Food as a Moral Duty.* Londres: Phillips, 1802.

Robbins, John. *Diet for a New America.* Walpole, New Hampshire: Stillpoint Publishing, 1987.

Rudd, G. L. *Why Kill for Food?* 1956. Madras, Índia: The Indian Vegetarian Congress, 1973.

Salt, Henry S. *The Creed of Kinship.* Nova York: E. P. Dutton and Co., 1935.

__________. *The Humanities of Diet: Some Reasonings and Rhymings.* Manchester: The Vegetarian Society, 1914.

__________. *The Logic of Vegetarianism.* Londres: Ideal Publishing, 1899.

Sharpe, M. R. L. [posteriormente Freshel]. *The Golden Rule Cookbook: Six Hundred Recipes for Meatless Dishes.* Cambridge, Massachusetts: The University Press, 1908.

Shelley, Percy. *A Vindication of Natural Diet* e *On the Vegetable System of Diet. Em The Complete Works of Percy Bysshe Shelley,* Volume VI, *Prose.* Organizado por Roger Ingpen and Walter E. Peck. Nova York: Gordian Press, 1965.

Stevens, Henry Bailey. *The Recovery of Culture.* Nova York: Harper & Row, 1949.

Stockham, Alice. *Tokology: A Book for Every Woman.* Nova York: Fenno and Co., 1911.

Sussman, Vic. *The Vegetarian Alternative: A Guide to a Healthful and Humane Diet.* Emmaus, Pensilvânia: Rodale Press, 1978.

Tryon, Thomas. *The way to health, long life and happiness.* Londres, 1683.

Williams, Howard, org. *The Ethics of Diet: a Catena of Authorities Deprecatory of the Practice of Flesh-Eating.* Londres: Pitman and Heywood, 1883.

Wynne-Tyson, Esmé, org. *Porphyry on Abstinence from Animal Food.* Traduzido por Thomas Taylor. Centaur Press, Barnes & Noble, 1965.

Sobre animais e defesa dos animais

Amory, Cleveland. *Man Kind? Our Incredible War on Wildlife.* Nova York: Harper & Row, 1974.

Brophy, Brigid. "The Rights of Animals", em Brophy, *Don't Never Forget: Collected Views and Reviews.* Nova York: Holt, Rinehart and Winston, 1966, pp. 15-21.

Collard, Andree, e Joyce Contrucci. *Rape of the Wild: Man's Violence against Animals and the Earth.* Londres: The Women's Press, 1988.

Dombrowski, Daniel A. *Hartshorne and the Metaphysics of Animal Rights.* Albany: State University of Nova York Press, 1988.

Evans, E. P. *The Criminal Prosecution and Capital Punishment of Animals.* Londres: William Heinemann. Nova York: E. P. Dutton and Co., 1906.

Godlovitch, Stanley, Roslind Godlovitch e John Harris, orgs. *Animals, Men and Morals: An Enquiry into the Maltreatment of Non-Humans.* Nova York: Taplinger, 1972.

Linzey, Andrew. *Christianity and the Rights of Animals.* Nova York: Crossroad, 1987.

Mason, Jim, e Peter Singer. *Animal Factories.* Nova York: Crown Publishers, Inc., 1980.

Midgley, Mary. *Animals and Why They Matter.* Athens: University of Georgia Press, 1983.

Regan, Tom. *The Case for Animal Rights.* Berkeley, Los Angeles: University of California Press, 1983.

Regan, Tom, e Peter Singer. *Animal Rights and Human Obligations.* Englewood Cliffs, Nova Jersey: Prentice-Hall, Inc., 1976.

Salt, Henry. *Animals' Rights Considered in Relation to Social Progress.* 1892. Reimpressão. Clarks Summit, Pensilvânia: Society for Animal Rights, Inc., 1980.

__________. "Sport as a Training for War". Em *Killing for Sport: Essays by Various Writers.* Organizado por Henry Salt. Londres: G. Bell and Sons, Ltd. para a Humanitarian League, 1914.

Serpell, James. Em *the Company of Animals: A Study of Human-Animal Relationships.* Nova York: Basil Blackwell, 1986.

Singer, Peter. *Libertação animal: o clássico definitivo sobre o movimento pelos direitos dos animais.* São Paulo: Wmfmartinsfontes, 2010.

Spiegel, Marjorie. *The Dreaded Comparison: Human and Animal Slavery.* Filadélfia: New Society Publishers, 1988.

[Taylor, Thomas.] A *Vindication of the Rights of Brutes.* Londres: Jeffery, 1792.

Walker, Alice. "Am I Blue?" *Ms.*, julho de 1986.

Sobre feminismo

Allen, Paula Gunn. *The Sacred Hoop: Recovering the Feminine in American Indian Tradition.* Boston: Beacon Press, 1986.

Atkinson, Ti-Grace. *Amazon Odyssey.* Nova York: Links Books, 1974.

Benney, Norma. "All of One Flesh: The Rights of Animals." Em *Reclaim the Earth: Women speak out for Life on Earth.* Organizado por Léonie Caldecott e Stephanie Leland. Londres: The Women's Press, 1983.

Bernard, Jessie. *The Female World.* Nova York: The Free Press, 1981.

Cannon, Katie G. *Black Womanist Ethics.* Atlanta: Scholars Press, 1988.

Corea, Gena. *The Hidden Malpractice: How American Medicine Mistreats Women.* Nova York: William Morrow and Co., 1977, Jove-Harcourt Brace Jovanovich, 1978.

__________. *The Mother Machine: Reproductive Technologies from Artificial Insemination to Artificial Wombs.* Nova York: Harper & Row, 1985.

Daly, Mary. *Beyond God the Father: Toward a Philosophy of Women's Liberation.* Boston: Beacon Press, 1973.

__________. *Gyn/Ecology: The Metaethics of Radical Feminism.* Boston: Beacon Press, 1978.

__________. Em Cahoots with Jane Caputi. *Webster's First New Intergalactic Wickedary of the English Language.* Boston: Beacon Press, 1987.

de Beauvoir, Simone. *O segundo sexo.* Rio de Janeiro: Nova Fronteira, 1989–1990.

de Lauretis, Teresa. *Alice Doesn't: Feminism, Semiotics, Cinema.* Bloomington: Indiana University Press, 1984.

Dworkin, Andrea. *Pornography: Men Possessing Women.* Nova York: Perigee Books, 1981.

__________. *Woman Hating.* Nova York: E. P. Dutton, 1974.

Elshtain, Jean Bethke. *Women and War.* Nova York: Basic Books, Inc., 1987.

Gilman, Charlotte Perkins. *His Religion and Hers: A Study of the Faith of Our Fathers and the Work of Our Mothers.* Londres: T. Fisher Unwin, 1924.

Grahn, Judy. *Another Mother Tongue: Gay Words, Gay World.* Boston: Beacon Press, 1984.

Griffin, Susan. *Woman and Nature: The Roaring Inside Her.* Nova York: Harper & Row, 1978.

Hamilton, Cicely. *Marriage as a Trade.* 1909. Reprint. Londres: The Women's Press, 1981.

Harrison, Beverly. *Making the Connections: Essays in Feminist Social Ethics.* Organizado por Carol S. Robb. Boston: Beacon Press, 1985.

hooks, bell. *Ain't I a Woman: black women and feminism.* Boston: South End Press, 1981.

Kelly, Joan. *Women, History and Theory: The Essays of Joan Kelly.* Chicago: The University of Chicago Press, 1984.

Kramarae, Cheris, e Paula A. Treichler. *A Feminist Dictionary.* Boston, Londres e Henley: Pandora Press, 1985.

Kuhn, Annette. *The power of the image: Essays on representation and sexuality.* Londres: Routledge & Kegan Paul, 1985.

Leghorn, Lisa, e Mary Roodkowsky. *Who Really Starves? Women and World Hunger.* Nova York: Friendship Press, 1977.

Lorde, Audre. *Sister Outsider: Essays and Speeches.* Trumansburg, Nova York: The Crossing Press, 1984.

___________. *Zami: A New Spelling of My Name.* Watertown: Persephone Press, 1982.

Merchant, Carolyn. *The Death of Nature: Women, Ecology, and the Scientific Revolution.* Nova York: Harper & Row, 1980.

Millet, Kate. *Sexual Politics.* Garden City: Doubleday & Co., 1970.

Morega, Cherie. *Loving in the War Years; lo que nunca pasó por sus labios.* Boston: South End Press, 1983.

___________. E Gloria Anzaldúa, orgs. *This Bridge Called My Back: Writings By Radical Women of Color.* Watertown: Persephone Press, 1981.

Rosaldo, Michelle Zimbalist, e Louise Lamphere. *Woman, Culture, and Society.* Stanford: Stanford University Press, 1974.

Sanday, Peggy. *Female power and male dominance: On the origins of sexual inequality.* Cambridge e Nova York: Cambridge University Press, 1981.

Schreiner, Olive. *Woman and Labour.* T. Fisher Unwin, 1911. Reimpressão. Londres: Virago, 1978.

Silverman, Kaja. *The Subject of Semiotics.* Nova York: Oxford University Press, 1983.

Smith, Barbara, org. *Home Girls: A Black Feminist Anthology.* New York: Kitchen Table: Women of Color Press, 1983.

Spender, Dale. *Man Made Language.* Londres, Boston and Henley: Routledge & Kegan Paul, 1980.

Steinem, Gloria. *Memórias da transgressão: momentos da história da mulher do século* XX. Rio de Janeiro: Rosa dos Tempos, 1997.

Vetterling-Braggin, Mary, Frederick A. Elliston e Jane English, orgs. *Feminism and Philosophy.* Totowa, Nova Jersey: Littlefield, Adams & Co., 1982.

Wollstonecraft, Mary. *A Vindication of the Rights of Woman.* Organizado por Charles W Hagelman, Jr., 1792. Nova York: W. W. Norton & Co., 1967.

Woolf, Virginia. *Three Guineas.* Londres: The Hogarth Press, 1938, 1968.

Violência sexual e doméstica

Barry, Kathy. *Female Sexual Slavery.* Englewood Cliffs: Prentice Hall, 1979.

Dobash, R. Emerson, e Russell Dobash. *Violence Against Wives: A Case Against the Patriarchy.* Nova York: The Free Press, 1979.

Griffin, Susan. *Rape: The Power of Consciousness.* Nova York: Harper & Row, 1979.

Lederer, Laura, org. *Take Back the Night: Women on Pornography.* Nova York: William Morrow and Company, Inc. 1980.

Lovelace, Linda, com Mike McGrady. *Ordeal.* Citadel Press, 1980. Nova York: Berkley Books, 1980.

Pizzey, Erin. *Scream Quietly or the Neighbours will Hear.* Hammondsworth, Inglaterra: Penguin Books, 1974.

Walker, Lenore. *The Battered Woman.* Nova York: Harper & Row, 1979.

Crítica literária

Atwood, Margaret. "An Introduction to *The Edible Woman*". Em *Second Words.* Boston: Beacon Press, 1982.

Barthes, Roland. "Introduction to the Structural Analysis of Narratives". Em *Image, Music, Text.* Traduzido por Stephen Heath. Nova York: Hill and Wang, 1977.

Bethel, Lorraine. "'This Infinity of Conscious Pain': Zora Neale Hurston and the Black Female Literary Tradition" Em *All the Women are White, All the Blacks are Men, But Some of Us Are Brave. Black Women's Studies.* Organizado por Gloria T. Hull, Patricia Bell Scott e Barbara Smith. Old Westbury, Nova York: The Feminist Press, 1982.

Brophy, Brigid. "The Way of no Flesh." Em *The Genius of Shaw.* Organizado por Michael Holroyd. Nova York: Holt, Rinehart and Winston, 1979.

Cantor, Paul. *Creature and Creator: Myth-making and English Romanticism.* Cambridge: Cambridge University Press, 1981.

Carpenter, Edward e George Barnefield. *The Psychology of the Poet Shelley.* Londres: George Allen & Unwin Ltd., 1925.

Christ, Carol. *Diving Deep and Surfacing: Women Writers on Spiritual Quest*. Edição revista. Boston: Beacon Press, 1986.

Christian, Barbara. *Black Women Novelists: The Development of a Tradition, 1892-1976*. Westport, Connecticut, e Londres: Greenwood Press, 1980.

DuPlessis, Rachel Blau. *Writing beyond the Ending: Narrative Strategies of Twentieth--Century Women Writers*. Bloomington: Indiana University Press, 1985.

Fairchild, Hoxie. *The Noble Savage: A Study in Romantic Naturalism*. Columbia University Press, 1928. Nova York: Russell and Russell, 1961.

Folsom, Michael Brewster. "Upton Sinclair's Escape from *The Jungle:* The Narrative Strategy and Suppressed Conclusion of America's First Proletarian Novel:" *Prospects*. 4 (1979), pp. 237-66.

Fussell, Paul. *The Great War and Modern Memory*. Londres, Oxford, Nova York: Oxford University Press, 1975.

Gates, Henry Louis, Jr. *The Signifying Monkey: A Theory of Afro-American Literary Criticism*. Nova York e Oxford: Oxford University Press, 1988.

Gilbert, Sandra, e Susan Gubar. *The Madwoman in the Attic: The Woman Writer and the Nineteenth-Century Literary Imagination*. New Haven: Yale University Press, 1979.

Greenberg, Caren. "Reading Reading: Echo's Abduction of Language". Em Women and Language in Literature and Society. Organizado por Sally McConnell--Ginet, Ruth Borker e Nelly Furman. Nova York: Praeger, 1980.

Heilbrun, Carolyn, e Catharine Stimpson, "Theories of Feminist Criticism: A Dialogue". Em *Feminist Literary Criticism: Explorations in Theory*. Organizado por Josephine Donovan. Lexington: University Press of Kentucky, 1975.

Homans, Margaret. *Bearing the Word: Language and Female Experience in Nineteenth--Century Women's Writing*. Chicago: University of Chicago, 1986.

Joly, Andre. "Toward a Theory of Gender in Modern English". Em *Studies in English Grammar*. Organizado por A. Joly e T. Fraser. Paris: Editions Universitaires.

Levine, George, e U. C. Knoepflmacher, orgs. *The Endurance of Frankenstein*. Berkeley e Los Angeles: University of California Press, 1979.

McDowell, Deborah E. "New Directions for Black Feminist Criticism". Black American Literature Forum. (inverno de 1980), pp. 153-59.

Mellor, Anne. *Mary Shelley: Her Life, Her Fiction, Her Monsters*. Nova York e Londres: Methuen, 1988.

Moers, Ellen. *Literary Women: The Great Writers*. Garden City, Nova York: Anchor Books, 1977.

Pryse, Marjorie. *Conjuring: Black Women, Fiction and Literary Tradition*. Bloomington: Indiana University Press, 1985.

Rohrlich, Ruby; Baruch, Elaine Hoffman. *Women in Search of Utopia: Mavericks and Mythmakers*. Nova York: Shocken Books, 1984.

Rubenstein, Marc A. "'My Accursed Origin': The Search for the Mother in *Frankenstein*". *Studies in Romanticism*, 15 (primavera de 1976), pp. 165-94.

Ruotolo, Lucio P. *The Interrupted Moment: A View of Virginia Woolf's Novels.* Stanford: Stanford University Press, 1986.

Said, Edward. *The World, the Text, and the Critic.* Cambridge: Harvard University Press, 1983.

Sebeok, Thomas A. *"Poetics in the Lion's Den: The Circus Act as a Text".* Modern Language Notes. 86, n. 6 (dezembro de 1971), pp. 845-57.

Showalter, Elaine. "Feminist Criticism in the Wilderness". Em *The New Feminist Criticism: Essays on Women, Literature, and Theory.* Organizado por Elaine Showalter. Nova York: Pantheon Books, 1985.

Simons, Madeleine A. "Rousseau's Natural Diet" *Romantic Review.* 45 (fevereiro de 1954), pp. 18-28.

Smith, Barbara. "Towards a Black Feminist Criticism". Em *All the Women are White, All the Blacks Are Men, but Some of Us Are Brave: Black Women's Studies.* Organizado por Gloria T. Hull, Patricia Bell Scott e Barbara Smith. Old Westbury, Nova York: The Feminist Press, 1982.

Smith, Carl S. *Chicago and the American Literary Imagination: 1880-1920.* Chicago: University of Chicago, 1984.

Tillotson, Marcia. "'A Forced Solitude': Mary Shelley and the Creation of Frankenstein's Monster." Em *The Female Gothic.* Organizado por Juliann E. Fleenor. Montreal e Londres: Eden Press, 1983.

Trible, Phyllis. *Texts of Terror: Literary-Feminist Readings of Biblical Narratives.* Filadélfia: Fortress Press, 1984.

Veeder, William. *Mary Shelley and Frankenstein: The Fate of Androgyny.* Chicago: University of Chicago, 1986.

Walker, Alice. "One Child of One's Own: A Meaningful Digression within the Work(s)." Em *In Search of Our Mothers' Gardens: Womanist Prose.* San Diego, Nova York: Harvest/Harcourt Brace Jovanovich, 1983.

Washington, Mary Helen. *Invented Lives: Narratives of Black Women 1860-1960.* Garden City: Doubleday & Co., 1987.

História, autobiografia, biografia

Barker-Benfield, G. J. *The Horrors of the Half-Known Life: Male Attitudes Toward Women and Sexuality in Nineteenth-Century America.* Nova York: Harper & Row, 1976.

Barrett, James. *Work and Community in the Jungle: Chicago's Packinghouse Workers, 1894-1922.* Urbana and Chicago: University of Illinois, 1987.

Beard, George M. *Sexual Neurasthenia (Nervous Exhaustion]: Its Hygiene, Causes, Symptoms and Treatment with a Chapter on Diet for the Nervous.* Nova York: E. B. Treat & Co., 1898. Reimpressão. Nova York: Arno Press, 1972.

Beecher, Catherine, e Harriet Beecher Stowe. *American Woman's Home; or, Principles of Domestic Science.* Nova York: J. B. Ford and Co., 1869. Reimpressão. Nova York: Arno Press and the Nova York Times, 1971.

Bennett, Betty T., org. *The Letters of Mary Wollstonecraft Shelley.* Baltimore: Johns Hopkins University Press, 1980.

Billington, Ray Allen. *Land of Savagery Land of Promise: The European Image of the American Frontier in the Nineteenth Century.* Nova York: W.W. Norton & Co., 1981.

Bordin, Ruth. *Frances Willard: A Biography*. Chapel Hill e Londres: University of North Carolina Press, 1986.

Borrow, George. *Lavengro: The Scholar, the Gypsy, the Priest.* Com uma apresentação de George F. Wicher. Nova York: The MacMillan Company, 1927.

Bronson, Bertrand H. *Joseph Ritson: Scholar-at-Arms.* Berkeley: University of California Press, 1938.

Brumberg, Joan Jacobs. "Chlorotic Girls, 1870-1920: A Historical Perspective on Female Adolescence". Em *Women and Health in America.* Organizado por Judith Walzer Leavitt. Madison: The University of Wisconsin Press, 1984.

___________. *Fasting Girls: The Emergence of Anorexia Nervosa as a Modern Disease.* Cambridge e Londres: Harvard University Press, 1988.

Burnett, John. *Plenty and Want: A social history of diet in England from 1815 to the present day.* 1966. Londres: Scolar Press, 1979.

Bynum, Caroline. *Holy Feast and Holy Fast: The Religious Significance of Food to Medieval Women.* Berkeley e Los Angeles: University of California Press, 1987.

Cameron, Kenneth Neill. *The Young Shelley: Genesis of a Radical.* Macmillan, 1950. Nova York: Octagon Books, 1973.

Cayleff, Susan E. *Wash and Be Healed: The Water-Cure Movement and Women's Health.* Filadélfia: Temple University Press, 1987.

Cleghorn, Sarah N. *Threescore: the Autobiography of Sarah N. Cleghorn.* Nova York: H. Smith e R. Haas, 1936. Reimpressão, Nova York: Arno Press, 1980.

Colby, Elbridge, org. *The Life of Thomas Holcroft, Written by Himself Continued to the Time of His Death from his Diary Notes and Other Papers by William Hazlitt.* 1925. Nova York: Benjamin Blom, 1980.

Cott, Nancy. *The Grounding of Modern Feminism.* New Haven: Yale University Press, 1987.

Cummings, Richard Osborn. *The American and His Food: A History of Food Habits in the United States.* Segunda edição. Chicago: University of Chicago Press, 1941.

Davies, Margaret Llewelyn, org. *Maternity: Letters from Working-Women.* G. Bell & Sons, 1915. Reimpressão. Nova York: W.W. Norton & Co., 1978.

Duncan, Isadora. *Minha vida.* Rio de Janeiro: José Olympio, 1989.

Earhart, Mary. *Frances Willard: From Prayers to Politics*. Chicago: University of Chicago, 1944.

Erdman, David. *Commerce des lumières: John Oswald and the British in Paris 1790-1793.* Colúmbia: University of Missouri Press, 1986.

Erikson, Erik H. *Gandhi's Truth: On the Origins of Militant Non-violence.* Nova York: W.W. Norton & Co., Inc., 1969.

French, R. D. *Antivivisection and Medical Science in Victorian Society.* Princeton: Princeton University Press, 1975.

Gluck, Sherna, org. *From Parlor to Prison: Five American Suffragists Talk About Their Lives: An Oral History.* Nova York: Vintage Books, 1976.

Goldring, Douglas. *The Nineteen Twenties: A General Survey and some Personal Memories.* Londres: Nicholson and Watson, 1945. Reimpressão. Folcroft Library Editions, 1975.

Graham, Sylvester. *Lecture to Young Men on Chastity.* Terceira edição. Boston, 1834, 1837.

Graves, Robert. *Good-bye to All That.* Hammondsmith, Grã-Bretanha: Penguin Books, 1957.

Harding, Vincent. *There is a River: The Black Struggle for Freedom in America.* Nova York: Harcourt Brace Jovanovich, 1981; Vintage Books, 1983.

Hendrick, George. Com a ajuda especial de John F. Pontin. *Henry Salt, Humanitarian Reformer and Man of Letters.* Urbana, Chicago, Londres: University of Illinois Press, 1977.

Heron, Liz, org. *Truth, Dare, or Promise: Girls Growing Up in the Fifties.* Londres: Virago Press, 1985.

Hilliard, Sam Bowers. *Hog Meat and Hoecake: Food Supply in the Old South, 1840-1860.* Carbondale: Southern Illinois University Press, 1972.

Hogg, Thomas Jefferson. *The Life of Percy Shelley.* 1906. Reimpressão. Londres: George Routledge and Sons, Ltd.

Holmes, Richard. *Shelley: The Pursuit.* Nova York: E. P. Dutton and Co., 1975.

Hopkins, Mary Alden. *"Why I Earn My Own Living." Em These Modern Women: Autobiographical Essays from the Twenties.* Organizado por Elaine Showalter. Originalmente publicado em 1926-27 em *The Nation.* Old Westbury, Nova York: The Feminist Press, 1978.

Hunt, Harriot Kezia. *Glances and Glimpses; or Fifty Years Social, Including Twenty Years Professional Life.* Boston: John P. Jewett and Co., 1856. Reimpresão. Nova York: Source Book Press, 1970.

Jones, Frederick L., org. *Mary Shelley's Journal.* Norman, Oklahoma: University of Oklahoma Press, 1947.

Labaree, Leonard W., Ralph L. Ketcham, Helen Boatfield e Helene Fineman, orgs. *The Autobiography of Benjamin Franklin.* New Haven: Yale University Press, 1964.

Lanchester, Elsa. *Herself.* Nova York: St. Martin's Press, 1983.

Lansbury, Coral. *The Old Brown Dog: Women, Workers and Vivisection in Edwardian England.* Madison: The University of Wisconsin Press, 1985.

Lerner, Gerda. *The Grimké Sisters from South Carolina: Pioneers for Woman's Rights and Abolition.* Nova York: Schocken Books, 1971.

__________. *The Majority Finds Its Past: Placing Women in History.* Nova York e Oxford: Oxford University Press, 1979.

Lewis, David Levering. *When Harlem Was in Vogue.* Nova York: Alfred A. Knopf, 1981. Vintage Books, 1982.

Linklater, Andro. *An Unhushanded Life: Charlotte Despard, Suffragette, Socialist and Sinn Feiner.* Londres: Hutchinson, 1980.

Lorde, Audre. *The Cancer Journals.* Argyle, Nova York: Spinsters, Ink, 1980.

Marchand, C. Roland. *The American Peace Movement and Social Reform, 1898-1918.* Princeton: Princeton University Press, 1972.

Maitland, Edward. *Anna Kingsford: Her Life, Letters, Diary and Work.* Londres: Redway, 1896.

Marable, Manning. *How Capitalism Underdeveloped Black America.* Boston: South End Press, 1983.

Mead, Margaret. *Blackberry Winter: My Earlier Years.* Nova York: Touchstone Books, 1972.

Nevins, Allan. *Ford: The Times, The Man, The Company.* Nova York: Charles Scribner's Sons, 1954.

Nichols, Thomas L., e Mary Gove Nichols. *Marriage: Its History, Character and Results; Its Sanctities and Its Profanities; Its Science and Its Facts.* Nova York: T. L. Nichols, 1854.

Nicolas, sir Harris. *The Letters of Joseph Ritson, Esq. Edited chiefly from originals in the possession of his nephew. To which is prefixed a Memoir of the Author by Sir Harris Nicolas.* Londres: William Pickering, 1833.

Nissenbaum, Stephen. *Sex, Diet, and Debility in Jacksonian America: Sylvester Graham and Health Reform.* Westport, Connecticut: Greenwood Press, 1980.

Numbers, Ronald L. *Prophetess of Health: A Study of Ellen G. White.* Nova York: Harper & Row, 1976.

Oren, Laura. "The Welfare of Women in Laboring Families: England, 1860-1950", *Feminist Studies,* 1, n. 3-4. (inverno-primavera, 1973), pp. 107-25.

Pearsall, Ronald. *The Worm in the Bud: The World of Victorian Sexuality.* Toronto: The Macmillan Company, 1969.

Peters, H. F. *Lou, minha irmã, minha esposa.* Rio de Janeiro: Jorge Zahar, 1987.

Perry, Ruth. *The Celebrated Mary Astell: An Early English Feminist.* Chicago e Londres: The University of Chicago Press, 1986.

Proctor, Robert. *Racial Hygiene: Medicine under the Nazis.* Cambridge e Londres: Harvard University Press, 1988.

Rae, Isobel. *The Strange Story of Dr. James Barry: Army Surgeon, Inspector-General of Hospitals, Discovered on Death to Be a Woman.* Londres: Longmans, Green & Co., 1958.

Reeves, Maud Pember. *Round About a Pound a Week.* G. Bell & Sons, 1913. Reimpressão. Londres: Virago Press, 1979.

Ross, Ishbel. *Angel of the Battlefield.* Nova York: Harper & Brothers, 1956.

Rowbotham, Sheila, e Jeffrey Weeks. *Socialism and the New Life: The Personal and Sexual Politics of Edward Carpenter and Havelock Ellis.* Londres: Pluto Press, 1977.

Ryan, Agnes. "The Heart to Sing". Autobiografia não publicada.

Salt, Henry Stephens. *Percy Bysshe Shelley: Poet and Pioneer.* 1896. Reimpressão. Port Washington, Nova York: Kennikat Press, Inc., 1968.

Salt, Henry Stephens. Seventy Years Among Savages. Londres: George Allen and Unwin, 1921.

Savitt, Todd L. *Medicine and Slavery: The Diseases and Health Care of Blacks in Antebellum Virginia.* Urbana e Chicago: University of Illinois Press, 1978.

Showalter, Elaine. *The Female Malady: Women, Madness, and English Culture, 1830-1980.* Nova York: Pantheon Books, 1985.

Sieveking, Isabel Giberne. *Memoir and Letters of Francis W. Newman.* Londres: K. Paul, Trench, Trubner & Co., 1909.

Smith-Rosenberg, Carroll. *Disorderly Conduct: Visions of Gender in Victorian America.* Nova York e Oxford: Oxford University Press, 1985, 1986.

__________. "Sex as Symbol in Victorian Purity: An Ethnohistorical Analysis of Jacksonian America". Em *Turning Points: Historical and Sociological Essays on the Family.* Organizado por John Demos and Sarane Spence Boocock. Chicago e Londres: The University of Chicago Press, 1978.

Spruill, Julia Cherry. *Women's Life and Work in the Southern Colonies.* 1938. Reimpressão. Nova York: W.W. Norton and Co., 1972.

Stanton, Elizabeth Cady. *Elizabeth Cady Stanton as Revealed in Her Letters, Diary and Reminiscences.* Organizado por Theodore Stanton e Harriot Stanton Blatch. 1922. Reimpressão. Nova York: Arno Press, 1969.

Sterling, Dorothy. *Black Foremothers: Three Lives.* Old Westbury, Nova York: The Feminist Press, 1979.

Stevens, Doris. *Jailed for Freedom: The Story of the Militant American Suffragist Movement.* Nova York: Boni and Liveright, 1920. Reimpressão. Nova York: Shocken Books, 1976.

Sunstein, Emily W. *Mary Shelley: Romance and Reality.* Boston, Toronto, Londres: Little, Brown and Co., 1989.

Sward, Keith. *The Legend of Henry Ford.* Nova York: Russell and Russell, 1948.

Terrell, Mary Church. *A Colored Woman in a White World.* Washington, D.C.: Ransdell, Inc., 1940. Reimpressão. Nova York: Arno Press, 1980. Thomas, Keith. *Man and the Natural World: A History of the Modern Sensibility.* Nova York: Pantheon, 1983.

Trail, R. T. *Home-Treatment for Sexual Abuses. A Practical Treatise.* Nova York: Fowler and Wells, 1853.

Trollope, Frances. *Domestic Manners of the Americans.* 1832. Nova York: Alfred A. Knopf, 1949.

Turner, James. *Reckoning with the Beast: Animals, Pain and Humanity in the Victorian Mind.* Baltimore e Londres: Johns Hopkins University Press, 1980.

Wells, Anna Mary. *Miss Marks and Miss Woolley.* Boston: Houghton Mifflin Co., 1978.

Whorton, James C. *Crusaders for Fitness: The History of American Health Reformers.* Princeton: Princeton University Press, 1982.

Whorton, James C. "'Tempest in a Flesh-Pot': The Formulation of a Physiological Rationale for Vegetarianism". *Journal of the History of Medicine and Allied Sciences,* 32, n. 2 (abril de 1977), pp. 115-39.

Winsten, Stephen. *Salt and His Circle.* Londres: Hutchinson and Co., Ltd., 1951.

Ficção, poesia, teatro

Atwood, Margaret. *Olho de gato.* Rio de Janeiro: Rocco, 2007.

___________. *The Edible Woman.* Boston: Little, Brown and Co., Nova York: Warner Books, 1969.

___________. *Surfacing.* Nova York: Simon and Schuster, Popular Library, 1972.

Beattie, Ann. *Chilly Scenes of Winter.* Garden City, Nova York: Doubleday & Co., 1976.

Behn, Aphra. "On the Author of that excellent and learned Book, entituled, *The Way to Health, long Life and Happiness*". Em Thomas Tryon, *The Way to Make All People Rich; or, Wisdoms Call to Temperance and Frugality. . . .* Londres, 1685.

Brant, Beth. (Degonwadonti). *Mohawk Trail.* Ithaca, Nova York: Firebrand Books, 1985.

Brecht, Bertolt. *A Santa Joana dos matadouros.* São Paulo: Cosac Naify, 2001.

Brindel, June Rachuy. *Ariadne: A Novel of Ancient Crete.* Nova York: St. Martin's Press, 1980.

___________. *Phaedra: A Novel of Ancient Athens.* Nova York: St. Martin's Press, 1985.

Broner, E. M. A *Weave of Women.* Nova York: Holt, Rinehart and Winston, 1978.

Brophy, Brigid. "An Anecdote of the Golden Age [Homage to *Back to Methuselah*]". Em *The Adventures of God in his Search for the Black Girl.* Boston: Little, Brown *&* Co., 1968.

___________. *Hackenfeller's Ape.* Londres: Allison and Busby, 1953, 1979.

Bryant, Dorothy. *The Kin of Ata are Waiting for You.* 1971. Berkeley: Moon Books, 1976. Originalmente intitulado *The Comforter.*

Butler, Samuel. *Erewhon.* 1872. Hammondsworth, Inglaterra: Penguin Books, 1970.

Colegate, Isabel. *Dias de caça.* Rio de Janeiro: Record, 1980.

Colette. *Break of Day.* Nova York: Farrar, Straus and Giroux, Inc., 1961; Ballantine Books, 1983.

Cross, Amanda. *The James Joyce Murders.* Nova York: Macmillan Co., 1967.

de Aranjo, Virginia. "The Friend . . .", *Sinister Wisdom, n.* 20 (1982), 17.

Drabble, Margaret. *A era do gelo.* Rio de Janeiro: Rocco, 1987.

Ellis, Alice T. *The Birds of the Air.* Nova York: The Viking Press, 1980.

___________. *The Sin Eater. Londres:* Duckworth, 1977.

___________. *The 27th Kingdom.* Londres: Duckworth, 1982.

___________. *Unexplained Laughter.* Londres: Duckworth, 1985.

Fo, Dario; Rame, Franca. *Female Parts: One Woman Plays.* Adaptado por Olwen Wywark. Traduzido por Margaret Kunzle. Londres: Pluto Press, 1981.
Fraser, Antonia. *Your Royal Hostage.* Nova York: Atheneum, 1988.
Gilman, Charlotte Perkins. *Herland: a terra das mulheres.* Rio de Janeiro: Francisco Alves, 1981.
Glaspell, Susan. *A Jury of Her Peers.* Londres: Ernest Benn, Ltd., 1927.
Gordon, Mary. *Final Payments.* Nova York: Random House, 1978.
Grahn, Judy. *The Queen of Swords.* Boston: Beacon Press, 1987.
Hurston, Zora Neale. *Seus olhos viam Deus.* Rio de Janeiro: Rocco, 2002.
Jordan, June. *Passion: New Poems, 1977-1980.* Boston: Beacon Press, 1980.
Kingston, Maxine Hong. *The Woman Warrior: Memoirs of a Girlhood Among Ghosts.* Nova York: Alfred A. Knopf, 1977.
Kundera, Milan. *O livro do riso e do esquecimento.* São Paulo: Companhia de Bolso, 2008.
LaTourette, Aileen. *Cry Wolf.* Londres: Virago Press, 1986.
Lorde, Audre. *The Black Unicorn.* Nova York: W.W. Norton & Co., 1978.
Mackey, Mary. *McCarthy's List.* Londres: Pan Books Limited, 1981.
McCarthy, Mary. *Pássaros da América.* São Paulo: Círculo do Livro, 1976.
Meyer, Lynn. *Paperback Thriller.* Nova York: Random House, 1975.
Murdoch, Iris. *The Good Apprentice.* Nova York e Hammondsworth: Penguin Books, 1987.
Nichols, Mary Gove. *Mary Lyndon or, Revelations of a Life: An Autobiography.* Nova York: Stringer and Townsend, 1855.
Olsen, Tillie. *Yonnondio: From the Thirties.* Nova York: Dell, 1974.
Parker, Pat. "To a Vegetarian Friend", *Womanslaughter.* Oakland, Califórnia: Diana Press, 1978.
Piercy, Marge. *Small Changes.* Garden City, Nova York: Doubleday and Co., 1972; Greenwich, Connecticut: A Fawcett Crest Book, 1973.
Roth, Philip, *O complexo de Portnoy.* São Paulo: Companhia das Letras, 2004.
Ryan, Agnes. *Who Can Fear Too Many Stars?*, romance não publicado.
Scott, Sarah. *A Description of Millenium Hall.* Londres, 1762. Reimpressão. Nova York e Londres: Garland Publishing Inc., 1974.
Shelley, Mary Wollstonecraft. *Frankenstein.* Porto Alegre: L&PM, 1996.
Sinclair, Upton. *The Jungle.* 1906. Nova York: New American Library, 1973.
Singer, Isaac Bashevis. *Inimigos, uma história de amor.* Porto Alegre: L&PM, 2003.
Singer, Rochelle. *The Demeter Flower.* Nova York: St. Martin's Press, 1980.
Snodgrass, W. D. *Selected Poems: 1957-1987.* Nova York: Soho Press, 1987.
Tyler, Anne. *O turista acidental.* Rio de Janeiro: Record, 2009.
__________. *If Morning Ever Comes.* 1964. Nova York: Berkley Books, 1986.
__________. *The Tin Can Tree.* 1965. Nova York: Berkley Books, 1986.
__________. *The Clock Winder.* Nova York: Alfred A. Knopf, 1972.
Walker, Alice. *Meridian.* Nova York: Harcourt Brace Jovanovich, 1976; Washington Square Press, 1977.

Walker, Alice. *O templo dos meus familiares.* Rio de Janeiro: Rocco, 1990.

Washington, Mary Helen, org. *Midnight Birds: Stories of Contemporary Black Women Writers.* Garden City, Nova York: Doubleday and Co., 1980.

Winant, Fran. "Eat Rice Have Faith in Women". Em Winant, *Dyke Jacket: Poems and Songs.* Nova York: Violet Press, 1980.

Winterson, Jeanette. *Oranges are not the Only Fruit.* 1985. Nova York: The Atlantic Monthly Press, 1987.

Woolf, Virginia. *O quarto de Jacob.* São Paulo: Novo Século, 2008.

Yglesias, Helen. *The Saviors.* Boston: Houghton Mifflin Co., 1987.

Sobre nutrição

Brody, Jane. *Jane Brody's Nutrition Book.* Nova York: W.W. Norton, 1981.

Burkitt, D. P. "The Protective Value of Plant Fibre Against Many Modern Western Diseases". *Qualitas Plantarum — Plant Foods for Human Nutrition,* 29, ns. 1-2 (6 de julho de 1979), pp. 39-48.

Christian, Eugene. *Meatless and Wheatless Menus.* Nova York: Alfred A. Knopf, 1917.

Cleave, T. L., G. D. Campbell, N. S. Painter. *Diabetes, Coronary Thrombosis, and the Saccharine Disease.* Segunda edição. Bristol, Inglaterra: John Wright and Sons, 1969.

Drummond, Jack. *Nutritional Requirements of Man in the Light of Wartime Experience.* Londres, 1948.

Fisher, Irving. "The Influence of Flesh Eating on Endurance". *Yale Medical Journal,* 13, n. 5 (março de 1907), pp. 205-21.

Hardinge, Mervyn G., e Hulda Crooks. "Non-Flesh Dietaries. 1. Historical Background". *Journal of the American Dietetic Association,* 43 (dezembro de 1963), pp. 545-49.

Hindhede, Mikkel. "The Effect of Food Restriction During War on Mortality in Copenhagen". *Journal of the American Medical Society,* 74, n. 6 (7 de fevereiro de 1920), pp. 381-82.

Jackson, James C. *How to Treat the Sick without Medicine.* Dansville, Nova York: Austin, Jackson & Co., 1870.

Messina, Virginia e Mark. *The Vegetarian Way: Total Health for You and Your Family.* Nova York: Crown, 1996.

National Research Council. *Diet, Nutrition, and Cancer.* Washington, D. C: National Academy Press, 1982.

Ryan, Agnes. "The Cancer Bogy", manuscrito não publicado.

Seaman, Barbara; Seaman, Gideon, M.D. *Women and the Crisis in Sex Hormones.* Nova York: Rawson Associates Publishers Inc., 1977.

Smith, Edward. *Practical Dietary for Families, Schools, and the Labouring Classes.* Londres: Walton and Maberly, 1864.

Strom, Axel; Jensen, R. Adelsten. "Mortality from Circulatory Diseases in Norway 1940-1945". *The Lancet,* 260 (2 de janeiro de 1951), pp. 126-29.

Outros

Arendt, Hannah. *Sobre a violência.* Rio de Janeiro: Civilização Brasileira, 2009.

Arens, W., *The Man-Eating Myth: Anthropology and Anthropophagy.* Nova York: Oxford University Press, 1979.

Barer-Stein, Thelma. *You Eat What You Are: A Study of Canadian Ethnic Food Traditions.* Toronto: McClelland and Stewart, 1979.

Berger, John. *About Looking.* Nova York: Pantheon, 1980.

Braverman, Harry. *Labor and Monopoly Capital: The Degradation of Work in the Twentieth Century.* Nova York e Londres: Monthly Review Press, 1974.

Campbell, Joseph. *As máscaras de Deus: mitologia primitiva.* São Paulo: Palas Athena, 2011.

Douglas, Mary. "Deciphering a Meal". Em *Implicit meanings: Essays in anthropology.* Londres: Routledge & Kegan Paul, 1975.

Gregory, Dick. *The Shadow That Scares Me.* Organizado por James R. McGraw. Garden City, Nova York: Doubleday and Co., Inc., 1968.

Estragon, Vladimir. [Geoffrey Stokes] *Waiting for Dessert.* Nova York: The Viking Press, 1982.

Evans, Travers Moncure, e David Greene, *The Meat Book.* Nova York: Charles Scribner's Sons.

Hinman, Robert B. and Robert B. Harris, *The Story of Meat.* Chicago: Swift & Co., 1939, 1942.

Kohlberg, Lawrence. *Essays on Moral Development. Volume 1. The Philosophy of Moral Development.* Nova York: Harper & Row, 1981.

Leakey, Richard E. and Roger Lewin. *People of the Lake: Mankind and Its Beginnings.* Nova York: Doubleday & Co., 1978; Avon Books, 1979.

Miller, A. R. *Meat Hygiene.* Filadélfia: Lea and Febiger, 1951, 1958.

Postal, Paul M. "Anaphoric Islands". Em *Papers from the Fifth Regional Meeting of the Chicago Linguistic Society.* Organizado por Robert I. Binnick, Alice Davison, Georgia M. Green, Jerry L. Morgan. Chicago: Department of Linguistics, University of Chicago, 1969.

Selzer, Richard. "How to Build a Slaughterhouse". Em *Taking the World in for Repairs.* Nova York: Morrow, 1986.

Shepard, Paul. *The Tender Carnivore and the Sacred Game.* Nova York: Charles Scribner's Sons, 1973.

Simoons, Frederick J. *Eat Not This Flesh: Food Avoidances in the Old World*. Madison: University of Wisconsin, 1961, 1967.

Tanner, Nancy Makepeace. *On Becoming Human: A Model of the Transition from Ape to Human and the Reconstruction of Early Human Social Life*. Cambridge e Nova York: Cambridge University Press, 1981.

Weil, Simone. *The Iliad, or the Poem of Force*. 1940. Traduzido por Mary McCarthy. Wallingford, Pensilvânia: Pendle Hill, 1956, 1970.

Ziegler, P. Thomas. *The Meat We Eat*. Danville, Illinois: The Interstate Printers and Publishers, Inc., 1962, 1966.

Bibliografia do vigésimo aniversário

Abbott, Jennifer, cineasta, fotógrafa e editora. *A Cow at My Table.* Flying Eye Productions. 90 minutos. Colorido. 1998.

Adams, Carol J. *Living Among Meat Eaters: The Vegetarian's Survival Handbook.* Nova York: Three Rivers Press, 2001; Continuum, 2003; Lantern 2008. Edição chinesa, 2005. Edição alemã *(Uberleben unter Fleischessern: Tipps and Strategien fur Vegetarierinnen)*, 2008.

__________ *Prayers for Animals.* Continuum International, 2004.

__________ *Help! My child stopped eating meat! The Parents' A-Z Guide to Surviving a Conflict in Diets*. Nova York: Continuum International, 2004.

__________. *The Pornography of Meat.* Nova York: Continuum International, 2003.

__________. *The Inner Art of Vegetarianism*. Nova York: Lantern Books, 2000.

__________ *Woman-Battering.* Creative Pastoral Care and Counseling Series. Minneapolis: Fortress Press, 1994.

__________ *Neither Man nor Beast: Feminism and the Defense of Animals.* Nova York: Continuum International. 1994.

__________ "God Talk and the Sexual Politics of Meat". Em *Weep Not for your Children: Essays on Religion and Violence,* organizado por Lisa Isherwood e Rosemary Radford Ruether. Londres: Equinox Books, 2008.

__________"The War on Compassion" e "Caring about Suffering: A Feminist Analysis". Em *The Feminist Care Tradition in Animal Ethics: A Reader,* organizado por Josephine Donovan e Carol J. Adams. Nova York: Columbia University Press, 2007.

__________ "'A Very Rare and Difficult Thing': Ecofeminism, Attention to Animal Suffering, and the Disappearance of the Subject". Em *A Communion of Subjects: Animals in Religion, Science, and Ethics,* org. Kimberly Patton e Paul Waldau. Nova York: Columbia University Press, 2006.

Adams, Carol J. "Robert Morris and a Lost 18th-Century Book: An Introduction to Morris's *A Reasonable Plea for the Animal Creation*". *Organization and Environment*, 18, n. 4 (dezembro de 2005): 458-476.

__________. "No Woman Would Die of an Illegal Abortion". Em *If Women Ruled the World: How to Create the World We Want to Live In*, organizado por Sheila Ellison. Makawao, Havaí: Inner Ocean, 2004.

__________. "'I just raped my wife! What are you going to do about it, pastor?' — The Church and Sexual Violence". Em *Transforming a Rape Culture*, organizado por Emilie Buchwald, Pamela Fletcher e Martha Roth. Minneapolis: Milkweed Editions, 2005.

__________. "Bitch, Chick, Cow: Women's and (Other) Animals' Rights". Em *Sisterhood is Forever: The Women's Anthology for a New Millenium*, organizado por Robin Morgan. Nova York: Washington Square Press, 2003.

__________. "Introduction". Em Williams, Howard. *The Ethics of Diet: A Catena of Authorities Deprecatory of Flesh Eating.* Urbana e Chicago: University of Illinois Press, 2003.

__________. "Eating Animals". Em *Eating Culture*, organizado por Ron Scapp e Brian Seitz. Albany, Nova York: State University of Nova York Press 1998.

__________. "'Mad Cow' Disease and the Animal Industrial Complex: An Ecofeminist Analysis", *Organization and Environment*, vol. 10, n. 1 (março de 1997): 26-51.

__________. "'This is not our Fathers' Pornography': Sex, Lies, and Computers". Em *Philosophical Perspectives on Computer-Mediated Communications*, organizado por Charles Ess. Albany, Nova York: State University of Nova York Press, 1996.

__________. "Woman-Battering and Harm to Animals". Em *Animals and Women: Feminist Theoretical Explorations*, organizado por Carol J. Adams e Josephine Donovan. 1995.

__________. "Toward a Feminist Theology of Religion and the State". Em *Violence Against Women and Children: A Christian Theological Sourcebook*, organizado por Carol J. Adams e Marie Fortune. Nova York: Continuum, 1995.

Adams, Carol J., org. *Ecofeminism and the Sacred*. Nova York: Continuum International, 1993.

Adams, Carol, e Patti Breitman, *How to Eat Like a Vegetarian Even If You Never Want to Be One.* Nova York: Lantern Books, 2008.

Adams, Carol J., e Josephine Donovan, orgs. *Animals and Women: Feminist Theoretical Explorations.* Durham, Carolina do Norte: Duke University Press, 1995.

Adams, Carol e Marie Fortune, orgs. *Violence Against Women and Children: A Christian Theological Sourcebook*. Nova York: Continuum International, 1995.

Armstrong, Philip. *What Animals Mean in the Fiction of Modernity.* Nova York: Routledge, 2008.

Atherton, Peter, e Matthew Calarco, orgs. *Animal Philosophy: Ethics and Identity.* Londres e Nova York: Continuum, 2004.

Bennett, Beverly Lynn, e Ray Sammartino. *The Complete Idiot's Guide to Vegan Living*. Nova York: Alpha Books, 2005.

Bernstein, Marc H. *Without a Tear: Our Tragic Relationship with Animals*. Urbana: University of Illinois Press, 2004.

Birke, Linda. *Feminism, Animals and Science: The Naming of the Shrew*. Buckingham, Inglaterra e Filadélfia: Open University Press, 1994.

Bloodroot Collective. *The Best of Bloodroot*. Vols 1 and 2. Bridgeport, Connecticut: Sanguinaria Publishing, 1993.

Calarco, Matthew. *Zoographies: The Questions of the Animal from Heidegger to Derrida*. Nova York: Columbia, 2008.

Carlson, Peggy, org. *The Complete Vegetarian: The Essential Guide to Good Health*. Urbana e Chicago: University of Illinois Press, 2009.

Coe, Sue. *Dead Meat*. Nova York e Londres: Four Walls Eight Windows, 1995.

Coetzee, J. M. *Elizabeth Costello: oito palestras*. São Paulo: Companhia das Letras, 2004.

Cronon, William. *Nature's Metropolis: Chicago and the Great West*. Nova York: Norton, 2001.

Daly, Mary. *Quintessence . . . Realizing the Archaic Future: A Radical Elemental Feminist Manifesto*. Boston: Beacon Press, 1998.

Darrieussecq, Marie. *Pig Tales: A Novel of Lust and Transformation*. Londres: Faber and Faber, 1997.

Davis, Brenda, e Vesanto Melina. *A dieta saudável dos vegetais: o guia completo para uma nova alimentação*. Rio de Janeiro: Campus, 1998.

Davis, Karen. *Poisoned Chickens, Poisoned Eggs: An Inside Look at the Modern Poultry Industry*. Summerton, Tennessee: The Book Publishing Company, 1996.

__________. *More Than a Meal: The Turkey in History, Myth, Ritual, and Reality*. Nova York: Lantern Books, 2001.

__________. *The Holocaust and the Henmaid's Tale*. Nova York: Lantern Books, 2005.

Dawn, Karen. *Thanking the Monkey: Rethinking the Way We Treat Animals*. Nova York: Harper, 2008.

Derrida, Jacques. "The Animal That Therefore I Am (More to Follow)". *Critical Inquiry* 28 (inverno): 369-418, 2002.

Donovan, Josephine, e Carol J. Adams, orgs. *The Feminist Care Tradition in Animal Ethics: A Reader*. Nova York: Columbia University Press, 2007.

Dunayer, Joan. *Animal Equality: Language and Liberation*. Derwood, Maryland: Ryce, 2001.

Faludi, Susan. *The Terror Dream: Fear and Fantasy in Post-9/11 America*. Nova York: Henry Holt, 2007.

Fausto-Sterling, Anne. *Sexing the Body: Gender Politics and the Construction of Sexuality*. Nova York: Basic Books, 2000.

Fudge, Erica. *Perceiving Animals: Humans and Beasts in Early Modern English Culture*. Urbana e Chicago: University of Illinois Press, 2002.

Fudge, Erica. *Brutal Reasoning: Animals, Rationality, and Humanity in Early Modern England.* Cornell: Cornell University Press, 2006.

Gaard, Greta. *The Nature of Home: Taking Root in a Place.* University of Arizona Press, 2007.

__________. "Reproductive Technology, or Reproductive Justice? An Ecofeminist, Environmental Justice Perspective on the Rhetoric of Choice", *Ethics and the Environment.* No prelo.

Gaard, Greta, org. *Ecofeminism: Women, Animals, Nature.* Filadélfia: Temple University Press, 1993.

Gålmark, Lisa, *Skönheter Och Odjur.* Goteberg e Estocolmo: Makadam förlag, 2005.

Gilmore, Ruth Wilson. *Golden Gulag: Prisons, Surplus, Crisis, and Opposition in Globalizing California.* Berkeley, Los Angeles e Londres: University of California, 2007.

Gourevitch, Philip. *Gostaríamos de informá-lo de que amanhã seremos mortos com nossas famílias: histórias de Ruanda.* São Paulo: Companhia de Bolso, 2006.

Gregory, James. *Of Victorians and Vegetarians: The Vegetarian Movement in Nineteenth-Century Britain.* Londres e Nova York: Tauris Academic Studies, Palgrave/ Macmillan: 2007.

Ham, Jennifer, e Matthew Senior. *Animal Acts: Configuring the Human in Western History.* Nova York: Routledge, 1997.

Harper, A. Breeze. *Sistah Vegan: Food, Identity, Health, and Society: Black Female Vegans Speak.* Nova York: Lantern Books, 2010.

Harris, Michael D. *Colored Pictures: Race and Visual Representation.* Chapel Hill e Londres: The University of North Carolina Press, 2003.

Jeffries, Sheila. *The Industrial Vagina: The Political Economy of the Global Sex Trade.* Nova York: Routledge, 2008.

Jones, Pattrice. *Aftershock: Confronting Trauma in a Violent World: A Guide for Activists and Their Allies.* Nova York: Lantern Books, 2007.

Kara, Siddharth. *Sex Trafficking: Inside the Business of Modern Slavery.* Nova York: Columbia University Press, 2009.

Kheel, Marti. *Nature Ethics: An Ecofeminist Perspective.* Lanham, Boulder e Nova York: 2008.

Leneman, Leah. "The Awakened Instinct: Vegetarianism and the Women's Suffrage Movement in Britain." *Women's History Review,* 5, n. 2 (1997): 271-287.

Luke, Brian. *Brutal: Manhood and the Exploitation of Animals.* Urbana e Chicago: University of Illinois, 2007.

MacKinnon, Catharine. *Women's Lives; Men's Laws.* Cambridge: Harvard University Press, 2005.

__________. *Are Women Human: And Other International Dialogues.* Cambridge: Harvard University, 2006.

Malamud, Randy. *Reading Zoos: Representations of Animals and Captivity.* Nova York: New York University, 1998.

Mason, Jim. *An Unnatural Order: Roots of Our Destruction of Nature.* Nova York: Lantern, 2005.

Moskowitz, Isa Chandra, e Terry Hope Romero. *Veganomicon: The Ultimate Vegan Cookbook.* Nova York: Marlowe and Company, 2007.

Ngai, Mae M. *Impossible Subjects: Illegal Aliens and the Making of Modern America.* Princeton: Princeton University Press, 2004.

Nibert, David. *Animal Rights, Human Rights: Entanglements of Oppression and Liberation.* Lanham, Boulder e Nova York: Rowman and Littlefield, 2002.

Noske, Barbara. *Beyond Boundaries: Humans and Animals.* Montreal: Black Rose Books, 1997.

Ozeki, Ruth L. *My Year of Meats.* Nova York: Viking Penguin, 1999.

Rowe, Martin, org. *The Way of Compassion: Survival Strategies for a World in Crisis.* Nova York: Stealth Technologies, 1999.

Schlosser, Eric. *Fast-food Nation: o lado nocivo da comida norte-americana.* São Paulo: Ática, 2002.

Scholtmeijer, Marian. *Animal Victims in Modern Fiction: From Sanctity to Sacrifice.* Toronto: University of Toronto Press, 1993.

Seager, Joni. *Earth Follies: Coming to Feminist Terms with the Global Environmental Crisis.* Nova York: Routledge, 1993.

Shiva, Vandana. *Stolen Harvest: The Hijacking of the Global Food Supply.* Boston: South End Press, 2000.

__________. *Staying Alive: Women, Ecology and Development.* Boston: South End Press Classic Series, 2010.

Stanescu, Vasile. "Green Eggs and Ham: Michael Pollan, Locavores, and the Myth of Environmentally Sustainable Meat." *Journal of Critical Animal Studies.* No prelo.

Sturgeon, Noel. *Ecofeminist Natures: Race, Gender, Feminist Theory and Political Action.* Nova York: Routledge, 1997.

__________. *Environmentalism in Popular Culture: Gender, Race, Sexuality,* and the Politics of the Natural. University of Arizona Press, 2008.

Torres, Bob. *Making a Killing: The Political Economy of Animal Rights.* AK Press, 2007.

Twine, Richard. *Animals as Biotechnology: Ethics, Sustainability and Critical Animal Studies.* Londres: Earthscan, 2010.

Tyler, Tom. "An Animal Manifesto: Gender, Identity, and Vegan-Feminism in the Twenty-First Century: An interview with Carol J. Adams". *Parallax.* 2006.

__________. *CIFERAE: A Bestiary in Five Fingers.* Minneapolis, Minnesota: Minnesota University Press, 2011.

Wilson, Tami, cineasta e produtor. *Flesh.* Rough Road Productions. 43 minutos. Colorido. 2006.

Wolfe, Cary. *Animal Rites: American Culture, the Discourse of Species, and Posthumanist Theory.* Chicago: University of Chicago Press, 2003.

Agradecimentos por cessão de direitos autorais

A autora e o editor agradecem a permissão para reimpressão de material neste livro, dada pelas seguintes fontes:

University of North Carolina Press, para "Feminism, the Great War and Modern Vegetarianism", publicado de uma forma um tanto diferente em *Arms and the Woman,* organizado por Helen Cooper, Adrienne Munich e Susan Squier, copyright 1989 UNC Press.

Arthur and Elizabeth Schlesinger Library on the History of Women in America, do Radcliffe College, em Cambridge, estado de Massachusetts, e o falecido Henry Bailey Stevens, pela permissão para usar material da Agnes Ryan Collection.

University of California Press, para "Ritson as His Contemporaries Saw Him", extraído de Bertrand H. Bronson, *Joseph Ritson: Scholar-at-Arms,* University of California Press, 1938, 1966.

Fran Winant, para "Eat Rice Have Faith in Women", de *Dyke jacket: Poems and Songs,* Violet Press, 1980. Violet Press, Post Office Box 398, New York, New York 10009.

Heresies Collective, para "The Sexual Politics of Meat", que foi publicado de uma forma um pouco diferente em *Heresies 21: Food is a Feminist Issue,* (1987). *Heresies,* PO Box 1306, Canal Street Station, New York, New York 10013.

Programa de Estudos sobre Mulheres da Universidade de Princeton, para "The Rape of Animals, the Butchering of Women", que foi publicado de uma forma um pouco diferente em *Violence, Feminism, and the History of Sexuality: Papers from the 4th Annual Graduate Women's Studies Conference: Feminism and its Translations* em *Critical Matrix: Princeton Working Papers in Women's Studies* Special Issue 1 (primavera de 1988).

Índice remissivo